北京大学经济学院（系）100周年纪念文库

岱岳长青 陈岱孙纪念文集

刘昀 王曙光 编

图书在版编目(CIP)数据

岱岳长青:陈岱孙纪念文集/刘昀,王曙光编.—北京:北京大学出版社,2012.4
(北京大学经济学院(系)100周年纪念文库)
ISBN 978-7-301-20393-4
Ⅰ.①岱… Ⅱ.①刘… ②王… Ⅲ.①陈岱孙(1900—1997)—纪念文集 Ⅳ.①K825.3-53
中国版本图书馆 CIP 数据核字(2012)第 043160 号

书　　　名:	岱岳长青——陈岱孙纪念文集
著作责任者:	刘　昀　王曙光　编
责 任 编 辑:	郝小楠　冯天骄
标 准 书 号:	ISBN 978-7-301-20393-4/F·3119
出 版 发 行:	北京大学出版社
地　　　址:	北京市海淀区成府路 205 号　100871
网　　　址:	http://www.pup.cn
电　　　话:	邮购部 62752015　发行部 62750672　编辑部 62752926
	出版部 62754962
电 子 邮 箱:	em@pup.cn
印 　刷　者:	北京大学印刷厂
经 　销　者:	新华书店
	730 毫米×1020 毫米　16 开本　18.25 印张　392 千字　插页 2
	2012 年 4 月第 1 版　2012 年 4 月第 1 次印刷
定　　　价:	56.00 元

未经许可,不得以任何方式复制或抄袭本书之部分或全部内容。
版权所有,侵权必究
举报电话:010-62752024　电子邮箱:fd@pup.pku.edu.cn

陈岱孙教授在镜春园 79 号甲，摄于 1979 年。

陈岱孙教授在香港中文大学讲学期间,与在港的清华、西南联大校友见面,摄于1983年。

清华大学75周年校庆时的陈岱孙教授,摄于1986年4月。

陈岱孙教授与堂妹陈荷女士合影于1986年。

陈岱孙教授的生日，(左起)陈荷、戴世光夫人、巫宝三夫人、戴世光、陈岱孙、陈振汉、巫宝三、陈振汉夫人、厉以宁夫人、厉以宁。

陈岱孙著作封面：

《从古典经济学派到马克思》（左上）

《经济学说史》（右上）

《陈岱孙文集》（左下）

北京大学经济学院（系）100周年纪念文库
编委会

名誉主编　刘　伟

主　　编　孙祁祥　章　政

编　　委　（按照姓氏拼音顺序排列）

　　　　　崔建华　董志勇　何小锋　林双林
　　　　　平新乔　宋　敏　王曙光　王跃生
　　　　　肖治合　叶静怡　张　辉　张洪峰
　　　　　郑　伟

总　　序

作为中国最重要的经济学教育和科研基地,北京大学经济学院是我国综合大学中最早建立的经济系科,也是西方现代经济学和马克思主义经济学在中国最早的传播基地。北京大学经济学科的历史最早可追溯到1902年建立的京师大学堂商学科,1912年严复担任北京大学校长之后始建经济学门(系),1985年又在北京大学经济学系的基础上组建了北京大学经济学院,成为北京大学在改革开放之后建立的第一个学院。

1901年严复翻译亚当·斯密《国富论》(一名《原富》),标志着西方现代经济学在中国的正式引入,此后北京大学一直是中国传播西方现代经济学的重镇。中国最早的马克思主义传播者李大钊也是北京大学经济学系的教授;至1931年,北京大学经济学系陈启修教授首次翻译出版《资本论》第一卷第一册,在传播马克思主义经济学方面功不可没。因此,不论是西方现代经济学的引入还是马克思主义经济学的传播,北大经济系都是领时代潮流之先,在中国现代史中占据独特的地位。

拥有深远历史渊源和悠久学术传统的北京大学经济学院,在一个多世纪中涌现出马寅初、陈岱孙、赵迺抟、樊弘、陈振汉、胡代光、赵靖、厉以宁等在学界享有崇高声誉、学养深厚、影响深远的大师级人物,为我国经济科学发展作出了卓越贡献。2012年是一个对中国经济学科发展有着特殊重要意义的年份,北京大学经济学科已走过了110周年历程,北京大学经济学门(系)也迎来100周年的隆重庆典。为了庆祝北京大学经济学院(系)创建100周年暨北京大学经济学科建立110周年,我院编写了这套《北京大学经济学院(系)100周年纪念文库》,旨在深入梳理北京大学乃至中国经济学科发展的历史脉络,展现北京大学经济学科的历史底蕴和历史成就,同时也希望从一个世纪的经济学科发展历程中反思我们的学术走向,为中国经济学科未来的发展提供一种更为广远和辽阔的历史视角。北京大学经济学院作为中国综合性大学中最早的经济学科,它所取得的历史成就以及所走过的道路,必然对整个中国的经济学科发展有着深远的借鉴意义。

1917年,著名教育家蔡元培出任北京大学校长,他"循思想自由原则,取兼容并包主义",对北京大学进行了卓有成效的改革,促进了思想解放和学术繁荣,奠定了百年北大的精神基调。今天,我们庆祝北京大学经济学院(系)创建100周年,也要秉承兼容并包的创新精神,在继承北京大学经济学科优良传统的基础上,以积极的姿态吸纳世界前沿的经济学成果,为中国的经济腾飞和中华民族的伟大复兴作出我们经济学人应有的贡献。

孙祁祥

2012年1月15日

序 言 一

30多年前，我们77级毕业的时候，曾有一个约会，约定在跨入新世纪，毕业20周年的时候，无论人在何处，境况如何，都要重聚燕园。那时，我们的系主任陈岱老曾答应我们，到时他会在校门口迎接大家。2002年春天，当我们从全国，乃至世界各地回来时，岱老终于没能等到我们。细想起来，陈先生已离开我们15年了，但对岱老的敬仰、思念却紧紧地萦绕在我们心头，并未因先生的离去而有丝毫的淡漠，却反而伴随着我们对生活的感悟的积淀而愈发凝重。因为岱老在我们的心中是一种神奇，一份美丽，我们怀念他，并不仅仅是对先生的思念，同时也是我们自身的一种享受。

所以，在岱老不在的日子里，他的亲人，他的朋友，他的学生，以各种方式，不断地诉说着他，这是源于心灵的纯粹的倾诉，我想陈先生应当能够听得到，因为，他是那样地热爱他的亲人、朋友和他的学生；这是基于后人责任感的驱使，我想陈先生应当能够给以理解，因为，我们需要把先生创造的神奇和美好一代代地传下去。因而，在岱老过世15周年的时候，就有了这部修订、扩充、再版的纪念文集。

记得1998年岱老去世一周年时，岱老的铜像落成，我的女儿曾给陈老爷爷的铜像献上一束花，那时她还小。现在她已从北大毕业几年了，或许她会依稀记得陈老爷爷的模样，但我真不知道她及她的同辈能否记住陈老爷爷这样的中华民族优秀儿女铸就的我们民族的伟大品格。我想这是不应该被忘却的，因为美应当是永恒的，美更是需要继承的。这就不仅需要我们用文字和语言向我们的后代展示前辈创造的辉煌，更需要我们自身继承和光大前辈优秀传统的实践，让高尚和美好的清泉在一代又一代人心中不停地流淌。

去年，岱老的后辈、我的学生刘昀（经济学院1989级）写了一部岱老的传记，记载的时间是1900年到1952年，取名"孤帆远影"。作者送我一部，读下来，真贴切，"孤"、"远"是精神的高贵，高贵便愈显稀缺，稀缺便越需呼唤。这部纪念文集即为一种呼唤，或许尚微弱，但相信会越来越强烈，因为我们越来越发现对这种精神的需要。

刘 伟
2012年2月24日于北大再改定

序言二

2012年，陈岱孙教授仙逝15年了。其实，他并没有离去。他的身影音容，不时出现在讲台、校园、人们的话题，以及晚辈们的家庭生活中。

1998年，我们编辑出版了《陈岱孙纪念文集》。其实，编辑文集的工作一直没有结束，之后，纪念文章依然源源不断地汇集而来。新《陈岱孙纪念文集》的篇幅较之第一个版本，增加了近三分之一，其中不乏力作。

令人欣慰的是第二版文集的编辑是由年轻人主持承担的。刘昫（陈岱老的甥孙、传记《孤帆远影》作者）和王曙光（北京大学经济学院副教授）同为经院校友，岱老生前对他们各有赐教，两人怀着对老人家的崇敬和怀念，完成了新版文集的编辑工作。

晏智杰教授、刘伟教授和孙祁祥教授先后担任北大经济学院院长，他们都曾经倡议，《陈岱孙纪念文集》应当作为经济学院赠与新生的礼物，做到人手一本，而且形成惯例，一届一届传下去。

陈岱孙教授的人格与功绩堪与古之圣人比肩，足可垂范后世。所以，愿他的精神借本书的出版发行，给予更大范围的人士以启示与激励。

唐斯复　唐立苏
2012年2月26日

目 录

陈岱孙教授生平 1
经济泰斗 典范永存/顾毓琇 5
访芑公 忆岱师/洪同 7
学而不厌 诲人不倦/巫宝三 9
我钦敬的陈岱孙先生/任继愈 10
道德文章 与世长存/戴鸣钟 13
一代宗师 教泽流芳/陶大镛 15
师德共仰 师恩难忘/郑润昌 17
岱孙师超人的记忆力/张骏祥 18
一代师表/韩克信 19
怀念陈岱孙恩师/张德声 22
忆陈岱孙老师在西南联大/宋同福 23
清华受教忆岱孙师/蔡孝敏 25
纪念导师陈岱孙/俞成 26
陈岱孙老师的精神长存/任凤台 27
感谢教诲/侯舒华 29
一代宗师关心后辈成长/甘培根 唐旭 30
缅怀一代宗师陈岱孙教授/胡代光 32
以陈岱孙先生自尊自强的精神为楷模/王传纶 34
文章风范润千秋/张培刚 35
我国西方经济学研究的引路人陈岱孙先生/谭崇台 41
师恩难忘/张定华 43
陈岱孙:一代学人的终结/鲲西 47
自由之意志 独立之精神/程巢父 49
高山仰止 风范长存/诸有琼 51
万世师表 遗风永存/陈羽纶 54
一个伟大的爱国者/李贵凤 58
陈岱孙老师和《展望》壁报/刘彦林 62
陈老师永远活在我的记忆里/罗承熙 65
风态卓殊 无怠无畏/钱亿年 67

悼念一代宗师陈岱孙/钱弗年	69
浓浓师生情/肖德义	71
永远怀念陈岱孙教授/郑国安	73
淡泊名利　学贯中西/张友仁	75
记岱孙师数事/戴宜生	84
怀念陈岱孙老师/薛寅	86
恪庄肃穆　淡泊自持/蔡麟笔	88
忆陈岱孙教授/何燕晖	91
忆我的恩师陈岱孙先生/罗会文	92
怀念陈岱孙老师/胡世凯	94
深切的思念/胡企林	96
关怀后辈学子的楷模/蒋自强	98
一株挺拔的劲松/黄范章	101
怀念陈岱孙恩师/谭振樵	105
弦歌不绝　道德文章/厉以宁	108
百年校庆忆岱老/张秋舫	115
难忘的教诲/蔡沐培	119
我失去一位良师益友/商德文	122
献上一瓣心香/钟民	124
怀念陈岱老/石世奇	130
导师风范励人前行/辛守良	132
一棵能给人荫凉的大树/晏智杰	134
三清精神/王梦奎	136
高山仰止　景行行止/高天虹	139
追忆平凡事　缅怀陈岱老/何绿野　陈为民	141
文章永在　风范长存/林其屏	143
求实的学风　博大的胸怀/梁小民	144
永不磨灭的记忆/徐慧荣	149
深情怀念恩师岱老/王志伟	151
一数之差　一袭布衫/刘伟	158
追忆岱老对我的悉心关怀/孔繁敏	160
虚怀若谷的经济学大师——陈岱老/牛德林	162
等您，在燕园……/胡坚	165
岱者，泰山也/刘晓东	169
和陈老在一起的日子/刘姝威	172

目　录

北大的"国宝"——陈岱老/张宏 175
悼念陈岱孙先生/宗璞 177
忆陈爸/周如苹 180
浊世翩翩迥不群/汤燕 183
心中往事/李依真 187
敬忆陈岱孙先生/陈芳 188
八年前的一件往事/海波 192
深情怀念岱孙伯父/陈俣 194
世纪同龄人/唐斯复 196
我的大舅：陈岱孙/唐立苏 204
听舅公讲故事/唐晖　徐燕萍 206
孤帆远影碧空尽/刘昀 207
舅公，您好吗？/陈晴 211
忆岱孙伯公/陈郁 213
他的生命因孤独而见深邃/萧冰 215
高山仰止的一代宗师/王大中 217
西南联大的灵魂和骄傲/郝诒纯 219
最好的纪念/王德炳 221
陈岱老百年祭/晏智杰 222
在陈岱孙教授百岁诞辰纪念会上的发言/范家骧 225
善待每一个学生/平新乔 228
经济学界"不老松"/王健平 233
一代名师　后学楷模/海闻 237
我记得/刘文忻 239
记陈岱孙先生与中央财经大学/杨禹强 241
"得天下英才而教育之"/王曙光 245
经学济世　宁静致远/薛旭 248
陈岱孙先生与清华经管学院/曲文新 251
陈岱孙教授与经济学的开放/梁小民 255
失实的故事/唐斯复 257
陈岱孙　林中此路/李俊兰 260
一棵大树——陈岱孙/李彦春　甄蓁 267
后人叙谈陈岱孙/阳子 270
初版后记 276
再版后记 277

陈岱孙教授生平

陈岱孙教授（1900—1997）

陈岱孙教授，曾用名陈總，福建闽侯人；1900年10月20日出生于一个书香门第家庭；1906—1915年在福州私塾读书；1915—1918年在福州鹤龄英华中学就读；1918—1920年在北京清华学校（留美预备班）学习；1920年9月—1922年6月在美国威斯康星大学学习，获学士学位；1922年9月—1926年7月在哈佛大学研究院学习，并于1924年获硕士学位，1926年获博士学位，接着赴英国、法国和意大利作短期考察和研究；1927年2月回国。1927年8月—1937年7月在清华大学任教授、法学院院长及经济系主任；1937年9月—1945年10月在长沙临时大学、昆明西南联合大学任教授和经济系主任；1945年11月—1946年8月任清华大学保管委员会主席；1946年9月—1952年8月任清华大学教授、法学院院长、经济系主任；1952年9月—1953年10月任中央财经学院第一副院长；1953年10月到北京大学任教授；1954年7月—1984年2月任北京大学教授、经济系主任，1954年任校务委员会委员，1956年任一级教授；1984年2月至逝世前任北京大学经济学院教授、国家首批博士生导师、北京大学校务委员会副主任。

陈岱孙教授1951—1952年任北京市人民代表；1954年起至逝世前连任全国政协第二、三、四、五、六、七、八届委员，第六、七届全国政协常务委员。1956年任国务院科学规划委员会委员，不久任该委员会经济组副组长；还任中华全国外国经济学说研究会会长、北京市经济学会副会长等多项学术兼职，并于1984年起任清华大学名誉教授。

陈岱孙教授在平凡而杰出的教育生涯中，为我国高等教育事业和经济学科的建设与发展，作出了宝贵的贡献。党的十一届三中全会以来，陈岱孙教授坚定地拥护和支持党的四项基本原则和改革开放政策，并在自己的理论研究和教学工作中，为此做了大量的工作。他在长期担任全国政协委员和常委期间，积极参政议政，为党和国家制定政策发表了许多重要意见，提出了有价值的建议。陈岱孙教授一直受到党和国家领导人的关怀和重视，并赢得了海内外各界人士的广泛尊敬和爱戴。

陈岱孙教授是20世纪的同龄人。他自幼饱受中国传统文化的熏陶；早年留美，对西方经济学作了精深的研究，融中西文化学术于一身。70年来，陈岱孙把他毕生的精力无私地奉献给了我国的教育事业，特别是在清华大学、西南联大和北京大学期间，为国家培养了一代又一代人才，春风化雨，桃李满天下。他年逾八旬还坚持上讲台，年过九旬还亲自带研究生，令人称颂不已；他渊博的学识，高超的教学艺术，严谨求实和平易近人的风范，更令一代又一代的学子称道并引为楷模。在陈岱孙教授的心目中，教书育人的事业早已不仅仅是一种职业和责任，而且是人生的一大乐事。

陈岱孙教授在自己漫长的教育实践中，不仅积累了极为丰富的经验，而且对教育理论有很重要的贡献。他一贯倡导学生应德、智、体全面发展；他认为应将专才和通才的教育结合起来；他希望学生有金字塔式而不是独秀峰式的知识结构；他强调经济学的教学研究一定要理论联系实际，要实行基础理论和应用学科的恰当结合，还要提倡不同学术观点的争鸣和对新问题的探讨等。他本人在所有这些方面都为我们树立了榜样。多少年来，他总以求真求实为准绳，不随波逐流，不人云亦云；知之为知之，不知为不知，一旦发现认识有误，立即改正，从不掩饰。他对待青年学生，真诚宽厚，诲人不倦，从不以权威自居；而他自己，则活到老，学到老，永无自满和停息之日，以至于他自谓：老之将至而不知，知后还要"挣扎着不肯服老"。这是他坚韧不拔地追求真理和自我完善精神的生动写照。

作为当今中国教育界和经济学界的一代宗师，陈岱孙教授始终热切关注国家和民族的命运，并以经济学为武器，为捍卫国家和民族利益，为我国的社会主义建设事业奋斗不息。陈岱孙在抗战期间发表了许多文章，或抨击国民党的亡国政策，或为抗战积极出谋划策。抗战胜利后，在时局危难之时，陈岱孙教授同其他著名人士一起，发表宣言，反对独裁，呼吁停止内战，要求和平建国。在新民主主义革命即将胜利的那些令人难忘的日子里，陈岱孙教授热情地迎接新中国的诞生。在新中国成立初期，他认真学习马克思主义，以辩证唯物主义和历史唯物主义观察、分析问题，在政治思想和学术思想上实现了质的飞跃。他在这个时期撰写的40万字的《经济学说史》教材，就是这一思想变革的成果。可惜不久后开始出现的不正常政治环境，已不允许他的学术成果公开出版，这不能不说是一大憾事。随后出现的接连不断的"左"的政治运动,尤其是十年"文化大革命"浩劫,更使他身不由己地陷入空前困境,使他的学术活动长期受到限制。

党的十一届三中全会后,陈岱孙教授已是耄耋之年,但他的精神面貌之振奋,学术思想之活跃,著述成果之丰富,却是空前的,真可谓焕发了学术的青春。十多年来,他陆续发表了包括专著、论文、教材、回忆录和随笔等各类题材的成果,总计不下百万字,这还不包括他在各种场合就各种问题发表的多次谈话,为多位作者的各类著作撰写的几十篇序言。这些序言大都是具有独立学术价值的论文。他的这些成果,以及新中国成立前后发表的各种论著,先后结集发表于《陈岱孙文集》(两卷,北京大学出版社,1989年)和《陈岱孙学术论著自选集》(首都师范大学出版社,1994年)。

密切关注和研究我国社会经济生活中的重大理论和实践问题,是陈岱孙教授近20年来学术活动的主要内容和突出特点,其作品有对历史经验的深刻总结,有对现实生活的深入洞察,还有对基本理论的审视和反思。这些文章的发表立即受到各方的关注和重视,尤其是在经受了曲折发展的改革实践和现实生活的检验被证明是正确的时候,愈发使人们感到他的思想见解之深邃和可贵。

如何正确对待西方经济学和经济政策,是一个十分重要的理论和实际问题。早在1983年,陈岱孙教授就在题为《现代西方经济学的研究和我国社会主义经济现代化》的著名论文中,提出了现已被人们普遍接受的具有指导性的意见,即对西方经济学,不应一概排斥,也不应全盘接受。他认为,一方面,由于国情不同,西方经济学不应也不能作为我们的指导思想和理论基础;另一方面,在一些具体的问题和方法上,又有可资借鉴之处。

如何认识和把握我国经济生活的现状和规律,确定改革和发展的总体取向,是又一个事关全局和改革命运的大问题,陈岱孙教授同样提出了重要的意见。他历来主张,我们不能走某些西方国家以扩张性财政政策和货币政策为特点的老路,而应当从发展生产力着眼,不断提高劳动生产率,增加供给;同时要注意加强宏观调控,以保持总量平衡和各部门的协调发展,力求避免出现大的波动;他对我们经济中不时出现的过热现象,尤其是过高的通货膨胀,深表忧虑和担心。他多次重申早在1936年发表的《通货膨胀与岁计》中的一个观点,即认为通货膨胀是对一部分人实行剥夺的一种"坏税"。事实已经证明这些观点都是正确的。

陈岱孙教授对西方经济学有精湛的研究,对马克思主义经济学同样有很深的造诣。1981年出版的专著《从古典经济学派到马克思》是他的一部代表作,具有很高的学术价值,成为研究西方经济学和马克思主义经济学的必读之书。从那以后,陈岱孙教授在这个领域不停地耕耘,不断有新作品问世。在这些作品中,有一些研究课题是他自己提出来并率先作了探讨,提出了崭新的见解。例如,他早在80年代初就研究了经济自由主义和国家干预主义这个重要问题,并取得了重大成果,撰写了题为《西方经济学中经济自由主义和国家干预主义两思潮的消长》论文。另外一方面,他还对人们似乎熟悉的某些课题进行了新的探讨,提出了令人信服的新结论,澄清和修正了长期以来学术界根深蒂固的某些概念。陈岱孙教授在70年代末对法国重农主义领袖魁奈的具有历史价值的著作《经济表》所涉及的分析方法、模式和再生产规模等问题的研究,就是一个例证。直到今天,陈岱孙教授的这份成果在国内外学术界还是独一无二的。陈岱孙教授对所谓"亚当·斯密矛盾"的研究是另一个例证。对于这样一个既具国际性又具历史性的课题,陈岱孙教授以其敏锐的洞察力和深厚的学术功力,从两者在其作者思想体系中的地位和作用,从斯密哲学思想的来源和发展,从两者理论内容的比较等方面,进行了十分缜密和深入的研究,得出了令人耳目一新的结论。

陈岱孙教授的一生是热爱祖国的一生,是为民族独立和国家富强不懈奋斗的一生,是为我国教育事业和经济科学无私奉献的一生。他在 70 年的教学和学术生涯中,不断探索,开创了新中国经济学研究的先河;他一生勤勤恳恳,诲人不倦,洁身自爱,人品高尚,在学术界享有崇高威望。他的光辉业绩和卓越成就为后人留下了宝贵财富和榜样。

经济泰斗　典范永存

□ 顾毓琇*

本人于1932年秋返母校清华任教,担任电机系教授兼主任。是时工学院新成立,由梅贻琦校长兼任工学院院长。原有土木工程系,由施嘉炀教授兼主任。新成立的机械工程系,由庄前鼎教授兼主任。1933年春至1937年冬,本人兼任工学院院长,1935年,兼任航空研究所所长及无线电研究所所长。

清华大学原有文学院,由哲学系教授冯友兰兼任院长。理学院1929年起由物理系教授叶企孙兼任院长,1937年由吴有训教授接任。法学院由经济系教授陈岱孙兼任院长。

抗战以前,由1933年至1937年,清华文、理、法、工学院院长,分别由冯友兰、叶企孙、陈岱孙及本人担任,合作年间,实感欣幸。叶企孙,清华1918年毕业,公费赴美,1923年在哈佛大学物理系得哲学博士。陈岱孙,清华1920年毕业,公费赴美,1926年在哈佛大学经济系得哲学博士。本人清华1923年毕业,公费赴美,1928年在麻省理工学院电机系得科学博士学位。以生年计,叶企孙(1898—1977)生于1898年,陈岱孙(1900—1997)生于1900年,本人生于1902年,各差二年。得博士学位时分别为1923年、1926年、1928年,相差二至三年。同在美国剑桥的哈佛或麻省理工学院深造,亦可作为"三剑客"也。

1937年7月7日,卢沟桥事变爆发。清华、北大及南开三大学奉教育部令合组长沙临时大学,后迁昆明成立西南联合大学。本人在长沙临大半年,1938年春,参加抗战政府,担任教育部政务次长,因此向北大蒋梦麟校长及清华梅贻琦校长请假。后虽然因公曾屡次赴昆明访问西南联大,但未能继续任教,殊为憾事。

陈岱孙先生继续在西南联大担任经济系主任,抗战结束,岱孙先生奉清华梅校长命,先赴北京,筹备复校,工作艰巨。1946年秋,清华在北京原地址复校,岱孙先生之功不可磨灭。1952年10月,全国高等学校院系调整。清华之文、理、法三院并入北大。因此,冯友兰、叶企孙、周培源、黄子卿、陈岱孙诸教授改调北大,继续培养人才。北大增加许多名教授,而清华损失甚大。

本人于1973年由美首次返中国,叶企孙兄因病未能见面。但周培源(时任北大校长)兄宴请,得与冯友兰、陈岱孙、黄子卿诸兄面晤,殊觉欣幸。本人又于1979年、1983年、1986年返国,故得与周培源、冯友兰及陈岱孙诸兄晤面畅谈,甚为亲切。

忆1986年访大陆,本人向政府建议"股份制"对于国营及民营事业均可试办,且对吸收外资、侨资或可有助。事后请教陈岱孙兄。岱孙兄在哈佛名校专研经济,对资本主义及市场经济富有研究。现在中共中央经济开放,趋向"市场经济",对硕学鸿儒

---

* 顾毓琇,科学家、教育家、音乐家、诗人,原清华大学工学院院长。

如陈岱孙教授者十分重视,并时常请教。当时清华校友姚依林荣任国务院副总理,对岱孙师十分尊敬。因此本人推测,陈岱孙教授经济学识必曾引起外人不知之作用。

后本人收到《陈岱孙文集》两巨册,乃知岱孙兄不仅对马克思主义理论有研究,且能配合"市场经济"与社会主义融会贯通。今姚依林副总理邃归道山,而清华校友朱镕基副总理不久将升任国务院总理,还亲自兼清华大学管理学院院长,乐育青年,亦早接受岱孙老师的熏陶。朱氏对国家经济开放,用最大毅力实施,使通货膨胀自20%减至5%,国营企业大幅整顿,金融波动不受影响,人民币并不采取贬值措施,对世界经济大有稳定作用。

岱孙兄一生致力经济教学,培养英才。由清华至西南联大,由联大回清华、北大,教化所及,桃李春风,不胜钦敬!

岱孙兄长本人两岁,与冯友兰兄均臻高寿,较之叶企孙、吴有训二兄谢世,晚了20年,乃国之大师也!国之人瑞也!

经济泰斗
典范永存

1998年2月6日,时年96岁

作者顾毓琇及夫人与陈岱孙合影。

访芑公　忆岱师

□ 洪　同[*]

　　清华人所敬爱的陈岱孙师以 97 高龄遽归道山。失去了这样一位品德高尚、学问渊博的老师，每一个清华人都感到无限伤恸，无限悼惜。

　　犹忆近年我曾三度回到北京，访问母校，每次都承校友会副会长承宪康学长伴同我到北大燕南园探候岱师，每次岱师都以岸然道貌，挺直腰杆坐在沙发上和我亲切交谈。1994 年最后一次拜谒，他依然健康，告诉我虽已不上讲堂，在家仍然指导两个学生做研究，当时我一方面为他以 94 高龄老而弥健的身体仍然致力教学而窃窃私喜，一方面也以他以如斯高龄能否再胜繁剧，是否影响健康为虑。不想，这却是最后一面，从此我再也不能亲聆馨欬，沐其教诲了。言之曷胜伤恸！

　　1997 年 10 月接到承宪康学长来信，告以陈先生的纪念文集已在计划编辑中，盼望在台湾的清华人能就对岱师的怀念和追思写一些纪念文字。接信当时，我立即想起在台北的 1920 级老学长李榦(字芑均，我们都尊之为"芑公")是目前在台湾的"学祖"，他和岱师同年，又在清华和哈佛两度同学，能请他为岱师写一篇怀念和追思的文字，该是最为理想的了。

　　当时我就联络《校友通讯》的记者陈素金准备录音机和我一同拜访芑公，进行一次访谈。芑公虽届 97 高龄，但头脑清晰，反应灵敏，言谈如常。我开始和他交谈，以下是我记录下来他对岱师的一些忆述。

　　芑公说，他与岱师于 1920 年在清华毕业后，就和全班 86 位同学一同到上海搭轮船赴美深造，到美后他去了密苏里，岱师则去了哈佛，其后因为同班级友萧叔玉（萧遽）的邀约，他也转入了哈佛，于是和岱师再度同学。在哈佛，岱师和级友曾昭承在学校附近赁屋而居。他们去哈佛上课，时常到岱师他们的住处歇脚，因此岱师那儿无形中成了同学们的一个活动中心。

　　在芑公的印象中，岱师是一位对人诚恳、对事认真、生活严谨、自律甚高的典型学者。芑公说，岱师治学、为人，始终保持一种坚定、执著、专心、一志的精神。他终身不娶，专心治学，取得了辉煌的成就。

　　芑公又说，他们先后在美学成归国，岱师去清华任教，他则在上海授课，一南一北，平时甚少晤聚，只是每年一通贺卡，互为祝福而已。不过，在他的记忆里，当年在南京国民政府主持财政大计的宋子文先生，曾经邀请岱师"出山"，到政府任职，为国家财政贡献所长，但却为岱师婉谢了。在一阵学者从政的热潮中，岱师屹然不动摇，表现了他巍然独立的风格，这就是岱师的精神。

---

[*] 洪同，教育家，清华大学(新竹)教授，清华大学经济系校友。

芑公说,他深以有岱师这样一位同窗级友为荣、为傲。

其实,芑公这一番话,也正代表了清华人的心声。每一位清华人何不都为清华拥有岱师感到骄傲和荣耀呢?岱师是永远活在我们心中的。

在美国留学的清华学校1920级同学聚会合影,前排左一李榦,左二陈岱孙,左三甘介侯,后排左一曾昭承,摄于20世纪20年代中期。

学而不厌　诲人不倦

□ 巫宝三*

陈岱孙先生执教清华大学和北京大学经济系70年,从未间断,为国家培养了大量经济人才,举国罕有其匹。他授课深入浅出,语皆精义,无题外话,听讲者莫不称誉。尤其是他高尚的人品和精审的文章,广泛地受到社会人士赞扬,公认他为一代宗师。我从1930年至1932年在清华大学受业于先生,以后常有承教机会,"文化大革命"后20年来见面聆教机会较多,愈来愈敬仰先生为人与为学的品格,常有"高山仰止,景行行止"之感。我想就这方面谈点具体事例。

岱孙先生对于所担任的公职或社会团体职务,都是自始至终认真负责,把能做到的事尽力做到。他担任清华、北大经济系主任时,是如此,担任清华大学法学院院长时,也是如此。再就他任中华外国经济学说研究会会长来说,在此会成立之初,他就被公推为会长,以后大家拥护他为终身会长。20年来,他领导会务,始终不懈。在上次年会开会时,他以95高龄,几次参加大会,并在大会讲话。古人有云:"自始及末,无亏风范,从微至著,皆有称职。"岱孙先生就是如此。

岱孙先生生活朴素,温文尔雅,淡泊名利。以他的声望,他可以做大官,颐指气使。但他矢志教育事业,乐度教书生活,他在二三十年代用的一只小牛皮箱,在80年代到外地开会时还用它,到90年代他的卧室里还居然架着它,这是很多人,包括我,所亲眼看到的。汤佩松先生90寿辰时,岱孙先生赠他的贺词是:"学而不厌,诲人不倦,仁且智矣,文以益之,彬彬然君子哉!"其实,这也是岱孙先生之为人。

岱孙先生不辞辛劳,奖掖后学。这方面事例很多,就且举二事说明之。大家如果读了《陈岱孙文集》,就会看到他为学生辈的著述和译书所写的序文之多,感到惊佩。要知道这些序文,几乎全部是在岱孙先生80高龄以后各年写的,除了表明他高度重视各种学术问题的研究和讨论而外,显然也表明他不辞辛劳对后学的鼓励之情。另一事是我亲身感受的,我任北大兼职教授,在1980年去北大讲课时,没有想到,岱孙老师以80高龄与同学一道来听讲,并且自始至终听到完。老师的这种情意,我感到既是对我为学的一种鞭策,也是对我为学的莫大鼓励,使我毕生难忘。

岱孙先生是一位大师。他虽然离开了我们,他的道德文章将留在人间,供我们学习,鼓励我们前进。

---

* 巫宝三,原中国社会科学院经济研究所研究员、北京大学兼任教授,清华大学经济系校友。

我钦敬的陈岱孙先生

□ 任继愈*

抗日战争前,北平市有五所大学(其他高等学校,如工学院、医学院、女子文理学院、法商学院等等都属于专科学院,不称大学),即北大、清华、燕京、辅仁、北京师大。其中,北大、清华两校地位相当,性质相近,都是国立多学科的综合性大学,清华比北大多了一个工学院,历史较短;北大历史较长,文科师生人数较多,两校师资多为国内一流学者。这两校的关系较亲密。我在北大哲学系读书时,清华大学金岳霖、闻一多、张申府先生都在北大兼课。哲学系与经济系少交往,陈岱孙先生没有在北大兼过课。

抗战开始,北平沦陷,在长沙成立临时大学,半年后,临时大学迁往云南昆明,成立西南联合大学。临时大学的第一年,昆明的校舍未建成,文法学院在云南蒙自县,借用蒙自海关旧址上课。租用歇业的一家法国洋行作为单身教师及学生的宿舍。我们有较多的机会看到久已闻名、未得谋面的老师们的生活断面。

在学校网球场上,有四位教授的身影经常出现。这四位是金岳霖、陈岱孙、赵迺抟、浦薛凤。陈先生风度翩翩,赵迺抟先生穿中式短裤褂。他们的球艺很娴熟,特别是陈先生打网球,频频上网拦击制胜,引人注目。在蒙自半年,昆明新校舍建成,文法学院同在新校区域上课。

我未读经济系,听到经济系老同学传来的一些陈先生的逸闻,引起人们的兴趣。

一、讲课条理清晰,时间掌握准确,为全校第一。上课前一两分钟陈先生已站在黑板前(西南联大新校舍没有讲台),上课铃响,他开始讲课。这一点,别的老师认真去做不难办到,难得的是陈先生讲完最后一句话,恰恰是一定段落,下课铃也响起来。同学们对他的讲课艺术既惊叹又欣赏。这一点是任何老师无法比得上的。陈先生讲课并不念讲稿,听课者只要手头勤快,记下笔记,这一节课就是完整的一章一节教科书的一部分。这种出口成章的才能,西南联大教授中只有两位,一位是陈先生,另一位是冯友兰先生。

陈先生讲课认真,以身作则,给同学做出榜样,同学们听课从未敢迟到。个别同学去迟了,不好意思进教室门,就站在教室窗外听讲。好在西南联大的新建校舍有门窗而无玻璃。昆明气候温和,无狂风暴雨,有似热带雨林气候,阵雨过后,雨过天晴,也无需玻璃挡风遮雨。站在靠近讲台的一端听讲,比坐在后排还听得清楚,只是没有扶手椅,记笔记不方便。

---

* 任继愈,哲学家、宗教学家、历史学家,原北京大学哲学系教授、中国社会科学院研究生院博士生导师、国家图书馆馆长,西南联合大学校友。

二、陈先生还兼任经济系主任。经济系是大系,每个年级有100多人。学年开始,选课同学拥挤在他办公桌前,他能不加思索地处理每位同学所选的课,有重修的,有复学的,有需补修课的。陈先生都毫无差错地处理得妥妥当当,几乎不到一分钟就在一张选课单上签了名,从未发现差错(选课单系主任当面看过,签字后,才能交教务处正式登记)。在规定时限内,可以加选,也可以退选某门课程。陈先生执行起来十分认真。有一位同学,过了学校规定选课时限,来要求加选课程,抱着侥幸心理,企图碰碰运气,写了一个申请,说了一些延误的理由。陈先生看过他的申明,一言未发,把信推在旁边,接过下面另一同学的选课单。这位同学看到碰运气没有指望,也一言未发,悄然退出。陈先生办事一丝不苟的精神在同学中享有很高的威望。讲这件故事是一位西南联大的老同学任继亮,今年已80多岁,乃记忆犹新。

三、陈先生在经济系开过财政学课程,有一次学年考试,考题是"假如我是财政部长"。这个题目等于对财政学的全面测试,不光考记诵,还要考联系实际的措施。可以想见陈先生教学的学风,很注意理论联系实际。(闻自西南联大经济系黄钺。)

新中国成立后,1952年,全国进行院系调整,原清华的文法学院大部分师生并入北大。陈先生调到北大经济系。全国上下一面倒地学习苏联,全盘接受苏联的大学教材。认为西方资本主义的经济学一无是处,对西方学者的经济学,避之唯恐不及,对西方的学说故意置之不理。中国自我封闭了近20年,形成人才断层。"四人帮"清除后,拨乱反正,西方资本主义各种流派大量涌来。学术界有一批趋时者刮起不讲马克思主义,唯西是从的风。

陈先生不愧为一代宗师。他通晓西方,对苏联的经济学也有长期深入的理解。在极"左"思潮时期,陈先生没有公开发表评论苏联经济学的机会,但是他对马克思主义有深刻的了解。他对西方资本主义经济学也有过系统研究。以他毕生的精力,辅以深邃的学识,加上他多年学术积累,虽然年事已高,在十年内,发表著作《从古典经济学派到马克思》,主编了《政治经济学史》,还参加了许多政治活动、学术活动。《庄子》说:"水之积也不厚,则其负大舟也无力。"他的学术活动、学术著作,绝非十年之内从头起步可以完成的,这是他多年蕴藏的能量一旦爆发出来的硕果。

在极"左"思潮时期,学术问题不能讲透,政治棍子动辄到处飞舞。一些学者仗义执言,如马寅初、孙冶方,遭到意外横祸;有些"识时务者",随风转舵,不顾事实,昧着科学良心,有的甚至落井下石,以谋个人的富贵。陈先生屹立不动,保持20年的沉默。

陈先生写文章、发表著作和他不写文章、不发表著作,都显现出爱国知识分子的人格风范。

陈先生一丝不苟的认真精神,表现在治学方面,也表现在为人处世方面。他的门生弟子遍及海内外,有声名显赫的,有学术卓越的,有在职的,有退休的,也有由于各种机遇碌碌无闻的。凡是来请教、送文章请提意见的,都受到春风般平等的接待,虚而往,实而归。学识渊博如陈先生,比一般专家更懂得科学的严肃性和治学的艰难。他常对来访者说"这个问题我没有研究过","这个问题我不懂"。其实,即使是他自称"不懂"的某些领域,也比自以为"懂了"的人懂得还多。真正实事求是的学者都能从中受益。

改革开放以来,商品经济活跃,市场上出现一些假冒伪劣产品,文化教育界也出现了某些伪劣的专家、教授。再加上"文化大革命"之后,文化教育这个重灾区元气大伤。大学里能正确无误地传授知识的教师已经算上乘。学识渊博、贯通古今中外的大师已十分难得。品重士林,行不言之教,影响深远,为同行钦仰,陈先生是我所认识的少数前辈学者之一。

从陈先生一生言行中,可以看到 20 世纪中国知识分子的爱国主义精神和中华民族雍容宽厚、博大深沉的民族性格。

1998 年 6 月

陈岱孙教授在昆明迤西会馆,摄于 1938 年。

道德文章　与世长存

□ 戴鸣钟*

岱师在辛勤执教长达70年后，安详地辞世了。他临终在病房中说："这里是清华大学。"他怀着对清华的无限留恋之情走了，一去不复返了。

今天在写这篇短文，悼念岱师时，面对遗像，思念万千。他那深挚的眼神，清癯的脸庞，使我在沉痛的哀思中，回到了他当年在清华园为我们讲课的情景。他以矫健的步履迈入清华学堂古老大楼的教室，用抑扬顿挫的声调、逻辑严密的论述，为我们讲解课程内容；引经据典，剖析入微。他说话不舒不疾，师生目光交射会神。课后我们目送岱师走出教室。在那宽敞的走廊上，同学们还会不时议论一番听课的体会心得。这一情景已是60年前的事了，而至今犹历历在目，难于忘怀。

岱师为我们在三年级时开设财政学，四年级时开设西洋经济思想史这两门课。这两门课都是学年课程、必修课、重点课程。岱师布置我们选读了英国亚当·斯密、大卫·李嘉图等古典经济学家和阿尔弗雷德·马歇尔等新古典经济学家的不少原著。这些原著不仅论述经济学的种种理论，还涉及哲学、政治学、法律、社会学等多种领域，这样就大大扩展了我们的视野，提高了我们的思维能力。他要求我们在阅读时，要多多思考，真正读懂。岱师讲课的突出之处在于启发学生去探索、去研究。清华图书馆对学生也开放书库。藏书丰富，新书极多。我们进书库后，在书架中间走来又走去，寻找想读的书。半小时后夹了可多达十本的书出来，回到寝室，慢慢细读。读书风气之盛，是岱师等清华一批教授所启发引导的。

岱师在美国留学时，致力于财政金融这一学科的研究。他讲财政学这门课时，对财政金融制度、赋税原理、预决算编制、税制税法等讲得很透彻，指定的参考书也不少。30年代宏观经济学、微观经济学尚未形成今日这样的学科体系，但岱师在讲课时，已提到国家金融财政与企业收入及居民收入之间、与市场营销之间、与国际贸易及收支之间的消长制约机制。在岱师的指导下，我在毕业时，撰写的论文题为《重商主义》。这是可以联系岱师所授两门课后的一次体会汇报。

1936年毕业后，学校选我去德国留学。1935年起清华与德国文化交流中心签订协议，互派留学生，称交换生。我因学了德文，在毕业论文中又引述了德文资料，故被选送去德。经岱师及萧师（经济系萧蘧教授）商定，我去了柏林大学学习。柏林大学是一所闻名世界的大学，于19世纪初由威廉·冯·洪堡及亚历山大·冯·洪堡兄弟创办（二战后改名为洪堡大学）。经济学中的历史学派即发轫于该校。我去德时，维尔纳·佐姆巴特等著名教授年已古稀，仍在讲课。我在德也涉猎了民法、商法，以后报考博士学位，即以民法、商法作为副科应考，通过考试。我所以对法律感兴趣是因为岱师讲课常涉及法律，故萌志也学些法律。

---

* 戴鸣钟，经济学家，清华大学经济系校友。

岱岳长青——陈岱孙纪念文集

归国后,我于1946年应萧师之聘,去江西教书。萧师随清华内迁,在西南联大任教,后出任中正大学校长,兼经济系主任。萧师以无暇兼顾系务,命我继任系主任。萧师不久辞职,去联合国工作,不久病逝美国。我在江西任职至1953年。院系调整后,去了湖南大学。1964年再调上海机械学院(现改名上海理工大学)。我弱冠进清华,风华正茂,65年后,以耄耋之年,伏案执笔,为文以悼岱师之逝世,追念其对我教育之恩,哀思不已。

80年代初岱师与其他几位清华老教授南来考察苏南乡镇企业。当时苏南乡镇企业方兴未艾。考察完后,一行来沪。清华年长校友设宴欢迎他们的教师,我见到岱师清健如昔。之后,于80年代末因事去京,曾趋访岱师于北大。时值冬季,无数盆花移在室内,绿色映目,春意盎然。岱师留我和他共餐,欢叙多时。我以清华设有陈岱孙奖学金,曾捐款资助;乃蒙岱师邮寄《陈岱孙文集》上下两卷相赠。拜读宏文,益见岱师知识渊博,敬仰备至。今文集在案,而哲人已逝;抚今追昔,感伤逾恒,难以言喻。

岱师留给后人的,不仅是他渊博的知识,精辟的见地,更为重要的是他的德行楷模。他严以律己,宽以待人。他言传身教,对学生既严格要求,又循循善诱。他教我们如何为人,如何为学,如何处世。他爱国、爱家、爱学校。他疾恶如仇,质直坦率。他诲人以德,故人亦报之以德。岱师以世纪同龄人,享有遐龄。而今他安静地去世了,他的道德文章定将与世长存。

路漫漫无垠兮,怀我师而凄涕;将上下探求,以善继我师之遗风兮。

1997年10月6日

左起,陈岱孙、施嘉炀、金岳霖、萨本栋、萧蘧、叶企孙、萨本铁、周培源,在清华园北院7号门前合影,摄于1929年。

一代宗师　教泽流芳

□ 陶大镛*

1997年7月27日黄昏,我刚从外地归来,灯下匆接绍文同志电话,惊悉我们敬爱的岱老突于当晨与世长辞。悲恸万分,心潮起伏,久久不能平静。翌日,跟北大经济学院晏智杰教授通了电话,才得知岱老这次突患肺炎的一些情况,在离家住院那天,家人曾劝他换件衣报,他老人家还说:"过不了几天就回家来,不必再换了。"谁都没有料到,他就这样从燕南园寓所与我们永别了!

7月30日清晨,我怀着异常沉痛的心情,偕同朱绍文、高鸿业和丁冰三位教授,到北大岱老的灵堂前默念致哀。前来吊唁的人士不断,临别时一位报社记者追上来问我对岱老的逝世有什么感想,当我提到"岱老是我们经济学界的一代宗师,是坚持真理的一面旗帜。他的逝世是我国教育界和学术界的莫大损失"时,已悲不成声,再也说不下去了。

今天,我参加了岱老的遗体告别仪式,看到他老人家安详地躺卧在鲜花翠绿之中,虽紧闭着双眼,仍像还活在我们的队伍中。他为国家富强、科学繁荣教书育人,无私奉献了70多个春秋,实在太辛苦、太令人感佩了。岱老请安息吧!从八宝山返校途中,万念俱集,回到家里,我索性拿起笔来,回首一些往事,寄托哀思于万一。

从大学时代起,我就开始受到岱老的熏陶了。当时,正值抗日战争的艰危阶段,西南联大一批知名教授所主办的《今日评论》,敢于发出正义的呼声。我们在重庆沙坪坝追求进步的青年学生都把那时的昆明视为"民主运动的摇篮"。岱老在该刊上发表过不少篇《时评》,抨击国民党的亡国政策和官僚资本的殃民措施,后来又反对独裁,呼吁停止内战,主张和平建国。这些言论不但为各界人士所接受,也激发了大后方广大青年学生的爱国热情。

在新中国诞生前夕,我从海外绕经东北来到北京。记得有一个礼拜天上午,我到清华园去看望王亚南教授。他当时执教于清华大学经济系。王先生是我的恩师,回国前我们在香港曾住在一起。他对清华园的学术气氛极为赞赏,还介绍我谒见了慕名已久的陈岱老。我当时刚过而立之年,岱老则风华正茂。岱老给我的最初印象是博学谦逊和平易近人,至今还深深地留在我的记忆里。

在新中国成立以后的一个相当长的时期里,我跟岱老虽都在高校理论战线上工作,但各忙各的,事实上并没有什么来往,只是在一些学术性会议上偶尔有些接触而已。直到党的十一届三中全会以后,特别是中华外国经济学说研究会成立(1979年)以后,我才有机会经常聆听到他的教导——不仅高瞻远瞩,而且深入浅出;每每强调经济科学的教学工作一定要理论联系实际,提倡学以致用。他不仅是

---

* 陶大镛,北京师范大学经济与工商管理学院教授。

我国在西方经济思想史研究领域中的一面光辉的旗帜,而且学贯中西。他一再明确指示我们:对外国的经济学说,我们既不应盲目推崇,更不能全盘照搬,根本的原则是以我为主,以符合国情为主,做到"洋为中用",切忌"食洋不化"。这是岱老的一贯主张。它集中地发表在题为《现代西方经济学的研究和我国社会主义经济现代化》那篇著名论文中,至今仍为海内外有识之士所称颂。

为了我国经济科学的繁荣和发展,特别是为了正确对待西方经济学和经济政策,岱老数十年如一日,呕心沥血,老当益壮,做出了不可磨灭的贡献。我还记得1983年五六月间,中华外国经济学说研究会北京分会在总会的赞助下,曾举办过《西方经济学评介》讲座(共15讲)。由于经费不足,办学条件十分困难,借用了市内一所学校的小礼堂作为教室,听讲者倒很踊跃。时值盛夏,岱老当年虽已83岁高龄,仍不辞辛劳,每次一早就从西郊亲临指导,从未间断,有时还到得最早。第一讲曾由他亲自主持。由于教室难于安排,有好几次每天接连要开两讲,午间只能以面包、煮鸡蛋充饥,且无沙发,岱老也无法午休,只能在靠椅上闭目养一下神,下午照样听讲。岱老还有一个习惯,在课堂上从不坐在前排,总跟其他学员坐在一起。他是众所爱戴的老前辈,却从不以高高在上的权威自居。这种谦虚待人、以身作则的高尚风范,真使我们深受教益,终生难忘。

现在陈岱老虽已悄悄走了,但他的光辉业绩和学术成就,将是留给后人的极为珍贵的精神财富。他老人家那种探索真理、俭朴自洁、诲人不倦、正直不阿的高风亮节将永远是我们、特别是年轻一代人学习的榜样。

1997年8月8日于北师大
(原载1997年8月19日《中国经济时报》)

师德共仰　师恩难忘

□ 郑润昌[*]

　　60多年前,当我以一个20岁左右的青年把梦游清华园变为现实时,我第一次接触到我们敬爱的陈岱孙老师。我直接受业于陈师。他平日私人生活简朴,作风平易近人,以故同学们都乐与之游。当时众多名教授荟萃于清华,陈老师虽满腹珠玑,但从不随意标新立异。他的道德文章为同学们所共仰。他常告诫我们说,你们现在用功读书,将来学有所成,希望你们能作为新中国的基石而努力工作,不要向往做领袖那样的权威。这是清华办学的宗旨,也是当代知识分子回报祖国的最佳抉择。

　　光阴似箭,四年的校园生活,很快结束了。1936年秋,同学们各奔前程,我当时则经学校介绍,由陈师亲自约定,与几个同学一道,应约去福建省政府统计处试搞统计工作,编制统计年鉴,陈师遂成为引导我进入社会的第一人。抗战胜利后,陈师南下探亲,在福州我有幸再晤陈师。其时我正在福建省银行总管理处经济研究室任研究员兼该室副主任,晤对之时,我把我的工作情况向陈师作了汇报,陈师极为嘉许,并相约以后若有机会,望能返京工作。解放前后,我返浙搞工业统计,无法分身,直至退休。

　　改革开放之初,经济学界热气腾腾,一时各种资本主义经济理论竞相被介绍进入我国,报章杂志连篇累牍,鱼龙混杂。陈师以其强烈的爱国责任心,及时发表文章指出,对我国经济建设、发展经济而言,资本主义的一些东西,并不都是灵丹妙药,甚至有些还是有害的。我们在引用其做法时,要特加小心,不能赶时髦,连月亮都是外国的好,以致玉石不分,泥沙俱下,希望经济学界大家共同努力。陈师以其八九十岁的高龄,发出如此恳切感人的心声,足见其爱国之赤诚。

　　近年以来,我以老病缠身,无法出门远行,以致难酬再晤陈师一面的心愿,只在寓京同学中间接获有关陈师的信息。陈师以97岁的高龄,仙逝而去,作为学术界的一代宗师,令人痛惜。满天下的桃李,当更怀念不已也。真是师德共仰,风范永存;师恩难忘,音容犹在。

1998年1月

---

[*] 郑润昌,清华大学经济系校友。

岱孙师超人的记忆力

□ 张骏祥*

1936年夏季,在清华大学经济系八级临近毕业时,岱孙师介绍金城银行总行派员来清华招考行员。班上报名参加考试者不少。我与张婉华均被录取。毕业后要去报到,在离开清华前夕,我和张婉华去岱孙先生家辞行并致谢。陈先生正在房前廊子上乘凉,见了我们两人说:"这么大热天要去上班了呀!"对我们鼓励有加。50多年后,陈先生有一次到昆明开会,我和当时云南大学经济系主任朱应庚特在云南大学综合食堂设宴邀请岱孙师欢聚并聆教诲。谈及当年往事,陈先生仍记得此事。朱应庚在西南联合大学毕业后已近50年,有一次赴北京开会去拜谒陈先生。陈先生正在开会,朱应庚请人将陈先生请出来。陈先生一见朱应庚便指着他说:"你是朱应庚嘛!"近50年未见的学生,陈先生一眼就认出。陈先生学识渊博与其记忆力之强是分不开的。

我在清华大学即将毕业时,学生均担心一时找不到工作。陈先生尽力为学生与社会联系介绍工作。陈先生曾介绍我到浙江兴业银行、浙赣铁路局洽谈,后因我被其他单位录用而未去,但我对陈先生的恩情至今不忘。

* 张骏祥,清华大学经济系校友。

一 代 师 表

□ 韩克信*

我曾在清华大学经济系受业四年。当我从八级学长胡家驹的电话中获知令我终生崇敬的陈岱孙老师已经离我们而去的不幸消息时,我陷入了深深的哀思;但又得悉陈师离世时身心安静,因血压降得过低而呼吸安然停息,返归自然,哀思之中又心获宽慰。由于我年届87,无力亲往悼念,乃请同级章玉和学长与九级经济系同学联名吊唁。

陈师一生从事教育,培育英才,70年间未曾稍息。特别在八年抗战和战后复校期间,历尽艰辛,苦心筹划,百事集身,自青年至老年,一生献身于育人事业,甚至终生无机遇得一终身伴侣(某次在对陈师电视采访中,记者曾问及为何一生未求伴侣,陈师坦然答称:一生忙于工作,没时间没机会得遇合适人选)。陈师培育英才何止万千,而此等英才对国家对社会之贡献又何可计量!我们悼念陈师一生的伟大业绩,缅怀陈师终身的崇高风范,诚为一代师表,永为师者楷模!

严肃而和蔼

1933年,我转学考入清华经济系二年级。第一次见到陈师是在校图书馆前面。我和一个同学在那里遇到一位先生,他高大的身材穿着一身整洁的西服,头戴深色呢礼帽,手持一根手杖,面貌年轻而严肃,迎面走来。他走过后,这位同学低声告我:这就是法学院院长兼经济系主任陈岱孙先生。我一听立刻感到这位经济系主任有点威严可畏。当时我还未办注册手续,而这手续是须先经系主任审阅的。因此,对面谒系主任,心有所怵。

第二天我到教务处领注册表。教务处除告我去请系主任签字外,还给我提出个问题,说我还必须学一门自然科学——物理学或数学,因为我在原河南大学习修的生物学没有学年考试成绩,而且生物学是否可以代替上述两门课还是问题,嘱我去请系主任决定。这样,这一关更使我发怵了。当然我只有遵嘱而行。那时经济系主任的办公室就在图书馆楼下。我怀着不安的心情来到这里,见到陈师正端坐在那里办公。我就把教务处提的问题请他审核。他一听就看我的转学成绩表,只温和地说了一句话:"学了生物学可以免修物理学或数学。"但当他看到我学的生物学课程没有学年考试成绩时,他问我:"为什么没有学年成绩?"我解释说,因在原校和同学办个刊物被当局查封,正值学年考试前夕临时出走,未参加考试。陈师听了考虑一会儿说:"你写个文件,叙明情况后再定。"我写后再去。陈师看后,仍然说话很少,只说:"可以。"然后就批上:"可免修自然科学。"这是我进清华第一次接触陈

---

* 韩克信,清华大学、西南联合大学经济系校友。

师,而且是第一次请他审批一个可能引起麻烦的问题,他就这样只说两三句话解决了。他语音低缓,态度温和。我立时感到这位系主任不是威严可畏,而是和蔼可亲。

为毕业生尽力谋职

1933 年我考进清华后,因病休学一年多,未能随九级经济系于 1937 年毕业。抗战后,我先复学于长沙临时大学,后转移西南联大,1938 年夏毕业于云南蒙自。毕业后我前往昆明谋求工作。时值战乱期间,学校为毕业生谋求工作至为困难。陈师为此又费尽心血。为使自己培育的学生能从事适宜的工作,又不愿一有机会就随意推荐,所以毕业生离校就职进展缓慢。陈师很费周折与重庆中央机关联系,谋得了几个工作职位。1 月初陈师通知我和另三位同学去他那儿洽谈此事。陈师告我们,重庆经济部有四个工作机会,对我们所学甚为适宜,希望我们尽速前往任就。这次同承陈师荐往重庆经济部工作的另三位同学是籍传质、夏壮图和刘树森。从此我们在陈师四年培育之后,又以陈师的荐介开始了我们一生的事业。

授课言简意赅、内容丰富

在清华经济系课程中,经济思想史和财政学(或公共财政)是两门重要的必修课,均由系主任陈师亲授。我在听陈师讲授这两门课程中,深感其学识深厚,讲解清晰,言简意赅,内容丰富。陈师讲课声调缓慢、用语简洁,听者易懂易记。由于听时理解清楚,笔记简要明晰,因而容易系统掌握要义,学识增益效果亦高,考试时就能应付裕如。这是每个听陈师授课者的共同感受。陈师讲课态度极为严肃,端坐椅上,时而眼望课室同学,时而目视面前提纲。初时我以为提纲中必有详细记述。一次在课间休息时,陈师在旁答一同学问,我乘机走上讲台看提纲,企图理解陈师为何能将详细准备之提纲以简言慢语讲解清楚。一望提纲,大为惊奇。那一页讲课提纲上,陈师只写了十几个英文提要。现在似乎还记得那份讲课的提纲是这样的:"Classical school: A. Smith—Laissez-faire, laisser-faire. D. Ricardo—Comparative cost."在 Marxism 项下,只写了"K. Marx—The Capital, surplus value"。足见陈师对这些重要经济思想只记了讲的次序,对各家经济思想内容已融会贯通存记于脑中了。

鼓励与教导

直到我晚年 80 岁时,还有机遇得陈师的一次亲切鼓励与教导。

我清华毕业后,主要从事于经济研究工作。1956 年起专事国际贸易研究。80 年代前的近 30 年间,只能给领导和业务部门提供参考资料,不能由个人发表文章。这期间写作虽不下百余万字,但在"文化大革命"中均付之一炬。80 年代改革开放后,参加国内和国际经济、贸易、金融等研讨会较多,写作也渐有积累。1990 年我出版了两本著作:《现代国际经济贸易问题》和《现代国际市场》。出版后寄给陈师,请审阅指正。不几日就得到陈师复函。承他以中国式红格直行信纸用钢笔亲书一篇亲切鼓励与教导的信。大意言我多年研究已取得很大成绩,经济学已进入新时代,用新方法处理甚为适宜(意指书中以数学计量方法研究了某些问题),但在改革开放和现代化条件下,仍应继续紧跟现代化不断前进。当时陈师已近 90 高龄,我得此鼓励与鞭策,至为感动。一时想前往北大寓所省候并亲聆教导,但转念其年事已高,不免有扰清神而作罢。

"文化大革命"中我对陈师处境极为关心。

"文化大革命"初,我听说清华和北大许多著名老教授被打为"黑帮分子"、"反动学术权威"等等。我不免猛然想起我受教多年的敬爱的陈师是何遭遇。关切与怀念终使我专程去清华一次看看情况和大字报。到清华后走遍校园,也没见到这类大字报,心想所听情况不实。但这时我忽然醒悟自50年代初院校调整后,陈师已转往北大。乃折返前往北大。进校园后,我确实发现一个大木牌,上列许多被打为"黑帮分子"的名单。每个名字都用红笔打上大"X",说明栏内分别写着"大黑帮分子"、"大地主"、"反动学术权威"、"大特务"等等吓人名称。我担心地按姓名逐一看完,最后没发现陈师的名字,才宽怀放心而返。

最后,我再次重述在清华四年受陈师培育之恩,一生铭感。而陈师一生教育的英才已遍布天下。陈师人格之高洁,风范之纯正,堪称一代师表,永为师道楷模!

1997年9月30日于北京龙潭寓所,时年八十有七

陈岱孙教授在清华园,摄于20世纪30年代。

怀念陈岱孙恩师

□ 张德声[*]

我在1935年入清华经济系学习。当时陈先生是法学院院长兼经济系主任。我与先生接触极少,只是常见他昂首阔步地走在二校门到图书馆的路上,一身笔挺的西服,一头乌黑光亮的美发,令人肃然起敬。常听到人们称道陈先生为人正直,处事公道,厌弃为官。记得徐毓楠先生在一次经济学会上只用一个词称赞陈先生,说:"陈先生,gentleman! gentleman!"

我听过陈先生主讲的经济思想史和财政学,言简意赅,主题明确,条理分明,精髓突现,启人深思。人们常说,陈先生一堂课就是一篇精彩的文章。经济思想史是一门哲理性极强的课程。可是,陈先生结合史实乃至现实,讲来很是生动。陈先生讲课总是很严肃的,但并不使人望而生畏,而是感到入理入情,很自然,有时也饶有风趣。给我印象最深的一次是陈先生讲凯恩斯的经济思想时,最后提到凯恩斯也搞股票,赚了不少钱。

虽然我和陈先生接触不多,可是受到的教育、帮助很大,感到亲切。抗战爆发时,我辍学参军。日本投降后,一日见报载陈先生代表清华飞抵北平办理清华复校事宜,在骑河楼清华同学会办公,我立即去北平见陈先生,请求复学。陈先生详细地介绍情况说,清华破坏很大,生物馆、大礼堂做了马棚,四院还住着日本伤兵……复学无期。最后,很关切地送我到大门口。但是,清华复学后,我终于复学了。

毕业以前,我曾到陈先生寓所致敬,给陈先生拍了一张照片,并同陈先生合了影。现在这应是极珍贵的纪念了。

最后一次见到陈先生是在1997年春天。我离休后,为了适应国家改革开放、经济建设对外语、外经、外贸人才的需要,在家乡通州区办了一所外语外经贸学校。一块儿办学的有清华校友罗会文和叶庆刚。我们想和美国一所私立大学合作办学。为此,我和罗会文一道去请教陈先生,把那所学校的威斯康星州政府的立案批件和银行账号等文件的复印件请先生过目。过几天,先生写了一封亲笔信给我,亲切地称我"德声弟",信中说这个学校注册才一年多,恐怕没有什么实力,希望考虑。后来我们听从陈先生的意见,没有与他们合作。那些复印件字迹十分细小,年已96高龄的老者看来当是如何吃力,可以想象。可是,陈先生却能仔细地看过,并发现问题,提出忠告。这种对事、对人、对学生的真情实意,实在令人感佩!

惊闻陈先生仙逝,我内心万分沉痛,深深地怀念他高尚的人格、高深的学识、深厚的教益和真挚的帮助。更悔恨过去为什么没有更多地向陈先生请教呢?良师已去,何可重聆教益!

1998年3月

---

[*] 张德声,清华大学经济系校友。

忆陈岱孙老师在西南联大

□ 宋同福*

陈岱孙教授是60年前抗日战争时期，我在长沙临时大学和昆明西南联合大学读书时的授业老师。我毕业离开学校后，多年来虽然再没有和他见面，但那时在校的一些情况，回忆起来，恍如昨日。现略述一二，以表怀念。

我是1935年考入北京大学经济系的，系主任是赵迺抟教授。1937年7月7日卢沟桥事变后，7月29日、30日，平、津相继沦陷。8月19日，北京大学校长蒋梦麟、清华大学校长梅贻琦、天津南开大学校长张伯苓，经教育部批准，决定在长沙联合成立国立临时大学。随即登报通告三校师生于9月30日前到长沙报到。

临时大学的校舍，租用韭菜园圣经学院做校本部及法学院学生上课之用，文学院借用衡山庙宇上课，理学院、工学院因需实验，借用湖南大学实验室上课。这是一所名副其实的临时大学，学校设备虽差，但三校教师好，教学质量并不差。

1937年10月，临时大学如期开学上课。三校合并后的经济系由陈岱孙教授担任系主任，他原为清华大学经济系主任。我到校后，就向他报到。他身穿西装，平易近人，很受同学们尊敬。开学时北大经济系主任赵迺抟教授、周作仁教授、南开经济系李卓敏教授、张德昌教授等，均到校授课。三校教师，都是一流的。

没想到临时大学开学不久，京沪战事急转直下，1937年11月13日上海沦陷，12月13日南京亦告失陷。日本飞机开始轰炸长沙，学校开始议论再度迁移之事。

1938年1月19日，经教育部批准决定，长沙临时大学迁往昆明，到昆明后改称国立西南联合大学。

昆明西南联合大学的校舍，1938年4月建校之初，除在西门外自筹资金开始建筑新校舍外，理学院、工学院租用迤西会馆上课，文学院、法学院借用蒙自海关上课。

蒙自海关是一所花园建筑，有一个很大的花园，周围有砖墙。园内有亭子、山石花木，读书环境很好，但这里因地方很小，我们经济系同学们与陈岱孙老师、赵迺抟老师等课内课外天天见面，非常亲切。

1938年9月，文学院、法学院的学生在西门外农业学校上课，住在昆华师范。这一年，我是四年级的学生，曾选读陈岱孙老师经济思想史的课程，受益匪浅。毕业论文是赵迺抟老师指导的。

1939年7月，我在西南联大毕业。那时大学生毕业，学校不管分配。用人单位可登报招考取用或经人介绍聘用。我毕业时，中央研究院社会科学研究所向西南联大经济系聘用两名研究生，并指明清华、北大各一名。陈岱孙老师和赵迺抟老师推荐我和桑恒康应聘。经审阅毕业论文后，我们两人即被通知于8月1日报到，所

---

* 宋同福，北京大学、西南联合大学校友。

长陶孟和先生分配我在财政组任研究生。从此,财政研究工作成了我的专业。两位老师的恩情,永志不忘。

陈岱孙老师是国内著名的经济学专家、一代宗师。他一生从清华大学到西南联合大学,新中国成立后又由清华大学到北京大学连续执教 70 多年,为中国高等教育事业做出杰出贡献。他热爱祖国,为国家培养有用人才,他的学生遍布国内外,他的教育兴国精神,将永远受到人们的敬仰,值得人们学习。

1998 年 3 月 20 日于上海

陈岱孙教授在长沙下麻园岭,摄于 1937 年。

清华受教忆岱孙师

□ 蔡孝敏*

北平五大学(清华、北大、师大、辅仁、燕京)球类比赛,是当时引人关注的体育活动。因辅仁实力最强,连续六年夺得五大学足球锦标,清华足球队被迫屈居亚军席位。1935—1936年,我被选入校足球队担任守门员。为了夺回荣誉,经常于每星期一、三、五和英国兵足球队练习,我队球技有长足进步,而辅仁还被蒙在鼓里。果然美梦成真。第一循环赛1936年冬季在清华举行,清华以三比二得胜。另一循环赛在辅仁举行,上半场尚未赛完,因辅仁球员行为凶暴,清华11人中,已有10人受伤,清华队不得不在体育助教张龄佳率领下弃权离场。加赛之一场,是于1937年春季在燕京大学举行,裁判员三人,结果清华以二比零夺得锦标归。每当清华足球队在校园内比赛,陈岱孙院长(清华法学院院长兼经济系主任)向例西装革履,站在球门后观赏。因为我担任守门员,整个赛程90分钟,自始至终看到陈院长在场观看。

陈院长曾教我大学二年级财政学。他上课时不苟言笑,在50分钟内,必将所有内容分析得清清楚楚。只要你肯用心听讲,全部记录下来,就是一篇最好的演讲稿。

陈院长给分很少,考及格大致可以,能在70分以上是很难的。本人曾得过81分,算是好成绩。某次考试,陈大师发觉某位学生夹带纸条,当场将其考卷没收,赶出课堂。

---

* 蔡孝敏,清华大学经济系校友。

纪念导师陈岱孙

□ 俞 成*

我和陈先生的关系要追溯到 30 年代,是半个多世纪以前的事了。当时父亲俞平伯在清华任教。陈先生小我父亲一两岁,那时已是清华年轻有为的人才之一了。至今在我脑海中还不时浮现出他在我心目中的形象,由此可见他对我由幼年到青年时期的影响。我从他身上学到了许多书本以外的东西,受益终身。

陈岱孙先生是清华大学元老之一,对清华有巨大的贡献。"桃李满天下"对他是当之无愧的;这也就是在他逝世后,海内外学子之所以要为他塑铜像、出纪念文集的缘由。

1937 年日本侵华,北京危在旦夕。清华大学、北京大学和天津南开大学欲迁到长沙成立临时大学。当时陈先生是最早为这事奔跑的人。他曾特意与当时在南京的梅贻琦商讨。

我那年由济南到长沙临大借读,陈先生是经济系主任。那时他给我的第一印象是严厉、脸上很少笑容;讲课时虽带着一点福建口音,但课讲得深入浅出、有条不紊,学生们都喜欢听他的课;他讲大课时,教室也总是满满的。有些调皮的学生因为他不苟言笑,背后称他"铁青脸"。他认识班里的每一个学生——不论是好的,还是坏的学生。我则是坏学生中的一例。有一次考试,我因贪玩没有复习,偷看坐在我旁边同学的考卷,被陈先生发现。他走到我座位旁,用手轻轻地敲了一下我的坐椅(那时是没有课桌的,只有一块板连在椅子的右边),立即离开我。由此可见他虽外表严肃,内心对学生们是倍加爱护的。

毕业后,我辗转各地,一直没有和他联系,直到 70 年代西南联大校友每年在清华或北大开校友会,才再次见到他。他的头发虽然添了几丝白发,但风度依旧不减当年;第一次与他再见面时,他竟能叫出我的名字。

前年我曾和李佩登门探望他。他虽年事已高,行动亦缓慢了,但仍热情地叫我们坐,问我们的生活情况。1996 年举行联大校友会时,他因行动不便,已不能参加了。

陈先生离我们去了,而他留给后人的,则是很多很多……

1997 年 12 月 12 日

---

* 俞成,西南联合大学经济系校友。

陈岱孙老师的精神长存

□ 任凤台*

我于1938年入西南联大经济系,读了四年,受教于陈岱孙老师。1960年以后我与陈老师不断往来,遇到不懂的问题,常去请教。陈老师不仅教我知识,还教我做人,受益匪浅。现仅就我所知道的有关老师的一些事,记述下来,永志不忘!

我在一年级时,上陈老师的经济概论课,记得开宗明义第一章,是边际效用。本来这类西方主观主义的抽象东西,对我们来说,比较难于理解。陈老师根据学生的情况,采取了适当的教学方法,他先提出边际效用的定义,然后举例深入浅出地加以讲解;课后,再组织学生分组进行讨论,事先印发讨论题,由助教(王秉厚先生)辅导和解答问题。这样我们对边际效用能较好地理解了,印象也深刻。后来,学习需求弹性课等,也都采取这种办法,效果很好。我在80年代,给我们学院讲管理经济学课时,遇到了边际分析和需求弹性问题,由于我有在联大学习过的基础,在教学中没遇到大的困难,这是得益于陈老师教学有方。

陈老师讲话一向简洁,讲课也是一样。他讲课时,操着福建官话,讲得很慢,但吐字清楚,论点明确,逻辑严谨。我们记笔记,一字不落,课后把笔记从头到尾读一遍,真是一篇好文章。陈老师讲课的情景,直到现在回忆起来,憬然赴目,终生难忘!

陈老师重视工作效率,严格遵守规章制度。有一年,开学前选课,规定是上午8点开始办公。我们班的一位同学,7点多就来了,看陈老师在办公室,马上进去将选课单递上,陈老师把手向墙上的钟一指,并说:请你看看时间。这位同学立刻意识到,还不到时间,很尴尬地出来了。后来同学们在议论此事时,认为陈老师是对的。既是规定,老师与学生应共同遵守,迟到不对,提前也不对,如果你提前了,别人比你再提前,怎么办,那样规定就没意义了。

陈老师对工作极其认真负责。每年开学前,系主任处理学生选课的任务相当繁重,特别是对将要毕业的学生,更要辛苦。四年级学生在开学选课前,老师必须对他们三年成绩进行逐项核对、审查(如必修课、总学分、各项课程成绩等),做到心中有数,如有问题,四年级予以补救,以免影响学生毕业。经济系1942年毕业生有70多名,全部审查一遍,工作量不小。这项工作要求认真仔细,即使是小问题也不能遗漏。如我在四年级选课时,亲眼看见我的成绩单上有陈老师写的一张纸条,注明缺大学一年级语文的作文和军训成绩,要我找有关老师补上。这说明陈老师对工作认真负责。经济系的历年毕业生,从未被联大毕业审查委员会提出过问题。联大有人说,陈岱孙的毕业生,可以免予审查,可见陈老师在联大的威信。

我1942年毕业后,因生活和工作关系,一直未和陈老师联系。1949年解放,我在粮食部门工作,1960年调回北京。陈老师那时住在北大镜春园,我差不多每年都去看望老师好几次,尤其是春节,必去给老师拜年。记得有一年春节,我到老师家

---

* 任凤台,西南联合大学经济系校友。

时已经接近中午,老师想到我回去路远,可能耽误午饭,告诉家人给我做了一大碗面条,因我顺便还要看别的朋友,我没吃。这虽是一件小事,但体现了老师对学生的关怀与情谊,使我难忘。

陈老师治学严谨,学识渊博,言必有中。陈老师专著《从古典经济学派到马克思》一书,是老师解放后写的第一本书。我拿到后,一口气读完。读后,犹如吃了一顿珍馐美味,肚子填得满满的,回味无穷。我认为老师对马克思的剩余价值理论,真正研究透了。这本专著虽然只有四章(四个专题),但它涉及的是剩余价值理论的关键部分,是大家不容易搞清楚的一些问题。在论述这些问题时,老师虽然也引用了马克思的原著,但书中主要部分,是老师以马克思主义的立场、观点、方法,根据多年研究的心得而写出来的,关键之处,寥寥数语,却解释得清清楚楚。在全书中,找不出一句重复别人的套话,读起来使人感到新鲜,茅塞顿开。

老师治学一向严谨,不言则已,言必有中。我以为,这也是老师不轻易写文章的原因。老师十分谦虚,他对不懂的或者还没完全弄懂的问题,很少发表意见,即使对他的学生,也不例外。我记得在联大时,一位同学请教老师关于凯恩斯理论方面的问题,老师坦率地回答:这方面我没有研究,不懂,请你问徐毓楠先生,他是专门研究这个问题的。凯恩斯的《就业、利息和货币通论》是1936年问世的,二战期间凯恩斯理论风行一时,陈老师身为联大经济系主任,不研究凯恩斯是不可能的,可能认为自己还没有完全研究懂,所以向学生推荐徐毓楠先生,也有提携后进之意,足见老师品德的高尚了。

陈老师研究问题在综合、归纳、概括、分析和文字表达等方面具有超人的能力,有时很复杂的问题,一经老师讲解,很快就使人把问题弄清楚了。这种情况,上面我已提到了,但还有两件事给我留下的印象太深了。

有一次我看到一篇评论法国重农学派的文章,作者认为重农学派的理论中心是重视农业。对此,我有怀疑,去请教老师。老师回答:还不能这样说,重农学派所说的农业,是资本主义的,实质上(重农学派)要求的是发展资本主义。我听后,对重农学派的实质就清楚了。

还有一次,我问老师英国李嘉图的比较成本学说作为国际贸易理论,当前应如何评价。老师回答:(比较成本学说)不是对不对,李嘉图认为国际贸易就是按照他说的那样做的。老师的话我认为简单明了。以上两个问题,在我都不可能一下子搞清楚,老师一句话,胜我读十年书,不愧一代宗师!老师在学术上之所以能达到如此高深的境界,当然与老师非凡的聪明才智、良好的家庭教养、深厚的中外文基础等有关;我认为更重要的是老师从事教学和研究经济学七十年如一日,兢兢业业,付出长期的艰苦劳动才取得的。老师在耄耋之年,仍坚持讲课、带研究生、撰写文章,从事教学工作之久,奉献之大,可谓举世罕见。

我最后一次看老师是1994年春节。1995年我的爱人得了癌症,1996年病故。我两年为医治和照顾病人,而身心憔悴,未能去看老师。1997年7月,我打算在秋季天气凉快一点的时候再去看老师,不幸老师于7月27日病逝,我见报后十分悲痛,未能在老师病逝前见一面,成为终身遗憾!

老师一生治学之严谨,学识之渊博,品德之高尚,心胸之坦荡,诚为我们之师表!愿陈岱孙老师的伟大精神永存!

1998年3月29日

感 谢 教 诲

□ 侯舒华[*]

  1938年国立西南联合大学在昆明成立,陈总(岱孙)教授是经济学系的主任兼教授,丁佶是商学系的主任兼教授。我是商学系的学生,不是经济学系陈教授的正规弟子,只是他的旁听生。

  那是在开学后听经济学系的同学说,陈教授在抗战前是原清华大学经济学系的主任兼教授,课讲得非常好。我就很想听听他的教导,可是商学系没有他教的课,我就下决心去旁听他在经济学系的讲课。

  进陈教授讲课的教室后,看他高高的身材,穿一身整洁合体的西装,昂立在讲台前,既有中国学者风度,又有英美绅士派头,仪表堂堂,令人敬畏。他用普通话讲课,不快不慢,深入浅出,条理清晰。学生们虽多,但都悄悄静坐,眼望教授,耳听讲课声音,大家聚精会神,仔细地把课听完。一堂课很快过去,但课堂内容却永留心间。陈教授在下课前一二分钟结束讲课,使学生们从容有序地离开教室,他最后目不旁视地走出门口。

  学校成立后,人多房子少。我们的宿舍就是一间房内对面摆两排上下双层的床,中间只有进出过道,不能放桌椅,看书学习都在床上。人多嘈杂,不能安心学习、备课,只得去图书馆。每当我走进图书馆,陈教授已先在他经常坐的座位上阅读、写字了,从未间断过。很晚我才回宿舍。教授和他同去的人也相继离开。看来教授们比学生还用功,所受艰辛更非一般人所能体会的。

  我从听陈教授讲课和看到他备课,领略到他对学生认真负责的精神和对学问研究不懈、精益求精的品质。他是我们做人的典范,学习的楷模。这些言传身教的教诲,使我受益终身,永世难忘。

  后来我突然遭到不幸事故,旧病复发,不得已离开学校。一别就是五六十年!遗憾的是我时时想对陈教授说一句"我感谢您的教诲!"却一直没出口!

---

[*] 侯舒华,西南联合大学商学系校友。

一代宗师关心后辈成长

——缅怀岱老为我国金融系统培养研究生二三事

□ 甘培根　唐　旭*

我国著名经济学家、北京大学经济学院陈岱孙教授从1981年起就与黄达、胡代光和厉以宁三位教授一起被中国人民银行总行礼聘为该行刚刚成立的研究生部的顾问。自那时起,岱老对人行研究生部(因该校坐落在北京海淀区五道口,人们一般简称该校为"五道口",为行文方便,本文以下亦简称该校为"五道口")的成长一直关怀备至。可以这样说,"五道口"的一些重要学术活动或庆祝典礼,只要有请,岱老必到,而且从不迟到早退。只要有问,岱老必答,而且见解精辟。岱老对"五道口"的办学模式和教学改革曾给予很大的支持,充分发挥了"高级顾问"不可替代的作用。十多年来,岱老学识之渊博、治学之严谨、待人接物的谦虚谨慎与生活衣着的朴实无华的确给"五道口"的师生员工留下了极其深刻的印象。

岱老对"五道口"能坚持教学、科研与业务部门"三结合"的办学模式一直给予很高的评价和鼓励。"五道口"这个学校是人行金融研究所创办的,一些基础课程主要聘请北京大学、中国人民大学及国际关系学院的老师来主讲,专业课程及毕业论文则主要聘请金融系统的业务专家来讲授和指导,处处都体现了教学、科研与业务部门"三结合"这一办学精神。正如岱老经常教诲我们那样,大学本科和研究生的教学必须要与科研和实际业务部门紧密结合,这样理论才不会脱离实际。岱老对"五道口"办学模式的支持与肯定实际上成为我校在教学改革中不断有所前进的一个巨大的推动力。

岱老很关心"五道口"研究生的培养质量。他经常告诫我们,对研究生的培养,不仅要教好书,而更重要的是要教育好人。岱老认为对研究生的培养,一定要在学习上提出具体要求,即要求他们在学习与科研上一定要在"博、大、精、深"四个方面狠下工夫。岱老的这"四字"方针实际上为"五道口"研究生培养目标中在智力方面注入了新的具体要求,我们将为此不断进行教学改革,以表示对岱老的无限怀念!

从"五道口"第一位博士研究生算起,十几名博士研究生的毕业论文答辩差不多都是在岱老的主持下进行的。在每次博士生毕业论文答辩中,作为答辩委员会的主席,岱老都是最后一位提问的老师。他提出的问题,少而精,有些甚至还是经济学中最基本的概念或理论问题,这是岱老有意要考一下博士研究生的经济理论基本功是否扎实。在答辩委员会做出综合评语时,每次都是由岱老当场口述,由秘书记下整理,经答辩委员共同研究修改后,由岱老在答辩委员会上正式宣读,然后

---

* 甘培根,原中国人民银行研究生部主任;唐旭,原中国人民银行研究局局长兼中国人民银行研究所所长。

由秘书填入正式表格,岱老在再次过目后才签字。岱老口述的综合评语,言简意赅,高度概括,字里行间洋溢着岱老对后学的正确评价与殷切期望。当时岱老已年过九旬,但身体仍那样康健,在每次主持"五道口"博士生论文答辩时,其思路之清晰,分析之透彻,提问之精辟,评价之中肯以及对工作的极端负责、一丝不苟的作风,的确给我们留下了难以磨灭的印象。我们真为"五道口"的博士研究生们能在这样一位德高望重的我国经济学界的老前辈主持下进行论文答辩而深感庆幸!

岱老在后辈深造问题上也一直是很关心的。每年"五道口"都要接收北京大学经济学院推荐一名应届优秀本科生免试入学。目前,我校还珍藏着几封由岱老亲笔书写的推荐北大学生免试入学的推荐信。岱老对这些被推荐的学生的学习成绩、科研成果、人品素质以及有无深造前途都做了实事求是的科学评价,从那苍劲有力的楷书中更能够看出岱老对后辈的继续深造是多么的关心和寄予多么殷切的期望啊!

每年春节前,我们都要去看望岱老,令人感触最深的就是岱老的起居饮食竟是那么的朴素艰苦,室内陈设简单,但整洁高雅,尤其是两张宽大而又显得有些褪色的老式单人沙发更是引人注目。岱老告诉我们,不要小看这一对沙发,这是他在40年代后期抗日战争胜利后由昆明西南联大返回北平时在西单一家家具店买的,一直使用至今。真是岁月如梭,这一对老式旧沙发已伴随着岱老度过了半个世纪的日日夜夜,那是多么难忘的岁月啊!它们是岱老操劳一生、不断培养出新的一代经济学家的"历史见证"。当我们每次去岱老家看到这一对历经沧桑的老式单人沙发时,我们对岱老的高风亮节、艰苦朴素的一生不禁油然起敬。一代宗师,岱老当之无愧!

1998年1月5日于北京

陈岱孙教授主持中国人民银行金融研究所研究生部的博士生答辩会,左二甘培根、左三王传纶、左四胡代光、左五陈岱孙,后立者为博士生张美玲,摄于1993年。

缅怀一代宗师陈岱孙教授

□ 胡代光*

岱老去世多年了。我始终未能忘怀岱老献身教育、全心全意为人民服务和办事认真负责的高尚精神,以及联系群众与发扬民主的优良作风。

自 50 年代上半期至 1984 年,岱老一直担任北京大学经济学系主任,作为他的助手之一,我从岱老的思想品德和工作作风等方面学习到许多宝贵的东西,受益良多。

全心全意为人民服务是岱老进行教学、科研和行政工作的宗旨。岱老一生诲人不倦,教书育人,真是桃李满天下,他为我国高等教育事业做出了卓越贡献。最使我感动的是,岱老在耄耋之年,还孜孜不倦地培养博士研究生,他对学生的学习既细心指导又严格要求。他认为如果指导教师自己在学术研究方面不作充分准备而贸然招收研究生,放鸭式地进行"培养",那将是误人子弟啊!他曾对《北京日报》记者说:"我年纪这么大了,为什么还要教课?客观上,培养学生是教师的职责;主观上,我对青年有偏爱。常和青年们在一起,好像自己也年轻了。"我记得,岱老曾对他指导的一名博士研究生的博士论文初稿进行审阅后,亲笔写下近两万字的如何修改其内容、提高其质量的建议意见书。岱老的这种悉心指导博士论文的范例是值得我们认真学习的!

岱老为处理全系教学行政工作和密切联系群众,总是按每周规定的时间,准时到达系主任办公室,从未迟到或早退,即使其间一时无事可办,他也要静坐在办公室内,直到下班时刻才离去。岱老召开会议,常是事先准备好议事程序或发言提纲,他从不长篇大论,夸夸其谈,而是让与会者充分发表意见,畅所欲言,然后由他归纳,得出共识或结论。总之,在岱老身上,官僚主义的影子是丝毫没有的。

岱老是第二届至第八届全国政协委员,第六、七届全国政协常委,他关心国家大事和我国社会主义建设事业的发展,积极参政议政,发表了不少真知灼见。例如,早在 1957 年,他和其他政协委员就联名提出提案,建议在中国科学院成立人口问题调查研究中心,并在高等学校成立人口学课程或人口学专业。在政协会议上,岱老曾多次对财政部将国内外债务数额计入我国财政收入内(即只承认财政"硬赤字"的存在)持有异议,认为这样的计算方法是不科学的。一段时期,有人提出"通货膨胀有益论",岱老对这种论调却表示不能苟同,他在政协会议上和其他有关学术座谈会上,一再发表他的看法:"通货膨胀是一种变相的、不公平的税",无助于经济增长。针对有些舆论宣传曾把市场经济庸俗化,岱老及时指出:"市场并非万能的",莫将市场"神化"了。实践已证明,岱老的以上见解是十分正确的。

岱老的学术造诣甚高,有许多创见一直影响着我国经济科学界及晚辈学人。这是需要另用专文综述的。这里我只回忆岱老如下的学术研究成果所起到的影

---

* 胡代光,北京大学经济学院教授。

响。70年代,岱老撰写的《从古典经济学派到马克思》这本专著,以马克思主义为指导,评论中肯,分析深入,对价值学说、剩余价值学说、社会总资本的再生产和流通学说、经济危机学说的变革进行了深入阐述,有独到见解,已成为研究经济学说史的必读文献。80年代,岱老发表了《现代西方经济学的研究和我国社会主义经济现代化》论文,他明确指出,我们可以借鉴利用西方经济学中科学的东西,但西方经济学不能成为发展我们国民经济的指导思想,对西方经济学"不要盲目推崇,全盘搬套"。有关中央领导同志对岱老的这篇文章所论述的观点及时给予充分肯定,并指示《人民日报》转载。岱老的这篇论文产生了很好的社会效果,是对我们如何正确对待西方经济学具有指导性的文献。岱老向来认为"经济学是致用之学",也即"学以致用,学用结合",而要做到这点,就必须使理论密切联系实际,坚持实事求是,从我国的国情和实践出发来解决社会经济发展的问题。因此,岱老特别强调:"西方经济学无论如何,是植根于西方国家、社会经济的产物。中国的实际在种种方面和西方实际大不相同。要借鉴、利用西方经济学一些理论分析解决中国今日面临的经济问题,我们不但要排除其在本国实践上已证明为错误者,即使对在基本上已证明有成功经验者,我们也得详察其是否适合中国的国情。"岱老的这种观点体现了辩证唯物论和历史唯物论,值得我们认真学习运用。

　　缅怀岱老,一代宗师将永远活在我们的心中。

(原载《高校理论战线》1997年第9期)

作者胡代光与陈岱孙教授合影于1983年。

以陈岱孙先生自尊自强的精神为楷模

□ 王传纶[*]

陈老师一生经历两个时代。从1927年到全国解放,他在清华大学和西南联大任教,主持经济学系,坚持两校的优良传统,维护着一方"净土",为国家培养人才,起了很大作用。当时,教授的生活是艰难困苦的。抗战胜利后,他从昆明北上,肩负复校重任,对恢复清华和如期开学,功劳很大。他热爱学校,清贫自守;不做官,不求名位厚禄。这难道只是陈先生乐于淡泊宁静的性格的缘故?我想,这是由于他自尊自强的精神。他爱国,海外留学的岁月加强了他的爱国感情,深盼中华民族早日富强。国民党政府所作所为,使他失望。他就因而有所为有所不为,决不"从"那时候的"政",而把全部精力投入教育事业。这是陈老师的明确选择。

全国解放后,陈老师以高度热情把全部精力投入马克思主义经济理论的教学和研究中。他对西方经济学有很深造诣,对西方文化也有切身体验。在两种不同的思想体系和文化面前,陈先生不是故步自封,也不盲目接受。他做了"正本清源"的工作,钻研马克思原著,参考古典派经济著作,做了深入的比较,正确领会马克思主义经济理论的精粹。改革开放以来,他关心新事物,从各种会议和交谈中了解具体情况,思考分析。这正是陈老师能对现代西方经济理论提出既不一概排斥,也不盲目接受的重要观点的基础。如果说,解放前,陈老师以自尊自强的精神,守住了学校这个阵地,那么,全国解放后,陈老师以同样的精神,接受新思想,奋发进取,不但坚守和开拓了马克思主义经济学的领地,而且为知识界做出了榜样。

陈老师教书育人70载,桃李遍全国。他言谈不多,感情不外露,但对学生的任何进步都深感欣慰,对学生的困难则关怀深切。我还记得,40年代我在清华经济系读完硕士学位课程后要答辩,看到座位上那么多老师,难免有些发怵;陈老师只轻轻一声"不必紧张",就把我心神安定下来。50年代初,我在国外正为前途踟蹰,陈老师一封短信就召我返回母校。"文化大革命"后期师生相见,陈老师没有一句话道及那些年的经历,只是简单问问我当时生活状况,接着就鼓励我振作起来。陈老师这种自尊自强的精神,极大地感染着他的每一个学生。

陈老师从来不言老,也很少说自己的健康状况。50年代,我从国外回来去清华新林院拜访,他很高兴,手里拿着花镜对我说,几年来没有什么变化,只是如今离不开它了。这一两年去北大燕南园看他,他告诉我,医院里体检没有什么问题,脑子还未老化,只是走路不大方便。几个月前,他还说,医生不让他出房门,不能活动,怎么办?他关心国家大事,尽可能地阅读文件。

回想到这些,我心里不免有些伤感。作为陈老师的一个老学生,我当终生铭记先生教诲,以先生的自尊自强精神为楷模,以告慰先生的在天之灵。

(原载《群言》1997年第12期)

---

[*] 王传纶,中国人民大学财政金融学院教授,西南联合大学、清华大学校友。

文章风范润千秋

□ 张培刚 *

1997年7月27日,我国经济学界泰斗、我的留学导师、一生执著治学育人的陈岱孙先生,以97高龄离开了我们,至今快近一年。哲人其萎,山河同悲。我们永远怀念岱孙师,他老的音容风貌、道德文章,也永远留在我们心间。

一

30年代初,我进北京工作,初来乍到,就闻知当时在教学界已很有名望的陈岱孙先生。

1934年八九月间,秋高气爽,我暑假刚从武汉大学经济系毕业,被选送进了北京以陶孟和先生为所长的中央研究院社会科学研究所,开始从事农业经济方面的调查研究工作。当时同事中,清华毕业生最多;先我两三年进所的有老友吴半农、汤象龙、巫宝三、梁方仲诸兄,后我一年进所的有老友严中平兄,他们都是岱老的学生,经常对我谈起岱老的教课和为人,令人钦慕不已。

我闻知1927年秋,岱师被聘为清华大学经济系教授,时年仅27岁。不仅如此,1928年夏,岱师又被聘任清华大学经济系主任,1929年起兼任清华大学法学院院长。在短短三年中,岱师以教学优秀、办事精明,连升三级;真是才华初露,众望所归。

我还闻知清华教授中有著名"三荪":文学院金龙荪(金岳霖,著名哲学家)、法学院陈岱荪(陈總,著名经济学家)、理学院叶企荪(著名物理学家)。① 他们学识高超,风度潇洒,更有一个共同的特点:三人都是单身不婚。

二

直到抗日战争时期,1941年五六月间,我才在昆明有幸面谒导师陈岱孙先生,亲聆指导和教诲。

1940年一二月间,从昆明最高学府里传出了一个激动青年学子的消息:停顿了数年之久的清华庚款公费留美考试,第五届将于本年8月分别在昆明和重庆两地同时举行,共招取16名(外加林森奖学金1名),每一个科目1名,其中绝大多数为理工科门类,而文科只有2名:经济史1名,工商管理1名。我决定报考工商管理。8月在昆明云南大学一大教室内考试。英语和5门专业课,连考3天。

1941年4月,我忽然接昆明友人一信,附剪报一张,上面载有"清华留美公费考试发榜"之消息,共取17名,每种门类1名,其中文科门类仅2名:张培刚(32商管

---

* 张培刚,华中科技大学教授,发展经济学奠基人,清华大学校友。
① 陈岱孙、叶企孙曾用名"陈岱荪"、"叶企荪"。——编者

理),吴保安(即吴于廑,经济史)。越数日,接清华正式通知:第一,告知我已被录取"工商管理"门。第二,清华留美考委会为我指定和聘请武汉大学杨端六教授、清华大学陈总(岱孙)教授为留学导师,以备为我留美选校及其他有关事宜请教和咨询。第三,要求我于5月初旬到昆明西南联大内清华留美考委会报到,以便转赴重庆办理出国护照等手续,然后飞往香港,乘船去美。

到了西南联大,首先到清华留美考委会报到,办理有关认领文件和领款手续;然后由一工作人员引领,到一客室拜见导师陈岱孙先生。一见面,我行一鞠躬礼,恭恭敬敬地说:"陈先生,您好!"岱孙师连忙用手把我扶住,说:"不必客气,快坐下。"岱孙师身材修长,风度翩翩,谈吐高雅风趣,态度严肃和蔼,令人可敬可亲。我还记得他老穿的是米黄色西服,真是一表人才。我当时心里一阵嘀咕:这样好的人才风貌,为何至今不婚,岂不有负上天美意?正好岱孙师首先向我道喜,说这样的考试得中,是很不容易的。然后问我:"杨端六先生(我读武大时的恩师,曾讲授会计学、货币与银行、工商组织与管理诸课,也是这次我的另一位留学导师)可好,有否通信?"我回答:"杨先生在四川乐山武大临时校址,通过一次信。他老回信说,陈先生早年留学哈佛,对美国学术情况熟悉,要我多多请教陈先生。"岱孙师又对我说:"不久前,清华留美考委会讨论过,就工商管理这门学科而言,哈佛大学工商管理学院,是世界上最好的学院之一,因此决定让你进这个学院,并已办妥申请手续。"岱师接着又说:"哈佛工商管理学院有三大特点:一是不招本科生,只招研究生;二是不招女生,只招男生(不仅管理学院如此,哈佛全校皆然;二战结束后,情况改变);三是管理学院采用独特的'案例教学法'(case method),各个课程不用指定课本,而以不同的实例报告作为学生分析和课堂讨论之依据教材;当然,有时还必须参阅有关书刊。"岱孙师最后还告诉我说:"哈佛工商管理学院与哈佛校本部相隔一条河,地点较空旷,环境更幽静。"

陈岱孙先生是清华留美"主考官"之一,我们一行17人,不管文科理科,谈起他老来,都非常敬重和仰慕。我们这一届清华庚款公费留美生,有几大特点:第一,在美国都进了各个有关专业的名牌大学,学习勤奋,成绩优秀,大多数获得了博士学位。第二,绝大多数都回国服务,有的甚至是放弃了国外异常优厚的待遇而回国的。第三,回国后大多在各自的岗位上做出了重要贡献。这些,我们特别要感谢岱师老一辈的留学生和学者的身教言传。

三

光阴荏苒,自从昆明辞别岱孙师,转瞬过了30多年,到了1978年5月间,经济学界人士有难得的机遇在北京会合,我们又和阔别已久的岱孙师见面相聚了。

当时中国社会科学院经济研究所向全国发起和组织编撰我国第一部《政治经济学辞典》,由所长许涤新同志主编,编审组的主要负责人为:刘诗白、刘国光、严中平、宋则行、巫宝三、吴承明、张培刚、苏星、陶大镛等。高等院校和研究机关的教学和科研人员有组织地参加编写辞条,少数学有专长的学者被短期借调主持其事。会上,推举我和宋则行、宋承先诸兄负责编撰"外国经济思想史"部分。在整个编撰和讨论过程中,我们主要依靠北京大学、中国人民大学和经济研究所有关本专业的诸位同仁,特别是大家都以德高望重的岱孙师为本组的最高顾问和总导师。

岱师这时即将届八秩高龄,但思维敏锐,精神矍铄,谈吐风雅,仍和30多年前我在昆明拜见时一样。当时本组外地成员数人,住在经济所办公楼房里,每遇疑难问题,则先由本组最年轻成员、经济所黄范章同志,与北大最年轻同行厉以宁同志联系,向岱师报告,约定时间,然后我们数人,驱车同赴北大,登门求教。岱师则不厌其烦,有求必应,有问必答。

在当时改革开放的新形势下,如何对待西方经济学,就我们"外国经济思想史"组来说,成了一个重大的理论问题和迫切的现实问题。岱师对这一问题的态度是始终一贯的,毫不含糊的。他老认为,对待西方经济学,既不能一概排斥,也不能全盘照搬,而应当结合我国国情,对之加以具体分析,而后决定取舍;既要重视,又要分析,不要陷于盲目性和片面性。岱师的这一观点,符合中央改革开放方针的精神,指导我们全组在辞条撰写和审阅方面的工作,沿着正确的道路,向前推进。

1979年4月间,我们编审组七八人,来京工作恰好一年。经过全国撰稿人和我们编审组同仁夜以继日的共同努力,我们终于完成了《辞典》"外国经济思想史"部分初稿。接着,由经济所任维忠同志与杭州大学蒋自强教授具体安排,我们全组成员以及全国高校特邀专家教授共约20余人,在岱师的带领下,齐赴杭州集中一个月,从事最终审阅、讨论、修改、定稿。当时正值党的十一届三中全会闭幕数月,全国正感受到改革开放的春天来临;作为知识分子,我们更是满怀激情,格外感到春意浓郁了。

当时在整个对辞条的审阅、修改和定稿过程中,经常困扰我们的一个问题,就是如何正确对待在经济学中应用数学方法,也就是如何正确对待在运用定性分析的同时,运用定量分析。每次讨论,岱师所发表的意见常常为我们诚心接受。两三年后,岱师把对这个问题的见解,概要地写进了一篇文章,题为《现代西方经济学的研究和我国社会主义经济现代化》。现摘引其中有关段落如下:

"在若干主要方面,现代西方经济学的研究对于促进我们经济建设现代化是有用的。"

"西方经济学近几十年内,在经济现象定量分析方面,作了大量的试验。本世纪30年代后,几乎和凯恩斯学说出世同时,并随即与之相结合的,由瓦尔拉斯—帕累托学派所建立的运用数学以说明、分析经济现象的数理经济学,得到大步的发展。近代电子计算技术的发展又为之提供了前所未有的计算手段。突出的学科的发展是经济计量学。经济现象的变量关系为探讨的核心。研究的步骤归结为建立模型、检验理论、进行核算、做出预测等。当然有人也曾批评这种分析法,认为它企图以数学代替知识,以计算来代替理解。但是我们过去对于定量分析过于忽视了,实际上数学本来是一个严密的分析工具,没有理由认为不能让它为研究我们的经济服务。这绝不是否定定性的研究。我们更反对滥用数学,把经济探讨变为数学游戏。如果我们善于应用,它可以成为经济分析的一个有用的工具,但是不能对它抱迷信的态度。"

岱师的这一见解,对于我们今天从事经济学说的教学和科研,仍然具有重大的现实意义。

1979年9月,中华外国经济学说研究会在北京成立,到会代表一致推举陈岱孙先生为会长。是年冬,在岱师指导下,在国家科委于光远同志等的关照下,"国外经济学讲座"开始在北京举行;听课学员除大专院校教师、研究机关人员,还有国家各部委的高层次干部(司、局长);课堂设在北京大学大礼堂,每次学员凭听课证领取讲义入座;听众一般有四五百人,在当时是很有一点声势和影响的。课题从开头的宏观经济学、微观经济学、经济增长论、发展经济学、区位经济理论、数理经济学、经济计量学,直到投入产出分析原理和方法、经济预测理论和方法等,共约60讲,两年讲毕。研究会的成立和讲座的举行,对于现代西方经济学理论和方法在我国的评介和传播,起了相当大的创导性作用,也为我国实行改革开放以及引进和采行市场机制,在思想认识上打下一定的基础。

四

岱师一生,无论为人或治学,皆为一代宗师风范:朴实谦虚,认真严谨,孜孜以求,诲人不倦。

记得1979年冬到翌年春,"国外经济学讲座"的各次讲课,岱师或在台上主持,或在听众席上听讲,一个单元两节课或三节课,岱师以八秩高龄,总是专心致志,自始至终。当我讲"微观经济分析"时,我清楚地记得,岱师就坐在北大大礼堂第二排偏右的座位上,拿着讲义,聚精会神地听着,一种师生关怀爱护之情,溢于言表,令我十分感动,而又忐忑不安。

1984年8月间,中华外国经济学说研究会工作会议在华中工学院(即现在的华中理工大学)召开。岱师率胡代光、李宗正、黄范章等同志由北京来到武汉,陈彪如同志从上海来,在武汉的有刘涤源、谭崇台等同志参加会议。会议期间,岱师还在一个可以容纳300余人的阶梯教室为与会代表和华工经济专业的师生讲了一个重要的专题"西方经济学中经济自由主义和国家干预主义两思潮的消长",分两次讲完。此专题内容岱老虽然非常熟悉,但在讲课前他老仍然认真备课,一丝不苟,写出讲稿。讲课效果极好,大家受益良多。

1985年我写《微观经济学的产生和发展》一书,写到"垄断竞争理论产生的历史背景"一节时,欲考证张伯伦的《垄断竞争理论》是否导源于20年代后期英国皮罗·斯拉法(Piero Sraffa)的《在竞争条件下的报酬诸规律》的论文。尽管张伯伦曾多次声明,在斯拉法教授的论文发表时,他本人的作为哈佛大学博士论文(1927年4月1日)的《垄断竞争理论》一书的书稿,业已完竣,但国际学术界对此却长期存在疑惑。我当即想到张伯伦与岱师是在20年代初同时进入哈佛大学研究生院学习的。于是写信向岱师求询,岱师回信说:"1926年张伯伦的博士论文《垄断竞争理论》确已基本完稿。"这就有力地证实了张伯伦本人声明的可靠性,为经济学说史澄清了这一疑惑。① 这里值得特别提出的是,岱师在华中工学院举行的中华外国经济学说研究会工作会议上所作的学术报告中曾指出:斯拉法、罗宾逊夫人

---

① 见张培刚:《微观经济学的产生和发展》,第126—127页,湖南人民出版社1997年10月版。

和张伯伦关于"垄断竞争"或"不完全竞争"的观点,都是受了马歇尔的《经济学原理》第5篇第12章第2节第458页附注①(中译本下卷,第139页,附注①)的启发。马歇尔在附注中说:"当我们考虑个别生产者的时候,我们必须以他的供给曲线和他自己的特殊市场的特殊需求曲线相配,而不是和广大市场上他的商品的一般需求曲线相配。"这里所谓"特殊市场",便含有"垄断竞争市场"或"不完全竞争市场"的涵义和内容。①

1993年正值我从事科研教学60周年暨80岁生日时,岱师以93岁的高龄竟然亲笔为我写了一封满满五页纸的贺函②,真是令我惊当不起,心里十分感动。函中他提到我当年在哈佛的博士论文《农业与工业化》,获得哈佛大学1946—1947学年度最佳论文奖和大卫·威尔士奖金,并按例收入《哈佛经济丛书》出版一事,为我感到高兴。他老写道:"我终于看到一个中国留学生跻身于哈佛大学最高荣誉奖获得者的行列。"岱师的赞誉是对我治学的莫大鼓舞和鞭策。

接着他老还写了一个鲜为人知的"小故事":"我想在此穿插进去一小故事。我是在1926年春在哈佛大学获得哲学博士的。我的博士论文题目是《麻萨诸塞州地方政府开支和人口密度的关系》。也许当时对以繁琐的数学资料用统计分析的方法,对某一经济问题作实证探索的研究不甚多,我这篇论文颇得我的导师卜洛克(Charles Bullock)教授称许。在我于1927年来清华任教的第一年忽然得到卜洛克教授的一封信,略称他曾将我的论文推荐给'威尔士奖金委员会'参加评选,但可惜在最终决定时,奖金为我的同班爱德华·张伯伦的《垄断竞争理论》博士论文所得,表示遗憾云云。张伯伦是1927年获得哈佛大学哲学博士的,但他的初稿已于1925年写成,并在一次哈佛大学经济系研究生的'西敏纳尔'会上向我们作过全面的汇报。我听了之后,当时就认为他的论文中观点是对于传统的市场经济自由竞争完善性假定理论的突破,是篇不可多得的论文。因此,我对于他这篇论文的获奖是心悦诚服的。"岱师所述的这个"小故事",使我感到岱师的博士论文具有很高的学术价值,此其一;其二是岱师心胸开阔,谦虚务实,值得我们后辈认真学习。

1980年岱师八旬华诞,我学习写了一首七律祝贺:

人生七十古来稀,更喜春秋八十奇。
桃李芬芳五五载③,风云变幻三三期④。
青松早荫清华园,白发长歌北大漪⑤。
文景贞观今胜昔,百龄四化两无疑。

---

① 《微观经济学的产生和发展》,第129页。

② 见谭慧编:《学海扁舟——张培刚学术生涯及其经济思想》,第257页,湖南科技出版社1995年9月版。

③ 岱孙师1926年在美国哈佛大学取得博士学位后,回国在清华大学执教,解放后调北大任教,至1980年时已任教五十五载,桃李满天下。

④ "三三期"可作二解。岱师历经清、民国、解放三个时期,可谓大"三";亦可作小"三"解,指"文化大革命"前、"文化大革命"中及拨乱反正后。

⑤ 漪,指北京大学未名湖。

1997年7月27日晚9时,忽接北京大学经济学院院长晏智杰同志的电话,告知岱师已于当日逝世的噩耗,不胜悲恸,彻夜难眠。次日晨,我写了一首挽诗(也可说是双幅挽联)寄往北大,以表达学生对恩师无限崇敬和永远怀念的心情于万一:

> 青松早荫清华园,白发长歌北大楼。
> 桃李芬芳溢四海,文章风范润千秋。

1998年4月于武汉

四位同为哈佛大学校友的中国经济学家,(左起)张培刚(本文作者)、陈岱孙、陈彪如、谭崇台,摄于1984年,中华外国经济学说研究会工作会议于华中工学院(今华中理工大学)召开期间。

我国西方经济学研究的引路人陈岱孙先生

□ 谭崇台*

从进大学经济系起,我就仰慕陈岱孙先生的大名,知道他是最早负笈美国哈佛大学学习西方经济学的中国留学生,回国后很年轻就当上清华大学的教授;在教学中有最佳的效果,能把深邃的思考和清晰的表达结合起来;他总是在上课铃声中步入课堂,在下课铃声中结束一个段落,这件事在学术界传为美谈。这些体现了他一生治学严谨,一丝不苟的高度负责精神。

我有幸拜见岱老是1983年在昆明举行的中华外国经济学会第二届年会上,在以后几届年会上也都有机会聆听他的教诲。我几次到北京,只要他方便,必去拜见他。岱老每次讲话,言简意赅,用词准确,言必有中,令人深受教益。岱老风度儒雅,胸襟开阔,在他面前,我总有高山仰止之感。

岱老对西方经济学的研究做出了多方面的巨大贡献,其中主要有三:

第一,从西方经济学说演变的历史长河中,把握住四个关键性的理论问题(即价值理论、剩余价值理论、社会总资本的再生产和流通理论以及经济危机理论),并做出了系统的、深刻的分析。① 在价值学说方面,岱老首先回顾了古典政治经济学前思想家对价值和劳动关系的认识历程,进而指出古典政治经济学奠定了近代劳动价值学说的基础,然后分析了马克思在劳动价值学说上的科学变革。在剩余价值学说方面,首先回顾了古典时期重商主义对剩余价值的最早看法,进而指出古典政治经济学把剩余价值理论的研究从流通领域转入生产领域,然后分析了马克思创立的作为无产阶级政治经济学基石的剩余价值学说。在社会总资本的再生产和流通学说方面,首先回顾了重农学派对社会总资本再生产和流通的初步考察,进而指出以斯密为代表的古典政治经济学者在再生产过程的研究上的退步,然后指出马克思创立了完整的社会总资本再生产和流通学说。在经济危机学说方面,首先指出古典政治经济学一般地否认普遍的生产过剩危机,进而论证与古典政治经济学相对立的、承认普遍生产过剩可能性或必然性的消费不足论,然后介绍了马克思的经济危机学说。在《从古典经济学派到马克思——若干主要学说发展论略》这本著作中,岱老对经济学的四个重要理论的研究,从价值论着手,这就抓住了核心问题。正如恩格斯所说,价值论是经济学体系的纯洁性的试金石。以危机论结束,这就指明了马克思经济学与西方正统经济学的明显区别,前者对资本主义市场经济存在的一个重大问题做出了透彻的剖析,后者则对之进行了或明或暗的掩盖。在这本著作中,岱老以一分为二的观点对古典经济学加以分析,是其所是而非其所

---

* 谭崇台,经济学家,武汉大学教授。
① 见《从古典经济学派到马克思——若干主要学说发展论略》。

非,既指出了它向庸俗化的蜕变,又指出它的科学部分为马克思所承袭和发展,在学说史中做到了正本清源。在这本著作中,岱老通过四个重要理论问题的研究,对《资本论》的基本框架和精华做出了极其清晰的陈述,纲举目张,使人读后对马克思的博大精深的巨篇可以掌握脉络和线索,不再有雾里看花之感。

第二,在西方经济学政策思想的变化中,岱老准确地看清了一条主线[①]。他指出,从16世纪以后迄至今日,西方经济学从政策思想的角度看是经济自由主义和国家干预主义两种思潮的消长;他认为,了解经济自由主义和国家干预主义在西方经济学整个发展过程中的交替情况有助于理解300年来西方经济学如何反映这一历史过程的经济现实,又如何反过来为现实服务,而且可以从这两种思潮似乎仍然对峙的情况,推测其将来发展的趋势。人们熟知,在凯恩斯学说问世之前,西方经济学的主流派一贯主张经济自由主义,1929年的经济大危机暴露了市场自由调节的不可靠性,导致了经济自由主义濒于破产,应运而生的凯恩斯理论系统地提出反对经济自由主义、倡导国家干预主义的主张。凯恩斯理论在西方国家风行近30年后,对滞胀现象不能自圆其说。于是,70年代以后,现代货币主义、供给学派和理性预期理论纷纷出场,同凯恩斯主义唱起反调,重新强调经济自由主义。但是,岱老指出,这些新自由主义者们并不能夺取国家干预主义之席,恢复其过去在西方经济学中一度占据统治思想的地位。百余年来的实践和探索终于导致"完善自由市场"神话的破灭,使经济自由主义成为不切实际的理想,于是国家干预主义从此就可以稳定地和它处于分庭抗礼的地位。我认为,岱老对西方经济学政策思想演变的分析具有三点极其重要的学术意义:(1)非常明确地理清西方经济学政策思想消长更替的线索,使人们不再对看来似乎眼花缭乱的政策变化感到茫茫然不知所从。(2)非常正确地指出市场经济不可能是完善的,它的竞争性应当合理地保护起来,但它的盲目性又需要适当地由国家进行干预,也就是说,在市场经济中,不能不"两手"并举,即是说,在发挥市场经济固有的通过竞争机制以配置资源这只"看不见的手"的作用的同时,还要发挥国家对经济进行必要干预这只"看得见的手"的作用。(3)"两手"并举必将是资本主义市场经济今后长时期中继续贯彻的政策,也值得走向市场经济的发展中国家借鉴。

第三,岱老十分强调经济学应是致用之学,他认为经济学的教学与研究应当坚持为社会主义现代化事业服务、坚持理论联系实际的方针,提倡探讨、创新和百家争鸣。对怎样对待西方经济学这一问题,他多次指出,既不应一概排斥,也不应全盘照搬。首先要准确理解,结合我国国情,汲取其有益成分。

岱老对青年同志非常爱护和鼓励,肯定他们的进步,关心他们的成长。我十分欣赏他给一位青年学者撰写的一本书[②]的题词:"弘扬马列,锐意求新,借鉴西学,体察国情。"这几句话体现了岱老对后辈关注之情是多么深厚啊!

岱老精通西方经济学,又认真学习马克思主义,他的著作方向明确,立论严谨,在国内外都有重大影响。他不愧为我国研究西方经济学的引路人、对我国高校经济学科建设做出巨大贡献的一代宗师。我们将永远怀念他。

---

① 见《西方经济学中经济自由主义和国家干预主义两思潮的增长》。
② 程恩富:《西方产权理论评析——兼论中国企业改革》。

师 恩 难 忘

□ 张定华*

1997年8月8日上午,北京八宝山革命公墓告别室门前人流簇拥。我们这一群白发苍苍耄耋之年的西南联大学生,心情沉痛,热泪难禁,肃立在人群之中。我们是来悼念我们最后的一位老师——我们无限敬重和爱戴的恩师陈岱孙先生。

德高望重的陈岱孙先生是我国教育界、经济学界一代宗师,享年97岁。陈先生一生为我们民族独立和国家富强不懈奋斗,为我国教育事业和经济科学无私奉献。70年来,他先后在清华大学、昆明西南联合大学、北京大学担任教授,毕生坚守教育岗位,为祖国的革命和建设事业培育人才,尽心竭力,鞠躬尽瘁。他的光辉业绩、卓越成就和高尚品德为今人和后代留下了珍贵的精神财富。他的名字将在我国教育史上熠熠生辉。

陈先生是西南联大学生的恩师,他对西南联大的创建与发展做出了不可磨灭的贡献。西南联大是在抗日战争中,由北京大学、清华大学和南开大学三校南迁联合组成。先在湖南长沙成立长沙临时大学,一学期后迁往昆明改称国立西南联合大学。当年在日寇侵迫、兵荒马乱、炮火连天的国家民族危亡之秋,西南联大几经流徙迁到西南大后方昆明,生活极其艰苦,设备异常简陋。但就在这铁皮顶、土坯墙、黄泥地的校舍中,师生们精神昂扬向上,抱着抗战必胜的坚定信心,坚持从事科学文化的学习钻研。即使在日本飞机狂轰滥炸之中,仍然弦歌不辍。虽然国民党当局屡图控制、横加干涉,但"五四"和"一二·九"以来的爱国革命精神、民主精神和科学研究的优良传统,仍然在西南联大得到继承和发展,西南联大一直站在大后方爱国民主运动的前列,因此当时它不仅被公认是国内第一流的高等学府,也被称为大后方的"民主堡垒"。西南联大与抗战相始终,成立于1937年8月,在抗战胜利后一年——1946年才告结束,三校各自返回平津复校。九年之中,前后在校学生约8000人,毕业生3800人,为我国的抗战、革命与建国培养了大批的有用人才。他们之中有人成为国内外知名的学者、专家;有人是抗战与革命中的烈士、斗士;更多的人在祖国建设各条战线上发挥了骨干力量。这所简陋的大学在极端艰苦的条件下做出如此不平凡的成绩,有其特殊历史条件下的特殊原因。但其中主要原因之一就是西南联大集中了雄厚的、优秀的师资力量。原清华大学校长、西南联大的常委、联大的实际负责人梅贻琦先生说过:"大学者大师之谓也,非大楼之谓也。"西南联大是他这句话的具体体现。这所没有一幢大楼的大学却集中了一代爱国敬业、学识渊博、品德高尚、富有奋斗与牺牲精神的教师。陈先生就是这些大师级教授中的一位,比较年轻的一位,与联大相始终的一位,而且是最先最早为西南联大的创建冒着生命危险在敌人的炮火之下奔波奋斗的一位。

---

* 张定华,西南联合大学校友。

1937年7月7日,野心勃勃的妄图三个月占领全中国的日军以炮火挑衅,发动卢沟桥事变。一时战云密布,局势危殆。而蒋介石却于两天之后在庐山召开国事座谈会讨论战和问题。座谈会除去国民党军政要员之外,也邀请了一些国内知名人士参加。北大校长蒋梦麟、清华校长梅贻琦和南开校长张伯苓及胡适、傅斯年、顾毓琇、陈岱孙等教授也在被邀之列。会议开了十多天,表面上战和尚在未定之中。但从蒋介石的总结发言中已露出端倪,他说:"牺牲未到最后关头,决不轻言牺牲","希望由和平外交方法求得卢事的解决"。他仍想屈膝求和不抵抗。会后三位校长逗留南京等候消息。陈先生北上返清华。火车到天津时战事已起,日军重兵袭击平津,交通断绝。陈先生困居天津旅舍,直到平津地区全部沦入敌手,两地通车,才得赶回北平。当时日军封锁控制城郊交通。陈先生抵平即与学校电话联系。清华大学教务会同人认为城郊交通没有保证,不让他返校并建议他即日南下与梅贻琦校长商议学校南迁事宜。陈先生毅然担起重任,不返校中寓所,翌日即返天津,乘海船到青岛,转赴南京。到南京后,得知当局决定北大、清华、南开三校联合在长沙成立临时大学,他又匆忙奔赴长沙。离开北平之前,陈先生明知此行旅途艰险,搭乘船有持枪举刀的日军严行搜查。侵华日军凶横暴虐,肆意残杀拘捕,如果被他们看出或怀疑是站在抗日救国运动前列的清华、北大师生则更是必遭毒手。陈先生也明知此去家中一切将遭损失,他不顾安排转移,买到车票立即成行。果然陈先生走后家中的财物,特别是他所珍惜的研究资料和两三年来陆续写出的手稿,全被洗劫一空。陈先生不顾个人安危,不惜牺牲一切,穿着一件夏布长衫到达长沙。

长沙临时大学的创建工作艰巨繁重,没有校舍,经费拮据,教师困留平津出不来,学生由战区奔来生活无着落,图书仪器运不到……陈先生是最早到长沙的教授之一,抵达后立即投身于筚路蓝缕、百事待举的建校工作。

日军紧逼,南京陷落,武汉告急,日机轰炸长沙的次数不断增加,临时大学决定迁往昆明,1938年春更名为国立西南联合大学。西南联大在昆明一住八年。陈先生在联大一直担任经济学系教授和系主任,并曾兼法商学院代院长。八年中,他连续被教授会推选为出席一届至八届校务会议的代表,参与讨论、研究学校的大政方针、行政管理、教学实施、学生学习及应急事宜,并且从长沙临大起陈先生曾被推选担任"图书设计委员会"、"课程设计委员会"、"学生贷金委员会"、"一年级学生课业指导委员会"、"毕业生成绩审查委员会"、"学生入学资格审查委员会"、"三大学联合迁移委员会"等十余个委员会的委员或兼召集人。对于这些兼职不增薪的工作,陈先生无一不是认真负责地及时完成任务。在教学工作繁重的同时承担了如此多项兼职工作,这不仅说明陈先生肯于承担重任,作风认真负责,办事精明能干,深孚众望,也充分表明陈先生对西南联大的创建发展的赤忱执著奉献精神。

联大经济学系是全校各学系中学生人数最多的一个系,毕业生人数也是全校之冠。陈先生担任系主任并亲自授课,为法商学院学生讲授专业基础课经济学概论及必修课财政学等,同时也为文、理学院一年级学生讲授经济学概论,为工学院一年级学生讲授经济学简要。陈先生学识渊博,治学谨严,备课认真,语言精练,逻辑性强,教学经验丰富,讲课艺术高超,深为学生称道和敬佩。记得1938年12月初,西南联大开学。当时新校舍还未及修建,暂租借当地的昆华农业学校上课。陈先生在农校三楼大教室为经济系和文、法、理三院一年级学生讲授经济学概论。上课之前,我们一些文学院的女生认为经济学是门高深繁难、枯燥无味的课程,当时既无教科书,又不发讲义,全靠自己记笔记,生怕听不懂,记不下来,读不进去。又听说陈先生教学严肃认真,一丝不苟,分数卡得极严。初上课看见陈先生面容严肃、不苟言笑的神情,心里未免诚惶诚恐,疑虑重重。上课之后才知道陈先生讲课从容不迫,条理分明,言简意赅,深入浅出,生动幽默,中英文板书清晰流利,不仅笔记好记,而且使我们学习兴趣盎然。他带领同学们在学海中自在遨游,100余人的课堂里鸦雀无声,偶然他用生动幽默的例子为我们比喻解释经济学的专门名词而引起了哄堂大笑,他自己却从来不笑。他为我们讲解 marginal utility(边际效用)一词的清亮声音和用吃苹果来解释、比喻的例子,60年后的今天仍然萦回脑际。陈先生上课从不迟到早退,更不缺课。他自编教材,但上课之前仍要认真备课。他对每课内容掌握精确,讲完最后一句,恰好响起下课铃声,从来分秒不差。经济学概论成为同学们喜欢的课程,同学们不仅学到宝贵的知识,也从老师认真负责的严谨治学作风中受到深刻的教育。

在公务繁忙、教学任务繁重的同时,陈先生还撰写了一系列文章愤怒声讨日寇的侵略行径,着重论述在抗战条件下经济工作的各种问题,提出对战时经济建设的主张与建议。1945年秋,陈先生和西南联大的张奚若、闻一多、朱自清等教授联名发表《十教授的公开信》,要求停止内战,实现国内和平民主。他对国家前途时刻关心。

在昆明八年,物价飞涨,1942年到1943年时昆明的物价较抗战开始已涨了三四百倍,而教职员的薪金只增加五倍。1941年底联大54位教授联名呼吁改善待遇。呼吁书中写到"始以积蓄贴补,继以典质接济,今典质已尽,而物价仍有加无已……",国民党当局不予理睬,他们再次要求调整薪金,增发米贴,均遭拒绝。米珠薪桂,教授们的生活困窘难以尽述。陈先生当时拮据到连一支一支买的香烟也抽不起。以陈先生这样学贯中西名驰中外的教授不难在海外另就待遇优厚、生活安适的职位。国民党当局政要曾几次以高官厚禄相邀,一些大发"国难财"的豪门巨贾也曾重金敦聘他去担任顾问,都被他推诿拒绝。他清寒自守,洁身自爱,勤勤恳恳,诲人不倦,坚持粉笔生涯。陈先生在极端贫困的条件下,在日本飞机狂轰滥炸下,在日寇铁蹄逼近昆明时,在国民党特务暗杀威胁中坚持上课。长年累月,风雨无阻,由西郊新校舍到东城拓东路迤西会馆的工学院,穿城绕城20里路,步行来去坚持上课。1945年抗战胜利后,三校决定北返,陈先生又担起清华复校任务,负责接管、修葺校舍等繁重而艰巨的工作。他在朔风凛冽天寒地冻的11月里飞抵北平,亲率"清华校舍保管委员会"人员日夜辛劳,白日工作,夜晚巡逻,抢着在几个月里将被日军糟蹋得满目疮痍的清华校舍修建起来,即时迎接北上师生回校开学上课。陈先生善始善终,坚持不懈地完成了西南联大的创建与结束工作。

几十年后,陈先生谈到西南联大这所流亡大学之所以取得不平凡的成果,是"归功于同学的求知愿望和教职员的敬业精神。而这二者实植根于以爱国主义为动力的双方共同信念和责任感"。联大师生对抗战必胜的信念从不动摇联大师生对国家和民族前途的责任感,共同认识到为国家提供人才的重任是责无旁贷。陈先生为西南联大所做的不可磨灭的贡献,其动力正是源于强烈的爱国主义精神。1918年夏,18岁的陈先生到上海投考清华学堂。考试过后一天,他在黄浦江畔的公园门前看到一块牌子,上面大字写着"华人与狗不得入内"。陈先生回忆说:"瞪着这牌子,只觉得似乎全身的血都涌向头部。在这牌子前站多久才透过气来,我不知道……我们民族遭到这样凌辱创伤,对一个青年来说,是个刺心刻骨的打击。"惨痛的亲身经历使他对国家民族的命运有了更多的思考。祖国的忧患在青年陈先生心中引发了以研究经济学为国家民族富强效力的志向,留学回国选择教育工作为贫弱的祖国培育建设人才以实现报效祖国的愿望。忧国忧民、爱国报国的炽忱在他心中燃烧一生。记得1939年春节前后,西南联大话剧团在昆明新滇大戏院上演宣传抗日救亡的话剧《祖国》,闻一多先生担任舞台设计,孙毓棠先生担任导演。演出中休息时,陈先生和几位教授到后台看望他们。有人问陈先生为什么还不结婚,陈先生的回答是:"匈奴未灭,何以家为!"陈先生一生未婚,他把自己的时间、精力、青春年华奉献给为祖国培育人才的教育工作。1945年春,我在联大复学后,参加为欢送从军同学演出的话剧《草木皆兵》。我扮演汉奸县长的太太。那天我婆婆带着我刚会说话的女儿毛毛也来看戏,她们的座位恰好在陈岱孙、陈福田等先生的后面。当我上场说了几句话后,毛毛忽然大叫:"妈妈,下来! 妈妈,下来!"哭闹不止,引起了哄然笑声。奶奶责骂毛毛不乖搅扰了爷爷们看戏。陈先生说:"不要怪她,孩子是不愿妈妈当汉奸。"片言只语中也透露出陈先生的爱国之忧。1989年1月,西南联合大学北京校友会成立会上,陈先生发言仍在叮嘱我们,成立校友会"浅近的目的是它可以作为校友间互通声气的机构,但更重要的是通过声气的互通,使我们国内外校友们能在今天祖国经济建设过程中,群策群力,为四个现代化的实现做出更多的贡献"。

随着时间的推移,越来越加重我们对陈先生的尊敬和爱戴。随着年龄的增长,我们也越来越体会先生为西南联大创建发展所做的重大贡献与牺牲。我们这些亲聆教诲的老学生胸中的感激之情与日俱增。我们以为健康高寿的老师定能安享期颐之年,在为他祝贺百年寿辰时趋前诉说老学生们的感激之情,感激他的言传身教和伟大人格精神的哺育、熏陶使我们终身受益。不想先生走了,我们最后的一位老师走了。我们心中默祷:恩师,您毕生腰板挺直、双目前瞻、健步向前的一代宗师的光辉形象与崇高风范必将光照人寰,百世流芳!

1998年3月23日

作者张定华(左四)与其他西南联大校友在北京大学陈岱孙教授铜像揭幕仪式上合影,摄于1998年5月4日。

陈岱孙：一代学人的终结

□ 鲲 西*

陈岱孙先生以 97 高龄不久前去世。70 年从事大学经济学教学，从没有离开过岗位。70 年的教学，桃李满天下，那些最早期的受业者如今健在的海内外都有，对于陈先生的去世必同表哀悼，因为他的死标志着上一代学人的最后终结。

朱自清先生早期即与陈先生在清华共事，但两人交往较密是当三校南迁在昆明的时候，朱先生有《赠岱孙》一诗：

> 浊世翩翩迥不群，胜流累叶旧知闻。
> 书林贯串东西国，武库供张前后军。
> 冷眼洞穿肠九转，片言深入木三分。
> 闻君最爱长桥戏，笑谑无迹始见君。

陈原籍福州螺江，与陈宝琛太傅同宗，故首句云胜流累叶。1927 年哈佛载誉归来即在母校任教，而陈先生的专门研究又是财政学，所以诗用晋杜预典治财有道，朝野称誉号曰杜武库。陈先生在清华不到 30 岁即任法学院院长直至南下，抗战胜利仍回清华园，院校调整直至后期才改隶北大，可是他的身影，他的风度却是清华园人最熟悉的，即使是理工学院的学生也都认识诗所谓"浊世翩翩迥不群"的这位年轻教授。你有时会在图书馆看到他在杂志阅览室翻看西文杂志，这就是他的风格。30 年代中，清华一度有教授从政之风，著名的有历史系的蒋廷黻和我的老师吴景超先生，而陈先生看来对于校园之外的事总保持着一定的距离。在昆明时有教授办的《今日评论》，陈先生偶有文章，所言必是关于治理财政方面的事，要言不烦，而有言必入木三分，这正如他平素待学生和善可亲，但却不苟言笑，这使他在校园中成为最有魅力的一位年轻教授。

30 年代中期的校园常是不平静的，罢课罢考的事时时有。一次罢考，陈先生按时携试卷进入教室，没有学生他空坐一个钟头后离去，他只用这样的方法表示抗议。战时国民党的教育部一度在二陈控制之下，那时有所谓部聘教授和集中有代表性的教授于重庆集训之事，自视为清流的教授为了敷衍亦不得不参加。据说在集训结束举行的招待会上，席间陈先生代表教授致辞，而此时某巨公亦在座，对于陈先生大有垂注之意，陈先生不为所动。奔竞的人不是没有，但那不是陈先生。在学校，他和任教务长的潘仲昂师是梅月涵校长的左右手。抗战胜利复员时陈先生是最早进入清华园的，日军占领期间清华园沦为马厩。1946 年上海有过盛大的同学会在八仙桥青年会，梅校长南下也来参加，陈先生在会上报告他怎样进入荒草满

---

* 鲲西，原名王勉，原上海古籍出版社编审，清华大学、西南联合大学校友。

地的校园和怎样从国民党手中抢回被取走的图书馆阅览室的椅子,这些椅子是用上等木材特制的。一生忠于教学,热爱这个数十年眠食之地的清华园,冷眼看世界,他爱国爱校,只是他要以他自己的方式保持距离,广义地说这就是上一代学者多少具有的共同的性格。所以他的死标志着这一代学人的终结。我们遗憾他没有看到为他送行的如今尚健在的同时人,还有他那许多受业者,因为他是属于清华园的,这样的风范以后再也不会有了,这是使人们永远怀思的。

(原载 1997 年 8 月 23 日《文汇读书周报》)

本文作者所在西南联合大学法学院 1938 级毕业生与教师合影,前排左三钟书箴,左五陈岱孙,左六浦薛凤,左七余肇池,摄于云南蒙自。

自由之意志　独立之精神

□ 程巢父*

　　读了鲲西先生的文章(《陈岱孙：一代学人的终结》,《文汇读书周报》1997年8月23日),才知道陈岱孙先生不久前去世了。陈先生是与世纪同龄的最后一位人师。《三国志·魏志·刘靖传》:"宜高选博士,取行为人表,经任人师者,掌教国子。"陈先生的道德学问,"掌教国子"是当之无愧的。袁宏《后汉纪》:"经师易遇,人师难遭。"故鲲西先生乃有"一代学人的终结"之叹。陈先生既有专精的学问,又是风范卓绝的道德君子。他的确与潘光旦先生是梅贻琦校长的左右两臂。抗战胜利,西南联大当局作出翌年夏秋间复校的决定,由三校各自先行派出先遣人员接管、修葺平津校舍。陈先生受命同土木系王明之教授于11月飞平,组织并主持"清华校舍保管委员会"工作。先遣人员仅30人左右。这是一项繁重而艰巨的任务,既要有牺牲精神,又要能负责任,还须办事能干。保管会进驻时,占用校舍之日军伤兵医院只能让出贯穿清华园中部小河的南岸校舍;北岸仍住满了待遣返的日军伤兵,双方划河为界。白天工作之余,每天晚上还得分班和日军士兵隔河相望地巡逻各自防区。从1946年春土地解冻到8月接待昆明归来的师生,陈先生硬是率领管委会抢在几个月里将一座满目疮痍的清华园建筑得可以适应开学的要求。

　　陈先生已逾耄耋,仅差三年就届期颐,可谓无疾而终。因此鲲西先生的悼师文写得很平实,字面上没有写出什么大的哀痛悲悼之辞,但情感却是极其深沉的,因此他说陈先生的死"标志着一代学人的终结",一腔深切的悲痛就蕴涵在这一句话里。我感到就其情感与心理而言,这篇短文与70年前陈寅恪先生撰写《王观堂先生碑铭》是同调的。文末又说,陈先生"是属于清华园的,这样的风范以后再也不会有了……"这是如丧考妣的无可挽回难以补偿的大哀痛,是在悼岱孙先生,也是在哀文化。一代学人的风范,构成一个学术群体(如清华园)的学术精神和学术传统。具体地说,陈先生身上体现了哪些风范呢?归根结蒂还是"自由之意志,独立之精神"。陈先生在哈佛的专业方向是财政金融。在清华主讲的也是这一门。在教学过程中他感到中国有关这方面的历史和现状的知识太不够了。1932年清华给他一个休假研究一学年的机会,他就又去欧洲,为了写一本《比较预算制度》的书作准备,这个课题完全是他自己定的,谁也不干预,不发指令,不经审批,亦无什么御用项目的侧重、倾斜,而旅费和津贴照章发给。这就是"自由之研究精神"的体现。陈先生是纯粹依据国情选定这个研究专题的,本之于深沉的爱国情怀和学术良知。梁启超论清代学术"极绚烂"的原因,有一条即是"旧学派权威既坠,新学派系统未成,无'定于一尊之弊',故自由之研究精神特盛"。从辛亥到北伐初成之后,情况大体相似,即使三民主义也是可以评头论足的,没有什么一尊之学,故"自由之研究精神"得以确立。今之视昔,那就是学术繁荣的命脉,亦是陈先生下一代学人(如鲲西

---

* 程巢父,西南联合大学校史专家。

先生)的人格"情结"。

陈先生于 1932 年底到日内瓦。当时中国正在国际联盟控告日本发动"九一八"事变和建立伪满洲国的侵略。南京政府起用了闲置多年的老外交家颜惠庆代表中国去日内瓦和日本周旋。在和颜相遇的闲谈中,陈先生略述了他对白银问题的意见。当颜受命去伦敦组织中国参加"国际经济货币会议"的代表团时,他邀请陈先生以专家身份参加代表团。陈先生坦率地说自己有顾虑,因为宋子文当时正从美国来英国,传闻他将任中国代表团团长。陈先生说自己的观点与宋氏所代表的利益集团的企图是背道而驰的。颜说,宋只参加开幕式,翌日就去欧洲大陆返国;而他自己将是代表团的首席代表。于是,陈先生才答应参加会议。陈先生当时才 30 出头。这表明:无论是多大的名声或升进机会置之于前,自己的学术观点是神圣不可改易的。在学术面前,绝无丝毫的个人功利之可言。这种维护学术独立神圣的执著态度,也就是"自由之意志,独立之精神"的具体体现。陈寅恪先生说:"唯此独立之精神,自由之思想,历千万祀与天壤而日久,共三光而永光。"岱孙先生就是秉持和坚守那个时代的学术精神的一员。此种学术精神的式微,也就是鲲西先生值陈岱孙先生逝世之际,萌发深悲大恸的根由。

1997 年 8 月 30 日写
(原载 1997 年 9 月 27 日《文汇读书周报》)

陈岱孙教授在伦敦,摄于 1933 年。

高山仰止　风范长存

□ 诸有琼*

陈岱孙教授是我国著名的经济学家、教育家，是我国经济学界的一代宗师。他是我最敬仰的师长之一。40年代，我在西南联合大学读书期间，有幸聆听他的精彩的讲课，至今难忘。

陈先生在1997年97岁时离开了我们。如果加上闰年闰月，他该是超过百岁的长寿老人了。把一生奉献给教育事业的，在教育界不乏其人；但是一生站在讲台上坚持教学工作达70年之久的，恐怕就是凤毛麟角了。陈先生26岁在美国哈佛大学获博士学位，27岁回国，到清华大学任教，后来先后在西南联合大学、中央财经学院、北京大学执教，一直面对学生70年。他教了多少学生，无法统计，真可谓"桃李满天下"了。他主讲财政学、统计学、经济学概论、经济学说史等多门课程，并指导研究生。国内外许多知名的经济学家都是他的学生。

陈先生的讲课艺术是十分高超的。我学的是他讲授的经济学概论。他讲课稍带一点福建口音，口齿清楚，快慢适中；讲课内容，条理清晰，言简意赅，便于理解，没有一句多余的话，记下来几乎就是一篇通顺的文章。他对讲课时间的掌握更是令人叫绝。每堂课他都把手表摘下来摆在讲桌上，总是在他最后一句话刚讲完，下课铃声就响了。这在学生中传为美谈。

陈先生曾在我的纪念册上题词："学而不厌。"这是老师对我这个学生的勉励，也正是他人生的一个信条。陈先生在年轻的时候就拼命读书。用他自己的话说："山外有山，天外有天，埋下头去，发奋念书。"他在哈佛大学研究院整整四年的时间，从不外出游玩，就在图书馆专用的小阅览室里发奋读书，一分钟都不浪费。那时他已通读了马克思的《资本论》。他学问渊博，学贯中西。解放后，对如何加强理论联系实际，促进我国社会科学研究和教学工作的开展，以便更好地为社会主义经济建设服务等方面，陈先生有不少真知灼见。但是他从不以权威自居，而是活到老、学到老。他说："老之将至而不知，知后还要'挣扎着不肯服老'。"这就是他坚韧不拔地追求真理和自我完善精神的生动写照。

我体会到，"诲人不倦"是陈先生的另一个人生信条。十多年前，我作为记者曾访问过陈先生。那时他已是80高龄，仍然坚持上教学第一线。我问他为什么，他说："你问我年纪这么大了，为什么还要教课？客观上，培养学生是教师的职责；主观上，我对青年有所偏爱。青年学生朝气蓬勃，思想活泼，提出的许多问题，能够促进教学，对科研也有启发。常和青年在一起，好像自己也年轻了。"事实上，自那以后的十几年，他仍然一直坚持讲课和带研究生。我多次看到他离开镜春园住所，拄

---

* 诸有琼，资深记者，西南联合大学、北京大学校友。

着手杖出西校门到 332 路车站等车,我以为他是进城,后来他告诉我,他是乘两站车到南校门去上课。他的腿不好,不能穿校园走太长的路。在教学中他注意对学生加强基础理论、基本知识和基本技能的全面训练。他的教学经验很丰富,对教学内容十分熟悉,可是他每次讲课前都认真备课。他说,因为听课的对象不同,要联系的实际不一样,有时自己还有一些新的见解,所以同样的教材,讲法也不尽相同。正因为这样,陈先生的教学质量高是当然的了。

陈先生的诲人不倦,不光体现在培养学生上,还体现在对青年教师的关心和培养上。他热心指导青年教师的业务进修,解答疑难问题,还亲自编写资料供他们参阅。他曾对我说,按他的身体健康状况,一星期讲几次课完全不成问题,但是为了使中年和青年教师有更多上教学第一线的机会,他自己甘当"B角",而由中青年教师当"A角"。

在高等院校部分教师中,认为搞科研可以提高自己的业务水平,对评定职称和晋级都有好处;而认为做教学工作是"输出"、"支出"。因此,出现了教师不愿教书的反常现象。陈先生认为这是一种错误的认识。他说,当然,有些学校在执行政策上有不够全面的地方,比如,在评定职称时,有科研成果、学术论文的教师可以优先;而一些长期兢兢业业地从事教学的教师却往往得不到同等对待。他说,事实上,教学与科研是相辅相成、互相促进的。教师直接担负着培养人才的重任,他们的主要任务就是搞好教学工作。在教学过程中,善于言传身教,用科学的世界观和方法论去指导学生,用高尚的革命情操和道德修养去影响学生,做到既教书又育人。学校安排一定数量的教师在一定时期专门从事科研工作是必要的。但多数教师则应当结合教学进行科研。从教学中往往能够提出科研课题,科研成果又能丰富教学内容。科研上不去,教学质量难以提高;学有专长、有教学经验的教师不教课,教学质量也得不到保证。

陈先生正是用实际行动证明上述看法的。他是把教学与科研有机结合的典范。他长期从事教学工作,主修财政金融学,早年曾在《清华学报》和其他报刊上发表有关财政经济方面的论文四五十篇。他多年讲授经济学说史课程,写成 40 万字的教材,后来在这基础上主编《政治经济学史》著作。在教学过程中,常常有学生问他:马克思主义的政治经济学与古典经济学有什么关系?马克思对古典经济学派是怎样批判和继承的?为了回答这些问题,他为北京大学经济系的学生专门开设了经济学说史专题讲座。之后在这基础上出版了一本 20 万字的专著《从古典经济学派到马克思》。这本书出版后,他立即赠送一本给我。这是他的一部代表作,具有很高的学术价值,成为研究西方经济学和马克思主义经济学的必读之书。党的十一届三中全会以后,陈先生更是焕发了学术的青春。十多年来,他陆续发表了包括专著、论文、教材、回忆录和随笔等各类题材的成果不下百万字,许多篇已收进《陈岱孙文集》和《陈岱孙学术论著自选集》。

这位世纪同龄人,经历了几个"朝代",历尽沧桑。他是中国老一辈爱国知识分子的典范。当他获得了美国哈佛大学博士学位后,赴英国、法国、意大利作短期考察研究,即回到祖国。他没有犹豫,没有回国还是留在美国的思想斗争。在他看来,"学成回来,报效祖国"是天经地义,义无反顾。但是国民党的反动统治令他失望,他对官僚阶级的腐败深恶痛绝。北平解放前夕,清华大学校长梅贻琦劝他去台湾,说:"这是飞台湾的最后一班飞机了。蒋(介石)先生请您一定动身,到台湾再办清华大学。"他谢绝了。他盼来了新中国。50年代,我曾约他为报纸写文章,他写的题目是《开诚布公成知己》。可以看出他对共产党的坦诚,他希望党与知识分子之间,开诚布公,肝胆相照。他把毕生精力无私地奉献给了我国的教育事业,为国家培养了一代又一代的人才,对国家经济科学的建设与发展做出了卓越的贡献。他在长期担任全国政协委员和常委期间,积极参政议政,以他的敏锐的洞察力和深厚的学术功力,对党和国家制定政策发表了许多重要意见,提出了有价值的建议,受到党和国家领导人的关怀和重视。

陈先生的光辉业绩为后人留下了宝贵的财富。他那高尚品质和人格魅力光彩照人。他不仅是我学习经济学的老师,更是我学习做人、做事的良师。高山仰止,风范长存。

万世师表　遗风永存

——琐忆岱孙师

□ 陈羽纶*

一、解放前

岱孙师和我是师生关系又有亲戚关系。他的博学睿智,学贯中西,在教育界和学术界谁人不知,谁人不晓。凡是接触过岱孙师的人无不留下深刻的印象。

30年代末,我想到内地参加救亡运动,由香港乘船先到越南海防。船重仅约1500吨,故甚颠簸,没有舱位,只得睡在甲板上,第二天醒来,连鞋都被偷了。到了海防,转乘滇越铁路那又破又烂的火车,穿过无数山洞,到达昆明。本想接着再北上,可是和我那些年轻的朋友相聚后,他们每天谈的多半都是关于西南联合大学的事,特别是关于许多名震遐迩的硕学鸿儒、一流专家、学者如冯友兰、金岳霖、吴宓、陈寅恪、朱自清、闻一多、华罗庚、钱端升等等名教授的事,其中给我印象最深的,就莫过于岱孙师了。他们谈起岱孙师更是情绪高涨,说他20岁赴美入威斯康星大学,22岁入哈佛大学,经过四年的学习和研究取得了哈佛大学硕士和博士学位,并荣获可随身佩带的金钥匙,以示学习和研究成绩之辉煌。他们还说他的博士论文水平极高,无人企及。他27岁即回国执教清华大学,被先后聘为教授、经济系主任和法学院院长,真是才华出众,令人仰慕。抗日战争爆发,平津失守,北大、清华、南开三大学南迁湖南,合组为国立长沙临时大学。迨京、沪失守,武汉震动,临时大学进而南迁云南,岱孙师率学生徒步经贵州、抵昆明,学校改名为国立西南联合大学。这时他才三十七八岁,多年轻啊! 总之,可圈可点之事甚多。听得多了,我不但对岱孙师万分景仰,而且对西南联大产生了很深的感情,被它吸引住了,我宁愿牺牲原拟北上的计划,决定报考西南联大。当我知道已被联大录取时,真是喜出望外,心中最关切的就是能见到岱孙师。

我第一次见到他时是在注册的时候,同时见到的有李继侗和查良钊等老师。岱孙师言简意赅,绝不啰嗦;照章办事,效率极高。几张接受学生办理入学手续的小桌前,别的老师桌前老是排着长龙,围着一群学生喋喋不休地争辩不已;可是岱孙师桌前的学生却一个接着一个地很快就处理完毕,如有学生提出额外要求或节外生枝,他一概不与其"辩论",该怎么办就怎么办,一切照规章办事,绝无讨价还价之余地。他这种高效率的作风,大概是已名声在外,所以即使有求情之处也很少有学生敢在他面前软磨硬泡的了。后来我入学了,上他的课时,意外地发现他好像不

---

* 陈羽纶,《英语世界》杂志首任主编,西南联合大学校友。

用讲稿，出口成章，一句就是一句，半点废话都没有，所以听讲时必须精神高度集中，松懈不得，要认真地记笔记，字字珠玑，一句也不能落，如果记全了，可以说不必再加润色，就是一篇很严谨、很漂亮的论文；反之，如果一走神或者打个盹，就无法接着顺利地再听下去和记下去了，并肯定会影响考试成绩。但有的教授，讲课时，你尽管打个盹儿，醒来还是能照旧接着听下去，毫无问题。所以学生对岱孙师是由心眼里既景仰又害怕。还有更令人敬佩的是，有一次他"麾下"的教授因急病忽然不能来上课，学生们正不知如何是好，这时岱孙师出现了，他能顺当地把平常不是他教的那门课接着讲下去，并且讲得很充实、很深入。这显然不是别的教授所能做到的。由此可见他的才学的博大精深，令人高山仰止。

西南联大名义上是由清华、北大、南开三校校长梅贻琦、蒋梦麟、张伯苓三人组成的常务委员会领导，但校风是教授治校，学术自由，科学民主，注重实干。学校的许多事由教授会议和教授组织的各种会来决定，如聘人，也由教授会议决定。据说当时岱孙师威信很高，在教授会议上常起决定性的作用。

联大课程多，上一堂课和下一堂课往往不会恰巧安排在一个教室里讲授，而且有时两个教室距离相当远。学生必须在上一堂课一结束立刻站起身拔腿就跑，才能在下一课堂里占到一个前排或者较好的座位；否则只好坐到后面去，甚至找不到一个合适的座位。听一堂安排在较远教室的岱孙师的课程时，常常会发生这种情况，即等你跑到他授课的教室时，前几排早就坐满了女同学，那你只好坐到后面几排的座位上去了。说起来这情况并不难以理解，因为岱孙师相貌英俊，仪表非凡。他一米八几的个头儿，穿的西装面料和做工无疑是高品位的，下身有时穿的是条花呢灯笼裤，配上苏格兰多色花格羊毛长筒袜，袜子的上端系着的绑带下垂着两朵羊毛坠子，再加上岱孙师左嘴角经常叼着一个同福尔摩斯同样经常叼着的咖啡色烟斗，配着他的着装是那么自然，那么和谐，就更显得他是那么风度翩翩，气度不凡了，这谁不想多景仰景仰他的风采呢！岱孙师和雪莱一样，出身于名门世家（其伯祖即宣统的名师陈宝琛），美仪表，怎不使学生心仪其人！再加上岱孙师那时尚未婚娶，异性相吸，那也是无可厚非的了。不过，在抗战时期，西南联大师生们学习和生活的环境和条件是十分艰苦的，学生住的是草顶子宿舍，一个宿舍住几十个人，上下铺，而老师多住在乡下，有的距离昆明十多公里以外，晚上看书只有一盏油灯，岱孙师当然也不例外。

我于1944年初参加远征军被派往抗日印缅战区工作，趁休假到印度首都新德里买了一些新书。1945年8月抗战胜利，我乘战车回昆明时特地选了一本好书奉献给岱孙师，他愉快地接受了。我献书后略微谈了一下在缅甸战场上的情况就告退了。

二、解放后

1945年抗战胜利那一年和岱孙师别后，我到过上海、韩国、欧洲、中东……1950年底回国后又经历次运动，直到1959年才在北京东城东总布胡同我称呼为九姨，即岱孙师的二婶母的家中与岱孙师重又晤面。这时岱孙师是北大一级教授、经济系主任、全国政协常务委员，大概是由于我年纪大了许多，所以这时主观上觉得岱孙师反而比从前和蔼可亲多了,我竟敢和他探讨些时政问题了,由那时起我常到北大镜春园那所独院里去拜望他。

到了1966年全国掀起了"文化大革命",据说"四人帮"竟胡闹到专设考场用农民生活知识水平的东西来考"反动学术权威",而岱孙师很聪明,他一字不写就交了"白卷",以示抗议。

"文化大革命"中期,我由干校回京后不久参加文化部成立的翻译组参与翻译工作,有些涉及经济学领域的问题,我常去请教岱孙师,他都一一帮助解决。有一个时期,岱孙师每月都进城到东光路和他的堂妹(我叫荷姊)以及荷姊的女儿唐斯复、唐立苏住在一起。我大哥大嫂和我几乎每星期天都一起去看望他们,他们做了许多好菜给我们吃。这时我也胆子大了起来,跟着我的大哥大嫂管岱孙师叫大哥,大家都说家乡福州话,跟一家人一样。这是我与岱孙师接触比较频繁的一段时期,他是那样的平易近人,有说有笑,我不禁从心底深处更敬爱他了。

1981年我创办《英语世界》,后来听荷姊说他也还喜欢看,这颇出我的意料。他那么大的学问,荣获哈佛大学金钥匙的博士、权威教授,以他的学术水平与英语水平,怎么会喜欢看这份小英文杂志呢?这跟后来听英语界权威学者北大李赋宁教授对我说的核能专家王淦昌也喜欢看《英语世界》时的感觉一样,真是我万万没想到的。接着,在《陈岱孙文集》两卷本出版时,岱孙师还特地送给我一套,并在衬页上亲笔写上:"羽纶老弟存念/岱孙。"这真使我受宠若惊。这两桩事使我想到《英语世界》常发表经济方面的文章,既蒙岱孙师厚爱,何不请他当顾问,以便于多向他请教。我和也是岱孙师的亲戚沈师光同学一起去拜望他,向他提出敦聘他为《英语世界》顾问的请求时,很荣幸,他很痛快地就接受了。细想想这也并不奇怪,因为数十年来,岱孙师总是助人为乐,他把毕生的精力无私地奉献给我国的教育事业,为国家培养了一代又一代的人才。比如《英语世界》顾问、英语专家许孟雄老教授是清华大学第一班毕业的,年纪虽仅比岱孙师小三岁,但也受教于岱孙师。当我提起岱孙师的时候,他总是非常恭敬地并引以为豪地说他也是岱孙师的学生。我1988年作为访问学者访问英美时,在纽约曾赶上旅美同学召开清华或西南联大同学会,他们讨论和计划筹集岱孙师基金时,其情绪之热烈,充分显示出对岱孙师的敬仰之情。岱孙师年逾八旬,还坚持上讲台,年过九十,还亲自带研究生,其中有不少出国继续深造。岱孙师真正是春风化雨,桃李满天下,令人称颂不已。

岱孙师严谨求实和平易近人的风范,令一代又一代的学子称道并引为楷模。北京西南联大校友每年"五四"在北大开校友会时,都敦请他莅临讲话,他也都欣然出席并畅谈联大的过去和联大人的现在与将来。他每次讲话,还是像在昆明联大讲课时一样,简洁、清楚、明快而深刻,回忆过去,展望未来,字字珠玑,感人肺腑。老校友听后无不为岱孙师的当年风范犹存所感动,互相为岱孙师的精神和健康称庆,有的甚至流下热泪,因为岱孙师还是和几十年前在昆明讲课时一样令人倍感亲切。1994年4月24日联大叙永班举行50周年纪念会时,他虽已行动有些不便,但还是拄着拐杖满怀热情地去参加了。平时,国外来京的同学都想去拜望他。比如有一次港事顾问、香港印刷和图书出版业的名流、老同学吴树炽博士,要我陪着去看他。当时他身体虽感不适,但还是表示欢迎。总之,他对联大的学生就像父母对待自己的孩子一样，都给予无限的爱。

  1997年6月16日岱孙师的高徒、美国侨报专栏撰稿人赵景伦同学由美国来京时，就像往常每次他回国时一样，都特地要我和他一起去拜见恩师。当时一起去的还有沈师光同学。落座后，看岱孙师是比前些时憔悴多了，但他谈话还是那么有条理，说明他的精神还可以。他坐在沙发上，和我们谈得颇久，我们还拍了好多张照片。我们告辞后都说他是20世纪的同龄人，他的岁数是再好算不过了，再过三年就是人瑞了。日月如梭，百岁一晃就到，那时他已是有70多年教龄的一代宗师，又是历届政协委员和常委，北大和政府有关领导一定会比给他办95岁大寿时要办得更像样更热闹，让国内外的门生和亲戚故旧好好地为他庆贺庆贺。没想到，我们的这次拜见，仅时隔一个多月，就竟成永别！岱孙师忽地走了，我们失去了一位尊敬的导师，经济学界、教育学界失去了一位权威性的教育家。但他的形象和风范将永远存在于人们的心中，他的榜样和影响将永远鼓舞着我们奋进。

一个伟大的爱国者

□ 李贵凤*

　　岱老以97高龄于1997年7月27日离开了我们。自他走后,我时刻回忆他的高大形象。作为他的学生,我一直感到自豪;对于他的离去,我感到万分悲痛。他走后许多报刊、杂志刊登了纪念他的文章,对他的学识、人格、道德情操等各个方面都有所记述,我读了一遍又一遍,深受感动。但对岱老的一生来说,还是远远不够的。凡是接触过岱老的人,特别是我们经济系的毕业生,每个人都会对岱老有所感受。因此,出版一本《陈岱孙纪念文集》就非常必要了。我接到唐斯复女士来信后,曾和在京及外地同学联系怎样写纪念岱老的文章。有的同学对我讲,纪念岱老的文章,实在不好写,因为他太高大了,怎样写也不能完全表达出我们内心想说的话。

　　1939年日寇侵华期间,我在北平河北高中毕业后,从天津乘船经烟台、青岛、上海、香港到越南海防,改乘火车沿滇越铁路到达昆明,经考试进入西南联大经济系,1943年夏毕业。我们这一届是纯联大学生,我的学号是"联"字头2492号,当时还有北大、清华、南开三校因"七七事变"未毕业的复校生,也有辅仁等大学的借读生。当时经济系是人数最多的一个系,系主任就是岱老。

一、岱老不但是做学问、教书的楷模,而且对育人极端负责

　　听岱老讲课是最大的享受。在我们到达昆明后就听到1938年考入联大经济系的同学介绍岱老讲课、为人,无不十分景仰。当时联大图书缺乏,外文书更少,常为借书挤破图书馆的门。上课、听讲完全依靠记笔记,教授上课一般也不带讲稿。听岱老讲课,每堂课笔记记全了就是一篇好文章,听过他讲课的人都如是说。我们初入经济系的学生,上课前就对岱老有了好印象。1939—1943年,四年中岱老为我们讲授经济学概论、财政学两门课程。当时联大经济系还有许多知名教授,如教统计的戴世光、杨西梦,教货币银行学的周作仁,教国际贸易的萧蘧,教经济思想史的赵迺抟(北大经济系主任),教国际经济政策的吴启元,教会计学的丁佶等。

　　岱老教学有几个特点,值得所有教师学习:

　　1. 时间安排恰当、紧凑,每堂课岱老总是提前几分钟到教室,从不让学生等老师;下课前几分钟恰好告一段落而结束。当时联大文、法学院教室分散,只有大西门外新校舍是新建的简易平房,其余都是租用原昆华中学的校舍(因躲避日机空袭,中学生被疏散下乡)。岱老主讲的经济学概论和财政学都是经济学系的必修课,因人数较多(1939年入学的达128人),要在原昆华中学大食堂上课,其余课程

---

* 李贵凤,西南联合大学经济系校友。

（如英语、历史、语文等）又分别在新校舍和联大办公处、南区等地上课。学生要往返奔波，岱老总是留出一段时间使同学不致误课。这样的时间安排也是要费一番心思的。由于他这样遵守时间，同学也从无迟到或早退。

2. 岱老学贯中西，不但有渊博的学识和丰富的教学经验，而且有高超的教学艺术。他讲课吐字清楚，条理清晰，层次分明，重点突出，深入浅出，速度适当。他担心一些英文专有名词学生听不清，就书写在黑板上。100多人的课堂除了岱老讲课声和同学做笔记的沙沙声外，整个教室安静极了。这真是人生最大的享受。把每一节课的笔记加以整理，就是一篇好文章。有的同学偶尔因病或因事缺课，都要借同学的笔记补齐。至今，同学们都把课堂笔记视为珍宝保存。这样的教学魅力在中国教育史上能有几人？

3. 认认真真地育人，作为系主任亲自批阅同学的小考试卷。联大的主要课程每学期至少有一次小考，岱老亲自批阅同学小考试卷。我记得，和我住一个宿舍的经济系同年级的一位同学经济学概论小考得了40多分，岱老在试卷上批示："大好时光，如此虚掷，岂不可惜！"那位同学看后深受触动，此后奋发图强、刻苦学习，大有长进。从岱老的批示中可以看出，他是多么爱护每一个学生。昆明四季如春，在艰苦的抗战环境中，聚集了北大、清华、南开三大学国内外知名的教授，这是千载难逢的求知环境，岱老是多么希望他的学生将来都成为建国的栋梁之材啊！后来的事实证明，岱老的学生没有辜负他的期望，每个人都从岱老身上获取了丰富的营养，在各自岗位上发挥了应有的作用。岱老不但善于教书，而且认真育人。像这样认认真真教书，积极负责育人，七十年如一日者又有几人？

二、岱老也是一个伟大的爱国者

岱老出国留学是为了报效祖国，从未想不回来。他从五四运动开始直到以97高龄去世，始终表现出一个伟大爱国主义者的情操。"七七事变"后，他不顾个人财产，从庐山会场只身奔赴长沙参加临时大学的筹建工作，1938年2月临时大学又迁往昆明成立西南联大。岱老因终身不娶，无家室之累，加上他办事认真，每遇大的动作他都打头阵。1945年日本投降后，他也是代表清华最先从昆明到北平从日寇手里接管清华园校产，筹建复校工作的。在昆明西南联大期间，联大教授主办了一个杂志《今日评论》，撰稿者多是知名专家或教授，是联大教授发表时论的阵地。杂志在当时的大后方知识界影响很大。我记得1941年有一期刊载过岱老一篇文章，题目是《经济统制的礁石》。当时的昆明、重庆等地物价飞涨，民不聊生，而四大家族却利用权势大发国难财。当时战略物资、紧俏商品奇缺，国民党政府成立了物资局进行统制（局长是湖南人何浩若），但四大家族对此统制办法置若罔闻。岱老认为四大家族的经济实力操纵市场，是经济统制的礁石，礁石不除，经济统制就是一句空话。联大当时民主气氛浓厚，每次学生运动他都站在进步学生一边。对于关系国家、民族利益的大是大非问题，他不顾个人安危，总是挺身而出。他曾和张奚若、闻一多等十教授联名发表要求国民党当局停止内战的《十教授的公开信》。这在当时国民党高压统治、特务横行的时代是极其危险的（此后不久闻一多、李公朴两位伟大的爱国者惨遭国民党特务杀害）。日本投降后，他重返清华园。由于国民党的腐败,短短三年时间,到 1948 年秋,形势急转直下,他断然拒绝去台湾的劝说,留在北京迎接新中国的诞生。为什么不去台湾?他以"腐败"两字概括。他是多么痛恨腐败!

新中国成立后,思想改造、肃反、反右、"四清"、"文化大革命"等运动接连不断。许多同学都与他断了联系,大约从 1949 年到 1979 年的 30 年间未与岱老谋面。1979 年我回到北京商学院任教。这时我已经 60 岁,岱老已 79 岁了。回北京后联系到在联大同班及前后班经济系同学较熟悉者已不过十几人,加上在联大新校舍二号草棚宿舍同住的同乡、朋友读政治、历史其他系者也不过二十几人,当年的年轻小伙子大都成为白发苍苍的老头了,每个人都有一段坎坷曲折的经历和道不完的心声,但大家都在精神上得到了解放,能为祖国贡献余热,都焕发了青春。在相聚闲聊时,往往回忆起联大生活,自然也怀念起岱老。不久联大校友会在京成立。每年 4 月 27 日清华校庆,5 月 4 日北大校庆,我们联大校友都可参加,大家都希望见到岱老,而每次两校校庆他都亲临给我们讲话,不论是经济系的学生,还是其他系的,都对岱老无比景仰。当他每次出现在校庆大会会场时,大家都报以热烈的掌声。当我们得知他以 80 多岁的高龄仍担任北大经济系主任、为研究生讲课时(哪里知道他在 95 岁时还指导博士生),无不敬佩。这时岱老也焕发了青春,除在北大任教外,他还参加了政协和许多社会活动,著作也多了起来。他从国家和民族的利益出发,对我国的经济建设提出了不少真知灼见,如市场经济要与宏观调控相结合;反对经济过热,反对通货膨胀有益论;正确对待西方经济学;等等。这些对我国的经济工作,都具有指导性意义。他的一言一行都贯穿着一个伟大爱国者的情怀。这也是他给我们以及后辈留下的最珍贵的财富之一。人人都成为爱国者,这个国家民族才有希望。

三、念念不忘出版一本联大校史

1982 年秋,我和商学院几位老师在原商学院顾问黄肇兴教授(当时也是全国政协委员,与岱老相识)指导下合译了美国学者桑德拉·科斯赖特(Sandra Costinett)所著《英语会计知识》一书。该书出版后,我送书到岱老寓所,并向他请教,顺便向他索要由他主编的《政治经济学史》。这是从 1939 年在昆明联大作为他的学生起 40 多年中第一次和他单独晤面领教。他的住处是那样简朴宁静,他对他的学生是那样慈祥平易近人。他精神那样矍铄,我感到非常高兴。他说《政治经济学史》都送光了,连一本也没有留。谈话间回忆起联大生活和其他老师、同学的情况,出乎意料的是,岱老提到一位美国学者两天前为写西南联大校史向他请教了解情况,美国人不甚清楚为什么联大能在那样艰苦条件下培养出像杨振宁、李政道那样的诺贝尔奖金获得者。美国人要写联大校史,我们联大人为什么不写自己的校史?在岱老的支持下,在联大全体教职工及同学特别是校史编辑委员会全体同学不辞辛劳的努力下,经过十几年的奋斗,《联大校史》终于在 1996 年底与读者见面了。岱老在为校史写的序言中答复了那位美国学者和对联大存有同样疑问的人们所提出的问题。岱老在序言中指出:联大的实体虽然已不复存在,其名字所以能载入史册,其事迹所以值得人们纪念者,不得不把这成果归功于同学们的求知愿望和教职员的敬业精神。而这二者实植根于以爱国主义为动力的双方共同信念和责任感。其一,为联大师生对抗战必胜的信念;其次,是联大师生对国家民族前途所具有的责任感,为战后建国培养各类人才。岱老在联大校史序言中明确回答了那位美国学者和有同样问题的人们所提出的联大为什么在短短的九年中在那样艰苦的条件下为国家培养出一代的国内外知名学者和众多的建国需要的优秀人才。从联大校史的发起到校史的面世一直倾注着岱老的心血。在这一过程中也充分体现了岱老的爱国敬业精神。在岱老离世以前,他亲眼看到校史的出版,让联大精神代代相传,这对他也是一种慰藉吧。

四、一生淡泊名利,乐善好施,只讲奉献,不计报酬

岱老一生专门利人,从不考虑自己。包括他的"走",也是如此。正如他走后,唐斯复女士对岱老遗体泣言:"在大舅不能为社会尽责尽力的时候,自己需要人照顾的时候,他,走了。"他生得伟大,走得那样俐落,更加令人怀念。他人虽然走了,但他的光辉业绩,他的人格魅力,将通过他的学生,他的学生的学生,通过他的遗著,通过怀念他的文章,当然也通过这本文集一代一代地传下去,永远普照大地。

1998 年 3 月

陈岱孙教授和朱自清、冯友兰、汤用彤、沈有鼎、郑昕、钱穆等人结伴,在从长沙经桂林辗转赴昆明的路上,摄于 1938 年。

陈岱孙老师和《展望》壁报

□ 刘彦林*

岱老不但在学术上是我们的恩师,在思想上、做人方面也是我们学习的榜样。在我们遇到惊涛骇浪,处于极端困难、危险的境地时,是他挺身而出伸出慈爱之手,挽救了我们,这怎不令我们感佩终生,永不忘怀呢?

事情还得从头说起。

我是西南联大经济系43届毕业生,1943—1945年又就读于清华大学研究院经济学部。岱孙老师一直是我的系主任。1939年全国统一招生,经济系是热门,西南联大的经济系拥有清华、北大、南开三校的全国最知名的一批教授,大家十分向往,因而招来许多优秀的学生,其中有的成了我的挚友。

朱声绂,可说是我们班上的第一才子,陈老师最得意的门生。他聪慧超人。我亲眼看到他能一字不差地默写出诸葛亮的《前出师表》、《后出师表》,他的英文字和汉字都写得极其漂亮、潇洒、流畅,他打桥牌几乎没有对手,他的歌声圆润、高昂,能用英语唱多首名歌。多门功课成绩优异,毕业论文是用英文写的,1943年毕业后留做陈老师的助教,由于工作出色,1953年即晋升为教授,成为当时清华大学最年轻的正教授。不幸1957年反右时被打成"右派",从此一生坎坷,前两年病故。

孔令济,是我们班另一名高才生。他不但多门功课成绩优异,而且思想进步,有很强的分析问题的能力。别看他温文尔雅的学士派头,内心却像一团烈火,对同学极其友爱,肯热情帮助。那时我阅读了大量的进步书籍,其中有不少是他借给我的,如艾思奇的《大众哲学》、葛名中的《科学的哲学》、华岗的《社会发展史纲》、钱俊瑞的《怎样研究中国经济》、斯诺的《西行漫记》以及《联共党史》等。他毕业后也留做助教,后来是中国人民大学的教授,前两年还带几名研究生。现仍健在。

陈良璧,生活上不拘小节,比较散漫,可读书不错。在三年级时,他看我研读《资本论》,便口出狂言,说要和我结成马克思和恩格斯式的友谊。他毕业后到英国剑桥大学留学,回国后在北大、吉大、内蒙古大学等处任教,是第六届全国人大代表,前几年病故。

刘景丰,是个安分守己,埋头读书的好学生。为人诚恳,善交朋友。能把所学运用到实际工作上去。毕业后从事地质工作近50年、地质教育近40年。他是石家庄经济学院(原河北地质学院)教授中的元老,桃李满天下,全国许多地质部、局的管理负责干部曾受教于他。该院1997年为祝贺他的80寿辰,出版了一本学术论文专辑,称他是"一位有影响的地质经济管理学家,是中国地质经济管理学科的创立者之一"。

---

* 刘彦林,西南联合大学、清华大学经济系校友。

我们这几个人不仅在学习上互相帮助，而且也经常在一起交流思想，关心时局。对当时社会上的腐败现象深恶痛绝，对当时党的外围组织"群社"组织的各种进步活动，总是积极参加。"皖南事变"后，许多地下党的同志离开了学校，一段时间，学校里有些死气沉沉，反动气焰有些嚣张，《青年》、《南针》等壁报连篇累牍的造谣、谩骂文章实在令人气愤。我们这几个43届经济系的好友感到有些憋气，就与社会系的朱鸿恩、同系44届的顾书荣等一起研究，也出一份壁报，"呐喊"一番，打破沉寂的空气。经商量推举我和陈良璧为主编。那时学校当局为了统制学生的活动，出壁报要请一位教授为导师，还得到训导处登记，经过批准，才能出刊。

我们经过慎重考虑，决定聘请潘光旦老师做我们的导师。有一天晚上（经查是1942年1月12日）我和陈良璧到了潘老师家里，说明我们对时局的看法，我们的政治态度，出壁报的目的等等，他欣然答应做我们的导师。他问壁报叫什么名字，我们说叫《展望》吧，他遂即说："啊！Outlook！展望未来，展望世界，好！"他还说到政府对思想统制的危害，说他的文章有时就找不到发表的地方，等等。

1月21日，《展望》第1期出刊了，悬挂在新校舍一进大门的墙壁上。孔令济写的发刊辞，朱声绂的《论言论自由》，陈良璧的《论思想统制》，我写了一篇《论学风》。我们这些文章的观点与《青年》、《南针》针锋相对，自然吸引了大批读者。可以想象，《展望》一诞生，就成了三青团和一些党徒的眼中钉、肉中刺了。

遂后，《展望》大约半个多月出一期，记得我还写过《论正统》、《论真民主、假民主》等文章。总之，我们的这些文章的主要内容是反对独裁、提倡民主、要求自由等等。5月间出刊的第7期上刊登了刘景丰的一篇《吉普女郎》的文章，大意是说有的女大学生不好好念书，而整天坐着美军的吉普车兜风，与美军鬼混，败坏了学风，有失人格，有失体统，应悬崖勒马，改邪归正等等。学校当局借此说我们污辱了女同学，勒令停刊了！《展望》不到半年时间就给扼杀了。

更有甚者，我与陈良璧、刘景丰各记大过一次！这对我们来讲，真是晴天霹雳！事后得知，学校当局本来是要把我们三人开除的，潘光旦老师当然不同意，陈岱孙老师更是挺身而出，仗义执言，说他是了解我们的，说这几个学生是真正读书的，他们发表意见，即使用辞有点偏激，也不能就开除学籍啊！由于他的极力干预，仅仅各记大过一次才算了事。是陈老师挽救了我们，使我们免遭失学之苦，而继续留在学校里读书。

不幸的是，到1942年暑假，陈良璧、刘景丰两人离开昆明，准备回绥远老家一趟，在半路上被特务抓获，押解西安，入了劳动营，过了一两年铁窗生活，后经多方营救，才先后回到了学校，继续他们的学业。

而我没有离开昆明，可以说是在岱孙老师的关怀保护下，顺利地在1943年暑假毕业，并继续在清华研究院读了两年。而且在这期间还组织了读书会，参加的有何孝达、朱鸿恩、肖而兰、杨霖生、朱友平等，在我们成员之间还发行名为《晚星》的刊物，前后印了三期，登载我们自己的文章，互相交流，共同提高。

解放以后,我们和岱孙老师一直保持着联系。最近几年,每逢西南联大校庆,我们总是结伴去探望老师,每次都能得到恩师的教诲;看到他老人家亲切慈祥的笑容我们感到特别幸福和鼓舞。本来约好于 1997 年 11 月 1 日校庆时再去看望老师的,哪知没有这个机会了。老师永远地走了,但老师的恩德永远留在我们心里!

1998 年 2 月

作者刘彦林(左一)和《展望》壁报的另两位编者刘景丰(右二)、孔令济(右一)与陈岱孙教授合影,摄于1996年。

陈老师永远活在我的记忆里

□ 罗承熙*

　　陈岱孙老师是我最敬爱的老师之一。他把他的一生奉献给祖国的高等教育事业和经济学的研究,成绩斐然。他待人以诚,洁身自爱,勤恳工作,受到同事、朋友和学生的高度尊敬。

　　我于1944年在西南联大经济系毕业,1946—1947年在北京清华大学经济研究院肄业。在联大和清华研究院时期,和陈老师接触不多。彼此有较深的了解并且我可以对老师畅所欲言的时期,是在1978—1987年我在北京中国社会科学院世界经济与政治研究所工作的时候。以后我就离开祖国了。

　　在联大,我选读了陈老师讲授的财政学这门课。他讲课的特点是语言精练,条理分明,内容充实,没有多余的话,因此很有吸引力。他对讲课时间掌握得特别好,每课结束语说完了,差不多就是下课铃响之时。

　　在1978—1987年,我和陈老师都在北京,我住北京城内,他住北大,相隔颇远;但每年我去北大看望他至少两三次。他很健谈,我特别喜爱听他讲述他过去的经历。我记得他两次谈过他在哈佛大学四年时间如何刻苦学习的情景——没有寒暑假、没有星期日的休息,大部分时间在图书馆内一个小隔间度过,大量阅读各种书籍和文献,并以此为乐。这使我懂得他的渊博的学识的由来,也是对我的一种激励。

　　我和陈老师叙会时,有时我向他诉苦。我说过,假如时光能够倒流的话,我不会研究世界经济,因为根据我在研究所的工作经验,世界经济研究总离不开"预测"这一步,就是要求预测有关国家的经济的未来发展趋势,而实际生活中总会有一些无法预知的变数干扰着预测的准确性,增加了预测的错误程度。陈老师语重心长地说,既来之,则安之,如今不是打退堂鼓的时候,只有积极地迎接挑战。

　　陈老师很关心他的学生,并且在各方面给予大力支持,以下是一些例子:

　　1. 在我写《货币理论探索》(中国社会科学出版社1987年出版)这本书时,我急需阅读一本有关货币数量说的书,即 *The Purchasing Power of Money*(Irving Fisher, 1911)。我所在的研究所没有这本书,北京图书馆也没有这本书。于是我去找陈老师,请他查一下北大图书馆或他个人藏书中有否这本书。他很快就回复我:查过了,都没有。他约我去他家一次,由他写一封介绍信,让我去赵迺抟教授家,看能否借到此书。我持信去赵教授家了。他满屋藏书,并且热情地为我找寻,终于找到并借给了我。

　　2. 1990年我住香港,拟再版《货币理论探索》一书,请陈老师为我写一篇再版的序。那时他身体不大好,仍慨然答允,很负责地把序写好,航挂寄给我。我由衷地

---

* 罗承熙,中国社会科学院世界经济研究所研究员。

感谢他的支持,特别是那时他已是 90 高龄,如此认真地为我写长达 2000 字的序,实在使我感动。

3. 在 1990 年 8 月 19 日他写的另一封信中,他告诉我:他把上述书再看了一遍,并提出一些问题供我思考。这封信又再表明他老人家是多么关心他的学生呀!

我最后一次和陈老师晤面,是在 1987 年 7 月的一个晚上,我请陈老师到我北京家吃晚饭——那是我即将离开祖国的一个晚上。席上我们只谈家常,谁都不提快要离别之事。饭后我请陈老师在我的书架上选出三本他喜爱的书带走,作为纪念。他欣然这样做了。

我最后一次在国外给陈老师写信,是在 1997 年元旦前夕。那只是一张贺年卡,上面简单地写了几句祝他健康、长寿的话。

此文该结束了,想起以后再也见不到陈老师了,不觉凄然。幸而将有《陈岱孙纪念文集》问世,此文集一定有很多介绍陈老师生平的好文章,让青年学子学习他的崇高精神和治学之道。另外,陈老师于 1990 年曾特别托人把 1989 年 11 月出版的《陈岱孙文集》带到香港给我,此文集大大有助于我对他的思想的了解。

1997 年 10 月 14 日于香港

风态卓殊　无怠无畏

□ 钱亿年[*]

我在西南联大读书时和陈老师并没有很多的接触。一个原因是我在三年级时才上他教的财政学,而很多的同学在二年级就选他的课了。我在1940—1941年去四川叙永时是进工科机械系的。1941年秋又在昆明金碧路工学院住读了半年。我在叙永时,数学教授刘晋年和物理教授霍秉权两师选出三个工科学生鼓励他们去读理科,我幸落名在内。但在我请示于家父时,他问我有无恒心过一生教授的生活,当时我不能做肯定的答复,而同时我已感觉工科对我个性不适,便在1942年冬转入经济系了。那年我补读了基本课程,如经济概论、逻辑学、政治概论、会计学之类。

另一原因确是难说。三年级正属我读书兴趣的高潮,我每天下课的时间都用在图书馆,把教师指定的参考书读了不少。陈师说收税如拔鸡毛,要越不痛越好。在考试时我就把参考书所读到的理论加进答案里。我说当财政者对各种项目的收税都要恰到好处,要做到各种交税人的边际苦痛(marginal pain)互相相等为止,在这样的情况下,集体的苦痛就是最小的了。这种答法,全是理论。第一,边际的苦痛不能数量化,就连苦痛也不能数量化;第二,即使苦痛可以数字衡量,那整个观念,是一个静态的分析,不能反映动态的社会或经济的变动。陈师大概想我是一个书呆子,给我的评分是丙等。那时我认为答复来自陈师指定的一本参考书,我感觉有苦说不出来,还有一点不太服气。

1944年初,我级被教育部下令提早毕业,全部级友被征调为翻译官。经过三个月的军训就分散到各战区或其前线服务去了。我被调到国民党空军,附属于美国第14空军队,到老河口南阳一带,用无线电在地面和天空的飞机通话,做前线陆空联络的工作。事实上,在老河口的李宗仁将军和在南阳的刘汝明将军都不肯打仗。

等我辞职时已是1945年秋天了,那时我已有意到美国留学,但是自己觉得对经济学了解不够。我便回到昆明联大补读未完成的四年级下半年的学业。

我在联大"再度"或"真正"毕业时是1946年6月。在昆明办好了出国的手续,由重庆、汉口到上海,因当时美国全西海岸海员罢工,我终由上海飞东京转旧金山,在1947年1月22日到丹佛(Denver),进修于丹佛大学的商学院,主修经济兼工商管理。

在丹佛时我发现大多数的科目都极容易,当年年底就考硕士(只有口试)。老师们说,我的一些答复他们以前没有听过。这一下让我了解抗战时联大经济学、统计学、国际贸易学的水准并不下于国际的水平,有些地方至少比丹佛大学高。从这一点经验悟会到陈师在学校时的一个大的贡献就是聘请、保留和领导有才能的

---

[*] 钱亿年,西南联合大学校友。

教师创立了并保持了一个优秀的学系。当时经济系属于法学院,我记得陈师当时兼任法学院院长。

教授们和我握手后建议我去另一学府读博士学位并允诺代我找教学工作。这样我就被招收于明尼苏达(Minnesota)大学,半工半读,先做助教约一年半,后做研究生教员约两年半,先后教经济学概论、统计概论、经济分析、商业统计等课。1951年5月3日上午考取该校经济学博士,当天下午考取统计学硕士。

1953年秋在我考过博士学位的笔试(Preliminary Examinations)后,我就离开明尼苏达大学到一化学公司做市场研究工作。1954年做该公司的科主任。1957年任职于一个制药公司,先为销售课主任,后任商务发展处负责人。在1976年代表该公司去广交会购买西药医药原料,这样给了我30年后第一次踏上故土的机会。

1978年第二次返国,行前写了一封简信寄北京大学经济系负责人表示我有访母校之意。不久即收到陈师亲笔回信,才知道那"负责人"仍是他老人家。他约我去北大参加一个座谈会和经济系的同学、朋友们见面。最出乎意外的是他在信里问我二姐华年近况。我姐茂年、华年和妹莆年都是联大的学生。陈师的记忆力真是出人头地。那次座谈会是在临湖轩举行的,我才重见到阔别大约33年的老师。他风度如昔,谈吐自若,神采奕奕。

那时我已创办了一个由中国向美国出口医药原料和医疗器械的美国公司,我前后因此事回国约21次,去北京约4次,去北大拜望陈师2次。我妹弗年也是经济系毕业的,现住台北。她后来也去过北大拜望陈师,陈师出版的文集是我妹由台北转寄给我的。

我们和陈师就此告别了。他为人正直,对人诚恳,风态卓殊,谈吐实在,无怠无畏,有始有终,虽一生未婚,却桃李遍世,做了千万人的师范。他不仅是一代宗师,也应名列在千古大师以内,我辈后生,可谓望尘莫及也。

1998年2月26日敬写于美国加州鹅石海岸(Pebble Beach)

悼念一代宗师陈岱孙

□ 钱苇年*

记得是1992年，外子和我及我大姐茂年三人回国探亲，特去北京清华大学访问参观，我们都是第一次去这所举世闻名学府的。我和姐姐都是在抗日战争时在昆明西南联合大学毕业的，西南联大包括了清华大学、北京大学及南开大学三校。因1937年日军占领了北京、天津，这三所大学避难迁往昆明组成西南联大。在北京的清华我们并未上过，我们怀着朝圣的心情去参观，不料竟得到了地主热情款待，清华大学联同北京大学及联大校友会招待了我们。在晚宴时，得知陈岱孙老师也要来，不禁心中窃喜，我们正想见他。我们方在北大客厅坐下，陈师一个人来了，身着便服，神色凝重，手中虽拿了一杖，但看他步履稳健，并不需那杖帮助，一看就使我回忆起50年前在昆明联大上他的课——经济学概论的情景。

那时的老师正值英年，穿着整齐，态度严肃，手执教鞭在黑板上划着讲解，他不浪费每一分钟的时间，紧扣着那堂课的进度，清晰有力地、引人入胜地讲完那堂课正好铃响下课。学生们屏息静听，埋首疾书。100多人的教室，外加窗外挤不进来的旁听生，竟一点杂声都没有，把个枯燥的经济学概论讲得兴趣盎然。这门课大家都要赶早去抢位子，成了一年级必修课中最叫座的一门，其原因在于他精湛的讲解及认真的态度，循循善诱地指导经济学说的理论所在，自然树立了现今所谓的魅力。

席间他没有说什么话，已是92岁高龄的老人了，"文化大革命"的冲击使人感觉到他是忧郁的。

我们返台后，陈师有信来，谢谢我给他订的杂志，并托我找他在台湾的一位哈佛大学同年同系的同学李干先生，陈师托人带了两册他的著作《陈岱孙文集》给李先生，问收到没有。我查访到李干先生，他原任中央银行副总裁，已退休，因眼疾不能写字看书。我把两册书借来，看了一部分，其中学术方面的没有专心研读，倒是在其自述及其他生活小品文中得识陈师文采风范。他出生于1900年，于福建闽侯的一个书香世家，起初就读私塾，学习古书，主要的经、史、诗文都读过了，又博览家中丰富的藏书，培养了爱读书、求学问的功力。虽然在15岁才开始进入新式学堂，但凭其天资及努力，一跃而考进初中三年级，再到上海应清华学堂的插班考试，一帆风顺地进入清华学堂，考取公费留学，后进入美国波士顿的哈佛大学，于1926年毕业取得博士学位时，才26岁。从15岁到26岁，仅以11年的时间完成了普通人需要20年以上才能完成的学业，这样的奇才、天才，难怪赢得国际认同的一代宗师称号。

---

* 钱苇年，西南联合大学校友。

1995年值我班毕业50周年，北京清华又来邀访，我约同在美国的杨郁文、萧庆弗(经济系)、邢传节、许有榛夫妇、徐乾若、李润才夫妇共七人再返北京清华，再度晋谒陈师，那时他身体已有不适，住入北京医院，经承宪康老师安排，他仍从医院回到家中接见了我们。他家在北京大学燕南园55号教授宿舍，他打起精神坐在椅子上，我们照了些相片，但见他住处有些阴森，树木多，阳光就少了，屋内油漆斑剥，又是孤身一人，大家都有些担心。不过承师说有人来做饭、打扫，还有他的亲属照顾，可以放心。想他老人家多年都是一人生活，已习惯了。

　　怕他劳神，我们小坐即告辞，但心中多少有点酸楚。回程经香港，和香港校友们餐叙时，我报告了陈师情况，大家决议合送一台 Mini 音响、CD 及 Cassette 等，由我在北京的亲戚代为选购献呈，为之解闷。因在他自述中提到在美国哈佛大学读完博士后，又赴英国、法国的大学研究，在法国时周末每以观赏歌剧消遣，想他在音乐修养上，亦必有造诣。

　　此后每于接获北京清华校友通讯时，必急着找有无陈师消息，以 no news is good news 为安。孰料今年10月我和外子自美返台时，终于接到承宪康老师的通知：陈师已于7月27日仙逝，享年97岁。这世人必走之路他是载誉而归了。他一生的功绩、学术贡献，自有专家论述，我谨在此祝祷他老人家在天之灵安息。

1997年11月14日于台北

浓浓师生情

□ 肖德义[*]

我于1941年自贵州浙大到昆明,入学于久慕盛名而梦寐以求的西南联大经济系岱老门下。先生给我深刻而终生难忘的第一次印象是:先生态度庄重严肃,衣履整洁,不苟言笑,行走目不旁视,俨然大教授风度,新生多敬而畏之。但一经接触,在谈话中发现:先生态度慈善和蔼,语言简练,热爱学生如子弟,顿感可亲又可敬,浓浓师生情暖在心头。

我第一次接触经济学领域的启蒙老师是岱老。当年联大教育非常重视基础课,基础课必须由系主任或富有多年教学经验的名教授担任,系主任也必须担任本系两门重点必修课的讲授。所以我读了先生大一开设的经济学概论和大三的财政学。

联大采取学分制,并严格规定:在学期成绩中如有二分之一学分不及格则令退学,如本系必修课一门不及格则令转系。故先生所授经济学概论对经济系大一学生来说是非常重要的。这可能也是大一本系主课大都由系主任讲授的原因。

先生所授课程,在上第一节课时首先开列一大堆参考书目,全是英文本。然而在抗战艰难时期,来自沦陷区的流亡学生自然买不起,即使比较富有的学生有钱也买不到,少量教本,还由上年级同学读完而转让出售或借给下年级。因而图书馆所藏有限的书是非常抢手的。例如,先生所授《经济学概论》图书馆只有约三四十册影印本,每在图书馆开门之前,门外即有大批学生在等候,门一开即蜂拥而入,抢在借书台前排队借书。且参考书不能带出馆外,更显得教授讲授水平非常重要。

先生授课的特点是,在当时西方主要国家名牌经济院校所采用的经济学教科书中选择一二种教材作为蓝本,如费尔切尔德的《经济学基础》和马歇尔的《经济学原理》,讲授时结合自己的观点和研究成果。由于当时条件差,印发讲义困难,所学内容全靠学生上课记笔记。先生每以其高大的形象,庄重的态度,整洁的衣履,愉快的心情,更有为国家培养人才的责任感走进教室,那偌大的课堂立即肃静下来。先生讲课条理清晰,深入浅出,表达精练,无一句废言,每节课自成段落。学生则思想集中,埋头记笔记鸦雀无声,几乎每句必录,当堂笔记虽然潦草,但可说是一篇好文章,二三十年后还有的同学将当年经济学笔记保存完好,可惜毁于"文化大革命"。

其后,先生年事已高,尚以八九十岁高龄上讲台、带博士研究生、悉心著书立说留于后人。先生研究西方经济学的理论是以马克思主义的基本观点,对当代西方经济学采用科学分析的态度,既反对盲目批判、一概排斥的态度,又反对盲目崇拜、照抄照搬、一切肯定的做法,并与世界经济发展的研究结合起来,兴诸家之长,批各

---

[*] 肖德义,中央财经大学教授,西南联合大学校友。

派之短;强调加强对发展经济学的研究,避免从一个极端走向另一个极端;重视发展中国家经济发展的时代特征,不赞成完全干预或绝对自由的两种倾向。

先生26岁学成回国,27岁执教,97岁仙逝。70年的讲台和科研生涯,为国家培养了一代又一代的经济人才,为经济建设提供了诸多卓有高见的宝贵意见,为后代留下了百万字的成果,更重要的是为高等教育战线树立了高级知识分子的高尚品德、敬业精神和富于时代责任感的崇高形象。

1998年2月于北京中央财经大学

永远怀念陈岱孙教授

□ 郑国安*

1997年9月25日我接到北京清华校友总会承宪康学长惠来手书,告及陈岱孙教授于7月27日上午8时12分在北京医院不幸逝世的噩耗,随函附来《陈岱孙教授生平》一文以及在陈府吊唁陈老的灵堂照片一帧。我接信后,随即向珠海市清华大学校友会张鸿庆副会长电告。翌日即把承宪康学长寄来的资料全部邮寄福州福建师大附中(原为福州鹤龄英华中学)杨玛罗校长,向中学母校汇报。

回忆我在昆明西南联大就读时,曾听先叔郑华炽教授、先舅邓稼先学长和郑雯先学长(是郑天挺教授的令媛)等介绍:"陈岱孙教授是清华、联大经济系学术权威,他26岁已经取得了美国哈佛大学博士学位并获得该校金钥匙奖,回国后即担任清华大学经济系教授、系主任和法学院院长的职务了。"我听了之后,对陈教授很敬佩,尤其是知道陈老是福州人氏,而我本人少年时代也曾在福州念过初中,先母是福州人,先父是广东中山人(他于民国20年参加过十九路军在福州建立人民政府,失败后,携眷逃难返回广东并曾定居于澳门),可以说我是半个福州人。在联大期间,我似有一种发自内心的"同乡"感,曾几次擅自去旁听过陈岱孙教授的授课。他讲解清晰。记得有一次我曾向他请教过经济学概论里的"边际效用"(marginal utility)问题,他很慈祥地给我详细地举例分析了边际效用的概念,想起迄今已经是事隔半个世纪了。

1994年4月3日,正值福州鹤龄英华中学母校(现为福建师大附中)113周年庆典,我携同先室、嫡孙、外孙女夫妇五人一起归宁母校祝贺和参观。惠承杨玛罗校长和俞继圣主任等几位校领导的热情接待并引介参观,观看了母校名校友栏目,画像中有:侯德榜(我国制碱化工专家)、林森(前国民党政府主席)、陈岱孙(我国经济学家)、陈景润(我国数学家)、陈赓(我国科技战线铁人)等人物事迹时,才知道自己在联大所认识的陈岱孙教授原来是福州鹤龄英华中学的老校友前辈,使我对陈老的名望更加崇敬。

我从多期《清华校友通讯》的报道中知道陈教授的学术成就和他近年患病情况。近两年我曾以晚辈的身份和陈老通信,向其表示慰问。1996年春,我有机会重返北京归宁清华母校,参加庆祝清华大学建校85周年华诞暨联大46届毕业50周年纪念活动,特意从广东珠海带上一份礼物敬献给在病的陈岱孙教授。原拟于5月4日同联大校友一起参加北大98周年校庆日,亲自到燕南园陈府拜谒尊敬的陈教授——也是福州鹤龄中学母校的老学长前辈,聊表在下的一片心意。旋因清华的余寿文副校长和樊汉斌、郑秀瑗、张伟钹、刘敏文等领导同志要赶于5月2日先行南下珠海,我见有学校领导南下广东,可以顺道陪同我南返珠海,所以未能圆我参加

---

* 郑国安,西南联合大学校友。

北大校庆和拜谒陈教授的美梦;只好在 5 月 1 日晚,只身在甲所住处赶写好一封慰问陈老病况并向他老人家道歉的短信,连同专门由珠海带来的礼物,拜托承宪康学长抽便代我送呈陈岱孙教授笑纳。

　　陈老已届 97 高寿,一生教育英才满天下,为人高洁,风范纯正。回忆他在旧社会里,从不受国民党政府的利诱;林森尊敬陈岱孙教授为福州英华校友,而且既是留美博士,又是经济学泰斗,曾联同蒋介石邀请他出任当时四大家族把持的旧中国的财政部长,却遭到陈老拒绝。陈老当年宁可在昆明联大当个穷教授,清贫自甘,专心治学育才,确有鲁迅的骨气。抗战胜利后,陈老作为清华校舍保管委员会主任,为了争取时间要从日本投降者手中接管清华,为了要把满目疮痍的清华园尽快恢复以迎接从昆明还都的师生可以正式上课,他付出了极大的心血,立下了辉煌的功绩。陈岱孙教授虽然溘然仙逝,但他老人家在长达 70 载的教学生涯中,为我国高等教育事业和经济科学的创新和发展,默默耕耘所做出的贡献,将永载于青史。

1997 年 12 月 30 日写于广东珠海

陈岱孙教授母校——福州鹤龄英华学校,摄于 1920 年
(英华学校原址目前为福州高级中学使用)。

淡泊名利　学贯中西

□ 张友仁*

长寿名师与世长辞

我们得知陈岱孙老师病重的消息后,当即于1997年7月27日早晨7时驱车赶去探视,赶到北京医院北楼310病房时,已是8时42分了,晚了半个小时,陈老师已于8时12分仙逝。我们悲痛万状,只能瞻仰遗容和目送遗体推往太平间。

陈岱孙老师享年97岁,对于如此高龄的老人来说,身体尚属健康。他在有关领导关怀下,1996年曾住入北京医院检查身体,宣告无病,出院。1997年,北京天气奇热,是100多年来所未有的。入夏以来,陈老师感到乏力和吃不下饭,需要住院诊治。由于一般医院要病人前往各部门检查,陈老师年高体力受不了,希望能再住入北京医院,可以在自己病房中用各种仪器检查身体。经各方努力,陈老师终于在7月9日住入北京医院,经过连日用多种良药作静脉点滴,本盼会有转机,可惜终于未能挽回。主治大夫说:如果是70多岁,我们还能治,他是97岁的老人了,我们已尽了一切努力,用了一切办法了。

陈老师病中很顽强,临终前一天的早晨,他说:"我要自己起来! 我今天起不来,就永远起不来了!"他还不要别人帮助,自己起来,走进卫生间,自理完一切,衣扣整齐地回到病床上。他还对身边的亲属们说:"你们以为我要走了? 没有这么简单!"下午虽出现过危急状态,经过抢救,血压心跳均已恢复正常。亲友们都认为陈老师还可以延年益寿的,谁也没有想到翌日早晨他就离开了人世!

对于陈岱孙老师的逝世,我们感到非常震惊,非常悲痛。谁也没有想到他会这么快地离开我们。1997年春节,我们去燕南园55号看望他,在他家客厅的沙发上摄有合影多张,想不到这竟是他同我们最后的合影。担心影响他老人家的休息,我们不敢频繁地去看望他,可是他却十分关心我们。不久以前,我接到他打来的最后一个电话,是告知我所要的50多年前发表在上海《文汇报》上的一批文章,他已经托他的外甥女——该报工作人员唐斯复女士替我去找了,一有消息就再打电话告诉我。不意竟成永诀!

1997年8月8日上午10时在北京八宝山革命公墓第一告别室,举行了陈岱孙教授遗体告别式。他的学生和生前友好前来告别的约500余人。党和国家领导人自江泽民主席起,都送了花圈,朱镕基、李岚清副总理以及费孝通、雷洁琼副委员长等亲自来向遗体行三鞠躬礼。陈老师栩栩如生地安卧在花丛中。

陈岱孙老师是学贯中西的马克思主义经济学家,是我国经济学界的一代宗师,道德文章,万世师表。他的逝世是中国经济学界、教育界的无可补偿的重大损失。

---

* 张友仁,北京大学经济学院教授。

一代宗师,教学70年,桃李满天下

陈岱孙老师于1926年获美国哈佛大学哲学博士学位,旋即到欧洲各国进行考察、进修和研究,他自称是"游学",主要是在著名的法国巴黎大学听一些课程。1927年回国并开始在清华大学任教授,至逝世已任教70周年。在这70年里,他培养了许多有用的经济人才。笔者认为,中国经济学界中有6代人师出他的门墙,受过他的恩泽。朱镕基副总理就是其中的一位。他在1995年给陈老师的信中写道:"先生年高德劭,学贯中西,授业育人,六十八年如一日,一代宗师,堪称桃李满天下。我于1947年入清华,虽非入门弟子,而先生之风范文章,素所景仰。"

1943年我到西南联大经济系读书时,他是经济系主任,从那时开始受到他的教导,至今已经54年了。我所修的经济学概论课程,原来是萧蘧教授担任的,不久萧蘧老师出任中正大学校长,改由陈岱孙老师讲授。他讲课非常认真清楚,一丝不苟,听了他的讲课,再读原版的教科书就好理解了。在听课之外,我们还参加由别的教员主持的经济学概论的讨论课,加深对原理的理解。后来我还修习过他教的财政学课程。他的谆谆教导和严格要求,为我打下西方经济学的扎实基础。

在西方经济学的教科书中是只讲资本家、企业家、土地所有者和雇佣劳动者,而对广大的个体劳动者则往往视而不见,不加探讨。这显然是不够的,而且更不符合有大量小生产者的旧中国的实际。陈老师在期末考试中出了这样一个题目,大意是:分析西南联大校门外摆摊的修鞋匠等人的经济成分。这使得同学们大受启发,突破了西方经济学教科书的框框,来注意探讨中国经济的现实生活。

他经常发表文章,提出自己对抗战和经济建设的主张。1945年10月1日陈岱孙和张奚若、周炳琳、闻一多、朱自清、李继侗、吴之椿、陈序经、汤用彤、钱端升共10位教授联名,致电蒋介石、毛泽东,提出国是主张,要求立即召开政治会议,成立联合政府等。

1952年我国高等院校进行院系调整,北大、清华、燕京、辅仁四所大学的经济系,只有其中的政治经济学专业调整到新的北大经济系,其他广大的财经专业的教师们调整到新建校的中央财政经济学院。这个学院的负责人当时是非老师莫属的,于是他受命为第一副院长,由于院长人选空置,由他主持全院工作。一年以后,这个学院完成了她的历史使命,学院取消,全体教师和同学并入中国人民大学。这样,1953年陈老师才由当时的教育部派到北京大学经济系任教授,直到逝世,历时44年。次年他开始担任系主任,直到1984年,历时30年之久。

在北京大学他担任经济学说史的教学工作。在教学过程中他以马克思主义为指导,对各种经济学说进行分析研究,撰写出40万字的《经济学说史》讲义,在校内油印出版。这份教材在当时的国内外都是高水平的,可是由于那时不正常的政治环境,这部教材不但得不到公开出版,反而在1958年受到颠倒黑白的批判。这是我国学术界的一大憾事。

"文化大革命"开始后,教学工作完全停顿,他也受到毫无理由的专案审查。"文化大革命"后期,局部地恢复了教学工作。可是,那时只能学《毛主席语录》和马列经典著作。他就转而同我们一起参加马列经典著作的教学工作。他非常认真地对待这项新的教学工作。在讲课之前,他总要查阅各种文字的版本,校出汉译经典著作中存在的大量误译和不准确的地方,弄清经典著作的原意。然后,在此基础上讲清经典著作的内容和理论实质。例如,在《反杜林论》的教学中,每次讲课总要叫我先在黑板上将本章译文的主要错误和更正写出,然后进行教学。又如,《〈政治经济学批判〉导言》这部难懂的经典著作,我在他指导下校译的文字,在原书上被批改得密密麻麻的。

"文化大革命"中全国都在学习《反杜林论》,可是此书十分难懂,陈老师以其卓越的学识,把它讲解得清清楚楚。特别是此书第二篇第十章《批判史》,人们都读不懂,有如"天书"。当时全国有各种版本的《〈反杜林论〉学习辅导》教材,可是对这一章都是空缺。陈老师凭借他对经济学说史的高深造诣,读懂了这一章,破译了这部"天书",把这一章讲解得十分清楚。他在北大经济系集体编写的《〈反杜林论〉学习辅导材料》中,第一次写出《批判史》的辅导教材,填补了这一章的空缺。

在《资本论》的教学中,他讲授过劳动价值论和剩余价值论的理论渊源,以及《资本论》中提到的各有关经济学家的生平和学说等,得到师生们的交口称赞。1976年唐山大地震那天早晨,他仍准备去给经济系进修班的学员们讲授《〈资本论〉中有关古典学派的经济学说》专题,直到同学通知他因余震危险暂停上课才作罢。过了两天,他在一片抗震声中就在露天场地上给学员们讲起课程来了。

改革开放以来,北大开始招收博士生,陈老师是我国首批博士生导师。他认为研究生应具备:"坚实的专业必备基础、深入的专门知识、有一定创造性的研究成果。"他还提出研究生培养工作中"个人指导和集体教学如何正确结合"的问题。他还主张通才与专才教育相结合的教育方式,给学生以金字塔式而不是独秀峰式的知识结构。他在博士生和进修教师的培养中,往往采取课堂讨论式的教学方式,主要是为了发挥学生的高度主动性和积极性。

北大经济系的中年教师经历了30年闭关自守的环境,英语有所荒废。为了提高他们的英语水平,陈老师挤出时间来教他们英语,既讲解英文著作,又进行口语辅导,有时还校阅他们的英文译稿。在他的热心指导下,改革开放以来,已有多位教师凭借提高了的英语,完成了出国讲学和研究的任务。

陈老师在耄耋之年仍十分严格地要求自己,以身作则积极参加经济系和教研室的教学工作和各种活动。每次开会他都提前到会,而且从不早退。这种精神得到中青年教师们的无比敬佩。

70年来,在陈老师的热心教育下,一代又一代的经济系大学生和研究生毕业成长。现在,在国内外都有不少经济学家和财经工作者曾经有幸受到过他的教益。"诲人不倦,桃李满天下"之誉,陈老师当之无愧!

学贯马克思经济学和西方经济学,著作等身

陈岱孙老师出身哈佛,对西方经济学有坚实的功底和精深的研究。新中国成立以来,他认真学习马克思主义经济理论,较好地掌握了它,是我国学贯马克思经济学和西方经济学的经济学家。

首先,他热爱经济学,并为之奋斗终生。他认为经济学不是教条而是致用之学、经世之学。他不同意政治经济学是一种"郁闷的科学"的说法,并为之作了详细的考证,指出:这种说法仅仅是"多玛斯·卡尔莱尔曾经给政治经济学取的一个绰

号",而不是"政治经济学的一般绰号"。他一生致力于经济学而乐此不疲。

在热爱经济学和学贯中西的基础上,他在经济学研究上做出卓越的学术贡献,取得无可比拟的成果。

早在50年代,他就写出空前水平的40万字的《经济学说史》讲义,在北京大学校内使用。此书分上中下三册,从希腊罗马的经济思想,到古典资产阶级经济学说、空想社会主义学说,再到近代和现代资产阶级经济学说,一直写到马列主义经济思想的发展,而且厚今薄古。这部讲义是我国学者在新中国成立后以马克思主义为指导研究西方经济学以及研究马克思主义经济思想发展的最早的成果。它的内容显然已经超过了那时在苏联和我国流行的经济学说史教材。它为我国后来数十年间编写经济学说史的教材做出了榜样,奠定了基础。

在60年代初高教部组织全国统编教材《经济学说史》的编写工作中,他担任了马克思以后6个经济学流派的编写工作,同时还参加了全书的讨论和修改工作,贡献卓著。

1981年他主编的《政治经济学史》(两卷本)出版。该书力求在正确领会有关原著的内容和用马克思主义为指导思想的基础上进行写作。该书改变了对马克思经济学说仅仅按年代作介绍的做法,而是真正把它作为科学的政治经济学说来加以系统而深入的分析。该书还对难以掌握的近代资产阶级庸俗经济学各个流派作了较为详细的分析。陈老师作为主编,不仅主持了全书的设计、讨论和修改定稿工作,而且亲自撰写了大部分章节。在上册的14章中,他就亲自撰写了多达9章的内容,其精炼的内容和精辟的分析,使广大读者深受其益。

1979年陈岱孙老师在北京大学经济系作了《魁奈〈经济表〉中再生产规模的问题》的学术报告,并在1981年以《魁奈的经济思想》发表,其中提出了他在研究法国重农主义经济学家魁奈经济思想上的新的成果,把魁奈经济思想的研究推进到一个新的高度。过去在一般的政治经济学史教科书中,都认为魁奈的《经济表》只涉及简单再生产问题。陈老师根据新的材料和新的考证,深入论证了《经济表》中所涉及的再生产规模,指出其虽是以简单再生产为基础,但还进一步分析了扩大再生产和缩小再生产的情况,而且魁奈在利用《经济表》来说明法国农业政策的错误以及他所主张的改革措施时,都是将简单再生产的均衡模式改变成扩大再生产或缩小再生产的模式来说明问题的。这就澄清和更正了长期以来学术界根深蒂固的错误观念,给人以令人信服的正确结论。直到今天这项研究成果在国内外学术界还是独一无二的。

1981年他出版了《从古典经济学派到马克思》的学术著作。这是一部有很高学术价值的经济学说史专著,解决了马克思主义三个来源中的一个重要来源问题。人们都知道,列宁说过古典经济学是马克思主义的三个来源之一,可是言之不详,有待学者作进一步的研究和阐述。然而,环顾国内外,还没有这样的专著出版。陈老师的这本书,以其渊博的学识,精辟的论断,清楚地说明了马克思的劳动价值学说、剩余价值学说、社会总资本的再生产和流通学说、经济危机学说的来源,科学地论述了马克思在批判地继承资产阶级经济学的有关理论的基础上,在政治经济学各重要领域上所完成的科学变革。这才真正解决了古典经济学是马克思主义的重要来源问题。

近年来，陈老师仍致力于所谓"亚当·斯密的矛盾"的研究，并且提出深刻的崭新的结论。问题是这样产生的：亚当·斯密早年写过《道德情操论》，提倡利他主义的人性论，后来出版的名著《国富论》则被西方经济学家认为利己主义是它的哲学基础和红线。它们之间似乎存在着明显的矛盾。陈老师以其深厚的学术功底和敏锐的洞察力，对亚当·斯密哲学思想的来源和发展进行了深入的分析，对这两部著作的内容作了缜密的比较研究，得出令人耳目一新的观点。他认为：这两部著作的矛盾只是表面上的而不是本质的，它们之间的共同和一致才是基本的，搞市场经济和提倡高尚的道德情操并不是互相对立的。这就对企图利用《国富论》来鼓吹利己主义的倾向作了有根有据的反驳，有利于促进社会主义市场经济的健康发展。

陈岱孙教授还密切关注和研究我国经济生活中的重大理论问题和实践问题，他的主张和研究成果对于我国当前经济体制改革起着无比重要的指导作用。怎样正确对待西方经济学就是一个重要的理论问题和实践问题。我国解放以来曾经对西方经济学采取一概否定的态度，改革开放以来也有一些人对它采取完全接受的态度。从1983年《现代西方经济学的研究和我国社会主义经济现代化》一文发表开始，陈岱孙教授发表了一系列论文，提出了重要的指导性意见，认为对于西方经济学，既不应一概排斥，也不应全盘接受。一方面，由于国情不同，西方经济学不应也不能作为我们的指导思想和理论基础；另一方面，在一些具体问题和方法上，又有可以借鉴之处。他写道："现代西方经济学作为一个整个体系，不能成为我们国民经济发展的指导理论。同时，我们又要认识到，在若干具体经济问题的分析方面，它确有可供我们参考、借镜之处。"在《求是》杂志1996年第2期中，他又为文进一步深入论述了这个基本观点。

现在，许多人接受了他的观点，认为这是在正确对待西方经济学上具有指导性意见的重要观点。他的学生江苏省副省长金逊同志1997年5月2日写给我的信中写道："我读到《求是》杂志去年第2期他的文章，深受教益，至今放在手边。这是对当今经济学界和经济工作都具有针对性很强的大作，可见陈师非常关心国家和人民大事，深刻研究各方面的情况，唤醒人们警惕和平演变，严防出现前苏联、东欧那种命运。陈师爱国爱人民精神，永远令人敬仰。"像金逊学长这样对陈老师如何正确对待西方经济学的观点的评价，是有普遍性、代表性的，所以特加引用来悼念陈老师。

在如何认识掌握我国经济生活的现状和规律，确定经济体制改革的总体取向上，陈岱孙老师也提出了重要的意见。他竭力主张，市场经济应与国家宏观调控相结合。他认为，我国不能走某些西方国家的扩张性财政政策和货币政策的老路，而应当从发展生产力着眼，不断提高劳动生产率，增加供给，同时要注意加强宏观调控，以保持总量平衡和各部门的协调发展，力求避免出现大的波动。他对于我国经济生活中不时出现的过热现象，尤其是过高的通货膨胀，深表忧虑和担心。他认为通货膨胀是对一部分人实行剥夺。他对于那种借改革之机，侵吞国有财产、化公为私的现象，更是深恶痛绝，同我们谈起时总是为之痛心疾首。

他的主要著作先后收集在《陈岱孙文集》（两卷本）和《陈岱孙学术论著自选集》中，字数不下100万。他还有许多其他著作没有收集进去。如果加上他主编的经济学百科全书、经济学辞典、各种经济学学术专著和学术刊物等，摆在一起，将会远远超过二米高。他在学术上的卓越成就,树立了新中国经济学研究的榜样,为后人留下了宝贵的财富。

著作等身,经世济民,唯陈岱孙老师足以当之而无愧!

生活简朴,淡泊名利

经济学界一代师表陈岱孙教授洁身自爱,道德高尚,生活十分简朴,安贫乐道,淡泊名利。他穿衣服,一直穿着新中国成立初期缝制的布质中山装。饮食简单,基本吃素,不饮酒,晚年不抽烟。

在住的方面,1953年到北京大学后,学校为他在镜春园新盖了一所五间平房,供他居住。"文化大革命"后,先是被人挤占了一半,只剩下二间半。可是,当时领导学校的军宣队还说他的住房太多了,把它压缩为一间。他毫无怨言,而是把家具卖掉大部分,图书也舍弃了一部分,才挤进一间12平方米的小屋中住宿和工作。在尼克松总统来华那一年,外间广泛误传尼克松是他的学生,要来拜访他,这才给他恢复为二间半。半间是指那只剩下一小条走廊形的所谓客厅。室内水泥地面,十分潮湿。尤其令人难以忍受的是邻人收音机中放出来的高音,他却处之泰然。许多领导人来拜访他都曾坐过这个客厅,记者们都只能在这个狭长客厅的一角里拍摄照片。后来,庭院中被人违章地盖起房屋。1986年"五四"校庆,他的学生、中央统战部副部长李定来看望他,后来李定很奇怪地对人说:"怎么陈老师住的房子如此狭小如此破旧?"可是,陈老师就是在这半幢房屋中居住了20余年!

1989年秋冬,在准备给陈老师举行90岁大庆的过程中,北大领导尽了很大努力,才腾出房子,请他搬迁到燕南园55号新的住所。那里只不过是5间旧平房,他始终没有加以任何室内装修。房中一直没安装一台空调。在北大安装空调要先交电力增容费2000元,以后每月一切用电都要收取高价的电费。他只是用一台普通的电扇。就在这所旧房中,他一住8年,直到生命的终结。

在行的方面,他在中央财经学院副院长任期内是有一辆专用的红色小轿车的。调到北大初期,就买公共汽车月票从东城中老胡同到西郊北大来上课。起初,公务出行还是可以由学校派车的,他却很少要车。"文化大革命"以来,就全得挤公共汽车了。他的学生和朋友们经常看到这位老学者摇摇晃晃地去挤公共汽车,实在看不下去,纷纷向中央反映,情况才有所改善,可是他仍然很少要车出行。

作为一级教授,他近年的月工资收入,名义上有1000多元,实际上扣除了房租、水电、电话、修缮、住房公积金等等费用,每月实发至多数百元,有时甚至被扣成负数。这是他人所想象不到的。

近年来,传记书籍的出版盛极一时,各种传记书刊、名人词典等纷纷来请他写传记。他写过《私塾内外》和《往事偶记》两篇,主要是童年和青少年时代的回忆文章。后来他往往将写传记的任务委托给我,让各出版社来找我"代拟"。我只好一一遵命。在为他撰写传记的过程中,不断受到他人格的感召,使我深受教育。

陈岱孙老师乐于助人,他自己省吃俭用,却将历年节约下来的仅有的2万元积蓄,在1995年拿出来成立陈岱孙经济学基金。在他无私奉献精神的感召下,历年的学生也纷纷慷慨解囊,将这笔基金增加到100万元。1996年第一批陈岱孙经济学奖金已经评出,发给北大经济学院对教学和科研有较好贡献的同事们。

乐于助人，一代师表

改革开放以来，陈老师在大学任教的学生们纷纷从事学术研究和撰写学术著作，他们往往要请陈老师审阅指正和撰写序言，他都从不推辞，认真审阅，写出序言，奖掖后学。序言中对他们著作中的任何可取之处都作了充分的肯定，但绝无溢美之词。这些序言，精辟地分析了有关的问题，大都是具有独立学术价值的论文。

例如：他在1978年《厉以宁〈论加尔布雷斯的制度经济学说〉序》中，对资产阶级经济学"正宗"和"异端"的消长关系，作了全面精辟的论述，指出它们的消长取决于资产阶级对本阶级整体利益的考虑。这是本学术专题上空前未有的卓越的学术论文。

1980年我将佚版了100多年的英国古典经济学家拉姆赛的名著《论财富的分配》英文原本送给他看，并请他为该书的中文译本写篇序言。他十分愉快地答应了，很快就认真阅读了这本50万字的原著，并且写出了《拉姆赛〈论财富的分配〉汉译本序》。序言中对拉姆赛在经济学说史上的积极作用作了正确的评价，指出本书最有意义的贡献，而被过去资产阶级学者所视而不见的，是接近了正确地理解剩余价值的来源。正因为本书在剩余价值学说史上有积极的贡献，而有碍于资产阶级的辩解，致使本书受到漠视和贬低，以致几乎湮没无闻。陈老师的观点是高度科学的，也是极为深刻的。

在1985年写的《张秋舫〈反杜林论中的政治经济学〉序》中，对《反杜林论》这部经典著作作了正确的评论。陈老师一反当时普遍流行的观点，指出它是一本论战的著作，虽然有对马克思主义观点的正面阐述，但是不能认为《反杜林论》的内容完全包括了马克思全部理论体系，不能认为它是对马克思主义三个组成部分第一次所作的全面系统的总结。这种论断是需要有惊人的胆略和卓越的学识的。

1987年他在《晏智杰〈经济学中的边际主义〉序》中，对经济学中的边际主义原理的历史、应用和发展这个复杂的问题作了全面的论述，它本身就是一篇独立而深刻的学术论文。

1989年他在《张友仁、李克纲著〈社会主义经济理论发展史〉序》中，对社会主义经济理论的曲折发展作了科学的论述，并且预见到社会主义经济理论将会有和过去不大相同的崭新的发展。

1996年出版的由陈老师写序和审稿的《国立西南联合大学校史》，在分头写作过程中得到他很多的指导和帮助。他本身就是一部活的校史。我分工撰写的《经济系·商学系》这一章，得到他更多的指导。在写作之前，我请陈老师先给讲一讲，初稿写出后又得到他认真审阅和提出细致的修改意见。

在他八九十岁高龄时，还经常有很多单位和学生请他评阅学位论文和主持学位论文答辩会。他都不惜在繁忙中挤出时间认真评阅，及时提出中肯的意见。对于优点总是充分加以肯定，缺点也委婉地加以指出，有时还改正论文中的文字和标点符号错误。

这一类工作往往多得令他难以兼顾，他都从不推辞，有时实在忙不过来，才叫他的学生去评阅。有时由于学术观点不同，他也从不轻下结论，以免判断错误。1982年北京政法学院的一位政治经济学专业硕士生送硕士论文到北京大学来申请硕士学位，陈老师已经"穷两日之力看了一遍这篇论文"，可是他认为，"我对于这方面不熟悉,判断起来有困难",于是,他就转给别人再作评审。他写道:"是否这论文应请张友仁同志看看。他过去曾指导过智效和同志关于'生产劳动和非生产劳动'一问题的论文。在这问题上他比我熟得多了。或者让周元同志看看。……让他们做出决定或许更适合些。"他说我更熟悉此问题,实在受之有愧,我岂敢班门弄斧呢! 但这说明了陈老师襟怀坦荡、奖掖后进和对同学对学术极端认真负责的态度。

1995年,他已95岁高龄还应邀主持北京大学的博士论文答辩。他十分认真对待,清早起来,提前到会,认真提出问题和听取答辩。那次会议开得很长,到了中午陈老师终于体力不支,昏厥过去,过了片刻,才告复苏。这一次可把人们吓坏了! 此后,我们才知道要照顾他老人家的身体,不敢再请他参加会议了。

陈岱孙教授与最后一位由他主持论文答辩会的博士生、来自台湾的邓玉英,摄于1995年。

新中国成立以后,陈老师没有再出过国。他在国外的学生写信来和汇路费来请他出国,他都没有去,并且将汇款退了回去。可是他对于学生们的出国却都加以鼓励和支持。我每次出国讲学都曾得到陈老师的指导和帮助。1982年我应邀去加拿大讲学,那是我第一次出国,对国外很多具体情况都不熟悉,行前他教我在国外讲学应注意的问题等等,并写信将我介绍给他在加拿大的学生和友人。

1989年他的学生谭振樵先生荣获加拿大杰出公民奖,陈老师十分高兴,曾专门致函祝贺。信中写道:

"日昨张友仁教授来谈,得悉吾弟最近获加拿大杰出公民佳奖,十分欣慰,特此专函致贺。

张教授本月下旬将应加拿大几个地方大学和学术团体邀请,去加讲学几个月,当路经Montreal(蒙特利尔——引用者注)奉看,托他带一小盒饮料(人参茶——引用者注),亦千里寄鹅毛之意也。

贱况如昔,又懒了一点,大概是体力又有所下降,但仍然可以在校内走来走去两个多钟头,记忆力又差些,但思考力还可以,这一切堪以告慰也。

此间其他情况,张教授可详,不赘了。"

同年,他还给他的世侄和学生——我驻加大使张文朴同学写信,请他对我在加的学术活动给予协助。

1993年我们去美国访问,他又给他在伯克莱的学生蒋庆琅、萧福珍教授写信。信中写道:"兹有北大经济系同仁张友仁、张秋舫两伉俪应约来美讲学,当在加州作一时期之勾留。……特此为之绍介。此间一切,他们都会奉告也。"

陈老师关心他人,不仅在学术研究上,同时也在生活上。当知道我曾患重病后,经常嘱咐我:"悠着干,不要太劳累了!"他曾向人们介绍治疗胆结石的经验。当知道我院有几位教师患了癌症,他多方设法寻找有效的药方,复印出来,分送给患者。周元同志病重住院时,陈老师已是95岁高龄,还到医院病房去探视。

陈岱孙教授虽然和我们永别了,但是他留给我们的精神遗产是十分丰富的。我们要学习他高尚的品德,勤勤恳恳的治学态度,坚持真理的科学精神,诲人不倦、助人为乐的教学精神,继承和发扬他优秀的学术成就,来告慰陈岱孙教授在天之灵!

(原载《经济学家》1997年第5期)

作者张友仁与陈岱孙教授合影于1988年。

记岱孙师数事

□ 戴宜生*

　　未见岱孙师的面有十多年了，每逢联大、清华校庆，都想回去看看，得睹师颜。但连续多次被一些杂事冲掉了机会。原想1998年联大校庆也许能有缘一见，不料1997年7月间接讣告，岱孙师已仙逝，哀悼之余，丝丝往事袭来，倍感思念。

　　我是1944年入西南联大经济系一年级的。在报考之前，我就读重庆南开中学时期已从重庆《大公报》上看到过，包括岱孙师在内的西南联大教授们关于时局的宣言，其中的没收一切贪官污吏、发国难财的奸商的财产以实国库的主张，令人感到痛快淋漓，引发了我对联大师长们的衷心敬佩。以后上了联大，能有机会亲聆师长们的教诲，更是一生中的幸事了。

　　我1944年入联大经济系，1946年转入清华经济系，1948年从清华毕业。在大学的四年中，受岱孙师的教诲颇多。岱孙师是系主任，又亲自给我们上过三门课，即经济学概论、财政学和经济思想史。岱孙师教授的经济学概论我是在1944年大一时在联大上的课，选这门课的人很多，成了一个百人左右的大班，在一个庙堂式的教室里上课。课室虽破，但站在讲台上的岱孙师却保持着雅洁的外表：笔直的身板，笔挺的西装，伸展的裤线。岱孙师板书时两个手指握住粉笔的顶端，在黑板上写出大大的英文字母，这也是很优美的姿态。我有时联想，他就像提着一根乐队的指挥棒在指挥。当时，联大在炮火连天、艰难困苦中弦歌不辍，教授们的衣着各有不同，有的是长袍飘髯，显出学者的潇洒；有的是夹克马裤，显出务实气派；有的是不修边幅，却使人感到学识超凡。岱孙师在这里面独树一帜，增添了联大教授们的风采。岱孙师授课的特点是逻辑性强，条理清晰，道理讲得明明白白，复杂的理论，他能深入浅出地令学生理解。岱孙师还有他独特的幽默。我记得在他讲到边际效用和消费行为的关系时，他说："有个王小二，在街上抬头一望，看见大烧饼1元1个，不觉心中暗喜（课堂众笑），原来王小二心中，烧饼的边际效用是3元。以后待王小二吃到第3个烧饼时，他心中的烧饼已是1元1个的边际效用了，于是停止了购买。"岱孙师就是用这样浅显有趣的例子把需要曲线、供给曲线讲清楚了。鉴于经济学这门课理论比较深奥复杂，岱孙师规定凡经济系的学生，在每周课堂授课以外，还要参加一次由系里助教主持的讨论课。据我以后了解，当时其他大学经济系对经济学概论并未要求上讨论课，由此可见，岱孙师对我们打好基本功是很重视的。

　　以后，我到了大二、大三，岱孙师又给我们亲授经济思想史和财政学两门课。我离开清华后，就再没有接触过经济工作了，但岱孙师当年讲授的一些原则，我却

---

* 戴宜生，清华大学经济系校友。

至今未忘,而且觉得对我颇有益处。例如财政学中的量入为出,足够储备的原则;经济思想史中的注重各派思想产生的社会条件和历史局限,要允许各派学说在争论中取长补短,互相促进,不可定于一尊等。在我毕业后的50年生涯中,我常以这些原则去认识时局,判定形势。有时遇见一些问题,我会脱口而出:"这些问题嘛,当年在大学时,陈岱孙老师就曾经反复讲过了。"

1948年,在我四年级将毕业的那一学期,经济系的系会举办了社会主义与资本主义制度优劣辩论,辩论会是事先定题,会前准备,双方各三人发言,我是社会主义制度优越方面的主要发言人。辩论会的评判组,主评是岱孙老师,他代表评判组最后宣布社会主义优越方胜,但他同时指出,学术辩论应有正确的学风,这次辩论中有些人以嬉笑怒骂的态度与词句发言,这是不可取的。岱孙师实际批评的是我,因为我在支持社会主义优越方面,虽然搜集了大量的论据和材料,甚至引进了当时波兰经济学家兰格的社会主义条件下计划经济与市场经济相结合的思想,从而论据上优于对方,但我在发言中却用了"要揭穿资产阶级经济学家的面目,暴露他们的嘴脸"等一些哗众取宠的词语。岱孙师的那次批评使我终生铭记于怀,他讲的不是治学而是为人。以后,我在历史变换的风暴中也常想到此事,而在70年代当我在报上看到"梁效"(清华、北大两校)的"斗、批、改"经验时,更惦念岱孙师的处境。

岱孙师对老师的要求也是很严的。我记得在大学最后一年,上国际贸易课的老师×××教授(据说因个人问题产生波折,精神受过刺激)开讲三个星期,仍每课翻来覆去地讲李嘉图的比较价格,学生不满起哄,以致哄散课堂。我最初以为学生采取这样迹近罢课的行为,岱孙师会发火的,但岱孙师找来学生代表,问明缘由后,当场表态说,你们回去上课,我要×××限期改正。以后该教授讲课大有改进。

以上都属点滴回忆,每当我忆起在联大、清华那些美好时光,就少不了有岱孙师的形象出现。对岱孙师的学术成就,我没有资格去叙述,但作为一个学生,我深感岱孙师在"传道,授业,解惑"三个方面都做出了表率。我离开清华后,一直到80年代回到北京之后,才有缘再见他面。第一次是在我听美国经济学家罗斯托讲"经济增长论"时见到他,因会场条件所限,只打了招呼,未能再说话。第二次是听美国供应学派的某学者(已忘其名)作报告,这次正好和岱孙师坐在一起,我给岱孙师说:"从报上看见你在北大买盒烟也要自己去排队,学校对你们真太不照顾了。"他笑着说:"这样的报道除了让我的学生都知道我还没有戒除吸烟的坏习惯外,没有一点好处。"还是当年的幽默。此后,又一次在清华校庆上见着他,他认出了我,说:"你胖多了。"以后,我就再没有见着他了。1996年还在《求实》杂志上看见他的文章,心想岱孙师一定可以活到百岁以上,正准备抽空去看他,不料他提前离开人世了。我记下回忆中的点滴小事,以寄托我的哀思。

1998年3月

怀念陈岱孙老师

□ 薛 寅*

1946年我回清华社会系二年级复学,选修陈先生讲授的经济学概论,用的是F. A. Richard 著的 *Elementary Economics* 。这本书从自然界的吝啬与人们的无穷欲望二者构成经济学的基础,讲到一系列的边际概念,以及供求两条曲线决定市场价格等内容。整一学年,六个学分的课程,一课不拉,一贯到底。陈先生学贯中西,深入浅出,听他讲课确实是一种享受。还记得有一次当他讲授资本的概念时,曾说鲁滨孙飘流到荒岛,自己动手制作了一根钓鱼竿,利用这根钓鱼竿开始钓鱼时,便可视为最原始的资本,而鲁滨孙就是拥有这根钓鱼竿的资本家,引得哄堂大笑。在国统区课堂上讲授《资本论》是犯忌的,每当陈先生讲到马克思这一家之言时,总是一带而过,让同学自己到图书馆去查读有关书籍。

陈先生平易近人。记得1946年秋冬之交,一个星期天的下午,我从城里回清华园,恰巧和陈先生同坐一辆校车的最后一排,但见他手里提着一只十来斤重的大鸨,当我问他:"陈先生,这种鸟好吃吗?"他随口告诉我:"我观察到凡食肉的动物的肉都不好吃,如鹰、猫;凡吃素的动物的肉都好吃,如牛、羊、鸡、鸭等。这种大鸨也是食素的,主要吃草籽与粮食,所以它的肉肯定好吃。"50年过去了,这件事仍深刻地映在我的脑海里。虽是坐车闲谈,他又为我上了一堂生动的生物学课,读书人真无往而不是学问,吃还要吃出点名堂。

陈先生26岁获得美国哈佛大学博士学位,听说他那篇博士论文是哈佛历史上罕见的,故特授与他 Wisdom Key(智慧之匙)。这是殊荣,优中之优。但他回国后教了70年的书,也担负些教学行政职务,如经济系主任、法学院院长、财经学院第一副院长等。听说解放前,宋子文当行政院长时,曾请他出任财政部长,他婉言谢绝。至于解放后出任政协委员、政协常委等职,应该认为是人民对他毕生从事教育、学术获有殊绩的鼓励。这与某些人削尖脑袋要往上钻截然不同,不可同日而语。

几千年来,中国知识分子(士大夫阶层)走的是一条"学而优则仕"的老路,什么"斗大黄金印,高官白玉堂,读得万卷书,才能伴君王"之类的民谣,深入人心。学是手段,仕是目的,目的既达到,有名有利,学也到头。终生为学,甘耐清贫的寒士,毕竟只是少数人,而陈老师却是这少数人中的佼佼者,可谓学而优不仕的代表。作为生产力先导的科学知识,若无大量人力、物力、财力的投入,又如何能突破、赶超世界先进水平呢?一旦步入官场,竟日沉湎于迎来送往、文山会海之中,哪还有什么时间去做学问?

陈老师已先我们而去,但他的音容笑貌、道德文章,永远活在我们的心里。

1997年11月15日

---

* 薛寅,清华大学经济系校友。

陈岱孙与费孝通赴香港讲学,在机场受到香港清华同学会的热烈欢迎,摄于1983年。

恪庄肃穆　淡泊自持

□ 蔡麟笔*

先生讳偬,字岱孙,以字行。闽籍。陈氏,闽地望族也。聪颖逾伦,才华天赋。清华卒业后,入哈佛大学学习,殆博士学位完成时,以成绩优异,获该校颁赠金钥匙一把,以示荣誉。该校并盼其留校任教。先生答曰:"余受清华栽培,且以其公费来美研读。义宜遄返。焉可食言背约,致创恶例?"哈佛亦感其至诚而莫之强,且益敬佩其为人之忠恳。归国后,即担任清华经济系教职。旋任系主任暨法学院院长(在联大时,并兼商学系系主任)。作育后进,不遗余力,故桃李遍天下,精英辈出。

先生体形伟岸,秉性谦懋,举止进退,不失矩蠖。平素弗苟言笑,望之俨然。若以陈长祚笔下所描绘之诸葛孔明"身长八尺,容貌甚伟,正而有谋"诸语比之,差可拟矣! 其为人恪庄肃穆,淡泊自持,据闻宋子文组阁伊始,曾有意邀先生入阁,先生以"非其志,非其才"而婉谢之。其羽毛自珍,胸襟卓识,亦由是可见。

居昆明时,以待遇菲薄,物价飞腾,租屋用佣,左右支绌。而先生每日上班授课,衣着冠履,必整必洁。

先生授课,数十年如一日。从未迟到早退。书本甫启,钟声亦鸣。吐辞清晰简洁,绝无闲言赘语。除特殊字词,如犬儒学派(Stoics)、重农主义(Physiocracy)、重商主义(Mercantilism)等名词外,鲜用板书。其音调铿锵,言简意赅。学子无不全神贯注,奋力疾书。待其讲毕合书,下课钟声亦同时起奏,从无延误。复员后教财政学、经济思想史,无不若是。每课后翻阅笔记,但觉篇篇皆完美佳作,毋庸增减一字,妄加一语。其为学子之所敬仰钦慕者,良有以也。忆在台时,曾以此事询及樊际昌先生,承告:岱孙先生每授课前皆预作准备,定稿后,复重复校正,背诵成文。对时间之掌控,尤分秒不忒。故能滔滔不绝,而条理分明也。若然,则其对教学之步骤,内容之擘划,态度之严谨,工作之热诚,殆前无古人欤! 其命题方式,则难易兼俱。唯易者约占60%左右,间有难题数则,往往为平素不注意,或常被忽略者,如Stoics(犬儒学派)之经济思想,又如Utopianism(乌托邦主义)对经济社会之影响等。此类问题,教科书中偶有提及,课堂上,亦点到辄止,端视学子之用心否耳! 故读先生之课,及格容易,欲得高分,则戛戛乎其难矣哉!

抗战胜利后,负责接收清华者,仅先生与另一位先生二人。历经倭寇之践踏破坏,抵校后,但见疮痍满目,一片荒瘠。经实际观察,彻夜擘划,乃即决即行。时以体育馆、图书馆、清华学堂(最古老之建筑)、工字厅、骑河楼、大礼堂、招待所、科学馆等损毁最为严重(以倭寇用之饲马及作仓库之故),故列为优先处理。旋即鸠工议价而修整之。一切酬庸从优就宽,但求"速"、"实"。以法币在后方贬值甚巨,而在沦陷区则否。为恐夜长梦多,并求精工实材。乃自签约后,先付包商1/5至1/3之

---

* 蔡麟笔,清华大学经济系校友。

价款,俾利其选材购料、支付工资之用。甚且加成订约,以安其心。然严限时日,亲验材质。必使一切吻合契约,一丝不苟。完工之日,由另一位先生逐一验收,终底于成。次则整修教职员宿舍及学生住宿之各斋,举凡床垫、桌、椅等,凡有损毁者,无不更新或修复。而水管、蒸汽、门帘等,亦无一遗漏。内外兼顾,巨细靡遗。其辛苦琐屑,又岂外人所可想象!校园内倭寇所建之碉堡,甚为坚固,乃央军方爆破除之。其他如办公室、各馆、各斋及各处之道路,亦大致复旧。至于梅月涵校长所居之梅园,则更花木扶疏,专候故主矣!而骑河楼、招待所,尤为整洁。其他如各教职员宿舍所需之餐具、桌、椅、书架,以及室外庭园之花木草茵,无不完备。学生宿舍所需之家什、储藏室等,亦无不具备妥帖,无虞匮乏。其思考之周延,处事之慎重,行动之敏捷准确,成果之完美丰硕,无不令人叹为观止。先后耗时,不过数月耳!故梅校长每谈及此事,无不奇其效率之神速,能力之超越也。潘光旦先生亦言:"九年噩梦,已成云烟;今日归来,恍若离家未久,一切如故。"故于1946年师生复员返校时,无不兴奋惊讶,倍觉温馨,一若重返故居。全校上下无不怡然欣然,各尽其职,各守其分,为我清华,再创新机。苟无陈先生等人之辛劳,曷能致此?

时原图书馆之书籍,散佚甚夥,而实验室之仪器设备,又多遭盗窃。先生念之良殷,有暇则往逛破烂市,甚至远至天桥,爬罗剔抉,广为搜寻。凡见有清华标识,且尚完整可用者,不计价格,悉数购返,稍事修葺,复予使用。此种爱校精神,实亘古难求也。

清华复员后,昔日职员、工友多有来归者。虽或已年迈,然先生悉予复职,故旧不遗,足证其宅心仁厚,迥逾常人矣!

凡由昆明返校之同学,多派住新斋;女生则住静斋。其他新生及临大所分发之学生,则分居平、明、善各斋。饭厅、厨师无不安排就绪,井然有条,使生徒了无后顾之忧。

方倭寇仓皇逃亡时,其所遗留校园之物品甚夥。其中枪炮弹药,由北平警备总部、北平行辕派员接收。其他衣物杂项,则散置各馆,无人具领。虽屡向有关单位交涉,然皆互相推诿,拒不接纳。或因军统局以贪污罪处决马汉三等甫竟,故人多所顾虑邪?其后,终得复电:"此类杂物,自行处理可也。"陈先生等乃共议:将此等物什,混装编号,打包捆绑,按师生人数,不分等次,抽签分配。于是,待昆明师生返校后,咸获通知,依指定时间,前往抽签,否则,以弃权论。笔者亦抽得清酒一大瓶、倭奴呢制披风一件、胶鞋一双,以及肠胃药一盒。除披风外,余皆赠送服务于本楼层之工友老刘。

1947年复员后第一次校庆,一循往例,凡属校友,均欢迎偕眷参加。故有三代或四代"清华人"同堂而来之逸事。远途来校者,无不派车迎送,住招待所,供应三餐。开会时,于梅校长简短致词后,人或提议授奖陈先生等人以褒其接收复建之功。陈先生等人坚拒婉谢。第曰:"为所应为,作所应作。不周之处,但希谅察。此皆抗日将士之功也。吾等何敢剽掠?"其谦冲恳挚,非君子而何?

陈先生思虑周密,处事严谨,方正不阿,言笑弗苟,意志果断,一秉于诚。可则可,不可则不可,了无敷衍商榷之余地。学生每遇之于校园,向其行礼,彼辄视若无睹。平素独处家中,落落寡合,鲜会宾客,稀与宴会(校庆与毕业典礼则除外)。人或谓其傲慢、骄矜、狂狷、孤特等,殊不知此正为其人格特质也。太史公曰:"有高人之行者,固见负于世;有独知之虑者,必见放于民。""论至德者,不和于俗。"(《史记·

商君列传》）以言先生之特立独行,孰曰不宜？抑其受老聃"致虚极,守静笃"之影响耶？"吉人之言寡",信矣哉！然学子卒业后,先生每邀叙于其家中,布茶敬烟,笑容可掬,有若招待故友嘉宾。与其平日之肃穆凛然,判若两人。其淡泊庄肃、方正严谨之风范,无不令人印象深刻,铭记于心。故凡清华师生,莫不敬重有加,仰止高山。

凡本系学生选课,先生无不一一审阅。1946年,笔者选修 Dr. Robert Winter 之莎士比亚（Shakespeare）。先生睨我片刻,旋命助教寻出以往之成绩表,见我大一、二及"修辞与作文"等之成绩尚可,乃于签字后告之曰："该课外语系学生多苦之,曷不多选本系所开之选修科目？"我答以：已选徐毓楠先生之高等经济学与刘大中先生之数理经济学矣！况今时清华之图书馆,藏书丰而座席多,正可藉此博览群籍,以弥往日之不足。先生笑而诺之。

先生爱校如家,毕生尽瘁于教育。浮云荣利,无求无欲。知足知止,磊落坦荡。思虑缜密,严谨不苟。公而忘私,弗计小节。行过其言,德越其才。不苟言,不轻诺,真铁中铮铮,人中佼佼者也。在清华如此,在长沙临大、昆明联大,莫不如是。身正心诚,忘我忘劳。无怨无尤,唯事是适。而又情操高洁,持身如玉。矗然孤特,昂首阔步,顶立乎天地之间,非只为清华之砥柱,亦为教育界之楷模也。又岂斗筲投机之徒,所能望其项背邪？笔者受业于先生四载,愧赧于所知所闻者寡,今仅就记忆所及,质之其行事,参照其为人处世之实,简而述之,不免挂一漏万,有待方家指正。先生享年九十有七,亦奇人了。今盖棺论定,综其一生,纵无夷吾、孔明赫赫之业,然其为人处世,则无别也。他日有作《陈岱孙先生传》者,若太史公、班孟坚、陈长祚者流,奋其如橼之笔,以叙斯人之真,而传之后世,则幸甚矣！

1998年3月于台湾金山湾区

国立清华大学接收委员、（北平）校产保管委员会主席陈岱孙在清华园工字厅办公,摄于1946年2月。

忆陈岱孙教授

□ 何燕晖*

  我接到张友仁教授函告岱孙老师去世的消息是在 1997 年 8 月刚从国际政治经济学人年会(在波兰举行)回来时。这不幸的消息,震荡了我的胸怀。

  犹记差不多 50 年前,我初入西南联大一年级,岱孙教授讲授经济学原理引我入门。那时我的梦想是要彻底了解世界,进而改造世界,所以主修哲学,只随陈教授学了经济学一年,以后我就没有机会在课堂聆听陈教授讲课。但是那大一经济学原理课给我印象很深。可以说,它是隐藏的基因,引我在美国进研究院选读经济学科,并成为我一生的专业。

  我记忆中的陈教授,是高耸直立、目视前瞻的人,是思维清晰、分析谨严、有条有理、讲释不厌其详的学者。大一以后,我虽然无缘常聆面训,但常听同学的赞誉,也常拜读陈师文章。

  最后一次与陈师见面,是 1992 年深秋,我从美国到北京度进修假。由联大同学李凌、张友仁、许冀闽等人一同特地赴陈宅(北大校园内)晋见。阔别了 40 年,陈师还是一派活跃的渊深学者风度,我们后生又钦佩又敬仰。陈师教出的卓越经济学家满天下,对中国经济建设,对世界发展,都有辉煌的贡献。我这小卒,也愿沾些光彩。

---

* 何燕晖,西南联合大学校友。

忆我的恩师陈岱孙先生

□ 罗会文*

从 1945 年在昆明进西南联大经济系一年级开始到 1946 年转入清华大学直至 1949 年毕业,我一直受教于陈先生。参加工作后,由于工作和理论学习上的需要,曾与陈先生直接接触过两次。所有这一件件往事,在我眼前不断地掠过……

经济学概论是经济系一年级学生的必修课。这门课是由陈先生亲自讲授的。陈先生讲课不仅自己坚持理论联系实际,并且也要求和培养学生学会理论联系实际的学习方法。我们这些学生在中学念书时,惯于死背定理、名词概念,刚进大学的门,还改不了这种学习方法。有的同学平时温习功课时,还是死记硬背笔记内容,对陈先生指定的英文参考书很少去阅读,或虽阅读了,也未能深入思考。在这样的学习方法下,不少同学在考试中吃了败仗。在经济学概论的期中考试时,陈先生出的试题除了在课堂上讲的内容外,还包括部分参考书中的内容,不仅如此,有的试题还要求学生发表个人的见解(这部分题占分比重大)。考试分数一公布,使人意外地发现不少同学没有及格,更使人吃惊的是,有一个同学的分数竟低到只有 25 分!从这次失败的惨痛教训中,同学们醒悟了,认识到死记硬背的这套学习方法是不行的。也只是从这个时候起,才真正地体会到要学有所得,必须多读书,要联系实际,作一番比较、分析、归纳,达到融会贯通的运作过程。陈先生通过经济学概论课传授了经济理论知识,但更重要而可贵的是,陈先生教给了我们的学习方法。从这一点来说,陈先生又是我们学习方法上的启蒙老师。

陈先生平时比较严肃,不多说话,不论站立或走路时,腰板挺直,颇有一派绅士风度。不了解他的人,以为陈先生有架子,不易接近。但我和陈先生有两次直接接触后,在我心目中,陈先生却是一位平易近人、待人热情和蔼的人。第一次和陈先生接触是在 1949 年夏。当时我从清华大学毕业后分配到华北人民政府财政部的研究室工作。为了研究各国税收和税制情况,研究室领导交给我搜集有关欧美各国的税收和税制资料的任务。为此,我到清华大学陈先生家,请求帮助。陈先生知道我的来意,并知道我是在搞研究工作,就勉励我要多读书和报纸杂志,要研究财税理论,并根据财税工作实践,开动脑筋,选定课题进行研究,以便为改进和提高财税工作提供理论依据。之后,他略加思索,拿起笔在纸上写下几本涉及税收和税制的英文书的书名及作者姓名。接着,又写了一张便条给图书馆的负责人,请他为我提供方便,准许我进书库查找并借出使用。因为得到陈先生这样热情的支持和帮助,我顺利地把有关各国的税收和税制情况翻译整理出来并请陈先生审阅修改后交研究室领导。虽然这件事并不大,可是它对我的印象是很深刻的。首先,陈先生对我

---

* 罗会文,清华大学经济系校友。

上述的一番谆谆教导,他那慈祥而又爱抚的神情是我终生难忘的。其次,陈先生在事先没有准备的情况下,即刻准确地写下了几本有关税收的书名及作者姓名,可见这些书陈先生曾经仔细地看过。这充分说明陈先生的广览群书,知识渊博。最后,过去听说陈先生只埋头治学不问政治,通过这次接触,我感到陈先生不仅仅是因为出于师生之情帮助我完成任务,更确切而深一层的意义是,陈先生通过我为党和政府制定社会主义税收政策提供理论依据中,显示出他对中国共产党和新中国的爱!这不是陈先生过问政治的具体表现吗?

30年后,在1979年夏,我从哈尔滨出差来北京,顺便带着财政学教学和科研中的一些问题到北京大学找陈先生请教。陈先生在他办公室接待了我。他给我泡了茶又让烟,把我当成客人一样。我向陈先生汇报了这30年的变动情况,和我近年来在学校的教学和科研情况。接着,我将带来的问题向陈先生陈述了一遍。陈先生听得很认真。当我把话说完后,陈先生系统地把我提出的问题归纳为几方面,并问我是不是这些方面。我点头表示认定。陈先生说:"好,我一个一个地为你安排解决。"(当时真敬佩陈先生已是将近80岁的老人,他还有这么好的记忆力和分析归纳的能力!)就这样,陈先生亲自安排了他系里的同志和我交谈,并送给我一些资料。

陈先生虽然离开了我们,但他为我国高等教育,特别是在经济理论教学和科研领域做出的杰出贡献,他那为人师表的教授学者的风度和高尚人格,他那待人诚恳亲切、热情的音容,永远铭记在我心中!

1998年1月21日于北京

怀念陈岱孙老师

□ 胡世凯*

我在解放前进入清华大学经济系学习,1951年毕业。陈岱孙老师教过我三门课:经济学概论、财政学和经济思想史。按当时学制,这些都是一年级的课程,每门六学分,上下两学期都每周上课三学时。学生在不同的年级学习不同的课程,而他老人家则同时讲授这三门课,每周上课九学时,他又是清华大学法学院院长和经济系主任,工作是相当忙的。

当时我十几二十岁,陈老师四五十岁。他高高的身材,白皙的皮肤,西服革履,头戴礼帽,举止温文尔雅,风度翩翩。同学们和我都对他怀着敬畏的心情。"敬"是敬仰他的人品和学问。他讲课时,语言精练简洁,不啰唆,不重复,条理清楚,逻辑性强,学生印象深刻。"畏"是因为他表情严肃,不苟言笑,青年学生难免会有几分害怕,不敢接近他。在那几年时间里,我没有同陈老师作过长时间的个别谈话。

我毕业那年清华经济系已有研究生,没有再招新生。我去厦门大学跟随王亚南老师当研究生,那时他是厦门大学校长。当时研究生学制两年,我1953年毕业,分配到山东大学任教。那时山东大学没有经济系,我在马列主义教研室讲授政治经济学。

1952年,全国高等院校学苏联,进行院系调整,清华成为单纯的工科大学,经济系并入北京大学。陈老师被任命为中央财政经济学院副院长,一年后他到北京大学任经济系教授,后兼任系主任,讲授经济学说史。1956年末,我写信给陈老师,说我想到北大给他当助手,教经济学说史。当时我并未抱很大希望,我想他大概不记得我。可是,我很快就收到他的回信,欢迎我去北大,当然我是非常高兴的。1957年初的寒假,我到了北大。陈老师对我说:"你在这里住下,等着吧。"当时调动工作要山东大学同意放,北京大学同意要,手续繁多,需时很久。后来鸣放反右开始,工作调动事停顿下来,我重新回到山大。但在北大居留的8个月里,我同陈老师接触较多,消除了对他的畏惧心理,感到他很温和慈祥,对后生晚辈是很关怀提携的。

重回山大后,我同陈老师很少联系,转眼间20多年过去。1979年中华外国经济学说研究会在北京成立,我又见到了他。他被推举为会长。此后,我差不多每年都能在开会时见到他。

1980年,我有幸获得去美国哈佛大学进行博士后研究一年的机会。那年9月下旬,我到北京参加出国前的政治集训,为期一周。我本想去拜望陈老师,但不慎脚被扭伤,行走困难,几乎上不了飞机。10月初,我到达哈佛大学,写信告诉他,我

---

* 胡世凯,山东大学经济学院教授,清华大学经济系校友。

已到美国,行前未能向他辞行。他很快来信,还附了一封介绍信,介绍我去见在哈佛大学公共卫生学院讲授经济学的美籍华裔萧庆纶教授。萧教授的父亲原为清华的老教授,是陈老师多年的同事和朋友。我在美国一整年的时间里,萧庆纶教授给过我很多帮助和指教。

陈老师在给我的信中还介绍我认识黄范章同志,他当时在中国社会科学院经济研究所工作,比我先到哈佛。我们在国内没有见过面,在那一年里几乎每天都见面,成了很熟悉的朋友。

1981年,上海人民出版社出版了陈老师的专著《从古典经济学派到马克思》,他赠我一册。陈老师在解放前的《清华大学学报》上发表过很多文章,署名"陈总"。解放后,可能由于谨慎,他一直不写文章,直到出版这本专著。他长期研究西方经济学,而这本专著显示出他对马克思主义经济学也有很深刻的研究。他用马克思主义的立场、观点、方法分析西方经济学。他在后来发表的一些文章中告诫我们,在吸取借鉴西方经济学的同时,要提高警惕,不要迷信照搬西方经济学。他指出,在西方经济理论的发展过程中,国家干预与经济自由这两大思潮的斗争是其主线,这种见解对于我们理解西方经济学是极有教益的。陈老师治学严谨,学识渊博,英语和法语水平很高,这些是他的历代学生和中华外国经济学说研究会全体会员所深深敬仰的。他在哈佛大学获得金钥匙奖的故事在他的学生中代代相传。

这里,我还要提到一位刘景江同志。他在"文化大革命"前进入北京大学经济系学习,"文化大革命"初期毕业。在老教授们被关入"牛棚"的时候,他是看管他们的红卫兵。他对老教授们从来没有粗暴的语言和行动,对陈老师尤其照顾。他毕业后分配到山东省泰安市山东农学院农业经济系任教。他有时还到北京去向陈老师请教。陈老师对他说:"你离我太远了,你以后可以到济南山东大学去找胡世凯。"后来刘景江多次来找我,我们已很熟悉。刘景江在80年代曾两次去德国访问和讲学,并研究西欧国家的农业问题,1991年出版了一本专著《欧共体农业——发展、政策与思考》。他想请陈老师为他作序,陈老师手头另有工作,转请厉以宁教授为他作序。厉以宁以自己的名义为刘景江写了一篇颇长的序言。

从陈老师关心刘景江和我的上述事例,可以看出他对后生晚辈的关怀。陈老师已经永远离开了我们,但他留给他学生们的印象和影响仍将长期存在。

深切的思念

□ 胡企林*

　　1997年7月末,友人特地打电话告诉我,岱老永远离开了我们。乍闻噩耗,我实在不敢相信。此前不久,他应约在他寓所接谈时,还是像往常那样带着亲切的微笑,话语不多但爽朗有力,兴致盎然,在交谈的半小时间一直显得很有精神。那时我怎么也想不到,这是我们的最后一面。然而,这终究是事实。

　　那次约见,是谈为商务印书馆百年题词事。在商务90周年时,岱老就在《我和商务印书馆》一文中满怀深情地叙述了他从十三四岁结识商务时起同商务的关系不断加深,情义日隆的历程。面临商务百年,他更欣然命笔,作了如下题词:"介绍世界典籍,弘扬中华文化;百载煌煌业绩,继年更上层楼。"在这里,岱老言简意赅地肯定了商务百年来取得的成绩,又对商务在第二个百年里再创辉煌寄予了厚望。这是对商务人何等巨大的鼓舞和鞭策!

　　在撰写此文时,我翻开《商务印书馆百年纪念书画集》重读这个题词,依然心情激荡。我不会忘记,商务过去做出的业绩,是同岱老几十年来的大力支持和协助密不可分的。他对我一贯热情关怀、多方扶掖的拳拳之情,我更铭记在心。

　　在这篇短文里,我只能简述同岱老交往中印象最深的一些事情,略表自己的心怀。

　　商务恢复建制以来,曾多次制订外国哲学社会科学翻译出版规划,诸如《哲学社会科学重要著作选译目录》、1960—1972年十二年规划、1978—1985年七年规划和1984—1990年七年规划,以及1981年开始印行的《汉译世界学术名著丛书》各辑选题计划等。在我或商务同仁们请岱老就这些规划、计划的经济学部分提供意见时,他都经过认真考虑,提出了许多宝贵的意见,包括选题的增订、版本的选择、重点的确定和迻译的先后等。《李嘉图著作和通信集》中论述货币问题的第3卷,就是经他选定收入"汉译世界学术名著丛书"的。

　　岱老在耄耋之年,还经常应我们之请命笔作序、撰文,使商务的名著译本等大为增色。他为上述《李嘉图著作和通信集》(正文共10卷)中的7卷译本撰写的前言、译序或出版说明无不具有独特的学术价值。它们褒贬合度,重点突出,指破迷津,不乏新意,对读者正确理解原著提供了重要的指导帮助。1990年他为英国著名经济学家约翰·穆勒的代表作《政治经济学原理,及其在社会哲学中的若干应用》中译本撰写的序言,更令人感到耳目一新。文中指出,西方经济学者中有不少人"在论证穆勒折衷主义特征时,似乎都忽略了在《原理》中,也应该作为折衷主义一部分内容的、结合理论分析和政策结论二者矛盾的调和论",而《原理》正是通过对

---

* 胡企林,商务印书馆原副总编辑。

这种调和论的阐述，提出了对经济理论和政策的一些新看法，反映了穆勒在经济学上所持立场的某种转变。这种富有说服力的分析，在经济学界可以说是独一无二的。

80年代末，我得知岱老在北京大学经济系资料室所编的《经济资料》（内部资料）上发表过一篇研究魁奈的《经济表》的文章，即提请他将此文交由我主编的《马克思主义来源研究论丛》正式发表。不久，他就将此文略作文字增改后寄来。这就是刊载于《论丛》等12辑的《魁奈〈经济表〉中再生产规模的问题——从〈经济表〉的版本、模式讲起》一文。起先，我只感到此文对《经济表》中若干众说纷纭的问题作了深入的研究，提出了一些新颖的见解，具有很大的启迪作用，因而作为《论丛》第12辑的第一篇论文刊用。后来才知道，此文在国内外经济学界对《经济表》所作的众多研究中独树一帜，它澄清和修正了长期以来学术界根深蒂固的某些概念，是一个具有重大学术价值的研究成果。我为《论丛》能揭载岱老的这一不刊之论感到庆幸，更从中体会到他对商务、对自己的情义之深。

尤其使我铭诸肺腑的是，他不仅不辞辛劳认真审阅了我与人合译的、逾40万字的《亚当·斯密传》（约翰·雷著）译稿，并在译序中对此书作了有根有据、恰如其分的评价，而且一丝不苟地逐字逐句审读了我写的一本小册子《亚当·斯密》，挥毫写下了长达十余页的、细致入微的审读意见，其中涉及观点、提法、内容安排、字句、引文等很多方面，可谓巨细无遗。经过岱老如此热心的指点，此书质量多有提高。

岱老给予我的当然不仅仅是种种关怀、支持和协助表面显示出的裨益。我从这一切当中感受到的，以及在有幸接近岱老的种种场合体会到的这样那样无形的东西，诸如无言的教诲、榜样的力量等等，更使我受益无穷。

这里还要提一下《李嘉图著作和通信集》第3卷。1977年间，岱老应我们的冒昧请求（对我们他总是有求必应），为我们代写了此书中译本出版说明。内容精湛，显示着他深厚的学术功力，而形式则完全符合商务印书馆有关出版说明的规定。出版说明作为译本的附件，一般均不署名。按照这一惯例，岱老写的这篇很有分量的文章也就未予署名，但他处之泰然，从不计较。甚至在1986年此书收入"汉译世界学术名著丛书"时，他也这样对待。这种只讲奉献、毫不为己的态度，正是岱老的高尚人品的生动写照，其所包含的思想品德上的感染力，不难想见。

我愈益强烈地感到，读岱老的文章，听岱老的学术报告（例如80年代初聆听他在中华外国经济学说研究会一次年会上围绕16世纪以来西方经济学中经济自由主义和国家干预主义两种思潮的消长问题所作的长篇讲演），是一种理论上的满足，一种思想上的升华。那些文章和报告中显示出的巨大的理论勇气和执著地探求真理永不止息的精神，总是沁人心脾，催人奋进。

1997年5月，我在为纪念商务印书馆百年而写的《喜做商务人》一文中专门写了一段，表达我对岱老对我的深厚情义的感激之情；而未形诸文字的一个心念是，要在岱老的高贵精神的感召下，在有生之年发挥余热，为学术文化事业的发展继续尽绵薄之力。我想，这也许可以作为我对岱老的一种较好的纪念。

关怀后辈学子的楷模

□ 蒋自强*

在 1997 年 7 月 29 日夜晚,突然接到黄范章同志的一个长途电话,他以沉重的语调告诉我,我们研究会的会长陈岱孙先生已于前天逝世。噩耗传来,甚感悲痛!并使我沉浸在哀思中!

我和张旭昆教授合作撰著的《三次革命和三次综合——西方经济学演化模式研究》(上海人民出版社 1996 年 11 月出版)一书,是在陈岱孙先生的热情关怀、指导、帮助下写成的。现在陈先生已离我们而去了!从此,我们失去了一位学识渊博、品格高尚、热心关怀后辈学子的良师益友。

我和陈先生素昧平生,只是 1979 年 4—5 月在杭州召开的《政治经济学辞典》(许涤新主编)外国经济思想辞条定稿讨论会上,才有缘和陈先生相识。这次辞条定稿讨论会,是由该辞典的外国经济思想辞条编写组组长张培刚教授主持召开的。我作为这次会议的东道主,受张培刚教授嘱托,负责寻找、选择合适会址,并和我的硕士研究生钦北愚一起协助张培刚教授做些具体会务工作。会议的前三周在距市区十余里钱塘江畔的九溪工人疗养院举行,后两周在西子湖畔的新新饭店举行。这次到会的专家、教授 17 人,分成两组:一组是讨论、修改当代经济思想辞条,另一组是讨论、修改经济思想史辞条。我有幸被分在和陈先生一起的思想史组;参加我们思想史组的还有吴斐丹教授、朱绍文教授、李宗正教授等。在这一个多月的辞条讨论、修改、定稿过程中,在早晚散步和相处的日子里,陈先生的音容笑貌、精辟见解、道德风范和严格的治学精神,给我留下了很深刻的印象。

在这次辞条定稿讨论会的结尾阶段,与会学者还讨论了成立中华外国经济学说研究会问题,并发表了成立研究会的《创议书》,大家一致推荐陈先生为会长并主持筹备工作,我有幸成为该学会的 17 个发起人之一。

这次辞条定稿讨论会,由于陈先生和张培刚教授等前辈学者的严谨治学精神以及他们言传身教的影响,全体与会学者的共同努力,并得到浙江省机关事务管理局有关同志的支持,取得了圆满成功。这次会议,我除了参加辞条讨论、修改外,还做了些具体的会务工作,陈先生却因此不止一次地"夸奖"我,并多次关心地询问起我的教学、科研和生活情况。最使我难忘的是在这次会议结束时,陈先生还率领与会专家、教授来我家看望,使寒舍蓬荜增辉,我和我爱人都感动不已。

在这次辞条定稿会结束后,陈先生回到北京立即给我写来了一封热情洋溢的信。告知一行五人平安到达,并说"这次在杭得识荆,至幸,至幸",望不久能北来"畅叙"。

1979 年冬,中华外国经济学说研究会在京正式成立,德高望重的陈先生当选为学会理事长,我也成了理事会的成员之一。在陈先生生前,研究会共举办过六届全国性的学术讨论暨调研会议,其中陈先生亲自主持召开了五届,并主持召开了历届

---

* 蒋自强,浙江大学经济学院教授。

理事会。除了在这些学术活动期间相聚、畅谈和交流外,我们还保持着经常的通信联系,同时,我也曾三次上北京看望他老人家,两次是在未名湖畔的镜春园,另一次是在燕南园。在我的一生中,我曾遇到过好几位关怀我成长的良师益友,陈先生就是其中联系时间较长的、接触较密切的、使我受益最多的一位。

在我参加陈先生主持的学术活动中,还有一次印象深刻而使我难忘的研讨会,即1987年11月在南京由中华外国经济学说研究会和南京大学经济系联合召开的全国性的外国经济学说史研讨会。这次研讨会是在党的十三大闭幕不久召开的,会议根据十三大提出的社会主义初级阶段理论,集中讨论了外国经济学说史教材改革和建设问题。这次,我又有幸被分配在和陈先生一个组进行讨论,使我又一次聆听到陈先生关于学说史研究的许多重要见解。与会学者在讨论中,立足改革,按各自的思路,提出了各种教材建设方案。有的同志提出,为适应社会主义初级阶段中心任务的需要,当务之急是编写出一本经济发展思想史;不少同志认为,要加强学说史的断代研究,首先应按照资本主义发展过程的阶段写出一本近代经济学说史;我在发言中,也提出一个按"革命"和"综合"为线索,撰写论述西方主流经济学演化规律的专题史的设想。陈先生听了大家的发言后,提出了坚持实事求是,防止"简单化",各种方案都可试的重要见解。通过这次讨论,与会学者取得了共识。在陈先生主持制定的会议《纪要》中写道:"为了建立一个大家都能接受的学说史体系,目前,首要的任务是鼓励百家争鸣,先写出各具特色的版本,然后在教学实践中接受检验,逐步完善,以形成较为统一的体系。在现阶段强求统一,既不可能,也没有必要。"(见《中国经济学说史研讨会纪要》1987年11月26日,第6—7页。)

在这次研讨会精神的鼓舞下,在陈先生的鼓励和支持下,我在这次会议结束后,应18所教育学院政教系同仁之约,在完成了主编《简明西方经济学史》教材(辽宁人民出版社1989年1月出版)的基础上,随即与张旭昆教授合作,着手实现我在南京召开的外国经济学说史研讨会上提出的论述西方主流经济学演化规律的设想,开始撰著《三次革命和三次综合——西方经济学演化模式研究》这一专题著作。经过两年多时间的研究和撰述,在基本完成了该书的初稿后,我们便将详细提纲和说明,以及部分书稿,寄给陈先生审阅,请求帮助和指导,并请为该书赐序。

1990—1991年,在我们的《三次革命和三次综合——西方经济学演化模式研究》一书的定稿过程中,陈先生曾五次给我来信,不仅同意为该书作序,还热情地进行具体指导和帮助。有些信写得相当长,如1990年8月21日的那封信,写满了整整八张注明页码的信纸。陈先生使用的信封,都是标准的航空信封,使用的信纸,都是直书格式的宣纸信笺,而且每封信都写上自己的门牌号码和姓名,信中提到的许多重要概念、专有名词和术语,还都注上英文的原文,封封信都有明确的丰富内容。

陈先生在看了我们的写作提纲和说明,以及部分书稿后,在这五封来信中,对该书的撰著作了充分肯定和中肯评价,并提出了许多具有指导性的意见和一系列富有启发性的问题,在提出问题的同时,也表明了自己的一些原则性看法。

第一,陈先生肯定我们以"革命"和"综合"为线索来研究和阐述西方经济学的发展与演化"是一个对问题的新处理法";虽然,西方经济学者已提出并论述过"边际革命"、"凯恩斯革命"和"约翰·穆勒综合"、"马歇尔综合";本书的"新处,在于把斯密看为第一次革命,而在凯恩斯之后,有个第三次综合。资产阶级经济学家没这样说,但没什么理由不可'自我作古'。问题只在于如何解释'革命'和'综合'而已"。

陈先生对我们撰著该书作了这样肯定的评说,并同意作序,这给我们进一步做好修改和定稿工作以极大的鼓舞和力量。

第二,陈先生还对西方经济学演化过程中的"革命"和"综合"这两个概念作了精辟的解释。他说:"西方经济思想史中所称的'革命',实际上,只是处于统治地位的统治阶级经济思想内部派系的争论。它只是,在一个新的社会经济制度发展的时期,在处于统治地位经济思想内部,被动地出现的一个自发的知识的发展。其目的并不在于,在意识形态上,企图推翻现存的思想体系,而实只在于修正、改进、完善在现存思想体系中,已不适应新社会要求的某些理论。"以"边际革命"为例,杰文斯、门格尔、瓦尔拉斯这三位边际革命的奠基人,"并不企图全面推翻古典学派的体系,而只是在价值问题上,企图以效用价值论来代替在他们看来久已失去作用的劳动价值论而已"。

关于西方经济学演化过程中所称的"综合",陈先生说,这不仅要综合前人的理论,形成"兼包并蓄的体系",而且"要承前启后,起而管领一代的风骚"。约翰·穆勒的"综合",只是指"自李嘉图以次……资产阶级经济学中不同流派各正反意见,融汇之于一体的努力。所以'革命'也好,'综合'也好,都只是当时已成为社会统治思想的统治阶级经济思想的内部争论与融合而已"。陈先生对这两个具有关键性概念的理解和解释,成为我们贯穿全书的基本指导原则。

第三,陈先生在来信中还提出了这样一个极富启发性的问题,即论述"革命"和"综合"涉及的面有多广。到底是涉及"面广"、写成一部"通史式的学说史",还是"限于书题,只涉及与'革命'及'综合'有关的部分"、写成一部"专题著述"?

陈先生深恐我们不能完全领会他对这一问题的看法,他还提出了一系列具体问题来进一步启发我们,例如,历史学派在本书中应安排在何处、作何等程度的阐述?西尼尔占有怎样的地位?米塞斯、哈耶克和熊彼特等人又应作怎样的处理?等等。这就促使我们进一步思考,从而使我们进一步明确了本书的写作,应"限于书题",紧紧围绕"革命—综合"这一主线,"只涉及与'革命'及'综合'有关的部分",因此,本书力求写成一部揭示西方主流经济学演化规律的"专题著述",最后使本书形成由3篇26章101节173目构成的体系。陈先生对本书的写作以及对我本人的成长,真可谓是无微不至的关怀。

第四,由于本书以"革命"和"综合"为线索阐述了西方经济学的发展演化过程,并揭示了西方主流经济学"在这几百年中所出现的这反、合两趋势,相互对抗又相互融合的发展的规律性"。因此,陈先生认为,这本书"在性质上"虽是一本"专题著作,而实际上,它又是一本很好的经济学说史教材"。这是陈先生对我们的鼓励和鞭策。本书仅只是一个初步的探索,它明显地存在着不少的缺陷与不足(参见《三次革命和三次综合——西方经济学演化模式研究》的结束语)。存在这些缺陷与不足的原因之一,是由于我们对陈先生的学术见解领会不深和我们努力不够所致。我们现在正撰著一部较完善的经济思想史,以报陈先生对我们的关怀和期望。

我虽不是陈先生的注册学生,但陈先生却确是我真正的良师益友。他对我的言传身教,道德文章,使我终生难忘。

(本文初稿写于1997年9月8日,刊登在杭州大学金融与经贸学院主办的内部刊物《经济研究动态》第12期上;1997年12月进一步修改、充实、定稿)

一株挺拔的劲松

□ 黄范章*

敬爱的岱老走了。我们一班同学爱称他"岱老",很少称他"陈老师",是因为他不仅是我们的老师,而且是我们老师的老师。"岱老"两字,蕴涵着弟子们对他的无限仰慕、尊敬与挚爱。他那慈祥而又刚毅的表情,凝结着他对菁菁子弟们的千种爱心和万种期望;他那清瘦而又挺直的身躯,就像一株挺拔的劲松,凝聚着他毕生的执著:对祖国执著的爱,对真理执著的追求,对事业执著的倾心。现在岱老走了,我们为失去这样一位恩师而悲痛,沉湎在对他的无限哀思之中。

岱老早年留学美国,获哈佛大学博士学位。他既不羡国外优厚待遇,也不慕当年国内的高官厚禄,一毕业就回国,一回国就全身心地扑在教育事业上,而且一扑就是 70 个春秋,把全部青春和生命都贡献给莘莘学子。这充分体现他对祖国执著的爱,对事业执著的倾心。他对西方经济学有精深的研究,孜孜不倦地探求真谛。解放后,他进一步认真研究马克思主义,使他的思想境界有了一个升华。他努力用科学的观点和方法来研究经济学及其历史。他对待外国经济学说的基本观点和立场是:既不要全盘否定,也不要全盘照搬,而应该牢牢地立足本国实际,从本国实际情况出发,吸收、运用一切有用的东西为发展中国经济服务,造福于人民。他的一个习惯手势是:伸出手掌,向左右一摆,示意既别"左"也别"右",致力于把本国的实际情况和实际需要作为从事科研、教学工作的出发点和归宿点。这就把他对真理的执著追求与对祖国、对事业的执著的爱融结在一起。

然而,在改革开放前的几十年里,进行这种有分析、有鉴别、有取舍的科学研究尚不具备条件。在 50 年代,我们向苏联"一边倒",经济上实行中央集权的计划化制度,大学里采用的是苏联的教科书。由于把西方资本主义市场经济看做是社会主义经济的对立物,因而把研究前者的现代经济理论看做是洪水猛兽,全盘否定,彻底批判。这种"左"的路线给人们思想既套上枷锁,也留下阴影。这种"左"的路线在"文化大革命"期间发展到了顶峰,也把国民经济推到了崩溃的边缘。这就迫使人们在经济体制和经济理论上重新探索社会主义的新方向。岱老本身长期身受"左"的路线之害,但他追求真理之心不仅未泯灭,相反,他那一颗忧国忧民的心反倒使他对真理的渴望更加炽热起来。

1978 年 12 月党的十一届三中全会开始了中国改革开放的新时期,同时也要求解放思想,向"左"的思想禁锢发起冲击。翌年 5 月间,以岱老为首的 17 位研究外国经济学说及学史的同仁,聚会于杭州西子湖畔的宾馆里,讨论由许涤新同志(当时任中国社会科学院经济研究所所长)主编的《政治经济学辞典》中有关外国经济思

---

* 黄范章,国家发展和改革委员会宏观经济研究院研究员,北京大学经济系校友。

想部分的书稿。讨论会由受许涤新同志委托负责主编的"外国经济思想史"部分的张培刚教授主持,我协助工作。会间,与会者均深感必须摒弃过去对西方经济学采取全面否定的"左"的做法,重新以科学的态度进行研究。尽管当时"左"的思想仍笼罩着这个领域,尽管在我们与会者身上仍不同程度地留下"左"的阴影,但这种新的认识无疑是思想认识上的初始解放。会下,朱绍文教授提议应该趁此机会发起成立一个研究会,团结更多的同行来从事这项工作。大家热烈赞同,公推岱老为会长,岱老欣然赞同,并愿主持研究会的筹备工作,指定李宗正、厉以宁和我具体操办,起草成立"外国经济学说研究会"创议书(发表于《经济学动态》1979年第9期);此外,岱老还建议推举许涤新同志担任研究会名誉会长。起初,我们觉得岱老素来超脱淡恬,担心他会推辞会长职务,没想到他答应得这么爽快,这是头一回看到他如此明快地表露他的政治热情。这表明他对过去长时期桎梏着学术研究与教学的"左"的路线十分厌恶,对党的改革开放、解放思想的战略性举措竭诚拥护。岱老对长期以来全盘否定西方经济学的做法很不以为然,认为那里有不少可供我们利用、借鉴的东西,强调无论是批判它抑或借鉴它,都必须先要全面地、客观地研究和了解它。后来他在不同场合多次表示,对西方经济学采取全盘否定或全盘照搬的做法,都比较简单、容易,困难的是对它进行客观的有分析的研究,并根据中国国情从中鉴别取舍,为我所用。我想,这正是他之所以赞同成立外国经济学说研究会的初衷,也是他老人家对研究会同仁所寄予的厚望。

　　研究会成立后的第一个活动,就是在岱老的指导下,举办国外经济学讲座。当时组织了几十位从事这个领域的教学工作者和研究工作者,对西方国家经济学的不同派别、不同观点进行比较系统的、有分析的介绍,目的是推进思想解放,让人们对国外经济学有一个比较系统、全面和初步的了解。尽管当时主讲人的思想上还不同程度地存在着过去盛行几十年的"左"的影响,但大家朝着新的方向做了巨大努力,取得了积极的效果。我因1980年初奉派美国哈佛大学进修,只为这项活动贡献了一篇《30年代以来西方经济学界关于计划经济学的论战》的讲稿。这项活动的组织工作,是由李宗正、厉以宁、范家骧等同志进行,全部讲稿后来由中国社会科学出版社分四辑出版,在为以后的经济体制改革进行思想准备方面发挥了一定的作用。这项活动始终是在岱老的指导和支持下进行的。

　　1983年国内兴起了反对精神污染的运动,一些人错误地估计了形势,认为这是要逆转改革开放的方向。于是,过去那套"左"的东西就像滚滚乌云迎面扑来,西方经济学的研究与教学首当其冲。这个领域的广大教学工作者和研究工作者又重新堕入迷惘之中。幸亏党中央及时拨正了方向,使改革开放的列车继续沿着正确的轨道向前驰进。也正是在这个关键时刻,岱老于1983年发表了《现代西方经济学研究和我国社会主义经济现代化》一文,一方面坚持否定过去20多年来对西方国家一切经济学采取的"自我封闭"的态度;另一方面又着重指出西方经济学"有若干值得参考借鉴之处",应该本着"以我为主,以符合国情为主"的精神来取舍,接着又列举了现代西方经济学中至少五个方面"对于促进我国经济建设现代化是有用的"。尽管岱老在这篇短文中并未对现代西方经济学展开全面的分析与论述,而且对其间的积极因素的分析也只是初步的,但整个文章的针对性是十分明显的:抵制过去的"左"的思潮卷土重来,反对重新回到"自我封闭"的状态中去,继续推进思想解放。这篇篇幅不长但分量颇重的文章,给这个领域内广大教学工作者和研究工作者指明了前进的方向,帮助了不少同志从迷惘中重新振作起来。

岱老对于把市场机制引进社会主义经济的中国经济改革是竭诚拥护的。他对中国经济改革在这个方向上前进的每一步都给予由衷的赞许,这些均见诸他十多年来发表的文章中。在18年改革的风雨中,岱老不仅努力抵制主要来自"左"的方面的外部干扰,同时也提醒人们要注意市场机制运转中出现的问题。尤其可贵的是,岱老自己还在改革的风雨中不断冲刷过去几十年"左"的思潮在自己脑海中留下的阴影,根据我国改革实践的发展不断地调整自己的观点,努力用自己的渊博学识和精湛的成果来为中国经济的改革与发展服务。一般人能做到这一点,已属不易;像岱老这样一位年逾九旬的长者,如此严格要求自己,执著地追求真知,这种精神是何等的可贵可敬! 这种精神,完全来自他对祖国、对事业的执著的爱,来自他热切地想看到中国经济改革成功,想看到市场机制在中国这片社会主义土地上开花结果。

岱老虽然还没来得及对社会主义市场经济理论作直接的阐述,但他以其精湛的研究对什么是市场机制和市场经济作了深刻的阐述,排除对它的各种误解或曲解。例如,关于英国古典经济学大师亚当·斯密的《道德情操论》中的"利他主义"(或"同情心")思想与《国富论》中的"利己主义"思想如何能统一这个世界级课题,国外学术界长期争论不休。岱老进行了深入的研究,认为这二者在斯密那里是统一的。斯密把利己主义的经济行为简化为交换,但要做成交易,就不能依赖他人恩赐,而要提供能满足对方需要的商品。这样,"利己"便与"利他"统一起来了。所以,斯密《国富论》中的"利己主义"并不是一般人所狭隘地理解的唯利是图、损人利己、假冒伪劣之类的劣行,而是与为消费者服务、物美价廉、企业文明、市场秩序和法规相联系的正常交易。在我国当前从计划经济向社会主义市场经济的转变过程中,由于市场经济不成熟,法规不健全,上述劣行乃至权钱交易比较盛行。岱老对现实中出现的这些问题十分重视,警示人们不要因对市场机制的作用"顶礼膜拜"而对这些问题熟视无睹。岱老的这些警示,语重心长,并不是对市场机制和市场经济表示怀疑,而是要人们从斯密的"利己"与"利他"两种思想的统一上正确把握市场机制和市场经济的本质,既要看到市场机制的积极作用,也不要忽视它的缺陷,要防止各种弊端滋长而损害它的发育与成长。这是在更高的理论层次上警惕可能干扰市场机制运转的"左"、右两种倾向。

两年前,岱老有一篇并非出自他手笔的论述西方国家的经济学的文章,为不少报刊所转载,引起了人们对岱老的误解,一些海外报刊更是加以渲染,竟把岱老描绘成一个对改革开放深怀疑虑的人。岱老对此甚感不快。据在岱老身边学习与工作几十年的嫡传弟子晏智杰教授告诉我,这时他已衰弱得无法提笔,只是一面让晏智杰教授通知报刊不要再转载那篇文章,一面又让晏智杰在适当场合为他有所澄清,并郑重地说:"拜托了。"岱老逝世后第三天,我与卢迈(国务院发展研究中心)、易纲(北京大学中国经济研究中心)一道前往岱老家去吊唁,正值晏智杰教授陪同岱老家属守灵。谈话间,岱老的外甥女唐斯复女士特别说道:"大舅(指岱老)近两三年来身体衰弱得很快，主要是精神上受了打击，一是我母亲（岱老的堂妹）的去世，一是那篇未能全面反映他观点的文章，被外面炒得变了样，利用它来搞政治，他很窝火。"其实，只要看一看岱老十多年来对改革开放事业的一贯热情，这一切误解，自会冰释。

岱老走了，并没有留下什么遗憾；他留下的是他对祖国、对事业、对青年学子一片执著的爱，是他对邓小平开创的改革开放事业的灼热而深沉的热情。一丝阴霾，遮不住他作为一代宗师的光辉形象。他将永远活在我们的心中。他所创立的中华外国经济学说研究会全体同仁，一定会秉承他的遗志，高举邓小平理论的伟大旗帜，在党的领导下，以他为榜样，刻苦学习，深入研究，排除干扰，为中国跨世纪的经济发展与改革做出应有的贡献。

（原载《改革》1997年第6期）

怀念陈岱孙恩师

□ 谭振樵*

经济学界一代宗师陈岱孙教授是一位非同寻常的好老师。在我最尊敬的老师之中,他老人家是突出的一位。他不但传我以知识,关心我的学问的进展,而且关心我立身处世,为炎黄子孙争光,还关怀我的下一代的成长。

回想50年代清华时期,我原拟追随他老人家专攻财政学。后来,环境变了,我的研究生专题改变。但是,陈老师的高尚品格和治学精神,仍然给我极大指引,即使我移居海外,改革开放以来,始终受着教诲。

1980年9月尾,我第一次回国在北京庆贺国庆。由于当时还是改革开放初期,我又属于一个旅行团的成员,自由活动时间和范围都不多。我打算在电话中向他老人家请安便了,以后另找机会拜见他。岂知第二天清早,还不到6点钟,陈老师已经亲临华侨大厦。阔别25年见面(1955年我到北大经济系讲授农业经济学,时常见到他,向他请安),高兴激动的心情是难以形容的。我说:"该是我到北大拜见您,反而令您远程跋涉到市内来。"他说:"我也应该来看看你。"他问了我的工作、生活和家庭等等,更关心我的孩子们的成长。我一一向他禀告。之后,我答允会带领孩儿们回国拜见他,他点头微笑了。临别时,我发觉他多了一根手杖,要雇一部车送他回北大。他坚持不要,还说已经习惯了坐公共汽车,手杖只是"以防万一而已"。我只好怀着歉意的心情送他走出华侨大厦,看着他的手杖的确没有沾地,手中拿着的像根"装饰品",知道他的确很健康,心里高兴至极,一直想着见面时的一席话。虽然,他的说话仍像课堂上讲课一样扼要精炼,但是,我感受到他老人家(当时他已80高龄)亲自来看我,比讲一千句一万句更有价值。

以后多次回国,我夫妇总是拜见他老人家,而且分年带领儿子们回去拜见他。我知道我是他的学生,但也感到他把我当做自己的子侄来看待来关怀(陈老师博爱,凡是他的学生,他都非常关怀,如同自己的子侄,深信学长们、学弟们均有同感)。所以,在我夫妇心目中,他老人家是我们在国内最亲、最敬的人之一。带领孩子们回去拜见他,除了让他老人家感到高兴之外,更让孩子们从他身上学习他的高尚品格、爱祖国的坚贞品质和进取治学精神。孩子们尤其记得他们的师公在哈佛大学的骄人成绩,为华人争光。这些都给孩子们无限的鼓舞与动力,因而孩子们非常尊敬他,乐意去拜见他老人家。每次,他听完了孩子们称他"师公"和报了名字后,总是非常高兴地说:"你在国外长大还会说普通话,真好。"并且很关心他们的学习和工作情况。当他知道孩子们已经获得医学博士学位,是医生时,连说"医生是好职业",还说:"你父亲当年像你这个年龄时是我教的,而你已经是医学博士。"孩

---

* 谭振樵,加拿大华人侨领,清华大学经济系校友。

子们要为他拍照片或是与他合拍,他总是乐意相随,发出称意的微笑。因而孩子们更不觉得陌生,反而好像与老爷爷团聚了。但是,每次分别时,我们都看得出,陈老师很舍不得,一直送到门口,三番四次请他回屋里去都站住不动,要目送我们的计程车离开。当然,我们也舍不得,于是我答允他老人家一两年内再回来探望他。这样,他才点头、愉快。

每次,我稍有一些进步,陈老师就会给我更多的鼓励。1982—1983年,加拿大联邦政府多元文化部部长费林明先生(Mr. Jim Fleming)委任我为该文化部顾问,老师获悉后勖勉我。1989年4月,我幸获加拿大杰出公民奖(4月18日为颁奖日),他老人家从张友仁教授处得知这个消息后,专门给了我一道手谕,勉励至多,还借张友仁教授于5月间应邀来加拿大讲学之便,给我带来一大盒人参茶,他更谦虚地说是"千里鹅毛"。但是,我知道老师的为人,手谕训勉和"鹅毛"实在是一个大奖赏,是我又一次的"杰出公民奖"。同年10月,《人民日报(海外版)》刊登了一篇采访我的报道,老师就在高兴之时立即剪寄给我,训勉更多。我明白老师的用意,因此,我会继续努力,为华人争光。

作者谭振樵与陈岱孙教授合影,摄于1993年。

随着时光推移,我感到陈老师对我的关怀和爱护越来越深厚。1990年,在加拿大首都渥太华中国大使馆的国庆招待会上,张文朴大使一见我面就说:"我刚从北京回来,陈岱老托我带口讯回来问候你。"1994年首都师范大学出版社为他出版了

《陈岱孙学术论著自选集》，陈老师希望我能及早拜读他的经世之作，除了先行用书信告我之外，还特别托人将书带到美国寄给我(《陈岱孙文集》两卷早已在出版的当年，我回到北京时蒙受赐赠)。同年圣诞之前不久，我收到了关英老学长的信，说陈老师非常惦念我，叫我快去信、多去信，以慰老人家。我除了写信上禀，向老师请罪请安之外，还寄奉一张全家乐相片。他老人家高兴了。所以，1996年圣诞前较早时间，我赶紧提早给他老人家贺节拜年，还向他禀告11月中旬北京电视台来加拿大拍摄《龙腾四海》片集，我是被访者之一，在拍摄过程中，我案头上老师的《文集》和《自选集》都被摄影师的镜头对准过。我的原意是以这个讯息，作为节日的贺礼之一，以冀老师能够欢心。今年1月3日他老人家掷下手谕，我知道他很高兴，还给我嘉言勉励："……这次得到《龙腾四海》在加拿大被访极少数人物九人中之一人之誉，和两年前'世界华人精英传略'丛书之人选，实为吾弟近几十年来一切工作应得之承认，为我侨界莫大之光荣也。""……唯近年小照一片，希哂纳。"信中还说："在家疗养，医诫戒作任何脑力及体力活动也。"我原以为他老人家疗养一段时间，又不再做博士生的指导工作，身体健康会恢复的，百岁高寿定会达到。想不到，这封信成了最后遗训，照片成为最后遗物。噩耗传来之后，我一直感到连老师最后一面也没能见到而自怨自责。一个多月以来，心绪总不能平静。张友仁学兄多次鼓励，要我写些纪念文字，但是，每次提起笔，总是泪水遮盖了笔和纸。陈老师已仙逝了，事实已是如此，自然空白责于事无补，唯有铭记老师的训诲。愿陈老师在天之灵安息。

1997年9月

弦歌不绝　道德文章

□ 厉以宁*

一

当我听到岱孙老师噩耗时,几乎不能相信这是真实的消息。的确,这太出人意料了。记得两年前,当我们为他老人家祝贺95岁生日时,他的身体竟是那样健朗,说话时思路清晰,大家都预祝他活到100岁以上,并且准备在2000年他百岁华诞时隆重举行盛典。但谁能料到,今年7月27日他竟与世长辞。据说,在赴北京医院住院时,他还不需要别人搀扶,他是自己拄着拐杖走进去的。毕竟年龄过大了,从此他同我们永别。

岱孙先生是1953年调入北京大学经济系的。在这以前,他担任中央财经学院副院长之职约一年之久,再以前,他在清华大学经济系任教达25年。也就是说,他在美国哈佛大学获哲学博士学位后,就到清华大学,一直到1952年院系调整,清华大学撤销经济系才离开。岱孙先生来北京大学后,到现在已有44年,他在北大的教龄超过了在清华的教龄。无怪乎他时常对我们说:"北大清华都是我的母校,我是清华人,也是北大人。"

岱孙先生1953年来北京大学经济系任教时,我是三年级学生。他担任经济学说史课程的教学。这是一学年的课程,他和他的学生徐毓楠教授共同任教。古代希腊、罗马经济思想、中世纪经济思想、重商主义部分由徐毓楠先生讲授;重农学派、古典学派以及从萨伊到马歇尔的各派经济学说,由岱孙先生讲授;凯恩斯学说则又由徐毓楠先生讲授。徐毓楠教授是岱孙先生的高足,不幸于1958年病逝。此后,经济学说史就由岱孙先生一人长期主讲了。凡是听过岱孙先生讲课的学生们都有一个感觉:艰深难懂的西方经济学理论经过岱孙先生的讲授,变得易于被人们所理解,例如关于魁奈的《经济表》的来历与含义,经过岱孙先生的讲解,很快就被学生弄懂了。因此,在"文化大革命"以前的那些年内,岱孙先生讲授的经济学说史是北大经济系最受学生们欢迎的一门课程。

岱孙先生一直担任教学工作。临近90岁之际,他才不亲临讲坛,但仍在家中对博士生、硕士生、青年教师面授,解惑释疑。他把毕生精力献给了经济学的教学工作。他是一位受到人们尊敬的长者、教师。在1990年为他庆祝90岁生日时,我代表受过他多年教诲的学生们向他献上一首词,以表示我们的敬意。

* 厉以宁,北京大学社会科学学部主任,北京大学光华管理学院教授、名誉院长。

秋　波　媚

贺陈岱孙先生九十寿辰

忧国少年越重洋，回首几沧桑。

人间早换，武壶更秀，阔水流长。

弦歌不绝风骚在，道德并文章。

最堪欣慰，三春桃李，辉映门墙。

二

岱孙先生早年留学美国，对西方经济学说有精湛的研究。以后在清华和北大又多年讲授西方经济学和经济学说史等课程，在教学中深切感受到西方经济学对我国学术界的影响以及我国学术界对西方经济学的看法的变化。在80年代，他曾多次撰文就现代西方经济学研究和我国现代化的关系进行阐述。他的不少见解是中肯的，也是深有启示的。

岱孙先生指出，社会主义现代化经济建设是一个没有完全解决的新课题，它既是一个社会实践的问题，又是一个学术理论问题。从50年代初开始，我国学术界同西方经济学几乎处于隔绝状态，而主观上当时我们采取自我封闭的态度，拒绝了对西方经济学说的任何注意，这样，到"文化大革命"结束时，我们对西方经济学的发展情况基本上是无知的。改革开放以后，情况变了，正如岱孙先生所说："经过20多年的隔绝，外国经济学，对于一些人来说，变得十分陌生，陌生不免引起目眩；过去的自满也许变成自疑，由自疑而变为不加审别的推崇。"[①]目眩和不加审别的推崇，在岱孙先生看来，尽管只不过是一种不可避免的过渡现象，但对于我们自己的经济学的发展仍然是不利的，因此，有必要在这个问题上进行科学的分析。岱孙先生语重心长地写道："我们既要承认外国经济学，在其近年的发展中，在其推理分析、测算技术、管理手段等等方面有若干值得参考借镜之处，又不要盲目推崇，全盘搬套。"[②]这是因为，"在经济学、或者可以说在整个社会科学范围里，社会经济制度是一个恒定的前提。……经济学作为一门科学，在考虑分析经济现象的时候，不能不关切到作为这些现象基础的人和社会，从而不能不受到存在于不同社会中的不同道德伦理观念的影响、制约。"[③]因此，经济学作为社会科学，同物理学、天文学等是有区别的，在研究自然现象时可以不需要社会价值判断，而在研究经济现象时则不可能真正超脱于社会价值判断。这正是岱孙先生长期以来一直坚持的看法。

岱孙先生接着认为，尽管现代西方经济学作为一个完整的理论体系，不能成为我们研究、制定我们经济、社会发展的指导思想，却不等于说其中没有值得我们参考、借镜、利用的地方。他列举了五个方面的研究，认为它们对于促进我国现代化是有用的。这五个方面是：

1. 关于企业、事业的经营与管理的研究，包括企业组织，劳动管理，能源、原料

[①] 《陈岱孙文集》下卷，北京大学出版社1989年版，第876页。

[②] 同上书，第876—877页。

[③] 同上书，第877页。

的有效利用，工艺技术的改良、更新，产品品种、质量与市场的关系，成本计算，经济监督与审计等。

2. 国民经济的综合平衡分析，例如投入产出分析等。

3. 微观经济学中关于商品的需求和供给、价格和销售量、竞争和垄断等有关市场机制的分析。

4. 数学方法的应用。

5. 西方经济学中有关现实经济的缺陷和问题的研究，例如资源耗竭、工业化和环境污染、生态平衡、分配失调、社会危机的分析等。

应当指出，在80年代初，在长期与西方经济学隔绝之后重新接触到西方经济学之际，岱孙先生高瞻远瞩，科学地阐明了我们对现代西方经济学应当采取的态度，使得不少人（包括从事经济学教学的教师、经济研究工作者、高等学校学生、政府工作人员、新闻工作者）从中受益。直到今天，当我们重新阅读岱孙先生当时撰写的这些文章时，仍能得到许多启示。

三

岱孙先生从哈佛大学获得博士学位回国后，始终在教育岗位上工作，教书育人。但他绝不是从书本到书本、脱离现实经济的人。他的一句名言在经济学界流传着，这就是：经济学是致用之学。①

关于"经济学是致用之学"这一提法，岱孙先生先后在不少场合作了阐发。他说道："古往今来，与经济学有关的理论，或者经济学本身，应该说是一种致用之学，而不是纸上谈兵。它所要解决的问题来自实际，经过探讨，形成理论之后，又反过来指导实际。"②

岱孙先生所说的"致用"，绝不是那种急功近利的、狭隘的"学以致用"。他是反对所谓"急用先学"、"立竿见影"的做法的。他认为这是把"经济学是致用之学"庸俗化的表现。在1981年撰写的《经济学是致用之学》一文中，他对"致用"二字作了十分精辟的解释。他写道："从16世纪说起，迄于今日，古往今来的所有经济学家或学派的经济思想的产生、发展都离不开一'用'字。先是，新的经济情况提出了待决的问题。然后经济学家就是针对这些经济现实所提出的问题进行了解、分析；对其有关事物的运动提出有论据的解说，形成了理论。这理论又反过来指导、促进、制控现实成为制定经济政策的依据和基础。"③可见，"致用之学"指的是：经济学产生于实际而又要用于指导实际、变革实际，经济学不能成为"不食人间烟火"的、一无用处的学问，那样一来，经济学就会失去"存在的理由"。④

岱孙先生的这些见解是在改革开放之初发表的。在当时的情况下，确有一些人依然迷恋于过去那种从书本到书本，甚至从经典著作到经典著作的研究方式，而不了

---

① 《陈岱孙文集》下卷，第860页。
② 同上。
③ 同上书，第864页。
④ 同上书，第864页。

解近20年来世界经济形势的变化,不了解党的十一届三中全会以后中国经济形势的变化;同时,也有少数人在接触到现代西方经济学说之后,对于数量分析方法十分倾心,以为可以通过纯粹的数学推导而使经济学跻入"真正的科学"行列。岱孙先生认为这两种倾向都是不对的。他指出,书本当然要读,经典著作当然需要钻研,数学分析也无疑相当有用,但最要紧的是理论联系实际,是学以致用。所以他写道:"总之,我们认为经济学应该是致用之学。我们反对不切实际的一切空谈。但另一方面,我们也反对在我们这一学科中,只谈技术、操作而取消一切学理的相反极端。"①

岱孙先生的这番话影响了许多人,特别是恢复高考制度之后在70年代末、80年代初踏入经济类学科的大学生。

四

对"经济学是致用之学"的阐释必然涉及西方经济学中规范经济学与实证经济学的划分问题。岱孙先生也在这个问题上发表了自己独到的见解。

规范经济学(normative economics)和实证经济学(positive economics)是最近若干年来在西方经济学界盛行的两个名词。两者的区别在于是否把社会价值判断考虑在内。实证经济学是不考虑社会价值判断的,它企图答复"是什么"或"不是什么"的问题。规范经济学则考虑社会价值判断,它企图答复"应当是什么"或"不应当是什么"的问题。尽管实证分析与规范分析在许多场合是不可分的,即两者往往结合在一起,但由于彼此的侧重点不同,试图解释的问题不同,所使用的方法也不同,所以规范经济学和实证经济学仍然存在着明显的区别。有些经济学家主要从事规范经济学研究,有些经济学家主要从事实证经济学研究,也有些经济学家兼而从事规范与实证两个方面的研究,这本是正常现象,并无高低上下之分。

然而,近年来在国外经济学界却存在这样一种偏见,即认为只有实证经济学才是真正的科学,而规范经济学则被排斥于科学的大门之外。这种偏见自80年代以来也对我国的经济学界发生某种影响,一些人误以为实证经济学不仅高于规范经济学,甚至只有实证分析才是经济学中唯一可以被使用的方法。岱孙先生认为这种偏见是有害的。他指出:"实证经济论者否定价值判断。但是,否定不等于它不存在。数学模型分析了各种变量之间关系,得到一个结果。但这结果是否符合社会实际,完全与社会判断无关吗?当然不是。"②既然任何实证分析都离不开它所设定的社会经济前提条件,也都不可能把研究成果置于社会经济环境之外,可见社会价值判断是始终无法回避的现实。

岱孙先生以经济学说史上各种经济学说的产生与发展为例,详细说明了规范分析与实证分析相结合是经济学的一贯原则。他指出,19世纪以前,大多数经济学家都以价值判断为出发点,古代希腊、罗马的经济思想家,中世纪的经济学家,古典学派的亚当·斯密、李嘉图等人,都有自己的价值判断,规范研究与实证研究当时是不分的。19世纪后期,奥地利经济学家庞巴维克写了一本《资本实证论》,正式地

---

① 《陈岱孙文集》下卷,第873页。
② 同上书,第901页。

提出了"实证论"这个字眼,但即使如此,书中还是采取逻辑分析而没有采取数学分析。直到20世纪30年代以后,随着经济计量学的发展,实证分析才得到较大的进展。然而与此同时,规范分析也在继续发展,对经济增长的价值判断,对生态经济的研究,对福利制度的分析等等,都表现规范经济学在研究中取得长足的进步。规范分析决没有消亡,也不会因为有人只推崇实证分析与排斥规范分析而销声匿迹。岱孙先生的结论十分清楚:规范分析与实证分析的结合,不仅是必要的,也是必然的;要使经济学成为致用之学,既离不开实证分析,更离不开规范分析。

五

作为经济学说史的长期研究者,岱孙先生对于西方经济学中的"正宗"与"异端"之间的关系的分析是十分精彩的。在他以前,我们还从来没有看到过如此深刻的论述,国外经济学文献中没有,国内经济学文献中也没有。

岱孙先生写道:"所谓'经济学正宗'是指那种'既定体系的'或'已被确认的'经济学说。这种学说已被认为是'权威',代表着'正统'的观点。……'异端'或'外道',则指那些与'正统'相悖而行的学说。它们虽然也是统治阶级的思想,也'在思想形式下'表现了'统治的物质关系',但还不曾被公认为一种'权威',还不曾被看成是一种'既定的'体系。它们被排斥于'正统'观念之外。它们对'经济学正宗'采取不同程度的'批判'态度。"①这一段论述从总体上说明了西方经济学中"正宗"与"异端"在社会上的地位,以及它们与统治阶级的思想之间的关系。

但"正宗"与"异端"在社会上的地位也可能改变。岱孙先生接着分析道:"'正宗'和'异端'或'外道'不是固定不变的。'异端'或'外道'以经济学'正宗'的'叛逆者'的姿态出现,经过一段时间的论战,有的'异端'或'外道'或者掺入原来的'正宗',终于与之合流,或者取代了原来的'正宗',成为新的'正统观念'的代表。但有的'异端'或'外道'则始终处于原来的被排斥的地位。这是经济学说史上常见的现象。"②岱孙先生以丰富的经济学说史资料证实了这一论断。一个明显的例子就是凯恩斯经济学的兴起。

凯恩斯经济学产生于20世纪30年代。在这以前,西方经济学的"正宗"是以马歇尔为代表的经济理论。根据这一正统的西方经济理论,经济自动维持均衡被看成是天经地义的,因此政府不必对经济进行干预。凯恩斯关于政府干预的学说在其初出现时,是与马歇尔经济自由主义传统相悖的,因此它以"异端"或"外道"的姿态出现。但最终凯恩斯经济学取代了以马歇尔为代表的"新古典经济学"的"正宗"地位,而成为新的"经济学正宗"。岱孙先生就此写道:这一例子表明,"在一定的条件下,'正宗'与'异端'或'外道'可以互相转化,绝对的'正宗'是不存在的。"③

岱孙先生的上述分析对于我们理解西方经济学说的发展非常有用。既然"正宗"与"异端"可以相互转化,既然在西方经济学中无论"正宗"还是"异端"都表现为

---

① 《陈岱孙文集》下卷,第998页。
② 同上书,第998—999页。
③ 同上书,第1001页。

占统治地位的阶级的思想形式,那么西方经济学说发展的脉络就十分清楚了。在西欧,中世纪的"正宗"是经院派经济思想,中世纪晚期的重商主义学说则是一种"异端",但随着历史的演进,重商主义终于从"异端",变成了"正宗"。重商主义学说大约盛行了200年。到了17世纪末和18世纪初,在重商主义仍然占着"正宗"地位的同时,古典经济学开始出现,这时,古典经济学也是以"异端"的姿态向重商主义这一"经济学正宗"挑战的。终于到了19世纪初,古典经济学又成为新的"正宗"。经济自由主义学说大约在经济学论坛上占据了100年稍多一些的"正宗"地位,此后,正如前面所说的,凯恩斯经济学以"异端"形式出现,并最后成了新的"正宗"。从经济学说史上的这些演变,我们可以对当代西方经济学中的各派论争的来龙去脉有清晰的了解。岱孙先生的论述无疑给了我们一把宝贵的钥匙。

六

岱孙先生以97岁高龄离我们而去。当我们在他家里向他的遗像鞠躬致哀之际,过去几十年的师生之情久久不能使我们平静。家里的摆设依旧,那些陈旧的家具已相伴他好几十年了。书桌上还堆放着手头常用的书籍。外地学生们寄来的书信也放在那里,大概是准备回信而还没有动笔。桌上还有素不相识的年轻人寄来的稿件,想请他审阅。房间里静得出奇,一切都同往日一样,就好像他老人家外出开会去了。

40多年前,当我在北京大学经济系三年级刚听他讲课时,我还只是20岁刚出头的青年学生。岱孙先生整整长我30岁,他那时也只是50岁刚过两三年。风风雨雨,岁月如梭。不平静的1957—1959年,动荡的"文化大革命"十年,改革开放以后的18年,我们都在一起。我的两个孩子,都曾受教于他。他送给他们两人的著作,他们都珍藏着。1979年春天,党的十一届三中全会闭幕后才三个多月,我陪他去杭州开会,为期一个月,同住在一个房间里,朝夕相处。他随身带的是六朝诗选,一有空,就翻开来阅读。他没有睡午觉的习惯,中午我睡了,他就读诗消遣。傍晚时,我们一起散步,边谈边笑,谁都不会料到他当时已经79岁了。如果岱孙先生还健在,回忆那些年的经历,总会感觉到欣慰,因为那是些难忘的日子。如今岱孙先生已同我们永别,对往事的回忆所给予我们的,只是伤感、悲痛。

我有幸在1985—1987年间同岱孙先生合开过两门课程,一是"西方经济学名著选读",另一是"国际金融学说专题",选课的都是北京大学经济学院的研究生和中国人民银行总行研究生部的研究生。岱孙先生自己讲凯恩斯以前的部分,而把凯恩斯和凯恩斯以后的部分让给我来讲。我每次讲授时,他都同选课的学生一起听。他也在自己的笔记本上作些简要的记录,课后同我讨论,指出有哪些不足或在下一次讲授时应当注意的地方,那时他已80多岁了。他那种一丝不苟的精神,令我非常感动。我常想,他老人家如此德高望重,而在对学生负责方面却仍同几十年前我做学生时那样,我们这些后辈还有什么理由不认真备课,不认真授课呢?

我同岱孙先生合作的一项科研成果,是"七五"时期国家哲学社会科学研究重点项目和国家教委文科博士点科学研究项目的产品《国际金融学说史》,全书共60余万字,分为36章。岱孙先生和我共同主编,1991年由中国金融出版社出版。定稿时,他对某些术语的译名反复推敲。校对清样时,他亲自过目,某些地方用铅笔打上记号,批道"以宁再斟酌"。一位 90 岁的老人这样细心、严谨、求实,怎不使我们肃然起敬?《国际金融学说史》一书被认为填补了国内外经济学说史研究领域中的一块空白,这也是岱孙先生晚年最高兴的事情之一。担任各章撰写的,包括我在内,全都是岱孙先生的弟子。正如该书前言的末尾所写:"本书自 1987 年拟定写作提纲开始,历时四年,于 1990 年全部定稿,适逢陈岱孙先生 90 寿辰,本书的完成也可看作他的学生们对这位受尊敬的老师的祝贺。"

  岱孙先生终于走了。学生们都在想,要是再过三年,他仍健在,让我们为他举行百岁寿辰庆典,那该多好啊!这已经不可能了。但岱孙先生的身教言教,将使他所有的学生受益无穷。丹心耿耿,春雨潇潇,天地宽阔,师道长存。安息吧,尊敬的岱老!

(原载《经济研究》1997 年第 9 期)

百年校庆忆岱老

□ 张秋舫[*]

北京大学欣逢她的百年校庆。北大是培养我的母校,我又在北大从事教学工作整整45年,此时此刻对于我来说真是心潮激动,感慨万千。这其中最为使我念念不忘的是我们的陈岱老。陈岱老是我们的老师、老院长、系主任。岱老学贯中西,桃李满天下,对北大、对国家的贡献有目共睹,深受国内外学子的敬仰和爱戴。但是,他没有活到今天百年校庆日,没有活到我们全院师生准备为之大庆的百岁华诞。我认为这是老天的不公,实在遗憾,太遗憾了。

我最早认识的岱老

我认识岱老,最早见到岱老,是在1952年10月的一天。1951年8月到1952年10月,我就读于北京大学银行专修科。1952年下半年正值全国高校进行院系调整。北京几所高校(北大、清华、辅仁)的财经类系科都归并转入新成立的中央财经学院,我们银行专业的全体学生,自然也随之转入该院。学校的地址由北大沙滩迁移到西四附近的西皇城根。

1952年10月的一天,同学们听说新上任的中财院院长要和皇城根校址的同学见面,大家欢欣鼓舞、翘首企盼,纷纷集中到了开全体会议的大礼堂。大会开始,会议主席简短介绍之后,我们的新院长上台讲话了。只见他50多岁,身材魁梧高大,身着一身很朴素的中山装,外穿一件深色大衣,气质高雅、庄重,风度翩翩,使在场的同学肃然起敬,这给我留下了最初的深刻印象。他的讲话简短扼要,鼓励我们要好好学习,将来做国家的栋梁之才,为新中国的建设服务……他讲话之后,全体长时间热烈的掌声,说明新院长的到来和讲话大大激发和振奋了我们年轻人的心,使我们对学校和个人的未来充满无限的信心和希望。

院系调整不久,1952年12月至1953年3月,中财院组织广大学生分赴天津、济南、青岛等地的保险公司进行调查实习三个月。在此期间,我们的陈岱孙院长十分关心大家,他作为一个大学的校长,竟乘火车,长途跋涉,深入到学生的实习基地看望学生,并指导实习工作。他的这种关心同学、深入实际的好作风传遍了各个实习基地,再一次鼓舞和感动了我们。

1953年8月,我大学毕业,被分配到北京大学经济系政治经济学教研室任助教,当时的代系主任为陈振汉教授。过了不久,1953年10月,陈岱孙教授又从中央财经学院调到北京大学任经济系系主任,直到1984年。我又有幸长时间在岱老的领导和关怀下,从事教学和科研工作。

---

[*] 张秋舫,北京大学经济学院教授。

做岱老的学生,受益匪浅

岱老从教 70 年,有深厚的学术功底和极丰富的教学经验。我在七八十年代都聆听过他主讲的经济学说史课,那时他已七八十岁高龄,但他仍然课前认真备课,写详细的讲稿。他的讲课逻辑性强,深入浅出,旁征博引,重点突出,语言精练,幽默诙谐。听他的课,不论听课人年龄的大小,还是职务的高低,都一致反映是精神上的享受,理论和思想上均受启迪。更加使人赞赏的是岱老高超的讲课艺术,他讲课的时间和讲课的段落掌握得非常恰当,课间休息铃声响了,他恰恰讲到一个段落;下课铃声响起,他讲课的结束语也同时完结,被大家称为岱老的"绝招"。所以,岱老的课堂秩序极好,听课的人都是如饥似渴,认真记录,生怕漏掉了一句话、一个词。

改革开放以来,已是耄耋之年的岱老,又焕发了学术和教学的青春。他不仅学术成果丰厚,而且在教学方法上不断创新。

80 年代初,他为经济学说史的研究生及有关教师开设了经济学说史的专题课,一改过去以教师讲授为主的方法而采用启发式的教学方法。他先布置讨论题,让学生课下准备,课上让学生先重点发言,进行热烈的讨论,他给予启发性的引导,然后他针对大家讨论中的不同观点和重点问题,进行准备,待下次课由他做总结讲课。这样启发性的教学,大家一致反映重点突出,有深度,生动活泼,效果好。其实这样的教学对主讲老师提出了更高的要求,他要针对学生讨论中的问题进行讲授,对分歧意见要做出客观准确的结论。听岱老的课,不仅很受启发,而且他对教学不满足于现状。他不断创新改革的精神给我们树立了很好的榜样。

1962 年,北京大学贯彻国家教委关于培养学生要"宽口径、厚基础"的精神,要加强教师和学生的多种业务知识和基础科学的学习。当时我们一部分青年教师深感英语水平的不足,提出请岱老教授英语的愿望和要求,岱老知道以后,很愉快地答应了。这在他已经担负很繁重的工作量中,又主动承担了一份。他对待这一工作仍然极为认真严格。他亲自拟订了教学计划,组成了教师英语班,选举了班长。英语班的教学地点,就设在镜春园甲 79 号岱老家中的客厅,每周上课一次。当时参加英语班的有龚理嘉(当时经济系总支书记)、周元(英语班班长)、王俊彦、杜家芳、张秋舫等约 10 人。英语班第一本教材是英文版的《共产党宣言》。岱老的英语课要求我们要课前预习,课上让我们轮流练习阅读及翻译,然后他针对我们的理解水平及问题进行课文领读,逐段讲解含义,逐句讲解英文语法以及一些英文专用名词的用法等等。岱老深厚、熟练的英文功底,讲英文课和讲专业课一样,也是从容不迫,深入浅出。虽然英语班学习时间不长,但大家都感到印象深,收获大。

岱老指导我们科研,深受启迪

改革开放以来,岱老还仍然坚持上讲台,带研究生,著述成果丰富,就是在他日理万机的百忙之中,仍然时刻关心中青年教师的成长。在此期间,岱老为大家的专著作序近 20 篇,篇篇都凝聚着他的心血,都是有科学价值的论文。

1985 年 10 月,我在多次讲授《反杜林论》二、三篇的基础上,结束了《〈反杜林论〉中的政治经济学》一书的写作。我将全部书稿交给岱老审阅,并请他作序,他欣然答应。当我到岱老家取写好的序时,他说:对《反杜林论》进行详细的释文和注释这还是首次,是很值得公开出版的。正如他在序中所写的:"近年来,不少学者对于这本书进行过注释,但篇幅简略也没有正式发表。张秋舫同志在教学之余,在过去注释的基础上,对于这书的第二、第三篇进行了较为详尽的注释。本注释突出之处在于,它在可能范围内,对于本书中某些问题,从有关其他著作中,采撷资料予以补充。在涉及不同意见时,作者提出自己的看法,不求苟同。……注释的发表将大大地嘉惠后学对于这一重要马克思主义经典著作的学习。"我把这些评价看做岱老对我的鼓励和鞭策。同时,岱老又当面提出我的书稿的不足之处。他很严肃地对我说:遗憾的是,这本书稿没有把第一篇(哲学篇)的内容加入,马克思主义三个组成部分,缺了一个部分,很可惜。我当时解释说:"哲学部分是由哲学系老师讲的,这部分的释文和注释,由北大出版社交给哲学系的同志去完成了。"听了之后,岱老点点头,表示理解。岱老对学术问题的这种严肃认真以及对我的严格要求的态度,深深地教育了我,使我终身受益。今天回想起来,我辜负他老人家的是,当时我没能学好哲学篇,因而没有把这部分释文摘出来,以致成为遗憾。

在岱老所写的序中,一方面对《反杜林论》作了高度的评价,他写道:"这本书的内容恰恰涉及了哲学、政治经济学、社会主义这个马克思主义全部的三个组成部分","因此这部被誉为内容极其丰富、极有教益的书,成为马克思主义最重要的经典著作之一"。另一方面,他又提出了自己的不同观点,他认为:恰恰又是由于它是一本论战的著作,我们不能由于它曾从对杜林的论战,作出对马克思主义观点的正面阐述,而"认为它是对马克思主义三个组成部分第一次所作的全面系统的总结等等。这样说,就有犯了把马克思主义科学体系'斫而小之'的错误的嫌疑"。这种一反当时流行的观点,而敢于提出自己的不同看法,突出体现了他对学术问题不随波逐流,不求苟同,实事求是的态度。这不仅在学术上给予了我思想上的启迪,而且在治学态度上也值得我们好好学习。

《大城市的未来》是我们师生共同完成的一本译著,是城市经济方向研究生的必读参考书。1989年春,译著全文完成,我们很想请岱老审阅并作序。但是,又觉得岱老已89岁高龄,工作又忙,实在不忍心再打扰他,再给他增加负担了。所以,那天去岱老家,是抱着矛盾的心情,试试看的态度,而决不让他老人家为难。我们没有想到的是,当我用试探的口气提出要求时,岱老又一次欣然答应了。他这种处处为别人着想,宁可牺牲自己,乐于助人的高尚品德,使我深受感动。

岱老在百忙中,对着原文审阅了译著的部分译稿,而且在审阅的过程中一连给我写了三封信,对本译著从书名到一句话、一个词的译法和含义都提出了宝贵的意见。如其中的一封信专门对原著的书名进行考证,他认为原著书名"The Future of the Metropolis",符合原意的译文是"大都市的未来",如果一定要用"城市"二字,则可译为"大城市的未来",我们尊重岱老的意见,书名就译为"大城市的未来"。岱老的这些中肯的、指导性的意见,使我们深受教诲和启迪。

在序中他对"都市"的含义进行了科学、严格的界定,对一般中小城市都市化的发展规律、西欧北美高度工业化国家都市衰落的客观必然性以及这些国家的经验教训、对我们这样的发展中国家的借鉴等等都作了精辟的论述。这些都是岱老对城市问题的有价值的学术观点。

最后，他对原著的特点和意义进行了实事求是、恰当的评价。他说："本书不是一本教科书，它不能给读者以对于一切问题若干现成的结论、明确的建议和系统的理论。它只是一本处于探索阶段的专题著作；它提出问题，但并不企图强求一致地提出解决的处方，但这恰恰是本书的作用和优点所在。"他认为，这"是一本很值得介绍给国内的书"，"这一本书中所提出的种种问题，对于我们的经济学家、历史学家、政治家、城市规划设计者、建筑师、企业家，都可能是及时的思考材料。译本的问世将会是受到欢迎的"。

岱老对我们科研方面的指导，严格要求、一丝不苟、循循善诱、诲人不倦的精神，使我记忆犹新，终身受益。

最后一次给岱老拜年

过去我们节假日经常去看望岱老，并和他一起多次合影留念，但也不是每个春节都去他家给他拜年。1997年的春节前夕，我们好像预感到他老人家的时间不长了，商量约定大年初一一定早点起床去给岱老拜年。初一（2月7日）那天一早9点多，我们穿上过年的新衣，带着照相机，骑上自行车，从朗润园的住所来到了蒸南园55号岱老家中。那天我们大概是第一批来拜年的客人。进门后，看见岱老衣冠整齐，端坐在靠门边最近的沙发上，好像正在安详等待迎接给他拜年的亲友。看见我们进来，他站起来和我们握手，看得出我们的到来他很高兴，精神很好，但面容较前衰老，不大爱说话。我们问他："身体最近好吗？"他说："还好，就是感到没有力气，走几步就感到累。"我们劝他要注意休息，不要劳累。当时他的外甥女唐斯复女士也在座，我们拿出照相机请她给我们和岱老合影留念，一连照了几张。过了一会儿，岱老在北大的堂兄弟一家也来给岱老拜年，我们又给他们一家和岱老合影，给唐斯复和岱老合影。因为怕岱老太累，影响他的休息，所以不敢久留，就和岱老告别了。但万万没有想到这是我和岱老的永别，是我们和他最后一次的合影，是我们给他最后一次拜年。

又过了几天，2月16日，张友仁将洗好的大年初一和岱老的合影送给他。岱老非常高兴，他一张张地看过去，还表示感谢。友仁也没有想到，这竟是他和岱老的永诀。

1997年7月27日岱老的心脏停止了跳动，和我们永别了，但是他的宝贵的精神财富永留人间。我们要永远学习他的高贵品德，严谨求实的治学态度，诲人不倦的教学精神，关心他人、助人为乐的奉献精神，艰苦朴素、淡泊名利的生活作风。

1998年4月写于燕园

难忘的教诲

□ 蔡沐培*

在北大俄语系学习的最后一年,校党委组织部找我谈话,要求我留校去经济系,为的是迎接来北大的第一位苏联经济学专家,做他的教学翻译及有关专家的工作。这突如其来的决定,与我个人的爱好与愿望背道而驰,引起我思想上的激烈斗争。但祖国的需要终究是高于一切的。我服从组织决定,走上了新的工作岗位。

到经济系时,我的年龄最小,"小"的帽子几乎戴了一辈子。我在这里度过了40多个年头,经历了无数的辛酸与苦闷,但也尝到了人间的温暖与欢乐。回忆往事真是浮想联翩!其中最使我难忘的,对我帮助与教诲最大的一个人,就是陈岱老。

我到经济系不久的1953年,陈岱孙教授来经济系,担任全国院系调整后的北大经济学系主任。他精力充沛,才华过人;思维敏捷,考虑周密;做事认真负责,有条不紊,原则性既强,又通情达理。随着岁月的流逝,在我与陈岱老日益增多的接触中,深深感受到他不仅学识渊博、治学严谨,而且为人正直、充满爱心。现仅就我亲身经历的几件事,再作一次深情的回顾。

小图章的情谊

陈岱老来经济系两年后的一天,他叫住我,问起我的工作。我说对自己过去的一段工作极不满意,而对即将到来的第二位苏联专家的新工作,仍有畏难情绪。陈岱老亲切地说,要看到已取得的成绩表明你已闯过了一道难关,而困难总是存在的,要有信心与勇气克服它。最后他说:"有志者事竟成。"后来又笑着对我说:"听说你要结婚了。"便拿出一对没有刻字的象牙图章送给我,并说了许多美好的祝福话语。这使我很意外,既受宠若惊,又深受感动。陈岱老对我这个非经济专业出身的毛孩子,不仅在工作上给予热诚的支持,而且在生活上也处处体贴关怀。我感动极了,无比的温暖使我增加了与困难和自卑作斗争的力量与勇气。

治学的楷模

自打到了经济系,我思想上一直很紧张,怕完不成任务。做专家给研究生讲课的教学翻译,这个客观要求与我主观条件之间存在较大的差距。我虽然下决心要补上自己所缺的东西,但任务重没有时间,只能在工作需要时去看些必需的有关专业书籍。苏联专家归国以后的日子,我在做其他工作的同时,自寻机会,利用一切

---

* 蔡沐培,北京大学经济学院教授。

可以利用的时间,来弥补自己经济学功底浅、专业知识少的缺陷,听了经济系的政治经济学、资本论、经济学说史等一系列课程。按周总理的指示,1960年在经济系成立了世界经济专业。我成为世界经济专业的教师以后,一边工作又一边在校内听了哲学系与历史系的有关课程。在我听过的这些课程中,陈岱老的经济学说史给我的印象最深。陈先生真是一位难得的出色教师,他讲课条理清楚,深入浅出,并配以图解,使人一目了然;他语言精练,有时带一点风趣和幽默,但又不失其高雅;特别在掌握时间上非常准确,他的最后一句话总与下课的铃声同步。陈岱老的教学艺术是有口皆碑的。这一切都源于他深厚的学术造诣和高度的责任心。这些都给了我很大的影响,对后来的教学工作受益匪浅。

教我学英语

特别使我难以忘怀,并深深铭刻在心的是我与陈岱老那段较长的直接相处。那是1961年,系里组织年轻教师在业余时间补习英语,由陈岱老讲授,我也参加了。由于各种原因,补习小组很快就散了。对此,我流露出遗憾与恋恋不舍的心情。这被陈岱老察觉了,他欣然答应给我一人讲课。从此,我就每周日下午到陈岱老镜春园的家中学英语,陈岱老为我考虑得非常周到,他以伊顿的《政治经济学》原著为基础,再配一些文章,如林肯的演说词、福斯特给毛主席的信等作为教材。这就既使我学习了英文,又深化了经济学专业理论知识,并扩大了专业术语的英文词汇。陈岱老虽只教我一人,但从未表露过不耐烦的情绪,总是不厌其烦地讲授,而且还留一定时间让我全面练习。有时也留些作业回家去做,然后给以仔细的批改,就这样一直坚持到1964年全系教师都下去搞"四清"之前。那时我接受了少许专业文章的翻译任务,而陈岱老还亲自给我审改,我深为感动。他给我的不仅仅是书本知识,更重要的是给我树立了做人的榜样。

永存记忆

需要一提的是,跟陈岱老学英语这段时间,是我一生中最困难的时期,精神压力大,思想斗争激烈。当时我爱人下乡锻炼,家里只我一人带一个刚刚上学的孩子。母亲患癌症一人在城里的家中,父亲作为铁道部的工程师参加了长江大桥的设计与建设,长年在外。而那时又正赶上经济困难时期,我一个小助教能力有限,母亲无法照管,我还得带学生经常往外跑。面对这一大堆问题,我真难以支撑,但我还是带着小女儿周日去学英语。陈岱老总是热情地招呼我的孩子。经常在桌上给她放一个大苹果。在陈岱老无微不至的关怀下,我想尽一切办法去克服困难,坚持下去。使我产生克服困难的力量,正是来自陈岱老给予我这样一个年轻教师的爱心、教诲与鼓励。应该说这种最珍贵的恩师之情、慈父之爱,伴我走过了那段艰难之路。这一年多的时间在我人生的旅途上是短暂的,但我对陈岱老的感激之情却永远地珍藏在我的心里。

在北大40多年中,我一直与陈岱老保持着联系。1994年我严重骨折后,他也一直关心我,见到我爱人总是问起我的病情。我在陈岱老身上看到了我国传统文化中的精华与西方文化中的先进思想相结合所表现出来的高尚气质和人格魅力。

这是难得的精神财富,我们应该珍视它,爱护它,一代一代地传下去,让它光照千秋!

北大之所以在国内外享有崇高的声誉,就是因为有陈岱老这样的教授。这是北大的光荣。虽然我已退休,我仍要以陈岱老为榜样,活到老,学到老,好事做到老,并教育我们的后代要像陈岱老那样做人、治学、为人师表。我国能有更多的陈岱老那样的教师,我们的教育事业就一定会不断地向前发展。

1998 年 4 月 28 日

我失去一位良师益友

□ 商德文[*]

我从 1958 年在北京大学经济学系毕业后,就一直在陈岱老身边工作,我既是他的学生,又是他的同事。

陈老解放前在清华大学讲授经济思想史和财政学。解放后,他已 50 高龄,但他仍然坚持系统地学习和钻研马克思的著作。陈老是国内研究西方经济学的权威,但是他提倡要用马克思主义的观点,结合中国的国情加以取舍、评述。他认为,西方经济学从本质上讲是资产阶级的意识形态,其中有些属于为资本主义辩护的部分,但也有相当多的部分是属于经济运行和宏观与微观管理的内容。前者是不可取的,而后者是可以结合中国的国情加以参考和借鉴的。陈老还特别关心青年一代的经济学者,对他们的学风尤其关心。他指出有一些年轻人照搬照抄西方经济学是错误的。他特别强调,西方经济学从近代到现在一直是两种思潮在交替地为资产阶级的国家服务,其一是经济自由主义,其二是国家干预主义。在二战之后主要是国家干预主义起主导作用。但是,经济自由主义在对发展中国家的和平渗透与推行和平演变政策中也起了不可低估的作用。

在这一问题上陈老出版了学术专著《从古典经济学派到马克思》、进行了《经济表》研究以及为研究生开设《资本论》第四卷即《剩余价值理论》(1—3 册)的课程,并指导我开展经济思想史、马克思列宁主义经济思想史、市场经济、国际投资、财政监督、政治体制改革,以及人类学和经济系统论等方面的研究和著述。

陈老学识渊博,但是从不以专家自居,非常谦虚谨慎。80 年代初,我牵头组织编写了一部长达 70 多万字的《政治经济学史》(上、下)教科书,参加撰写的同志们都提出由陈老作主编。但是,我找陈老谈了几次,他都回绝了。后来,我又请胡代光老师去找陈老谈此事,他才接受。不过,他提出要把主编二字加上一个括号,而且把参加者的名字都写在封面上。此书后来荣获国家教委颁发的优秀教材奖。

陈老为人正派,品德优秀,而且做学问十分刻苦和严谨。他撰写文章或书稿都是自己亲自动手,从来不要别人帮忙,甚至连抄写也要自己动手。我手头至今还保存着几封陈老的亲笔信和为我的书稿写的评语、批注和修改意见档案。

作为中国著名的教育家,陈老在长期的教学工作中创造了一套深受广大学生欢迎的教学方法。陈老倡导开展学术争鸣,鼓励发表不同的意见。在给我撰写的《马克思主义经济思想史》一书的序言中指出,对历史上长期被定为机会主义的一

---

[*] 商德文,北京大学经济学院教授。

些人物,如考茨基、布哈林等人应做出符合历史的评价。他说,"既实事求是地论述他们在发展马克思主义经济学说的过程中所作的补充、发展;又同时指出其缺点与错误,务期还其本来面目。"

(原载 1997 年 8 月 11 日《北京青年报》)

献上一瓣心香

□ 钟 民*

1997年仲夏7月,艳阳斜照温哥华。老朋友、老同事厉以宁同学应邀访加讲学。在中国总领事宋有明先生的欢迎宴席上,厉同学突然轻声告诉我:陈岱孙教授已于昨天早上不幸逝世。骤获噩耗,悲痛逾常。我对陈教授的特殊感情,难以抑制地翻腾起来。回到家后,立即发出第一份吊唁传真,沉痛哀悼我的恩师。

哲人其萎,学界同悲!

我进北大,除了仰慕北大的名声和优良传统以外,特别敬佩那些才高百斗、学富千车的老教授、大教授。像我们这样十七八岁的小青年,身处名校名师之中,连做梦都是笑脸迎人的。我是在高年级的老同学口中认识陈教授的。他们告诉我,陈先生的伯公叫陈宝琛,是前清进士,任职翰林院,做过太子太傅;陈先生自己是哈佛大学的博士,金钥匙奖获得者,28岁就当了教授和院长;以前主持清华大学校政的就是"一琦三孙"(校长梅贻琦,院长陈岱孙、叶企孙、金龙荪)。从书香门第到现代的博士、教授。年少的我不由得心向往之,能够亲聆他的教诲,该有多大的幸福啊!

学完一些经济理论的基础课之后,终于盼来了陈岱孙教授主讲的经济学说史。我十分注意地听课,也十分用心地记录。陈先生善于从史的角度阐述理论的产生和发展,使我们原先学到的理论知识得到扩展和延伸。以前学到的东西,往往是知其然而不知其所以然,或者是知其不然而不知其所以不然。陈先生讲解的内容和方法使我们获得深入一步的理解。至今还有几堂课给我留下很深的印象。比如他讲魁奈《经济表》时,提到魁奈是医生,而且又是晚年才去研究经济问题,又说《经济表》用数字表明再生产过程及其各方面的关系,引入一个重大的经济实质问题等等。他点出了问题,但并不详细解说,而是引而不发,给我们留下了理解的时间和思索的空间。又比如,他讲边际学说时,不但讲了历史背景,也讲了边际原理和边际分析方法,没有简单化地批判一通。这给我后来的学习和研究起了很大的启发作用。陈先生那种深入浅出、简洁深刻的教学方法和讲授内容,班上同学都反映强烈,觉得质量高、"集约式"的,要抓紧时间好好复习消化。我那本"详细"的笔记经常被同学借走。

那年头,北大学校当局为了鼓励学生上进,定出了一个评选三好模范生制度。我有幸被评为模范生,获得学校的嘉奖。有一次,陈先生在课间休息时对我说:"得了模范生,很好,祝贺你。希望你再接再厉,再上一层楼,可不要变成'麻烦生'!"当时,我又喜又惊,连连说感谢老师鼓励、鞭策,一定要谦虚谨慎,不辜负老师的期望。

---

* 钟民,原名范中民,北京大学经济系校友。

晚上回到宿舍后,想起了陈先生的嘱咐"不要变成麻烦生"的话,很用心地告诫自己:要牢牢记住陈先生的谆谆嘱咐。

令人遗憾的事啊,竟然一语成谶!

我竟然成了"麻烦生",岂止是"麻烦",更是遭到了一场厄运。

1958年2月,我被批判,戴上"右派"帽子,接着就去了北京郊区的下放基地劳动,但心里是不认罪服罪的,抱着对抗的情绪。不到一个月,我公开对抗,跑回了北京。在公安局蹲了10天后,心里更加不服。回到学校宿舍后闭门不出。

有一天,系里说领导要找我谈话。我正想找机会为自己申辩,就上了办公室。不料推门一看,只有一个人坐在办公桌旁,而那人正是我尊敬的陈岱孙先生。我一下子就想倾吐所有的委曲,但他让我坐下,冷静下来再说。他没有指责什么,也没有批判什么,却一脸严肃地说:"如今之事,需要面对现实。下去劳动这一点有没有想通?"我马上回答说:"下放劳动当然愿意,但是……"他接着说:"既然愿意,想通了,那就先行动,其他就慢慢来、慢慢想。你才20出头,今后还有很多机会。对抗下去,没有出路。"我想,现实是如此严酷,谁都帮不了忙。陈先生说得对,要面对现实。我要听从他的规劝,不要再有不切实际的对抗。临告别时,陈先生送我几句话,他说:"前面的路是艰难的,切切小心谨慎,好自为之,多多保重!"就这样,回到宿舍以后,反复思考这十几分钟的谈话,尤其是最后的临别赠言。我觉得陈先生在我这个关键时刻,给予我"小心谨慎,好自为之"的教导,可谓言简意赅、语重心长!

我又回到了劳动基地。在此后长时期里的人生苦旅中历尽坎坷,我始终牢记陈先生"好自为之"的警语铭言,渡过多少暗礁险滩。"好自为之"是充满智慧和阅历的出路。时至今日,陈先生的教导仍然指引着我待人处事,几十年的风雨人生中,我深深体验到先生珍贵的指教使我终身受益。我永远感谢他。

感谢先生不仅在思想上、精神上,而且在生活方面的帮助也使我难以忘怀。

三年困难时期,我在某个农场劳动。那年萧瑟秋风预示寒冬将至,而我只有一件破棉袄,过冬衣裤都没着落。要钱没钱,要布票没布票,我为过冬发了愁。后来不知怎的,想到了陈先生,我想给他写封信求援,也许能成。信寄出去后,我倒有点后悔起来。因为当时已经响起了新的号召:阶级斗争要年年讲、月月讲、天天讲。我这么做不就难为了陈先生了吗?多少个日日夜夜,我都忐忑不安,希望不要产生什么瓜葛,只求太平无事。

一天傍晚我下工回来,在集体宿舍里看到一个不大不小的邮递包裹,仔细一看果然是我的。封皮上的落款工工整整、大大方方地写着:北京大学镜春园甲79号陈岱孙寄。我惊喜激动之下,眼眶里湿润了。这天夜里,我爬上了双人床的上层,避开旁人,满心喜悦地拆开了这个包裹。原先我在信上提出的要求只是希望陈先生从他不准备穿用的旧衣堆里送我几件。可我收到的好多套棉毛衣裤和绒衣都很新,恐怕是他当时穿用的衣物。他想得周到,还有几双厚实的线袜。我抱着这堆温馨的衣物,喜极而泣。这一晚,我久久不能入睡,也不想入睡。

阴冷的弯月透过窗户带来浓重的寒意,但怀里的衣物散发着沁人的温暖。多年来,我们这类人物的处境和心情,都处于无奈的彷徨和无限的失落之中,迫切需要各种各样的帮一手、拉一下,需要正常、必要的关心爱护。陈先生的人道关怀,促进了我对未来的积极追求。当然，在"千万不要忘记阶级斗争"的政治环境中，陈先生对我的帮助是有很大风险的，"丧失立场、同情右派"等类帽子随时都可以加在他的头上。但他毫不顾忌这些，光明正大地帮助我。

第二天清晨，我穿上了棉毛衣裤，十分合身。裤管稍长一些，卷起一截更加暖和。喜孜孜地挑担上工，浑身都是劲。想起陈先生的脸容和话语，我看到了他那正直慈爱的心灵；我穿着他的衣裤和袜子，好像感到他留存在衣物上的体温。真的，我从肌肤到心灵体会到了"温暖"这个概念的含义和价值。

世界总是对立统一的，有"温暖"也就会有"冷酷"。就在"温暖"以后一年，我碰上了"冷酷"。这是一个鲜明的对比，更加使我感到"温暖"的可贵。

那一年我被调回系里工作，同宿舍的同事也顺当地成了改造我的监督者。平时里我向他汇报思想争取帮助，对我的改造、进步也有利。有一次，我的海外亲属给我寄送了一些罐头食品和大米之类的东西。当时的我十分小心，不敢去侨务机构领取，害怕被人批判为贪图享受、跟国外关系不清。我如实地向他汇报了这件事。没有料到他竟说这是允许的，而且他可以帮我去领取。后来，他真的去领了回来，我也分了一些罐头给他以表示谢意。事情就这么简单地过去了。可又是一件没有料到的事发生了，也是老天有眼让我碰到。一天早晨我一个人在房间里扫地，在他的床边扫出一个纸团儿。初初一看，纸上隐约间有我的名字。好奇心驱使我捡起打开，这一看令我惊呆了。原来这是他的一份转正报告，说我反动立场不变，用海外寄来的食品拉拢他、腐蚀他，而他则立场坚定、不为所动……这下子他可能就顺利地转正往上爬，而我的档案里又会平白无故地增加了一条罪行。从这件事中，让我触目惊心地看到了人性中恶劣的一面。

往事如烟，什么都过去了。我提到这件事，并非记恨人家对我的陷害，而是这件事和陈先生对我的恩反差强烈。陈先生是名教授、系主任，又是全国政协委员，对于我这样的人原本可以不予理会，何况当时政治斗争的气氛日渐浓重严峻。但是他却胸怀坦荡，毅然伸手帮助。雪中送寒衣，暖身更暖心。有人为私利践踏我，更有人像陈先生那样无私无畏地帮我拉我。伟人有词云："不是春光，胜似春光。"陈先生于我可说是"不是亲人，胜似亲人"。从社会角度看，他看得深、看得远，对人对事观察真切，无不显示出他那崇高的人格精神。他在我眼里，真是"高山仰止，景行景止"。

我一直好好收藏着那方包裹布，上面有陈先生的亲笔书法。我把它当做珍贵的纪念品。我想，将来我有了孩子，我要告诉他或她这个难忘的故事。

此后几年，"阶级斗争"越来越趋尖锐复杂，终于爆发了"文化大革命"。无可逃避地，我当然属于横扫之列的"牛鬼蛇神"。几次抄家，加上武斗烽火中的逃难流浪，我珍藏的那块纪念布不知道流落何处。当时啊，那个着急忧虑的心绪真是无法形容。我实在担心，红卫兵和造反派会不会拿着这块布去揭批陈先生。原来只是把它留作纪念，现在却变成害人的证据。那个年头，什么意想不到的事都可能发生。我多么想去看看陈先生，特别是包裹布已被抄走的事，要早点告诉他好有个思想准备。

那会儿我被分在校内绿化队劳动。我不能去系里开会学习的地方，也不敢在校园里到处走动。我们这"一小撮"只能老老实实劳动和接受随时提解的批斗。一次，校内一个派的小头头跑来训话。个别谈话时，他问我每天干什么活。我说，锯树、砍树，再把拉下来的树枝、树杈用大车运到场子里去。他又说，你每天跟树打交道，知道不知道校园里有多少棵树？我说不知道。他马上板起了脸大声喝道：明天起，你给我一棵一棵地数，下工到天黑抽时间去数，听见没有？我只好接受这个"任务"，心里却感到好笑，这不是捉弄人吗！这怎么能数得过来呢！可过后一想，倒有点高兴起来了。这是一个好机会，我可以借着数树的名义，从西校门往镜春园那边慢慢走过去，总有一天可以碰到陈先生。我可以亲眼看一看陈先生，向他请个安问个好。他也会跟我说几句亲切而深刻的话语，给我一个新的安慰。每次兴冲冲出发，假装数树，慢慢摸索前进，越靠近镜春园，越盼望碰到陈先生，有时就在他住宅附近徘徊。但常等到月亮爬上来的时候，失望而归。

宣传队进校后，系里开始大联合和逐步落实政策。我也被允许回到系里参加学习。从旁人那里打听到陈先生总算平安，也没听说有什么事牵连到我，这才放心下来。此后，政治气氛慢慢缓和起来，我也被落实政策摘掉"右派"帽子。我怀着喜悦轻松的心情到处寻找陈先生学习的房间。原来他们老教授不一定要来系里学习。有一次，在校园的食堂北面，看到了陈先生的身影。我急匆匆地追上去，赶到了他的面前，紧紧地握着他的手，忍着眼泪，一个劲地问他身体如何，不知道再说些什么。他微微笑了一下，说：你终于归队了，这下就好了。你还年轻，向前看吧。当然，还是要留意自己的思想行动跟现实是否适合。我接着说：我记得，记得要"好自为之"。他好像想到了什么，问我有什么生活上的安排，我说自己什么也不考虑，听从组织安排吧，听说会下去一批，到江西老区去。……我陪着他绕过水塔，沿未名湖北去，一路叙谈着这些年的故事。快到镜春园时，我们才告别分开。陈先生显然老了，需要撑着拐杖走路。但他依然挺直腰杆，他伟岸的躯体蕴藏着崇高的品格，他的精神风采永远存在我的心里。

在中国民航温哥华——北京线的航机上，一对父子在兴奋地谈话。父亲说，这次回国，我要带你去拜见一位我心中永远存在的崇高人物，他是哈佛的前辈留学生，九十多岁了，而你是哈佛的新鲜人，才一十九岁。儿子十分惊奇地睁大了眼，很有兴趣地听了许多过去了的故事。这位父亲就是我，这个儿子也就是我的孩子昆仑。

我是1979年正式开放那年出国的。那年3月我应邀探亲。8月，我带着6岁的小昆仑离京，到加拿大温哥华定居。昆仑在这里完成小学、中学学业。令我感到安慰的，是他十分懂得我对他的殷切期望，每学期的学习成绩都是全年级最高最好的。他报考了普林斯顿大学、耶鲁大学、斯坦福大学和哈佛大学，结果全都录取了。他十分开心地问我去哪家大学，我说，当然去哈佛大学啰。这是我多年来的秘密心愿啊；1991年8月，他去了波士顿，成了哈佛大学的新鲜人。

我把儿子起名为昆仑，就是希望他像昆仑山脉那样坚定、坚毅和坚强，懂得自己应该做什么、如何做、什么是自己的目标。他为我争了气。第二年暑假带他回祖国，除了看看大江南北的美好河山和灿烂辉煌的历史文化外，最重要的节目就是拜访我尊敬的老一代哈佛人陈老师。

骄阳7月的一个好日子,我和昆仑到了北大校园。一场阵雨把校园冲洗得十分干净明亮。我们先到未名湖东北角原先居住的公寓楼,再去看了看昆仑曾经上过的幼儿园。午休时间过了,我们俩怀着特别兴奋愉快的心情,沿湖南下,走向陈先生燕南园的新居。我刚刚敲了几下他家的大门,门就开了,陈先生迎了出来。我激动地拉着他的手,连声问好。接着就指着旁边的昆仑说,这就是刚进哈佛的儿子昆仑。昆仑乖巧懂事,朝着陈先生深深地鞠了一躬。陈先生笑着说,请坐请坐,难得稀客。19岁的哈佛新鲜人拜见92岁的哈佛老前辈,他们越谈越多越热烈,从波士顿说到哈佛校园,又从楼宇兴衰谈到人事变换。我看着他们只感到心潮澎湃,人生的甜酸苦辣一齐涌上心头。一个多小时过去了,我们只好依依惜别。出了燕南园,昆仑告诉我:第一眼看到陈老教授,就感到他是一位真正哈佛人,也是有中国传统的哈佛人。他的气质、素养令人崇敬,怪不得在爸爸心里有那么崇高的地位!

是的,这次拜访和谈话,使我们父子俩备受教益,印象深刻。陈先生说,进了哈佛,只是一个好的开端,切勿滋生骄矜之气。念书、做学问,一定要扎扎实实。他在哈佛,下决心发愤苦读,虽然紧张,却很扎实,还读出了乐趣。活到老、学到老、学无止境。新一代人是令人羡慕的,但也要付出辛勤的努力,才会有真正的收获。陈先生赞成我孩子广泛地学习现代科学的基础知识,学会为社会服务的真本领。身居海外,说到底永远是炎黄子孙,不要忘记在适当的时候、方便的时候报效祖国。陈先生在缅怀哈佛校园生活时说道:哈佛各个方面都有那么大的变化,但有一条是永远不会改变的,那就是追求真理,这是300多年来哈佛固有的传统。

VERITAS,这是哈佛大学校徽标志上的一个词。普通词典上查不到,大概是一个拉丁古词吧。问了孩子才知道那是"真理"的意思,就是 truth。青年陈岱孙曾经在那里接受了哈佛传统的熏陶,直到六七十年后的老年陈岱孙,他仍然念念不忘。

1995年6月,我应哈佛的邀请,作为毕业生的家长来到波士顿,参加昆仑的毕业典礼。盛大的典礼过后,我独自一人漫步哈佛校园,遐想当年的中国青年留学生陈总,也曾在这里漫步人生。久经风雨的建筑物里,我都进去浏览一下,我想他也一定来过。到了一座庞大而又精致的建筑大楼前面,我上上下下都看了几遍,然后欣然入内。这是大图书馆,陈总一定常来这里,他是硕士、博士研究生,总有研究生的研究室,可问遍了所有能找到的工作人员,无一人知道20年代的情况。陈先生曾经说过,他最喜欢的去处就是大图书馆。陈先生确实在这个地方发愤苦读过,在这里拿过硕士、博士学位。这个图书馆,这所大学,是追求真理的学术殿堂。我想起了一句哈佛的校训,它是:"让亚里斯多德与你为友,让柏拉图与你为友,更要让真理与你为友。"说得多么好啊!即便是人类文明史上的思想家,甚至是经受检验的真理本身,也都是"与你为友"。思想和学术的充分自由,是追求真理所必需的气候和环境。"为友",就是平等自由的态度和氛围。

从这种追求真理和"让真理与你为友"的环境中迈出来的青年陈总,为什么到了解放后的新中国时期,长时间里没有发表学术和时事方面的言论文字呢?无论我身陷何种处境,我对报纸杂志还是十分注意的。可以说,陈先生是长期保持沉默的。这跟大多数颇负盛名的老作家相类似,他们也极少有新的作品、文章问世。究其原因,则在于时显时隐的"左"的路线和政策,造成了一个压制思想、学术自由的不良环境。有一年,在香港报刊上看到大陆的学术动态,其中报道了陈先生的言论,他说,挂在学术理论界头上的一把德摩克里斯的利剑,阻碍学术探讨和对真理的追求,真理要在自由辩论中逐步达到;不是说服而是靠压服,实际上是软弱无能,手中没有真理而只有权力。陈先生这些话点中了学界长期沉默的根源。

陈先生终于打破沉默,在改革开放的大好时期里开口动笔了。陈先生在耄耋之年,陆续出版旧作,发表新著。消息传来,令后生辈如我者不胜欣喜,他在其黄昏岁月再度焕发了学术青春。

我与陈老有个"约会":在欢庆共和国成立 50 周年时,也为我们真正的世纪老人祝寿百岁。现在这事已经成了永远的遗憾。

获悉噩耗的那个夜晚,午夜时分,家人都已入睡,我在客厅里面向大洋西岸,跪拜陈岱孙恩师,遥祭先生在天之灵。想起历历往事,热泪滚滚而下。原本我很有希望追随先生,在经济学术领域有一番作为,可惜一阵狂风暴雨改变了我的运命。就在这些稀少而特殊的交往中,我也受到陈师刻骨铭心的教导和帮助。谨以虔敬之心,恭记若干,集为心香一瓣,献给恩师岱孙先生。

先生坦荡、正义和崇高的品格、精神永远留在我和后代的心中!

作者钟民(范中民)与陈岱孙教授合影,摄于 1992 年。

怀念陈岱老

□ 石世奇*

　　1956年秋,我复学回北大经济系学习。这时的北大已经经过院系调整,从城里沙滩搬到海淀,老师除了原来北大的之外,还有原来清华、燕京的老师。系主任是陈岱孙先生。我和陈岱老接触较多是在1958、1959年。在"大跃进"的年代,学生搞科研,老师参加到学生的科研组中。陈岱老有一段时间参加到我们的科研组。我记得有一次要整理一份资料,由于任务紧急,必须连夜赶出来。陈岱老最忙,手捧英文书,一边看,一边口头翻译,同学记录,一直搞到11点多,还没有完。同学们考虑到陈岱老已年届花甲,请陈岱老回家休息。同学们继续搞,通宵达旦。清晨七八点钟,陈岱老来了,手里拿着几盒烟,笑着说:"知道同学们的精神食粮都没有了。"这是因为我们这班的学生大多数是年岁大的调干生,烟民多。现在,老师给学生烟,似乎不妥,但在当时却反映了师生关系的密切。

　　1960年我留校任教,后来,我又先后担任了科研秘书、教学秘书,和陈岱老的联系就多起来了。1961年系里临时要开古代汉语课,由我负责。我认为经济系的同学学古代汉语应学一些与经济有关的文章,于是就选了《孟子·许行章》、《史记·货殖列传序》、《盐铁论·本议》、《论贵粟疏》等文章,由陈岱老、厉以宁和我,每人讲两三篇文章。这门课先给60级讲,之后又给59级、58级讲过。这是我第一次讲课,所以,我上课前就到陈岱老家,登门请教如何讲课。陈岱老从备课到讲课,讲了很多经验之谈,并且讲了一些看似细微,实际上是需要注意的事。比如,陈岱老讲,教员讲课不要做一些可能影响学生注意力的动作。如讲课时手摸衣服上的扣子,就可能使学生去注意你的扣子;讲课时眼睛看天花板,就可能把学生的注意力引向天花板。陈岱老把讲课时如此细微的事都注意到了,说明陈岱老对讲课精益求精。陈岱老的教诲,加上我做学生时听陈岱老讲课所感受到的他的讲课风格,指导了我以后几十年的讲课。现在想来,我的教书生涯是幸运的,第一次讲课前得到了陈岱老的指点,并且第一次讲课又是和陈岱老合开一门课。

　　1962年,经济系部分教师组织了一个读书会,由陈岱老任会长,每个月的最后一个星期三的晚上到陈岱老家开会。每次会都由一人主讲,讲自己最近读书的心得、研究的成果,然后大家议论漫谈。陈岱老讲过两次,一次讲参观半坡村遗址,一次讲《蜜蜂的寓言》。大家兴致很高,有几位先生虽然年事已高,但风雨无阻,都按时到会,主讲的人认真准备。每次开会,都是陈岱老主持。不知是陈岱老喜欢喝红茶,还是什么原因,每次开会他都准备一壶红茶,谁喝谁自己动手倒茶。读书会一直坚持了两年。1964年秋不少教师去湖北搞"四清",学校又开始了"社教",读书会

---

* 石世奇,原北京大学经济学院院长。

也就停止了。那两年,我每年都要到陈岱老家去十几次,聆听陈岱老和许多位老先生讨论学问,受益良多,终生难忘。不幸的是,在北大"社教"和"文化大革命"中,这个读书会被打成"裴多菲俱乐部",主持者和参加者都受到不少磨难。

十年浩劫过去了,我感到陈岱老的精神面貌为之一变。他的笑容比过去多了,也不时发出幽默之言。重要的是,他在认为必要时,不只一次地对经济学和现实经济问题发表个人的中肯的意见,获得各方面的高度评价。当然,也遇到某些议论和非难。这时,他也泰然处之,不为所动。他的这种坚持真理的精神是令人敬佩的。五六十年代,他很少发表文章,"文化大革命"期间当然就更不能写东西了。但是,这时,他虽然已至耄耋之年,但成了多产学者,写了很多篇文章,主编了大部头的书,出版了堪称经典的重要著作——《从古典经济学派到马克思》。

这一时期陈岱老讲话比较多,各种会议都要请他讲话。他讲话从来是言简意赅,不讲长话,不讲套话,不仅没有多余的话,也没有多余的字。他讲话总是使人感到没听够就结束了。他是长者,是老师,是老师的老师的老师,"最为老师",但他讲话从来使人感到他是平等地和你谈心,讨论问题。70年代末,经济系开始招收研究生,每年研究生的迎新会上,都要请陈岱老讲话。他总是语重心长地引导学生珍惜这一学习机会,学习好。有两点我印象最深:一点是,他讲他在美国留学时没有假期,都用来学习,希望同学珍惜时间。另一点是,希望同学打好广博的基础。他形象地举例说,做学问要像金字塔,不要像桂林的独秀峰。后来,当他不能参加这样的会时,我总是把陈岱老讲的这两点转达给学生。陈岱老的要像金字塔,不要像独秀峰的思想,实际上成为北大经济系,包括现在的经济学院、光华管理学院办学的重要指导思想。

陈岱老是一位严于律己几近苛刻程度的人。我在经济系、经济学院学习工作40余年,从来没有听到陈岱老提出过什么个人的要求。他的住房在"文化大革命"中被强行割去一半。"文化大革命"结束后,理所当然的应该恢复原来的住房。但是,陈岱老说与邻居关系很好,不要求恢复原来的住房。后来,搬到燕南园时,也不叫粉刷油漆。他年过90,还和大家一起参加学院的活动,并且总是第一个到,如果因为某种原因不能参加,总是事先请假。我现在还保留有陈岱老的请假条。我是从事中国经济思想史的教学和研究的。陈岱老非常关心中国经济思想史这一学科的发展,多次鼓励我们。他收到的材料,其中如有中国经济思想史方面的材料,他就会转给我。比如有一份河南省经济学会经济思想史研究会1982年10月5日印发的《通讯》,其中有"古代河南经济思想家名录"和"中国经济思想史专著及论文目录"。陈岱老就转给我了,并在这份《通讯》上别一纸条,上写"石世奇同志参考",旁边写着"岱孙82-10-29"。1995年陈岱老还给了我一本别人送给他的涉及中国经济思想史的书。所有这些,我都保留在身边,以便激励自己向陈岱老学习。

庆祝陈岱老90寿辰的大会上,我曾祝陈岱老"创造人类健康长寿的新纪录"。当时,我是非常有信心的。不幸的是我的祝愿未能实现,这是令人悲痛的,令人遗憾的。但是,陈岱老的道德文章对学生的影响会一代一代地传下去,陈岱老的高风亮节永留人间。

1998年1月6日

导师风范励人前行

□ 辛守良*

我们敬爱的导师陈岱孙与世长辞了,我心中久久不能平静。他那严以律己、宽厚待人、热情关怀学生成长的慈祥面容一次次浮现在我的面前,使人终生怀念。他的无私奉献、严谨质朴、真诚待人的风范,永远鼓励我们前行。

1956年,我离开呼和浩特的工作岗位,进入北京大学经济系学习。那时陈老师任经济系主任。从这个时候开始,我有幸直接聆听他的教诲。在大学一年级期间,除了在全系大会上听他讲话之外,他还给我们系统地讲授了经济学说史课程。他那渊博的知识,鲜明的观点,严密的逻辑,高超的教学艺术,使我们受益匪浅。由于那时我在系团总支、学生会工作,自然与陈先生接触较多,每次谈话都使我受到不小启示。1960年我被提前终止学习留系当教师,此后自然与陈老师接触机会更多,可以更多地得到他的亲切教导。

他组织和指导中青年教师努力提高经济系教学质量。他亲自与本系教师座谈,研讨如何提高教学水平,并亲切地介绍他多年从教的经验,他的谈话给我们留下很深的印象。

立意要准。他强调教师讲课一定要有自己的见解,要有新意,使学生受到启发,引起学习兴趣,引导学生深入研究。但这种新意不是随便标新立异,而是经过推敲得到的比较准确的认识。

基础要深。他强调教师要努力帮助学生打下扎实深厚的理论根基,要把实与深结合起来,这涉及学生们将来事业上的发展问题。他曾说过,也可能刚参加工作时我们的毕业生与其他学校的毕业生不相上下,但过几年后他在教学与研究上的后劲就会显现出来,使我们培养的人有广阔的发展前景。

联系实际。他强调教师讲课,在讲清理论的基础上要注意联系实际,一来便于学生更好地消化、吸收、掌握理论,二来可以帮助学生运用所学理论分析与解决问题,为他们将来参加工作打一点基础,吸取一点经验。

讲授自然。他认为教学要讲究方法,教师要把自己真正弄懂、真正掌握了的东西讲给学生听,使他们容易接受。他曾向我们介绍教学经验说,他每次上课前,总要安静地坐在那里对本节课讲授内容从前到后仔细地思考一番,包括怎么开头、怎么结尾,中间讲述哪些问题,重点在什么地方,板书如何,都要想到。他把这个过程形象地称作在大脑里"过电影"。他不赞成急急忙忙写完讲稿,立刻就走上讲台,认为那样不会取得好的教学效果。

他注意指导教师开展科学研究活动。为了倡导学术研究,活跃学术争论气氛,

---

* 辛守良,中共中央党校教授,北京大学经济系校友。

系里教师曾定期举行座谈会,展开学术争论,交流研究成果。

他重视教师掌握外语工具,提高外语水平。他认为对北京大学的教师这是十分重要的,既便于加强对外交往,又可以给大家开辟一个吸收新知识的途径和领域。为此,他亲自给我们辅导英文阅读,帮助大家提高阅读水平,他仔细选择范文,发给大家,并不厌其烦地讲解。我们十几个人每周在他家里聚集一次。

他要求青年教师好好做人。他认为,既为人师,就要处处作表率。站在讲台上,就要像个大学教师的样子,言谈举止都要文明与得体,这是教师职业的起码要求。他还强调,下了课,要对学生关怀备至,诲人不倦。

陈老师这些谈话与思想,对我这个刚刚走上大学教学岗位的青年人来说,实在是及时雨、雪中炭,深深地印入了我的头脑与灵魂之中,成为我从事高等院校教育工作几十年的潜在指针。

党的十一届三中全会后,北大教学秩序完全恢复正常,我曾经在许多文理科系讲授过政治经济学社会主义部分,陈老师的教导时时激励与鞭策着我。我的教学受到了学生的欢迎,北京大学校刊曾以《润物细无声》、《默默的开拓者》为题作了较系统的反映,以后又把这些东西收入北大"五人丛书"的《春雨力耕人》卷。我的这点成果是与陈老师的教导不可分的。1984年9月我由北京大学调到中共中央党校教务部工作,负责全校的教学管理。环境变了,一切要从实际出发。根据党校高中级领导干部学员的实际,以中央的最新精神为指针,总结党校教育的历史经验,借鉴北大、清华等高等院校的成功做法,组织学员深入学习马克思列宁主义、毛泽东思想、邓小平理论,我们教务部做了大量工作,受到学员的欢迎。后来在春节或"五四"返校多次见到陈老师时,他总是热情地询问我的工作情况,勉励我进行开创性的工作。

1998年3月30日

一棵能给人荫凉的大树

□ 晏智杰[*]

　　陈岱孙老师一年多以来身体状况不太稳定,入夏以来更是令人担忧地日见衰弱,但我们还是不能接受您这样快就离我们而去的现实。我们深知,您是多么眷恋您所挚爱的祖国和人民,多么希望能继续为教育事业、为您热爱的青年再做一些事情。而我们大家也都期望和相信再过三年能为您庆贺百岁大寿呢。然而天不假年,人非圣贤,我们只好送您老人家仙逝了。

　　在这令人深切悲痛的日子里,想起您堪称楷模、为世人称道的道德和文章,心潮难平,夜不能寐,往事一幕幕涌上心头。

　　40年前我进北大时就知道系主任陈岱孙先生的鼎鼎大名了,但在您亲自为我们讲课之前我和其他低年级同学一样,对于您这位大学者总是多半限于怀着敬重之情注视您那矫健的身影。经济学说史课程在三年级的开设,为我们直接聆听您的教诲提供了难得的机会,而且从一开始就给我们留下了极为深刻和鲜明的印象,至今不能忘怀。作为本世纪的同龄人,您时已年届六旬,但您的容貌、身板、气质和风度,比实际年龄要年轻得多。最令同学们惊羡不已的,还是您渊博的学识和高超的教学艺术。您的讲课向来从容不迫,深入浅出,内容充实,条理清晰,言简意赅,在对以色彩凝重为特点的经济理论史的讲述中,既有浓彩重墨的强调,也不乏幽默与诙谐的穿插,总是洋溢着科学与智慧的光彩,每每给人以理论的满足和思想的启迪。老师对课堂讲授时间的掌握恰到好处,结束语和下课铃声几乎总是同时响起,令人不禁拍案叫绝。及至我后来从教之后,才愈益深切地体会到,若无精深的学识、真诚的态度以及长期教学实践的锤炼,要想达到这样炉火纯青的境界是难以想象的。

　　我很幸运,大学毕业之时,即考取了您的研究生,得以在您的直接指导和关怀下,攻读西方经济学及其历史。三年有余的耳提面命,不仅使我在业务上获益匪浅,而且对老师的人品、学识和作风有了深切的了解与感受。学期初您总要指导我选课和制订学习计划;学期末总要就我的学习进展和成绩做出评定。您亲自为我单独开设专业课,并指导我阅读了马克思主义经济学和西方经济学的一系列原著,还要求我选修了有关的哲学、历史和英语课程。在老师亲自指导下进行的这一段空前密集和系统的学习,为我在基本理论和思想方法的训练方面打下了深厚和坚实的基础。

　　您教学极为认真,从来一丝不苟。记得那时是在您家上课,每周或隔周一次,除非公出,您从不随意更改;每次上课都准时开始,从不提前,更不推后,我如提前几分钟来到,您则常以聊几句闲话作为过渡,桌上的小时钟敲打三下,立即开讲。

---

[*] 晏智杰,原北京大学经济学院院长。

先生治学极为严谨，常以言必有据、言之有物相要求，讲解原著时以务求把握作者真意和其精神实质为目标；您要求我认真读书，而我亲身体会到，先生正是这样做的典范，在您读过的那些外文书，尤其是那些精读的书上所写的许多批注和为数众多的圈圈点点就是明证。您一贯主张研究生应以培养独立研究能力为主要目标，而不是单纯地接受已有的知识。这种思想体现在教学方面，就是注重启发和培养学生的自学能力，提高学生对问题的理解力和思想方法的锻炼，所以在您为我开设的经济学原著研读课中，每每以我先谈预先阅读的感受相要求，然后针对我的困惑或疑问之处加以解释，如果我能谈点什么见解，哪怕很不成熟，先生都喜形于色，予以鼓励。先生是有名的学问家和教育家，但又极具谦逊的品德，尤其不屑于浅薄和浮躁；先生诲人不倦，但从不强加于人，在我们这些后辈面前也不例外。所有这些，都是我在研究生期间从老师身上感受到的宝贵精神财富，也可以说是最为重要的收获。我是怀着对老师的深切感激之情结束研究生学业并走上教学工作岗位的，希望能以所学报效祖国，也不辜负老师对我的关怀和期望。

不料，一场史无前例的"文化大革命"浩劫将我心中的希望和设想击得粉碎；而最令人心碎和担心受怕的莫过于看到老师受到冲击和不公正待遇了。但我要说，这逆境又使我得以进一步认识了自己老师的正直和坚毅，看到了您处变不惊、对国家民族的未来所抱的坚定态度。面对逆境，您泰然处之，坚信真相终将大白；一有机会，照例宣讲您所深信的科学原理和知识，而不愿随波逐流，人云亦云。其实，我后来才知道，早在"文化大革命"前，您就在力所能及的范围内，对于遭受不公正待遇和身处逆境的同志毫不犹豫地伸出过援手，令这些同志至今谈起都不免动容。就这样，您终于渡过了"文化大革命"的风风雨雨，经受住了严峻的考验。在您看来，没有什么能比获得党和人民的信任、能为国家和人民服务更重要的了。所以，一旦拨乱反正，形势好转，国家发展步入轨道，已进耄耋之年的您就焕发了学术青春，迸发出了空前的创作力。

这十多年来，您以饱满的热情和过人的精力，积极从事经济学的研究和教学工作，撰写和发表的论述不下百万字，这还不包括您在许多场合发表的演讲、谈话和其他文字成果；您还参加了大量的社会和学术活动。您以自己卓越的学术成果为中外文化和经济学宝库增添了光彩和财富；为新时期改革开放和国家富强做出了重大贡献，赢得了世人的尊敬和爱戴。这些年来，您在百忙中仍一如既往地关心和指导着我和其他同志的教学和研究工作。您为我提出研究课题，一遍又一遍地为我修改书稿；您为我和其他同志的著作撰写了几十篇序言，这些序言大都是具有独立学术价值的论文；同志们在工作中遇到难题，向您求教，总是能从您那里得到理解、鼓励和切实的帮助。大家说，您就像一棵能给人荫凉的大树，又好比是一座能挡风避雨的港湾，还是我们经济学界的一面旗帜和学术泰斗。我们会牢记您的教诲，以新的成绩告慰您在天之灵。

（原载1997年9月2日《人民日报》）

三 清 精 神

□ 王梦奎*

陈岱孙先生以 97 岁高龄去世,按理该是意料中事,但我还是颇感意外。以他的健康状况,满以为能活过百岁呢。

最后一次看望岱老是 1997 年 3 月。他写信向我推荐北大中文系一名博士,说:该生品学兼优,很想到你那里工作,但对此类工作的艰辛却缺乏了解。我虽然明白先生的意思,还是立即到北京大学燕南园寓所同他面谈,问明所以。我发现,他的房间里挂了我写的大字条幅。他察觉了我的关注,笑道:都说你解释得好。说实话,我听了有点儿得意。那是在 1995 年 10 月,北京大学为他举行 95 寿辰暨执教 70 周年庆祝会,我写了"九五之尊"四字表示祝贺。我说,"九五"原本是男士最佳卦象,封建时代被皇帝窃为专用;今天是岱老 95 大寿,说他"九五之尊"是最恰当不过的。岱老有"三清精神"——清白的人格、清高的品行、甘于清苦而一心从事教育的志向,永远是我们的楷模。我的说法得到大家的首肯,还被报纸和画报所援引。我没有问,何以新近挂起这个条幅,年前分明还不曾有的,只是说:"那天我说过的,2000 年要为您庆祝百岁大寿,到 2001 年您就是跨三个世纪的寿星了。"他说他但愿如此。不料,这次拜访竟成永别。6 月 6 日,他写信介绍一位经济问题研究者见我,语言还是那么简古得体,字还是那么苍劲有力,足见健康状况之好。哪里想到他竟这么快地走了呢?

我于 1958 年入北京大学经济系学习,陈先生是系主任。在校期间同他过往不多。"文化大革命"结束之后,他的学术研究和社会活动活跃起来,我同他的交往也多起来。1979 年,他将新著《从古典经济学派到马克思》签名送我,我读后复信说了些感想,后来在写《两大部类对比关系研究》一书时,关于魁奈《经济表》的解析,参考了他的意见。同年 11 月,有一天在三里河公共汽车站碰到他,他是到国家计委开会的。我写了一篇《老专家的乘车问题应该解决》,通过在《光明日报》工作的一位朋友,在报社的《情况反映》刊出,向领导部门作了反映。后来问题得到解决,未必是这个建议的作用,因为十一届三中全会之后,党的知识分子政策逐步得到落实。北京大学还改善了他的居住条件。这都是令人高兴的。

1985 年 3 月,胡乔木同志到北京大学看望陈岱孙、冯友兰、朱光潜三位老教授,因为他同陈不相识,要我陪同前往。胡敬重陈,但对其学术研究的具体情况不十分清楚,提出请陈过问经济管理教材的编写工作。陈先生面有难色,我说了些和他的研究领域有关的其他题目转移了话题。离开陈宅后,我说陈先生对西方经济学造诣很深,但让他搞管理学教材并非最佳人选,也太劳累老先生了。乔木同意我的意

---

* 王梦奎,原国务院发展研究中心主任、全国人大财政经济委员会副主任委员,北京大学经济系校友。

见,说是看了陈的文章,觉得他关于西方经济学既要参考、借鉴又不能盲目地全盘接受的意见很好,希望他能利用自己的影响加以号召,经济管理教材不必勉强。我写信告诉岱老,他喜出望外,复信说:"这几天正在发愁呢。乔木同志所说的事是一个待决的问题,但我是没这个本事插嘴的。"又说:"大半年来我债台(笔墨债)高筑,本以为春节前可告全部清偿,但未能做到。明天又得去全国政协报到参加年会,则这债务只好再背上一时了。"说得很实在,所谓"债台高筑"也是实情,正表示他工作的繁忙。翻翻1989年出版的两卷本《陈岱孙文集》,1979年3月至1989年4月,即80岁到90岁这10年间的著作,共约50万字。除专著一外,有各类文章60多篇,其中有经济学论文、权威性辞书的条目、西方名著中译本的出版说明、涉及广泛领域的多种经济学著作的序言,还有杂著若干篇。90岁以后仍不时有新作问世。1985年之前他一直是北京大学经济系主任,80多岁还在指导博士生。除担任全国政协常委外,还有许多社会兼职。对于一个耄耋之年的学者来说,该要付出多么大的辛劳! 岱孙先生学贯中西,具有深厚的中国传统文化底蕴,对西方经济学说有精湛研究,新中国成立后认真学习了马克思主义。他的论著,无论篇幅长短,无论何种体裁,都表现出大家风范,给人以博大精深、总揽全局而又驾轻就熟之感。但在改革开放前的20多年里,著作竟付阙如,对学术界是多么大的损失!

当年乍入北大读书,对陈先生的最初印象,是衣履整洁,不苟言笑,行走目不旁视,典型的教授派头。讲课条分缕析,深入浅出,当堂就能把握要义,是受到全体同学好评的。他的讲课简直是一种艺术,语言表达干净利落,没有多余的话,而且总是提前几分钟讲完。当时北大学生食堂比较拥挤,买饭要抢先排队,陈先生的做法大受同学欢迎。关于他的身世,大家只知道早年留学美国,在哈佛大学获博士学位,27岁成为清华大学教授,以及他的终身不娶。近年来,读了他晚年所写的《私塾内外》、《往事偶记》以及其他介绍性文字,对他才有了更多了解。

陈岱孙先生1900年出生在福建一个"书香门第"的家庭,受过传统的私塾教育。他亲眼见到过上海的公园里"华人与狗不得入内"的牌子,民族的凌辱创伤使他刺心刻骨。在清华大学参加了五四运动。记得1996年看过一则报道,记者问他:在美国获得博士学位后立即回国,当时是怎么想的? 他说,出国学习就是为了回国服务,没有想过不回来。抗日战争时期,他先后在长沙临时大学和西南联大任教,发表过许多声讨日寇罪行的文章。我听他讲过西南联大艰苦办学的事,后来在昆明见到西南联大旧址,情形确乎如他所说;校史室里,陈列着他和张奚若、闻一多等人联名发表的要求国民党当局停止内战的《十教授的公开信》。1945年11月,他担任清华大学保管委员会主任,负责从日本投降者手中接管清华大学。1948年,断然拒绝要他去台湾的劝说,留在北京迎接新中国的成立。陈先生平素是那么平静而又平和,但在关系国家和民族利益的大是大非问题上,是没有含糊的。他走的是老一辈爱国知识分子的光荣道路。在新中国成立后"左"的错误时期,像他这样的知识分子自然不免陷于困惑,他面对不公正待遇而能泰然处之,洁身自好,宁肯沉默而未尝作违心之论。改革开放以来,他虽然年事已高,仍以不倦的努力,使自己的事业进入新的境界,在暮年焕发了青春。这都是足堪深思和效法的。

陈岱孙先生终生从事高等教育,尝言如能再生一回,仍当以教书为业。他70年来教过的学生,恐怕真是难以计其数了。这些年来,我多次参加北京大学经济系以及现在的经济学院和管理学院的集会,每能见到岱老在场。举目四顾,曾经顽皮地模仿一则阿凡提故事做出这样的概括:他是我的老师,也是我的老师的老师;我是他的学生,也是他的学生的学生。我辈往下,也该有好几茬学生了。经济学界一代宗师的称誉,他是当之无愧的。70年的教学生涯,通过他培养的一代又一代学生而显示其不灭的劳绩。学术上的成就,将通过他的论著而传之后世。国家对他的贡献做了充分肯定,人们对他的人品学品给予高度评价。年近百岁,得享天年,这就是所谓仁者寿吧。我想,岱孙先生该是去而无憾了。

1997年8月10日

(原载1997年8月13日《光明日报》)

高山仰止　景行行止

□ 高天虹*

弹指之间，岱老去世已半年之久了。记得1997年7月27日上午，电话中获悉岱老于两小时前在北京医院去世，实是愕然，无法相信这一事实。在此三个月前，我去岱老寓所面告收到他写的《市场经济大百科全书》的前言与便函，前言已专程送往中国大百科全书出版社，全书清样已审完七校，争取年底见书。岱老非常高兴，因为毕竟是一部总结市场经济体制下中国与世界有关市场经济的成熟或比较成熟的理论、政策与实际操作的一部500万字巨型著作。这也是前无古人、后无来者之事。虽然主宾相谈甚欢，虑及岱老身体，故而告辞。岱老送至门口，相邀有空定要拾起话头再叙。不料此后俗务缠身，这一面晤竟成永别，每当忆及甚是千般感慨，万般愧疚。

初次谒见岱老进行长谈，亦是已过而立之年。自己觉得西方经济理论虽知皮毛却未贯通，难免会现狼狈之相，心绪不安。正是岱老无长无幼、无贵无贱的平等态度使我畅所欲言。岱老也倾囊相授，从此建立了忘年之情。从那时起，岱老总是敦促我不仅要掌握西方经济学，还要学习政治经济学、哲学与社会学等，更要了解中国的经济现实；告诫："学问一定要通，专业人才来自于通才，不通怎能专。"这句师训伴我走过风风雨雨，铭刻在心而不敢有稍许差池。曾在清华大学经济管理学院工商管理硕士班主讲管理经济学，力图将此贯入新一代学生，所幸是同学不但体会此涵义，而且更加奋发向上。桃李天下，师者之乐，尚有何求。

举目望案，架上罗列的每一部专著、合著和参与编写岱老主编的著作，无不和岱老的心血和殷切的教诲相联。与范家骧教授合著高等院校文科教材《当代西方经济学》时，常去叨扰岱老，每次岱老赐教均获益匪浅。岱老一再强调对西方经济理论不应一概排斥，在弄懂的基础上，客观、公正地进行介绍，并结合中国的国情汲取其中有益或有借鉴作用的部分。正如岱老在本书的序言中所写："在编写本书的过程中，作者大量地参考了近年来英、美出版的教材和其他有关经济理论和学说史的著作；吸收了其中不少新的观点，从而反映了当前西方资产阶级经济学的进展情况；还特别注意到其理论分析中对于我国经济现代化和经济体制改革可起借鉴作用的问题。"此书所以得到国内经济界和学术界的青睐，台湾出版界给以刊印海外版，以及经北京大学经济学院评审委员会评审而荣获首届陈岱孙经济学著作奖，其缘由也正在于本书体现了岱老这一思想和一贯主张。其后我相继受托参与岱老主编的《英汉国际金融大辞典》、《中国经济大百科全书》、《市场经济大百科全书》等书编写。岱老一生治学严谨，主编《英汉国际金融大辞典》时已积金融知识60年之久，

---

* 高天虹，北京大学经济系教授。

但为了释文的准确,防止疏漏,邀请了金融界的主要负责同志对全书辞条,特别是对国内外尚无统一或权威解说的释文,进行了探讨并做了最后的拍板。该辞书的出版得到了国内外学者和实务界的认同,认为它是当代内容最全、涉及范围最广、最具权威的辞典。岱老主编的《中国经济大百科全书》总结了我国较长时期的经济实践和经济思想,提出、归纳和整理了中国总体经济与部门经济学,并对某些经典词语重新做出了解释。编写过程中,90多岁的岱老事必躬亲,严谨且务实。岱老生前最后主编的《市场经济大百科全书》,宗旨是为世界了解中国、中国了解世界,以及不断深化中国经济体制改革所做的有益探索和追求。

岱老在国家审计署组织编写的《世界主要国家审计》一书中担任顾问。早年岱老在哈佛大学时就曾学习、研究审计。近百岁的岱老在国家审计署组织的主要编写人员会议上,阐述了审计的产生、发展和一国审计在其政治体制与经济发展中的地位与作用,长达近40分钟,不仅思路清晰,条理分明,竟不备一字之稿。这部近300万字的著作出版后得到了国内外官方和学者的高度评价,也在中国与世界审计史上占据了重要的位置。

学业虽重,育人为本。岱老的一生绝不仅限于学术造诣,更重要的是培养了一代又一代的人才。"十年栽树,百年育人",这正是岱老的高尚品格与道德水准的写照,它也感染、激励着他人。岱老身上处处闪烁着政治家的胆识和气魄,凡与岱老接触过的人决感不到丝毫傲气,唯有凛然正气,他从不说违心的话,做违心的事,对于所谓的荣华名利看做风卷云翻,可对弟子白丁却呕心沥血,殚思竭虑,是以使其弟子才人辈出。他对每个学生无论闻达于世或匿于井巷,概视同仁。一次染病于身,心绪聊赖之际,岱老寄一便函,写道:尔"踏实肯干,讲究实效,不求功利,领导与组织能力很强,有一定的学术造诣,是我比较满意的学生之一"。岱老为人并不刻板,从不疾言厉色,他也从不轻易褒贬他人。是以看着字字句句,感到殷切厚望,盼我积极进取,逢山开路,遇水搭桥。每想于此,感到三春之晖,寸草何以报答! 只有在人生征途上走好、走快、走稳,踏踏实实做事,认认真真做人,尽力不辜负岱老一片心意。

先生已逝,唯留佳誉。

综观岱老一生,他高尚的人格与博深学识的统一,他拳拳爱国之心与孜孜敬业精神的统一,他的经济、政治、哲学、教育等思想中的闪光点凝聚在一起,其影响不在陈氏家族任何人之下,换句话说,他不仅是福建陈氏家族一颗璀璨的星,也是中华民族一颗耀眼的星。

1998年3月5日

追忆平凡事　缅怀陈岱老

□ 何绿野　陈为民*

"杀鸡焉用宰牛刀"，"勿以善小而不为"

作为曾是北京大学经济学系60级的学生,有幸在每年一度欢迎新生和欢送毕业生的场合,聆听到陈岱孙系主任的讲话。陈岱老的讲话除了必不可少的欢迎、祝贺一类的言辞外,其特点是言简意赅,言近旨远,是富有哲理的肺腑之言。陈岱老谆谆教导学生们:经济学是致用之学,必须要理论联系实际。古往今来几乎没有一种经济理论体系不是既从分析和企图解决当时某些现实经济问题而产生,又反过来为这些经济现实服务的。切忌引经据典经院哲学式概念推理,烦琐争论。他号召青年学子要在理论上勇于探索,实践上大胆创新。要坚持"通"与"专"的紧密结合。应注重理论、现状、历史三者兼顾的学习。不学习历史,甚至会闹出视司马迁为司马懿兄长的大笑话。他告诫学生们:学海无边,学而后知不足;不要眼高手低,口惠而实不至。陈岱老指出:用人之道应是"事得其人,人用其能"。学生们走向社会应辩证地看待"杀鸡焉用宰牛刀"与"勿以善小而不为"的境遇。总之,每次聆听陈岱老的讲话,令人感到如同久旱逢甘雨,又恰似杜甫诗云:"欲觉闻晨钟,令人发深省。"

"青年人好学上进,不该拒之门外"

80年代初,一位南方考生报考了陈岱老的硕士生。该考生应试分数颇高,应在录取范围之内。但因该考生在"文化大革命"中曾过度活跃,是否具备研究生录取的资格问题,在原所在单位引起争议和分歧。该生曾以高分报考过其他院校的硕士生,但因"政审"方面的顾虑而不被录取。鉴于此种情况,北京大学研究生院和经济学系为了慎重起见,曾派出一位同志前往有关单位进行调查。由于安排的时间有限,故调查尚有略显不够充分之处。继而,又委托陈为民前往做补充调查。在两次认真、负责的调查之后,有关领导认为应听取陈岱老的意见。陈岱老详细听取对该生的调查情况之后,表态说:"青年人知错能改,好学上进,不该拒之门外。我同意接受他攻读硕士学位。"关乎一个有"争议"而渴求上进青年学子的命运,就这样被决定了。

"我劝你多吃点土豆"

何绿野毕业留校任教,由于工作繁忙,上有老下有小负担重,加之失眠和消化

---

* 何绿野,北京大学经济学院教授;陈为民,北京大学经济学院教授。

功能差,常常面带倦意。一次,她与陈岱老相遇,陈岱老见她有些消瘦,便关心地问寒问暖,并说:"据我的经验,土豆是个好东西。我劝你多吃点土豆,很有利于增加营养的。"日后,陈岱老再次见到她,又诙谐地说:"何绿野同志,你应该多吃点土豆,多吃点土豆。"陈岱老的话正应了俗话说的"萝卜、白菜保平安"一类吉言。我们全家人原本就都喜欢吃土豆,借陈岱老的吉言,又何乐而不为呢?

陈岱孙先生离开了我们,千言万语也难于表达对他老人家的思念之情。追忆几件平凡事,寄托一丝缅怀之意。他渊博的学识、人格的魅力和音容笑貌;他高风亮节、谦虚宽容、平易近人、和气慈祥的品格和风范,将永驻在我们心中。

1998 年 1 月 20 日

文章永在　风范长存

□ 林其屏*

北京大学的校园里，走出了许多学术界的泰山北斗，陈岱老就是其中之一。他是经济学界的泰斗、一代宗师。

1963年，我刚跨进北大经济系，就听说我们的系主任陈岱孙教授是福建闽侯人，一级教授，学贯中西。不久，在全系迎新会上，聆听他的简短、精辟、风趣的致词后，更感到他的厚实的、内在的力量。

陈岱老在对西方经济学的研究和教学上的造诣极深，出了很多著作和文章。他讲授西方经济学说深入浅出，生动风趣，逻辑性很强，广为学生称赞。北京大学的校报曾以整版的版面长篇介绍他的教学经验。在学术权威云集的北大，校报能这样宣扬他的治学经验，可见其学术思想的精深、学术地位的崇高。1986年，福建论坛杂志社组织了五位同志到北京召开座谈会和组稿，我和社里的一位同志一起到北大镜春园拜访陈岱老，请他谈对外开放与经济发展方面的问题。尽管事先没有预约，他仍侃侃而谈，极为切题，很有深度。他认为，在对外开放中，对西方经济学说和经济思想的吸收，一定要取其精华去其糟粕，切不可全部吸纳，也不能全盘否定，一定要根据中国本身的实际。这一精辟的见解也是他对西方经济学研究和教学的一贯思想，是一条贯穿始终的红线。

陈岱老不仅治学严谨，还很严于律己。1968年秋冬之交，军宣队进驻北大，各系各班每天早晨都要进行军训，老师都下到各班。陈岱老是到我们班。每天他都很早就到，他个子高，是我们班的"排头兵"。与世纪同龄的他，此时已68岁高龄，仍然同大家一起"立正"、"稍息"、"起步走"，跑步时也小跑一段。入冬后，北京早晨6点，有时天上还有星星和残月，我们年轻的学生有时还想偷懒请假不去，而陈岱老仍然坚持天天早到，一丝不苟地参加军训，我们学生对他这一点都很钦佩。

陈岱老对学生很关心和热情。1992年7月，我们班的同学在北京聚会，来了30多人，大家提议一起去看系主任。这时他已经搬到燕南园。陈岱老见我们班这么多人去看他，很高兴。我们说，这是我们毕业24年之后的第一次聚会，他说你们分到各国各地，能够聚在一起，这很不容易。他同我们大家合影后，又不厌其烦地同我们一个一个同学合影，同时还说了一些勉励的话。走时，92岁高龄的他，仍然坚持要送我们，同我们挥手告别。我似乎感到他依然像1963年秋季在迎新会上致词时那样富有活力，同时也倍感亲切。

1998年6月

---

* 林其屏，福建省社会科学院企业经济研究中心主任，北京大学经济系校友。

求实的学风　博大的胸怀

□ 梁小民*

一年多前,友人告我陈岱老的身体不如以前了。1997年春节我去给岱老拜年,他从沙发上起来时,我感到他有点吃力,但坐下后他谈吐的风度、清晰的思维不减当年。他关切地问到我最近的工作与研究,并说在《光明日报》上看到了我写的几本书的广告。广告是在10月份左右刊登的,岱老不仅留意看到了,而且还记着,很使我欣慰。临别时我祝岱老健康长寿,心想岱老是应该能进入21世纪的。不料7月27日友人打来电话,说岱老过世了。他只说了这一句话就说不下去了,我拿着听筒也说不出话来。

我曾在北大学习、工作近20年,与各代学人都有接触交往,但我总感到在岱老他们这一代留美学者的身上,有一种其他学者所欠缺的风范,那就是学问的博大精深与为人的谦虚宽容融为一体。

记得1994年底,我参加一个学术研讨会。会议的主题之一是"西方经济学与中国社会主义市场经济"。当时我刚从美国回来不久,就在大会发言中介绍了美国经济学的最新进展,并强调了对西方经济学不应该立足于批,而应该立足于学。整个发言的基调与当时国内学术界对西方经济学整体批判、个别合理之处借鉴的调子不同,其中也不乏对获得诺贝尔经济学奖的学者及其理论的赞赏。发言进行到一多半时,主持人不断敲杯子,我硬着头皮,仍把准备好的内容讲完。下来后友人告我,发言超时了,主持人才有敲杯之举。但接着一位长者发言,他声明自己对社会主义市场经济的提法仍不理解,只是按组织原则服从,接着大批西方经济学,把诺贝尔经济学奖称为有政治偏见的资产阶级捧场,并对我的观点点名或不点名地逐一批驳。他的发言比我长得多,但主持人并未敲杯。我感到,是否敲杯恐怕不是取决于发言长短,而是主持人对内容的偏好。想到我的发言有点逆主持人的基调,心情也就沉重了。会后我去问候岱老。岱老握着我的手说,你今天的发言很好,我们是应该多学、多了解国外经济学的新动向。这是在我与岱老交往的这些年中第一次得到岱老的当面夸奖。这几句话把我心头的不快一扫而光。我想,岱老也许并不完全赞同我那些有点偏激的观点(如经济学离开数学是万万不能的),但他鼓励我有自己的观点,并希望我讲自己的观点。岱老这种宽容的态度使我胆大起来,把这个发言整理为《重要的还是学习》,发表在1995年《读书》第7期上。

但是,岱老的宽容不是无原则的不抗争和逆来顺受,也不是某些旧文人"闲时帮闲,作恶时帮凶"的恶习。他有自己的信仰与原则,无论在任何情况下,他都不会出卖自己的良知。他和大多数那一代知识分子一样,相信中国共产党能够使中国

---

* 梁小民,北京工商大学教授,北京大学经济系校友。

富强,也接受了马克思主义。但是对"文化大革命"前的种种极"左"错误和对马克思主义的曲解,他决不盲从。在极"左"的环境中,他坚持了康德的原则:我不能说违心的话,但我可以不说话。这正是改革开放前20余年中他一篇学术文章未发表的原因。

1978年改革开放以后,知识界迎来了思想解放的春天。然而,在极"左"思想仍未肃清的情况下,天气还是乍暖还寒的。这时,有人沉默,有人观望,有人随风转,而年近八旬的岱老成了经济学界的中流砥柱。80年代初,介绍与研究西方经济学,尤其对西方经济学某些观点、方法的肯定或借鉴,曾被作为"资产阶级自由化的表现",甚至商务印书馆把萨缪尔森的《经济学》列入《汉译世界名著丛书》也受到"吹捧资产阶级经济学家"的指责。当时刚刚起步的西方经济学研究遇到了阻力,大学里正在或准备开设的西方经济学课程面临被砍掉的危险,原纳入出版计划的一些西方经济学原著也被推迟或准备取消出版。我们这些以西方经济学为专长的人则有些遑遑不知所措的感觉。正是在这时,当时已83岁高龄的岱老在《北京大学学报》(哲学社会科学版)1983年第3期上发表了《现代西方经济学的研究和我国社会主义经济现代化》一文。岱老在这篇著名文章中提出:"现代西方经济学作为一个整个体系,不能成为我们国民经济发展的指导理论。同时,我们又要认识到,在若干具体经济问题的分析方面,它确有可供我们参考、借鉴之处。"这篇文章以后由《人民日报》转载,得到胡乔木等中央领导和学术界的首肯。当时我们读岱老的这篇文章,尤其是读《人民日报》明确肯定这篇文章基本观点的"编者按"时,真有一种得到解放的感觉。至今,经历了那个年代的人在一起相聚时,还常常兴奋地谈到这篇文章,谈到读这篇文章的感受。现在当我们回顾我国研究西方经济学的历程,评价经济学的繁荣及其为改革所做出的贡献时,我们不能忘记当年岱老力挽狂澜的壮举。

按我的理解,宽容作为一种对不同于自己观点的见解的耐心而公正的容忍,绝不是毫无原则的唯唯诺诺,不是见风转舵的投机行为,也不是逢场作戏的人生哲学,而是一种有容乃大的胸怀。我也正是在这种意义上用"宽容"这个词来说明岱老的学风与为人。

房龙认为,"宽容这个词从来就是一个奢侈品,购买它的人只会是智力非常发达的人"。不宽容实际上是一种软弱的表现。当一个人没有足够的知识又要维护自己的权威地位时,当一个人并没有掌握真理而又以真理的化身自居时,当一个人固守陈腐的教条而拒绝历史的进步时,当一个人目空一切自作井底之蛙时,这个人必然是不宽容的。岱老的宽容来自于他非常发达的智力。这种智力包括了他的个人修养与深厚的学问信仰与根底。

岱老幼年时受中国传统文化教育,青年时在美国受到了西方文化的教育,解放后自觉接受了马克思主义。深厚的国学根底、广博的西学知识和对马克思主义的造诣是他学术成就的基础。解放前,岱老是财政金融专家,解放后专攻经济学说史。50年代后期,岱老撰写了40万字的《经济学说史》讲义。上册从古希腊罗马的经济思想到19世纪上半期的经济学说,中册从19世纪下半期到20世纪初的各经济学学派,下册集中论述马克思主义和列宁主义经济思想的发展。这本讲义是岱老学习马克思主义的一个小结,也是中国学者用马克思主义观点研究经济学说史的早期成果。可惜这部著作还未及出版就在60年代初高等院校内一次短命的政治运动中遭到批判。直至80年代初,在这本讲义的基础上由岱老主编的《政治经济学说史》才得以出版。

60年代以后,政治运动接踵而来,岱老不再发表什么研究成果了。但他仍坚持自己的研究,其成果是在1981年出版的《从古典经济学派到马克思》。这本近20万字的经济学说史专著以专题的形式评述了马克思以前的经济学说,及其与马克思主义经济学的关系。这本书资料丰富、分析精辟,显示了岱老对马克思主义经济学的精通,以及对西方经济思想发展的造诣。至今这本书仍被作为经济系研究生的必读书。

80年代以后,岱老的学术研究空前活跃。这时,各种国外新思潮涌入国门,国内各种离经叛道的观点也层出不穷,但岱老坚持马克思主义的态度并没有变。这集中体现在他对西方经济学的态度上。首先,他认为西方经济学是资产阶级经济学,是为资本主义制度辩护的,因此对西方经济学应该批判。这种观点是继承了马克思对资产阶级经济学的基本态度。其次,他认为对西方经济学应该认真研究、学习,不能简单地否定,也不能贴标签式地批判,对西方经济学的批判应该是有分析、有说服力的。这也是马克思在批判资产阶级庸俗经济学时所采取的态度。最后,对西方经济学中合理的内容应该吸收、借鉴,而不能一概排斥。这与马克思主义经济学吸收了资产阶级经济学中合理的成分也是一致的。岱老对西方经济学的这种态度完全是马克思主义的,也是始终一致的。国内外有些学者根据岱老的这个观点把他划入反对改革的"左"派之中(1996年香港一家杂志点了国内经济学界"左"派的名字,第一个就是岱老,国内一些"左"派也把岱老作为他们的旗帜),这实在是一个误会。从岱老80年代以后的研究成果可以看出,岱老是既坚持马克思主义,又拥护改革开放的。他对马克思主义的信仰是坚定的,对改革开放也是衷心支持的。岱老真正掌握了马克思主义的精髓,把马克思主义作为一门开放的、科学的理论,而不是作为教条,由此来解释他对改革开放的衷心支持也就顺理成章了。仅就对西方经济学的态度而言,岱老的观点也与那些"左"派完全不一样。某些人坚持对西方经济学的批判是与他们对改革开放的某种抵制相关的。他们坚持的马克思主义实际并不是真正的马克思主义,而是某些过时的苏联模式教条,例如,把公有制的形式确定为传统的国有制与集体所有制,公有制形式的多样化就等于私有化。他们起劲地批科斯理论,其目的在于否定产权改革,否定中央关于国有企业改革中"产权明晰"的观点。项庄舞剑,意在沛公,名为批西方经济学,实为抵制改革。岱老与这些人的观点完全不同。他强调对西方经济学的批判,是为了纠正对西方经济学的盲目崇拜,提醒我们不要忽略中国国情,照搬西方经济学。作为一个既精通西方经济学,又了解中国国情的学者,这种忠告是非常可贵的。对西方经济学,他决不盲目排斥,更不作简单化批判,他坚持的是实事求是的态度。岱老长期担任中华外国经济学说研究会会长,对我国西方经济学的教学与研究做出了巨大的贡献。对某些人借他的名声与地位,以批西方经济学为名行反对改革之实的做法,岱老表示了明确的不满与拒绝。

岱老对西方经济学的研究严谨求实。改革开放以后他发表的一系列研究成果体现了这种学风。

1979年11月5日，岱老就《魁奈〈经济表〉中再生产规模的问题》为北大经济系师生作了一次学术报告。在这次报告中，他根据国外学者新发现的材料，对法国重农学派主要代表人物魁奈的《经济表》的版本和模式作了详尽的考证和分析。过去学术界认为《经济表》只分析了简单再生产，岱老根据详细的考证说明《经济表》及相关文献中还分析了规模扩大或缩小的再生产的可能性。当时我是经济系的研究生，也正在学习经济学说史。岱老这次演讲考据之翔实，分析之透彻，令我们耳目一新。魁奈《经济表》中关于再生产的分析，本来是经济学说史中的一个老问题，有关研究成果我也曾看过一些。没想到岱老对这一问题的研究如此深入、广泛，并且做出了有开创意义的新发现。这次报告使我深感学也无涯的道理。我们这些小字辈在一起议论这次演讲时都说，这才是做学问。

1981年，岱老在《经济科学》上发表了《规范经济学、实证经济学和西方资产阶级经济学说的发展》（本文是岱老1981年5月在四川大学及西南财经大学的一次演讲，可惜那次我未去四川开会，没有亲耳聆听岱老风趣、幽默的演讲）。这篇文章从方法论的角度来分析西方经济学的发展，其立意与观点都是当时国内学术界所未曾提出的。岱老从方法论的角度精辟地概括了从古到今的经济学发展史，尤其是对资产阶级经济学的评价有所突破。传统的经济学说史研究者认为，19世纪上半期，资产阶级经济学研究方法从规范向实证发展是庸俗化的表现，是掩盖政治经济学本身阶级性的手法。岱老认为，这种说法是把事情简单化了。他不认为经济学可以完全脱离价值判断，但肯定了经济学实证化对以后经济学发展的意义，并肯定了过去我们一直完全否定的庸俗经济学家萨伊和西尼尔对经济学实证化的贡献。对以资产阶级价值判断为基础的规范经济学，岱老也肯定了其合理的内容。通过这种分析，岱老的结论是："对待西方的经济学，对我们来说，同对待引进生产技术一样，不能采取绝对化的态度，要作具体分析。"岱老对西方经济学的分析与批判是以求实研究为基础的，不是盲目否定与简单批判，更不是随风而变。这种态度贯穿了他终生的研究，是留给我们宝贵的精神财富。

1984年8月，我在武汉开会时聆听了岱老在华中理工大学所作的《西方经济学中经济自由主义和国家干预主义两思潮的消长》的学术报告。这个报告仍然是对西方经济学发展史的高度概括，但角度是各经济学派的政策取向。过去，我们对西方经济学说发展的研究更多偏重于一个人或一个流派的思想。这种研究当然是必要的，但缺乏总体观念。也有一些学者试图用价值论或发展论把各学派的思想发展串起来，但都不能令人满意。岱老用经济自由主义与国家干预主义的消长与交替来把握经济学发展的总体趋势，既说明了经济学说与经济政策之间的关系，又抓住了各经济学派分歧的实质。岱老以此为线索分析了从重商主义到现代各派的经济思想，令人对许多难解的问题豁然开朗。没有多年精心的研究与思考是作不出这种高屋建瓴的分析的。听了这个报告真有醍醐灌顶之感。顺着这个思路，我对经济学说史上各流派之间的纷争，对那些不断创新理论有了更深的理解。我为人民出版社所写的《西方当代经济思想》正是按这个思路写出来的。

80年代之后,岱老还应各方作者之邀写了大量序文,内容广泛,立意独特,其中不乏真知灼见,尽管篇幅都不长,但读后总令人有所得、有所思。例如,他为《新帕尔格雷夫:经济学辞典》中文版所写的序,回顾了这本辞典三个版本的情况,介绍了国外对这本辞典的评价,肯定了它的出版是"80年代经济学界一件大事和经济学文献史上一个新的里程碑",也指出了它词条选择失当等缺点。这篇序言发表在辞典出版之前,看了岱老对这本辞典如实的介绍,我才下决心买了一套。

岱老做学问无哗众取宠之心,无标新立异之意,也没有产生轰动效应的企望,他只是辛勤地耕耘,认真地探索,他不追求轰轰烈烈,也不去跟踪什么热门话题。他甘于在书斋中苦读、静思。但是,他的成果为经济学界所重视,为后学者指点了研究方向,他无声的榜样影响了数代学人,他真正无愧于一代宗师的称号。

岱老离我们而去了,但他的风范永存。向市场经济转变是一次伟大的历史变革,其间有创造,也难免浮躁。岱老之所以做出了我们难以企及的学问,根源在于他求实的学风、勤奋的态度,以及博大的胸怀。只有做好人,才能做出好学问。岱老的一生正是对这个平凡真理的证明。这也正是我们在悼念岱老时所应牢记的。

1997年8月初稿,1997年10月再稿

(原载《读书》1998年第2期)

永不磨灭的记忆

□ 徐慧荣[*]

7月28日的清晨,我照例准时打开收音机,收听中央人民广播电台播送的早间新闻。当听到陈岱孙先生不幸逝世的消息,我的心咯噔一下沉重起来,陈先生的音容笑貌顿时间浮现在我的脑海。光阴荏苒,二十几年如过眼烟云,多少往事付诸流年,但对陈先生的记忆,却难以被岁月磨灭。

1970年,我被选送到北大经济系学习。由于天津市决定第一批工农兵学员220人以行军的方式走到北京,所以我们晚于其他地区学员,至8月29日午时才到校。后勤部门特意为天津学员开放淋浴。洗去"征尘"回到宿舍,工宣队的师傅们前来看望,互相介绍并致问候后,其他师傅就告辞了。一位女师傅留下来和我们聊起来。她十分神秘地对我们述说了陈先生的一些情况。于是步入北大,来到经济系,第一个走进我印象的便是陈先生。从师傅那里我知道了他是一级教授、系主任;知道了他曾在美国留学并获得金钥匙奖;还知道了他没有结婚,据说是为了更多地学习和研究而被错过……这样,虽未曾谋面,却已对陈先生十分崇敬了。

后来,在全系师生大会上我第一次见到了用英文做记录的陈先生。会后,一些同学议论着他的外表多像美国人,而更多的是钦佩他的外语水平,以致到后来许多同学都提出开外语课的建议。当时,因为周总理亲自过问大学的学习质量,同学们卸下了"背着麻袋装知识走白专道路"指责的包袱,学习热情十分高涨。于是有的同学就出面组织并与陈先生商量教大家学英语的事。当时年逾古稀的老人竟欣然满足了大家的要求,利用业余时间到系里教起英语。虽然时间不长就被军宣队的领导制止了,大家很失望,但是,一位颇有名望的老教授竟没有一点架子,这样有求必应,而且具有这么大的耐心,从初级教起,像慈父教子女牙牙学语,这足以让同学们更加深了对他的尊崇。

对于开设经济学说史这门课,当时系里有些争议,因为课时少,一些同学基础较差,领导担心大家听不懂,但同学们都愿多学一些知识,这门课最终还是开了。得知这门课由陈先生讲授,同学们欣喜地翘首以待。当我们坐在宁静的课堂聆听先生讲课时,一种荣幸感油然而生。先生高度概括,把各流派的学说讲得清清楚楚,同学们听得明明白白。对于先生每一堂课结束语的最后一字恰与下课铃声同时,大家更是无不啧啧称赞。是呵,这是陈先生多年教学经验与教学艺术的体现,我说这是他的"绝活儿"。

1974年春节前我们毕业了。1月15日,中央新闻制片厂和天津电视台的记者来北大拍摄第一批工农兵大学生毕业离校的场景。经济系的同学几乎走光了,天

---

[*] 徐慧荣,北京大学经济系校友。

津同学只有我和刘秀琴以及留校的赵云岭没有离去。这一天,晴空万里但比较寒冷,我们背着书包来到西校门口,见陈先生和张友仁老师早就到了。趁拍片还没开始,张老师打开相机为大家拍照。有我们同学三人的合影,有我们三人和陈先生的合影,还有我们师生五人的合影及两位老师的合影。大家都很高兴,但我内心不免有些离别前的伤感,这时陈先生关切地问我:"穿这么单薄冷不冷啊?"我答:"不冷,我穿得不少,里面是尼龙衣、棉坎肩,外面又有棉袄。"陈先生笑着说:"噢,有内容呵!"真没想到陈先生这样幽默。是啊,睿智的人都会幽默。

回到天津后,很快便接到张老师寄来的经放大的合影照。那些天我怀着激动的心情,按照片为陈先生放大了一张炭粉画像,寄给他作纪念。虽然在北大三年多的学习生活中与陈先生接触不算多,但是,进入北大后所了解的第一位老师是陈先生,而离开北大送我们的还是陈先生,并与我们留下了珍贵的合影,这难道不是一种缘分吗?

陈先生离去了,但他伟大而高尚的人格力量对我的深刻影响是永不磨灭的,我对先生的深刻记忆是永不磨灭的。

1997 年 10 月 20 日

深情怀念恩师岱老

□ 王志伟*

　　恩师岱老已经走了快一年了,可是,许多往事却恍如昨日,历历在目。多么慈祥可亲的老人！多么令我爱戴的导师！多么令人钦佩和肃然起敬的前辈学者！在他生命的最后一刻,我作为他身边的学生和弟子,却没有见到他。这是我最大的哀痛,也是我永远无可逝去的内疚。万万没有想到,在我去外地出差之前,我们那次的见面竟成我们之间的永诀！

　　岱老住院体检治疗前一天的夜晚,曾给我家来电话,嘱我前去他处,说是有事相托。电话中,岱老声音清晰,有条不紊,但也不时带有喘息声。我知道,岱老一段时间以来身体欠佳,但是,据我所知,依岱老97岁的高龄而言,他的身体情况尚可,仅此一般并无大碍。第二天一早,我应约前去。岱老告诉我,他要到北京医院去体检治疗,估计要住些天才能回来。自从我前一年回国,就知道岱老一个时期以来身体一直不好,但也没有大的毛病。为此,我常常去看望他,帮他做点事,并建议他要常去医院检查和治疗。这次他要去医院检查和治疗,我自然感到欣慰。岱老嘱我替他留意信件,并替他领取并保管当月的工资,待他回来时再给他,还说学院里如果有什么事,让我替他招呼一下。对于岱老的嘱托,我一一答应,并希望他安心住院检查治疗。言谈之间,岱老一如往常的平静。他仍像平素一样,没有更多地谈及自己,而是再三嘱咐我要多多保重身体。我实在没有想到,这竟是岱老对我的最后嘱托和交谈。

　　由于工作很忙,岱老住院后,我一直没有能够腾出时间前去探望。在动身去外地之前,我曾几次打电话询问岱老的情况。最后一次电话中,我得悉岱老还没有检查完毕,但所有已检查过的方面没有发现新的问题,只是肺部有些感染,问题不是很大。殊不料,这竟是致命的原因！我与岱老入院前的那次见面竟成最后的诀别！

　　我是岱老在"文化大革命"后直接培养的第一批外国经济思想史研究生中的一个,也是"文化大革命"后毕业留校在他身边工作的他的研究生中的唯一幸运者。我后来才听人说起,岱老对我的支持和信任曾对于决定我的留校工作起了很大的作用。对此,我对于岱老自然心存感激。

　　我是1978年初作为"文化大革命"后首批经过高考进入北京大学的学生。入校后不久,岱老作为系主任曾给我们新生讲话。他提醒我们说,通常大学里一年级刚进校的学生也许会认为自己最有学问,无所不知,无所不晓。而毕业班的学生则会认为,该学的知识太多,自己所知道的太少了。岱老说,我们那批学生都是经过"文化大革命"动乱后,在全国很多人中经过正规考试筛选出来的,很不容易,很幸运,

---

*　王志伟,北京大学经济学院教授。

是可贵的人才,但是不能骄傲,要在大好机遇中踏踏实实地抓紧时间学习。岱老这些亲切坦诚而又包含鼓励性的话语,一下就吸引了大家,给我们留下了深刻的印象,令大家对他顿生好感和敬意。后来听人说到岱老的资历和威望,我们对他就更加肃然起敬了。当时,尽管我们77级新生已有80人,但经济系在北大还属于比较小的系,远没有今天这样的规模。系办公室、教研室和我们学生的宿舍都在同一座楼里。我们经常可以看到衣着朴素的岱老,大家总是充满敬意地向他问好和致意。

大学三年级时,岱老和其他老师一起给我们开设了西方经济学说史的课程。岱老精辟的思想见解和深入浅出的讲授,把西方经济学说史这门课的丰富内涵和思想精髓表述得那样恰如其分,在不知不觉之中,他便深深地自然而然地吸引和征服了我们。每次当岱老宣布下课时,因听课出神乐而忘返的学生们似乎都还没有从聆听和思索的兴奋之中自拔出来。我记得,自己就是从那时起,对于西方经济学说史这门课产生了浓厚的兴趣,立志要做岱老的研究生,追随岱老继续深入地学习和研究西方经济学说史这门学科。岱老的名著《从古典经济学派到马克思》一书刚一出版,我就立即买来,如饥似渴地读起来。这本书对于我打下较为扎实的经济学说史基础和有关的经济理论根基,树立对一些基本问题的初步正确看法,起到了至关重要的作用。

十分幸运的是,我终于如愿以偿,在1982年初,通过考试成为岱老的硕士研究生。我觉得,在学业上,自己有两大幸运:其一是考入北大,在中国的"最高学府"向众多的老师和同学学习;其二是遇到了岱老,并成为岱老直接教诲和指导的学生。正是这两个机遇,改变了我的大半生,使我从此走上西方经济学和经济学说史的教学与研究的道路。正是追随岱老和学习岱老的信念支持着我,即使在国内经商"下海"的浪潮汹涌,自己家庭经济窘迫的情况下,仍能固守清贫,致力于经济学理论研究和教育事业。

众所周知,岱老在学术界甚至在社会上有那么高的威望,那么受人尊敬和爱戴,不仅是由于他高深的学术造诣,而且更是由于他高尚的道德修养和人格魅力。他的"道德文章",即学识和人品,都是我们的楷模。

我在做研究生期间,对于岱老严谨、求实的学风有了进一步的体会。岱老总是要求我们立论要言之成理,论述要言之有据,理论要联系实际,学知识要学以致用。本着这样的原则,在研究生对西方经济学原著学习的过程中,岱老总是在为我们介绍过必要的背景知识以后,不断地给我们提出问题,要我们反复学习原著,到原著中去找第一手资料,再从第一手资料中引申出论点和论据。而在对于现实问题的研究中,岱老则要求我们理论密切联系实际,从解决实际问题出发,去认真发掘问题,认识问题,学会正确运用马克思主义的立场、观点和方法以及有关的经济理论和方法去解决问题。

岱老要求我们在学术上要有严谨的作风,他自己也在这方面做出了表率。众所周知,他的教学、文章、著作都是十分严谨、实事求是和理论联系实际的,也是具有巨大的理论说服力和影响力的。他的教学总是寓意深刻,富于启发性,讲授时深入浅出,条理清晰,分析深刻,要言不烦,对于学生有着巨大的说服力和感染力。我们都感到听岱老的课,是一种难得的学术上和艺术上的享受。岱老的文章在经济学界也是有口皆碑。很多人都知道岱老在80年代初改革开放不久所发表的那篇关于如何对待西方经济学的文章。那篇文章高瞻远瞩,立意深远,理论联系实际,说理深刻,令人信服。它不仅征服了广大读者,而且受到国家和政府的重视;不仅在学术杂志上刊登,而且被多家主要报刊转载。多年来,岱老那篇文章提出的一些见解,一直成为我国在改革开放中学习西方经济学的根本指导思想。作为一个学者,其文章能够达到如此影响,其思想、学识、学风从中可以略见一斑。

岱老一贯主张学习应该"宽口径,厚基础"。他总是提醒我们要打好知识基础,拓宽知识面。他说,知识广博,视野才会开阔,看问题才能高屋建瓴。他常说,做学问不能像广西桂林的独秀峰。很多学生和教员对于岱老的这一形象说法都有深刻的印象。在这方面,我在读研究生时,已经有所体会。记得刚刚读研究生不久,我有一次在岱老家向岱老请教,应该如何把握好研究生期间的学习。岱老说,旧社会的学堂是老师带徒弟式的学习方法,老师教什么,学生就学什么,学生的学习受老师的局限,知识和视野都不开阔。导师一个人的学识太有限了,不能教给学生多少东西。现在的大学是新式教育、开放式教育,学生不是只向他的导师学习,而是要向学校里所有的老师学习,还要向同学学习,到图书馆去学习,到社会去学习。这样,学生们才能学到更多的知识,才能取长补短。岱老是这样说的,在指导他的研究生学习时也是这样做的。在我的研究生学习期间,岱老曾不时地指导我在哪一方面去向哪位老师求教。事实上,我在北大的学习,除了岱老的言传身教、直接指导之外,在岱老的指引下,我还从陈振汉、胡代光、厉以宁、范家骧等许多老师那里学到了很多东西。岱老"宽口径,厚基础"的主张使我受益匪浅。很多学生和教师对此也有同感。

在学术上,岱老主张经济学要学以致用,但不要过分急功近利。他一再告诫我们,学习时,首先是要静下心来,踏踏实实地把理论学懂,弄清楚,要能够坐得住"冷板凳",不要因为羡慕别人的名利而浮躁不安,急于去搞那些容易出名或容易赚钱的东西。他认为,注重追名逐利会使人目光短浅,于社会、于自己都没有什么好处。但是,理论联系实际不等于追名逐利。理论联系实际是不脱离社会的经济现实。学习要学以致用,这是真正对于国家和老百姓有用的方法。我们翻开岱老的文集就会发现,岱老的很多文章都是理论密切联系实际的,但没有一篇是追求名利的。岱老如果真是追逐名利的人,当年也不会对做教师从一而终了。众所周知,在全国解放前夕,岱老断然拒绝登上国民党政府从台湾派来接他的飞机。这不仅说明岱老对于国民党反动派政权的反感和厌恶,对新生政权的热情期望,而且也说明他不愿追名逐利的高尚气节。正因为如此,多年来,岱老严谨治学,扶持后进,忧国忧民,安贫乐道,虽然他不乏许多名利双收的机会,但他总是把于国于民有利的教育事业和学术研究放在第一位,从不去追求个人的名利。

岱老还以他自己的亲身经历来勉励我们努力学习。他曾经对我们讲过,他青年时代在美国哈佛大学学习时,是没有星期天和节假日的。他在美国的几年,休息日总是在图书馆度过的。他小时候受到的是中国旧式传统的教育,到了美国,接触的是西方的文化和科学知识,必须努力学习才行。正是靠着这种刻苦学习的精神,他才在短时间内取得了优异的成绩。就是在学成回国途中,他也没有放过在欧洲大陆的学习和考察的机会。岱老后来学贯中西、通晓古今的渊博学识与那时打下的良好基础,有着密切的关系。从我认识岱老的时候起,我经常见到他手不释卷,不断地吸取新的知识和信息。岱老这种刻苦学习的精神对于我们晚辈学子是一种巨大的鼓舞和鞭策。每当我们在学习和工作上有所懈怠时,想到岱老的学习精神,便觉惭愧,便有警醒。

岱老对于学生和年轻人总是言传身教、身体力行、以身作则。岱老的组织纪律观念最强。在他几十年的工作和生活中,他一贯模范地遵守纪律。在北大经济系工作的很多人都知道,每当系里开会或者活动,岱老总是早早地到场,开会时,也总是注意倾听别人的发言,从不在会场上交头接耳。即使是教研室的活动,岱老也认真对待,遵守纪律,从不马虎。在我的记忆里,岱老请我代他向系里、学院请假的事,不知道有多少次了。而且,只要有可能,他总是习惯于在老式的信纸上认认真真地写好请假条,装入信封,请我代转有关人士。直到年事太高,行动不便,系里和学院也多次劝说,岱老才不再参加大的集体活动。

岱老办事的认真态度、乐于助人的精神,在熟悉他的人当中,是有口皆碑的。而对于慕名前来求教和请求为其著作作序的陌生人,岱老也总是有求必应,在力所能及的情况下同样给予热情的帮助。岱老在"文化大革命"以后,曾经花费了相当大量时间和精力为很多人的著作撰写过序言和评论。有一次,我对他说:"您为别人付出的太多了。"他却笑笑说:"我年纪大了,做不了别的什么事,应该多为年轻人的成长做点事。"他十分乐于看到年轻人的成长,能为这些人的成长做些事,他感到很愉快。

对于我在研究生学习期间得到的岱老的大量帮助,不必细说。就是在我留校工作之后,岱老仍然给了我很多帮助。记得刚留校不久,当我向他请教应该如何搞好教学工作时,岱老以他自己的经验告诉我。他说,要想搞好教学,首先是要真正搞懂和理解有关的内容。只有自己真正理解和非常熟悉的东西,才能准确地告诉人家。其次,在教学方法上,岱老反对事先写好讲稿,在课堂上照着讲稿念给学生听。他告诉我,他讲课从来不会照着讲稿念下去。他是事先写好讲课的详细提纲,然后阅读大量有关参考资料,选好准备用的内容,在提纲上标出记号或索引。而且每次讲课前都要认真准备和温习,使自己要讲的内容重点了然于胸。讲课时,再根据学生们的反应,突出内容重点,适当穿插一些具体事例或材料。这在外人看来,似乎是自然而然、信手拈来的事,其实是事先认真准备的结果。只不过由于讲课的方法与别人不同罢了。我们深知,岱老的教学方法效果极佳,但学习起来却是很费工夫,很不容易。岱老花费了几十年的心血,才达到得心应手、运用自如的炉火纯青程度。这里,既反映了岱老治学严谨、一丝不苟的优良作风,也反映了他对年轻一代成长的心血倾注。在这方面,岱老对于年轻人总是言传身教,现身说法,毫无保留。

岱老不仅乐于助人,而且办事认真。记得有一次,我在教学中遇到了一个问题,很长时间没有找到参考材料。后来,我去问岱老,岱老回答说,他也一时间想不起来在什么地方见到过。他请我不要着急,过一些时候他再给我答复。我本以为岱老年龄大了,如果想不起来,找不到有关问题的参考材料也无所谓。因此,对于这件事,我已经放在一边了。不料,过了一个多星期,有人转告我,岱老请我有时间到他家里去一趟。我去后,岱老拿出一张纸给我看,上面写的是我上次请教他的问题的答案和参考材料。他怕我搞不清楚,特意当面告诉我,并且将参考资料出处来源写下来,以便我在必要时,自己去查阅。岱老的大力帮助令我十分感激。事后,我听陈荷老师说,岱老为了帮我解决这个问题,曾经亲自到学校图书馆查了两趟,花了不少时间和精力。知道了这种情形,我对于岱老已经不再是仅仅具有一般的感激之情了!

此外,岱老对于学生和他周围的人也总是全面关心的,不仅关心他们的学习,也关心他们的健康,关心他们的家庭。我刚刚留校时,岱老除了在工作和业务上关心和帮助我之外,还十分关心我的具体困难。当时,我爱人和孩子在外地,我们两地分居,有很多困难。岱老经常关心和询问我解决家庭分居问题的进展情况。当我解决了两地分居问题之后,岱老又关心我的住房条件。当我解决了住房问题之后,岱老对我说:"这一回好了!我真想过去看看你的房子,只是我年纪大了,身体条件不允许了。"记得1989年底,我因工作劳累,身体抵抗力下降,患了心肌炎。岱老得知,非常着急,那么大的年纪还一定要去医院看望我,后经别人一再劝阻,才算作罢。但他仍然十分关心我的病情。后来,我出院后,每次去看望他,岱老总是要询问我的病情和身体情况,总是安慰我,要我全力养好身体。

1995年,我出国之前,去看望岱老,同时向他告别。岱老说了很多勉励的话,要我出去后多看多听,多留心国外有关学科研究和发展的最新动态和有关问题。临别时,岱老拿出一条毛围巾送给我,说:"你去的地方冬季寒冷。这是外国朋友多年前送给我的,我一直没有用过。我留着它也用不上,你拿去或许有点用处。"听了这话,我十分感动,心里不禁涌起一股暖流。从岱老身上,我又一次感受到慈父般的温暖关怀。我知道,岱老平时生活很简朴,一身蓝色的老式外衣穿了很多年。凡是和岱老接触过的人,都对他的那身衣服有很深的印象。在岱老留下的很多照片中,都是穿着这身衣服。现在,他送给我的这条毛围巾,是别人送给他的纪念物。我看到围巾和装围巾的盒子仍然很新。这说明,多年来,他一直没有使用,并不是他用不上,而是珍视它,舍不得使用。现在,岱老把友人送他的珍贵的纪念物转赠于我,可见岱老对我的厚爱与关心。我在国外一年时间,岱老还曾两次写信,给我以勉励,使我深受鼓舞。

其实,岱老对我无微不至的关心和帮助,也是他对学生和晚辈关心和帮助的一种具体体现。对于别的学生,岱老同样给予了莫大的关心。前几年,岱老一个博士研究生不巧在论文写作期间患病。岱老也是非常着急,害怕这个博士生顾虑论文写作而影响治疗和休养。他不仅安排这个博士生延期进行论文写作,而且一再敦促这个博士生要抓紧治疗。岱老还几次在我的面前,说到这个博士生的情况和他的关注。他对那位博士生健康状况的关心显然十分真切。从这些事情,我们不难看出岱老对于他人发自内心的关心和爱护。

岱老待人宽厚和爱护有加,批评和责怪却很少,更谈不上计较什么利害得失。正因为如此,一些做了错事的人在岱老面前往往会感到惭愧和不安。在我的印象中,岱老似乎从来没有直接批评或指责过我。当他觉察到什么不妥时,总是首先向我了解情况,然后举一些适当的例子或者提出某种建议,让我自己从中有所领悟。在他看来,年轻人犯错误一般是可以谅解的。因此,他总是严于律己,宽以待人。据说,"文化大革命"中,岱老也受到了一定的冲击。在当时那种环境下,一些人把岱老当做"资产阶级学术权威"来批判,甚至进行"抄家",把岱老留学美国时因论文优秀而获赠的金钥匙也抄走了。"文化大革命"后,当时批判过岱老的一个人深怀歉疚地向岱老道歉,请求岱老谅解时,岱老竟然胸怀宽大地笑着说:"你当时批判过我吗?我不记得了。"只一句话,就把问题轻轻带过,将对方紧张、尴尬的心情一扫而光。岱老这种博大宽厚的胸怀实在令人敬佩和感动!正是由于岱老高尚的品德,他赢得了人们普遍的尊敬和爱戴。在我接触过的与岱老有所交往的人当中,从未听到过有谁对于岱老会有稍许的"微辞"。

  对于岱老的谦虚品德,我也时有所感。记得我的博士论文一气呵成,顺利通过后,我向岱老表示由衷的感谢时,他却谦虚地说:"这都是你自己努力的结果,我没有做什么!"我深知,没有岱老的长期辛勤指导和关心,没有岱老严谨学风的长期熏陶,甚至没有岱老对于论文打印经费问题上的直接帮助和努力,我就不可能顺利地完成这一任务。岱老对于我的博士论文修改稿的正式出版,也寄予了很大的期望。他认为,那篇论文写得不错,很有出版价值,希望我能够尽快出版。但是,他告诉我,他不会为我的这本书作序。他说:"现在社会上流行一种很不好的风气,就是导师为自己的学生的书(主要是指博士论文——本文作者注)作序,很有些自吹自擂之嫌。我不给你的这本书作序,没有别的意思,就是为了避嫌。我不愿以自己的声望和地位来掩盖学生的成绩,也不愿以学生的成果来抬高自己。你可以请厉以宁或胡代光老师为你作序,我想,他们一定会乐于为你作序的。在这本书以后,你再出任何书,我都乐于为你作序,就像我给其他人所做的那样。"岱老这一番话使我对于岱老的谦虚品德又有了进一步的了解。不过,在我心里对于岱老的感激之情是不能没有表示的。为此,我在书的扉页上郑重地写下了"谨以此书献给我的导师、我最尊敬的陈岱孙教授"的题词。当我的这本书正式出版之后,我拿书去送给他,岱老十分高兴。他抑制不住自己的兴奋之情,紧紧地用力地握住我的手,连声说:"祝贺你!太好了!太好了!"非常遗憾的是,我毕竟没有能够来得及等到岱老为我的其他著作作序,哪怕就是写几个字也好啊!

  岱老走了。他不该走得那么匆忙。他值得我们怀念的事,实在太多!凡是和他有过接触与交往的人,无不深受其精神品格和学识的强烈感染,无不对他深表怀念。有幸拥有岱老这样的老师,是我终生的荣耀和自豪。岱老永远是我的学习榜样。他将永远活在我的心中,我会永远怀念他!

1998 年 4 月

作者王志伟在他的博士论文答辩会上与陈岱孙教授、巫宝三教授合影,摄于1993年。

一数之差 一袭布衫

□ 刘 伟[*]

岱老过世快一周年了。

本该早就写篇端端正正的文章,作为学生献上的祭品,供奉在先生的灵前。只是这位世纪老人走后,留给后人思考的竟是那样多,哀思冲击着本就纷乱的心绪,许许多多耐人体味的事情压迫着本就笨拙的笔端,令人难以一挥而就。

先生在时,尽管总能感受到先生的高洁和博大,但却没有更多地去思考先生为何这样令人敬仰;先生走后,那么多以往听说或未曾听说、知道或未曾知道的关于先生的故事,汇成后人怀念的心曲,强烈地震撼着我,不能不令人想得更多、更深。我想,作为学生,作为晚辈,在先生过世一周年的日子,应当把对先生的这种思念整理成一束小花,摆放在这位真正伟大的老人身旁。

一 数 之 差

智慧而又谦逊——这是陈先生极具魅力的品格之一。作为智者,少时于中国旧学浸润之深,可从其渊源家学训练之扎实得到解释;哈佛大学读书之出类拔萃,可从其所获金钥匙得到印证;于中国现代经济学教学、科研之奠基者地位,可从其20年代中便作为清华大学法学院院长,尔后执掌西南联大经济学教鞭、领军北京大学经济学系发展并成为新中国唯一一名经济学一级教授的历史得到说明。这些早已为人们所熟知。

尤其可贵的是,先生作为大智慧者却有着少见的谦逊。记得77级本科刚毕业,我们几位同学因考取研究生,未去工作而旋即跟随先生修剩余价值学说史课程。当时用的一本参考教材便是先生1981年由上海人民出版社出版的专著《从古典经济学派到马克思》。这部著作是积先生多年心血而成,自出版之后在学术界好评如潮,我们更是恭恭敬敬地研读。书中一处,先生举了一个例子,大概是用算术分数来说明利润的分割。一次下课后,我们班上的同学姜斯栋向先生请教:那一处数学的说明怎么也搞不懂,好像有点不通。过后姜斯栋也就忘记此事了,我们其他同学也不知曾有此事。大约一周后再上课时,先生在课堂上首先向姜斯栋同学表示感谢,并说那一处数字说明的确是自己写错了,尔后又检讨说自己读书不如同学们认真,并一再表示将来有机会再版时一定改过。果然后来再版时不仅改过,而且还特别作了说明,并且在先生写的一篇回顾自己学术生涯的文章里,又特别提到此事,并由此检讨说自己自幼算学不精等等。以先生学术泰斗之尊,能就一"数"之差向一小其数十岁的晚辈致谢,并在全体学生面前检讨自己,尔后又一再提及此事。我

---

[*] 刘伟,北京大学副校长,原北京大学经济学院院长。

想,这才真正是博大。

中国历史上传说的种种类似"一字之师"的故事,过去听说过,但未曾见过,而先生以其对"一数之差"的风度,给我们上了好深的一堂课。这堂课让我知道:什么是学者?什么是书卷气?尤其是当自己在学术上稍获虚名后,才更深切地体会到这种谦逊背后要有多大的力量才能支撑起来。

一 袭 布 衫

高贵而质朴——这是陈先生又一令人折服之处。有人说,中国缺少"贵族",我不知这里的贵族是指什么;也有人说,三代才能造就一个"贵族",我不十分理解为什么贵族这么难造就。但陈先生的确属于高贵者。

记得先生刚去世的日子里,一天,我在先生家临时设的灵堂前守灵,先生的亲属、《文汇报》记者唐斯复女士同我谈起送先生走时给先生穿什么衣服的事情。她说,舅舅有套黑呢中山装,穿起来很精神,想让先生穿着走。我听了后猛然想起一件事,大约是1981年或是1980年前后,我还在读大学本科时,一次墨西哥总统来华访问,要来北大演讲,安排我们学生沿北大南校门至图书馆的路旁夹道欢迎,由陈先生作为北大方面的代表陪同。总统车队到南校门便停下来,陈先生陪墨西哥总统走在最前面,自南校门步入图书馆。那天先生就是穿着唐女士所说的那套黑呢中山装,脚下踏着双黑皮鞋,手里拿着根拐杖,更有先生那气宇轩昂的身姿和极具魅力的微笑,使得我们两旁的学生都看"傻"了。我们从未见过先生还有这样一身"高贵"之气,以至于站在我旁边的同学郑维平感叹道:这两人到底谁是总统啊?想到这儿,我便对唐女士的想法极力肯定。后来,先生就是穿着这套黑呢中山装走的。

但真正气质高贵的人,恐怕又都是质朴,甚至极朴素的。真正的高贵大概不会来自衣着的。记得在1988年秋天前后的一个黄昏,我和同事平新乔在校园里散步,天色已经挺暗淡了,未名湖边的人也不太多,距我们大约十几米处,有位老人也在散步,一时看不清是谁,但老人拄着拐杖的胳膊后面,蓝色的中山装上补着的一块大大的略略发白的补丁却挺显眼。那时,虽然大家仍不太富裕,但在北京城穿补丁衣服的人却不多见了,看老人的背影又透着股不俗之气,我和平新乔多少有些诧异。追上去一看,竟是岱老。平新乔是岱老晚年带的不多的硕士生之一,与岱老说话多少随便些,便开玩笑说:几年没在校园里见到穿补丁衣服的人了,今天第一次见到一位,没想到竟是您。先生笑笑说,这衣服穿久了,穿起来舒服。

暮色中先生那份儒雅,至今还深深地留在我的脑海里,那份雅气比之先生身着黑呢中山装陪同墨西哥总统时的气度丝毫不输。尽管此时穿着补丁布衫,但那份气度告诉我们:"高贵"是包装不出来的。这是我们生活在讲究"包装"的时代的人们须记住的。

先生,以上是我在您走后想对您说的话。请您好好休息吧,我们还会常来看您。

1998年4月28日于香港宝马山树仁学院

追忆岱老对我的悉心关怀

□ 孔繁敏[*]

　　陈岱孙先生是我国经济学界的一代宗师。在北大经济学院,先生被其晚辈尊称为陈岱老、岱老。岱老是我最为尊敬的先生之一,平生受其教诲、承其恩泽颇多。当我们这些分布在世界各地的学生热切等待着岱老的百岁华诞时,岱老却于1997年7月27日驾鹤西归。

　　此次回国出差、休假,本打算从外地返回北京后再去拜望岱老的。7月22日,飞抵北京的第二天,我先到承泽园看望了导师陈振汉先生和崔书香先生,曾向先生问及岱老近况。崔先生嘱我回京后到岱老家看看。次日一早我就赶赴西宁了。我怎么也不会料到岱老竟走得这样匆忙。当我在青海获知岱老过世的消息时,震惊、茫然、悲痛和后悔一起化作两行清泪。

　　8月7日,我由成都返回北京。8日上午,随北大经济学院和管理学院的老师们到八宝山向岱老告别。当我走过岱老身旁时,受岱老教诲的一幕幕闪现在脑际,一时悲从心生,泪如泉涌。

　　1979年入北大经济系时,系主任岱老在迎新会上致辞,要求我们刻苦努力,认真学好经世济民之学,做一个对国家、对社会有用之人。1983年念研究生时,岱老又谆谆告诫,要给我们压担子,研究生学习期间,"没有星期日,只有星期七;没有寒暑假,只有寒暑期"。现在反省起来,多有愧对岱老教诲之处,尤为当学生时蹉跎的岁月感到脸红心跳。

　　岱老的治学和做人,世间已有公论;岱老对学生的关怀和爱护,更为后人称颂。作为岱老的晚辈学生,我个人亦多承恩泽。1985年底,我研究生毕业后留在经济系任教,与岱老同在中外经济史经济思想史大教研室。在一次教研室会议上与岱老的交谈使我终生难忘。那次是周三下午的例会,岱老同往常一样第一个到教研室。我随后到,熊正文先生第三个到。熊公一进门就笑了:"好啊,今天我们教研室最老的和最小的碰头儿了。"那年岱老已过85高龄,而我当时还不满23岁。

　　岱老问我讲课的感受,我回答说,一上讲台就有些紧张。备课时写了好多,可到课堂上很快就讲完了。岱老听罢宽厚地笑了。继之鼓励我道:"在课堂上你是老师,学生没有你知道得多,因此不要怕。备课要认真、充分,但讲课时不能照讲稿念,要能背讲出来。"从那时起,我就照着岱老的话做,上课不再紧张,授课效果也改善了。

　　1992年9月,我到法国巴黎第一大学进修。1993年元旦前夕投书岱老请安贺岁。让我感动的是,岱老挤出时间回了一封长信。岱老除关怀我的学业及生活之

---

[*] 孔繁敏,北京大学光华管理学院教授。

外,还在信中提及他早年在巴黎时的情景。提醒我在工作、学习之余不忘探访巴黎的名胜。末了还特别叮嘱,在巴黎期间一定要到巴黎歌剧院看一场歌剧,那是世界一流的。因为回国后就很难有这样的机会了。岱老说,若是买了池座的票,去看演出时务必穿戴整齐。他那时一定要穿上夜礼服方准入座。不过池座票贵,买一张站票也好。暑期里,我花了150法郎买到一张优惠学者的池座票。上演的是柴可夫斯基的名剧《黑桃皇后》。不过演出地点不在富丽堂皇的老巴黎歌剧院,而是巴士底狱广场的新巴黎歌剧院。入池座后环顾四周,我意外地发现只有上了岁数的观众才和我一样西装革履,而绝大多数年轻人则是牛仔裤、T恤衫裹身。后来回到北京跟岱老讲起此事,觉得有点不成体统。岱老笑笑说:"时代变了。"可是,岱老的嘱咐却随着时间的流逝而愈见珍贵:我离开巴黎后还一直没有看到过那么激动人心、令人震撼的歌剧。

  1994年8月,我又从当老师变为做学生,赴美国明尼苏达大学卡尔松管理学院攻读博士学位。临行前到燕南园向岱老辞别。岱老竟到庭院里迎我。进屋落座后,岱老对我说,刚才在电话中听到我去美国念博士的消息很高兴。"明尼苏达大学是个好学校,希望你快点读完,回来。明尼苏达冬天非常冷,多带些厚衣服。"岱老还给我介绍了两位北大在明大的熟人,说遇到问题可问问他们。我到明大后一直谨记先生的教诲,学习计划如期进展,我还想着,明年就可以带着我的博士文凭向岱老汇报了。谁知……

  8月19日,我在中国的假期已满,从北京飞返美国。巧的是,在客舱分发的当天英文报纸《中国日报》上,正好刊登了一篇悼念岱老的长文。我逐字逐句地读完后,久久注目那帧岱老沉思的照片,止不住的泪水溢出眼眶,落满了衣襟。

1997年8月21日于美国明尼苏达大学

虚怀若谷的经济学大师——陈岱老

□ 牛德林*

陈岱老离我们而去,我们的国家和民族失去了一位卓越的经济学大师和杰出的教育家,北大学生痛失一位德高望重的恩师。我作为当年陈先生的学生,以极其悲痛的心情,追忆同他相处的几件往事,以示对他深切的怀念。

1980年至1981年,我在北大经济学系高校骨干教师进修班就读经济学说史专业,陈先生是我的导师。我不仅有幸直接聆听他深邃透辟的"西方古代奴隶社会和中世纪封建社会的经济学说"的讲授,而且不止一次地参加过由他亲自主持的学术活动。例如,1980年11月5日,在北大二教103室,他主持的中国人民银行杨培新同志赴美国、法国考察金融业的学术报告会;同年11月27日上午,在北大二教103室,他所主持的美国芝加哥大学教授舒尔茨的学术演讲会;1981年4月,在经济学系听取他做的"以马克思主义为指导,研究和制定我国经济和社会发展战略"的精彩演讲,等等。1980年11月27日下午,我还出席了在北大办公楼举行的陈岱老任教54周年庆祝大会,在长长的纪念折上签了名。在一系列活动中,他都表现出无与伦比的谦逊的品格。

他尊重爱戴青年,热诚服务于青年

1980年9月中旬,他出席进修班的学生座谈会。会上他倡导向青年学习。他说:"我偏爱青年。青年学生富有朝气,我从你们的神情和提出的问题看,你们渴望研究问题,懂得更多。你们提出的诸多问题,还能够促进我改进教学,甚至对我的科学研究,也有许多启发和借镜。"他的讲话,给我们进修生留下深深的印象。同学们说,陈先生是经济学大家,学识渊博,著述丰厚,竟丝毫没有自恃清高的影子,胸怀坦荡,虚怀若谷,为我们青年树立了效法的榜样。

1980年11月27日下午,在北大办公楼礼堂庆祝他从教54周年。在这次大会上,他以愉悦的心情,做了简短的即兴发言。其中有这样一段话我至今记忆犹新,他说:"在今天的会上,许多同志做了情深意厚的讲话,可谓情真意美。可回忆一下自己没做什么工作。虽有搞好工作的愿望,但常常事与愿违。这几年,中央拨乱反正,一切上了正轨,工作条件更好了。可是,又有一个新的矛盾:年岁大了,有点力不从心,自己总感觉有压力。一是有社会方面的压力。国家要加快'四化',建设中提出许多新的问题,要求答复;经济科学成为热门学科,社会上很多问题,寄希望于我们研究回答;国家急需经济科学人才,也寄希望我们来培养。这些是一个方面的

---

* 牛德林,北京大学经济系校友。

压力。二是来自青年学生方面的压力。青年好学而且很敏锐。在课下,我从他们提出的问题上看,对我们这样的人寄予希望。昨天晚上,有一位朋友到我家来拜访,70多岁了,名叫苏德。他讲,虽感年纪不小,但在文字工作上还能做点事情。这对我启发很大。不可否认,年岁大了,有些事情可能做不了,但像他说的在文字工作方面也还可以做一点事情。我要追随同志们之后继续努力,力求对中国现代化建设做一点很小的努力。"(摘自本人当时的原始记录本)陈先生从教半个多世纪,桃李遍神州。他著书立说,为繁荣科学文化尽心尽力。他兼任国务院科学规划委员会委员及经济学组副组长。他担任全国政协常委,参政议政,等等。这岂能谦称"没做什么工作",或者说只做出"很小一点努力"?陈先生淡泊名利,为国为民不遗余力。为满足在北大进修的莘莘学子对知识的强烈渴望,不顾当时已届80岁高龄和教学科研任务的繁重,担任了我们的导师并亲临课堂为我们讲授经济学说史。出于关心陈先生健康的感情,当时我作为班干向他提议:请陈先生坐着讲课。他善意地谢绝这个要求,一直精神抖擞地站着讲下去。他的这种默默的崇高奉献精神,深深地感染着我们每一个学生。

他待人谦和,虚怀若谷,情操高尚,令世人赞叹

1983年3月,我收到陈岱老的一封亲笔信。信笺是浅黄色底红线竖格的,上面书写着:"德林同志:近因参加国家科学规划工作会议,失迎为歉。关于《表》一文,我完全同意你的意见,可以那样处理。在发表前,也不必寄给我过目了。谢谢你对此付出的劳动。"

这封信的原委是这样的:1981年暑期我离开北大前夕去拜访张友仁教授,临行张先生交给我一本由北京大学经济系资料室编印的内部资料《经济资料》(1980年第5期),上面刊登着1979年11月5日陈岱老在北大经济系的学术讲演稿,题目是《魁奈〈经济表〉中再生产规模的问题》。张先生希望我把这篇十分珍贵的讲演稿作某些文字的技术性处理,交由《北方论丛》杂志发表。我愉快地接受了张先生的建议,把这篇篇幅较长的讲演稿,编写成七八千字的学术论文,把题目变为《对魁奈〈经济表〉中再生产规模问题之探讨》(载于1983年第3期《北方论丛》)。文稿形成后,于1983年春我到北大陈先生寓所,目的是征询陈岱老对缩写后文稿提出修改意见。事不凑巧,陈先生不在家,据说是外出开会。于是,我留下了一张字条,说明此次拜访的目的。陈先生开完会回来,见到了我写的那张字条,就写了上述那封言辞谦和的书信。

陈先生收到杂志后仔细地阅读了全文。不久,哈尔滨师范大学政教系李向荣副教授在长沙召开的中华外国经济学说研究会上见到了陈先生。李向荣对陈先生说:牛德林觉得《经济表》一文受学报版面的限制,未能充分体现陈先生讲演稿的全貌,理当向陈岱老致歉。陈岱老当即表示:文章我看了,觉得很好、很好、很好,请返校后代我转达对牛德林的谢意。

陈先生身正为师,虚怀若谷,以自己的言行,展现着他一生高尚的情操。他留给后人的精神财富,永远鼓舞着我们沿着正确的航向前进。我要以陈先生为榜样,

既要有所作为,又要有谦逊的品德。为了表达对导师的热爱,对他学品人品的钦佩,1995年10月,我在祝贺陈先生95岁大寿的长篇电文中写道:"陈老师,您渊博的学识令我倾倒;您高尚的品德让我折服;您谆谆的教诲催我奋进。"

陈岱老虽然离我们而去了,这令我们无比悲痛。但当我们想到,他老人家把毕生的才智无私地奉献给了我们,把浩然正气留给了我们,把虚怀若谷等美德传给了我们,我们又在精神上得到莫大的安慰。

1998年4月4日

等您，在燕园……

□ 胡 坚*

  当春天再度来临的时候，我在香港眺望燕园。各种报刊已开始频繁刊登文章，迎接北京大学的 100 周年校庆。我知道，这第一个 100 周年是我们学校的光荣里程碑。如果您在，您一定会穿上您那整洁的蓝色中山装，佩戴上那一枚您永远看重的北京大学校徽，和我们一起走向庄严的人民大会堂。当然，庄重依旧，和蔼依旧，诙谐也依旧……

  可是，这已经是没有您的一个燕园的春天，这也是我在北京大学度过的第一个没有您的春天。我总想在灿烂的迎春花丛中寻找到您高大的身影，我也总想在宁静的燕南园 55 号听到您的笑声。但是，自从 1997 年 8 月我从香港返回燕园和您作最后的诀别之后，我就应该明白，在我生命的第 41 个年头开始的时候，我要做好准备，鼓起勇气，迎接这样的一个春天。

  只是，我真的不习惯这样的春天。从小到大，我总是在春天的燕园等您。每一次等待，都是生命的馈赠，也是成长的宝贵历程。

一

  最早的等待始于 60 年代。那时我的母亲在北大工作，我们和您的堂妹——亲爱的陈荷阿姨在北大朗润园 13 公寓做邻居。昔日的邻居真像一家人，吃在一起，住在一起，亲密无间。我正是处在七八岁的童年阶段。

  陈荷阿姨是我所敬重的长辈。和她一起生活的那些年是我童年最安宁快乐的时光。陈阿姨正直、和气、雅致、端庄，是一位非常有教养的女性。她很喜欢小孩子，我和我的小弟弟经常在陈阿姨的屋里跑来跑去。

  陈阿姨过一段时间就会宣布："今天，大舅要来吃饭，不要淘气啊！"天真的我们就会知道，您今天会过河来。因为，您所住的镜春园住所和我们隔一条小河。

  您真的会准时前来，那时您大约 60 多岁了。整洁、沉静而又不苟言笑，我们却从心里喜欢您。幼年的我们不知道您是赫赫有名的学者，只知道您是和蔼可亲的"大舅"。通常，吃过饭，您会留下来和陈阿姨聊天，我们则在旁边玩游戏。陈阿姨养的花草一盆盆茂盛兴旺，绿意盎然，我们穿梭嬉戏于其间，开心无比。金色的阳光透过窗户映照在您的脸上、身上，您说的话我不很懂，但我明白，您也很开心。

  后来，陈阿姨也搬到镜春园住。我们经常可以收到春天您院子香椿树上鲜嫩的香椿和陈阿姨烧的红糟肉。有时过去看望，您会津津有味地给我们讲那一群猫的故事。我们说您住的地方太荒凉，您说喜欢，是"野趣"。还有一次，您指着一盆植物告诉我它的学名叫"夏威夷蓝果"。

---

* 胡坚，北京大学经济学院教授。

等我长大,才逐渐明白您对生活的要求不高。您喜欢和看重生活的朴素、安详和宁静。在美丽如画的燕园中静静地教书做学问,闲时和亲朋团聚,享受天伦之乐,对于您就是最大的享受。可是,就是过这样的简单的生活也常常不能如愿。解放前的一次次战乱,解放后的一次次运动总把这种生活打乱和破坏殆尽。然而,您虽历经沧桑,却豁达如风,平静如水。只要可能,仍然热爱生活,善待周围的人,也享受生活的每一个小小的欢乐和精致。这,就是您的生活观。

二

再等您,已是 1982 年。我从北京经济学院毕业,考上了北京大学经济系外国经济学说史专业的研究生。我走进了您的学术领域,成为您的学生。

这时等您是在经济学院的旧办公地点——北大四院。因为教室紧张,二楼的办公室就成了您给我们上"剩余价值学说史"这门课的课堂。上课的时间是下午 2 点。

我们在简陋的办公室等您,木桌椅、木凳子,拥挤不堪。但我们知道您一定不会嫌弃,因为只要有学生,哪里对您都是崇高的课堂;我们知道您一定不会迟到,因为您有守时的习惯;我们知道您没有一句废话,因为您的教案经过精心准备;我们知道您所传授的学问是孜孜以求的真知,因为您最不喜欢道听途说和一知半解;我们知道您会使我们满载而归,因为您最深切地知道培养人才对国家的重要。

当然,您对我们的要求是严格的。要求我们大量地读书,写笔记,不可偷懒。正是在这种严格要求下,在那一时期,我读了许多西方学者的原著和马克思的《剩余价值理论》。如果不是您的鼓励和鞭策,我是决不会读这么多书的。

考试的那天,天气很冷。您仍在上午 8 点准时到教室。四个钟头的考试,您一直坐在我们的身边。到时还有同学没有完成答卷,您还坚持要等下去,在别的老师的劝说下才离开。

那一次考试,您给了我 90 分。我知道,严格的您决不会给情面分。是在您的谆谆教诲下,我的努力得到您的承认,您才把这样的成绩给我。学生的努力最使您感到欣慰。

您的一生有 70 多年的时间在教书。我,只是您众多的学生中的一个,聆听教诲的时间也只有半年。然而,这半年就足以让我知道,做老师做到您这种境界,已是炉火纯青。

三

再等您,已经成为您的同事。我在研究生毕业之后,留在北大经济系当了一名教师。这时等您,已是在许许多多的场合。

每周三下午,在走廊等您开全系大会,您总是到得最早的一位;迎新的联欢会等您,爱听您对往事的回顾和诙谐而又轻松的调侃;在外事场合等您,看您如何彬彬有礼,待人接物;在报告会上等您,看您如何就学术问题和观点侃侃而谈。

无论在何种场合,您总是从容自若,不焦躁也不喜形于色;无论与何种人交往,您总是不卑不亢,亲切和气而又不失分寸;无论是处理什么事情,您总是认真细致一丝不苟而又不琐碎啰嗦；无论遇到什么难题，您总是气定神闲，坦然相对。做人做到您这种境界，已是收放自如，曲伸有致，大彻大悟而又不失大智大慧和大纯大真。一个人到老年还能展现这样的修养和风采，而我们又能亲临其中，体会个中三昧，真是幸福。我们青年教师一谈起来，都赞叹不已："陈岱老，高山仰止，我们如何学得来！"

尤记得，有一次，我动了出国学习的念头，请您写信推荐。尽管您年事已高，但如同对每一个青年学子一样，欣然答应。信写完，信纸如何叠信封如何写也一一示范。在您眼中没有一件事是小事。您知道吗？至今我写信还是用您教的方法叠信纸写信封。

在每一次等待的过程中，我最不愿看到的是您的日渐衰老。尽管您的身体在老年人中已算相当健康，但岁月无情。您是本世纪的同龄人，我祈祷，上天有情，让您健康度过百岁，和我们一起欢度校庆，迎接一个崭新世纪的到来。

四

最后的等待，已是无望。1997年7月底，我在香港理工大学教书期间，得知您去世的噩耗。赶回北京，在燕南园55号看见的只是您的遗像。

在燕南园55号的院子里，风依然，草依然，树依然，那一架凌霄还是那么苍郁，只是人已去。我看到吊唁的人川流不息，我看到老年教授用颤抖的手写下的挽词，我看到青年学生脸上流下的眼泪，我看到您在遗像中向我们凝视，我知道，我们是您眷恋不舍的亲人。

在治丧的日子里，我在泪眼朦胧中一遍遍沉思。您所走过的人生是怎样的人生？我们应该如何评价您的成就？对燕园的一批批后来者，我们应该怎样介绍您？

对于您学术上的卓越成就，已有诸多评论，那是一般人比较容易了解的一面。而您在做人方面的成就，是内敛的，一般人能感受，却不能完全领悟。以"功夫在诗外"来形容，您在"诗"内和"诗"外的功夫都绝对到家。前者是参天的大树，后者是茁壮的根须。

我相信您是平凡的人。当在抗战的烽火中过北京家门而不能入，一个优雅的家和辛勤写下的手稿全部被毁，您身着长衫伫立长沙街头的时候，一定对人生有某种参透，知道什么是过眼云烟，什么是万古长青；当"文化大革命"到来，您多年沉默不语，甚至放弃您最喜欢的写作时，一定有不能言说的苦衷、寂寞和孤独；在漫漫97年的岁月中，您经过的生离死别无数，心中一定会有跌宕起伏。然而，您最宝贵的地方是悟透而不冷漠，既出世也入世，认认真真地读书、写书、教书，对人对事竭己所诚所能。

您是中国知识分子的典范。学贯中西，饱经患难，大起大落。然而，在万变中保持不变的是淡泊的心境和完美的人格。有过繁华，而不留恋繁华；经过辉煌，而不沉醉于辉煌；可以享受，而不选择享受；名利垂手可得，却断然放弃。您所度过并乐在其中的是一种宁静致远的人生，是在如今商品经济大潮四起喧嚣浮躁的环境之下一种难得的极致。

五

我知道，我会永远等您，在燕园。也许您从来就没有离去，只是春风化雨，润物无声。作为北京大学的一代名师，作为经济学界的一位泰斗，作为一个循循善诱的老师，作为一位品格高尚、修养不凡的长者，您会在无数人心中永存。我最想望的是时光倒流，我再与您走过往昔的岁月，再亲切地与您呼应。

我知道，我会永远等您，在燕园。只要我是一名北京大学的老师，只要我是一名中国的知识分子，我一定会以您为楷模，循着您走过的道路前行。我的身后，永远会有您殷殷期待的目光。对吗？大舅！

1998年3月24日完成于香港树仁学院

岱者,泰山也

□ 刘晓东*

97岁的老人,说走就走了。

中国经济学界泰斗陈岱孙先生走完了他的人生历程,1997年7月27日辞世。

从北京的一份报纸读到,岱老走得很从容,他给人世间的最后留言是:"我要自己起来。我要是起不来,就永远起不来了。"

乍一听到岱老辞世的消息,虽然也明白生老病死实属难免,何况岱老已是近百岁高寿,我更多的仍然是不相信:中国现代经济学的奠基人之一就这样辞别了人世。

岱老没有留下等身著作,然而,岱老是一棵枝叶繁茂的大树,"中国经济学界有六代人师出陈门"。岱老的生日是闰八月二十七日,相传孔子也是这一天出生。孔子弟子三千,贤者七十二;而岱老手执教鞭七十年,弟子又何止三千。"桃李满天下"之誉,岱老是当之无愧的,高官者如朱镕基、宋平等,见到岱老也要谦称学生。岱老95大寿时,朱镕基写来贺信与岱老攀师生缘。

我不是岱老及门弟子,但也算岱老这棵大树上的一片叶子。1982年我考入北大,当时岱老已82岁高龄了,仍担任着经济系主任一职。由于年事已高,岱老不再为本科生开课而专带硕士和博士生,但我的经济学第一课却是岱老亲授。其时,岱老以系主任身份主持迎新,做了一个专题报告,谈的是"经济学是致用之学"。我大学毕业迄今逾十余载,对岱老的第一课依然是记忆犹新。

学生时代对岱老之于中国经济学界的价值,体会是肤浅的。入学时,岱老四倍于我们的年龄,岱老之于我们是一座高山。关于这座大山的故事,学长们传给了我们,我们又传给下一级,如此这般在一座和岱老一般古老的校园相传,而亲眼所见的是一个高个子老者,身穿中山装,挺着腰板。有时坐在大会小会的主席台上,有时在镜春园(原陈宅)和四院(经济系旧址)之间的小路上缓缓地走着,后来手上多了一根拄杖。这是燕园有名的一道风景线。随着读书越多年龄越大,便愈觉岱老是"国宝"级的一代宗师。

系主任,现在也多了,也泛了。而系主任对岱老,既是最初的任职,也是最后的任职。1927年岱老27岁,从哈佛归国,先任清华经济系教授,转年便任了系主任。西南联大期间,北大、清华、南开三校合并,联大经济系主任仍是岱老,直到1945年底岱老赴北平负责从日本人手中接管清华,才由赵迺抟和徐毓楠暂代。1952年高校院系调整,岱老1953年到北大任教,1954年接任的又是经济系主任,一当就是30年,到1985年北大经济系扩大为经济学院前才卸下系主任一职。如此算来,岱老从教70年,系主任便当了近60年,不知算不算世界之最。

---

* 刘晓东,北京大学经济系校友。

  对这一角色,岱老认同很深。95岁的时候,岱老对他走过的路有一回顾,他说:"时光流逝,一晃大半个世纪过去了。在过去这几十年中,我只做了一件事,就是一直在学校教书。"岱老乐此不疲:"几十年来,我有一个深刻的感受,就是看到一年年毕业同学走上工作岗位,为国家、社会服务,做出成绩,感到无限的欣慰;体会到古人所说的'得天下英才而教育之一乐也'的情趣。"

  北大经济系建院前,我负责团刊《窗口》的工作,曾就建院问题采访过岱老。记得采访是在未名湖边一座庭院中长有杂草、显得有点失修的院子进行的,这是"落实住房政策"前的陈宅。岱老把我们迎进书房,记得岱老当时特别强调了两点:其一,通才与专才的关系。岱老历来是提倡宽口径、厚基础的。其二,岱老告诫我们再不能"恨不十年读书"了,"读书无用论"是个大骗局。

  毕业后我留校工作,与岱老的接触多了些。我编北大学报,负责经济类的论文,岱老是学报的顾问。虽说厉以宁、萧灼基、刘方相三位先生是编委,有些稿子还是要请岱老审,一般是我送到岱老家中,岱老审完后通知我去取回。当时的审稿费是文章不论长短,每篇30元,象征性酬劳。但只要是学报请看的稿,岱老都会看。岱老很认真,不能用的稿子不会给面子。有时岱老也赐些稿给学报,但不多,多是给同事、学生专著写的序。同行的评价,岱老的序文有独立的学术价值,为原作添色。

  80年代以后,岱老一篇影响极大的论文是发表在学报上的《现代西方经济学的研究和我国社会主义经济现代化》。该文的基本结论是:由于制度的根本不同,现代西方经济学不能成为我国国民经济发展的指导理论;同时要认识到在若干具体经济问题的分析方面,它确有可供参考、借鉴之处。当时是1983年。

  这样的观点今天看来并不新鲜,也许有人会贬之为应景之作。其实,岱老说过:"我是个教员,教员出口之言必须是真话实话。"岱老一生坚持的观点没有原则性的反复,更不受风潮的左右。与风潮不符的话,他宁愿不说。这是千金不易的科学品格。两卷本的《陈岱孙文集》,汇集了岱老1926—1989年的大部分著述,虽不足百万言,却是岱老的思想历程的真实展现。同时,《文集》又是一幅历史长卷,读者从中可以发现1949—1979年间,岱老发表的文章,有案可查的只是一篇刊于1959年第10期《经济研究》上不足千字的短文,余下的便是长达30年的引人注目的空白。对这一时期,后来有人戏称岱老成"仙"了,基本上是述而不作。

  1989年读到刚出版的《陈岱孙文集》时,就觉得从中可以一睹岱老青年时代的风采和晚年的智慧。或许由于有一部分手稿毁于战火,三四十年代岱老传世的文字,最多的不是经济学论文,而是为报章撰写的大量时评、社论,锋芒直砭时弊,而且贯穿了岱老"经济学是致用之学"的理想。从《外债与建设》、《我们的经济运命》、《出超的分析》、《经济自由与政治自由》等一系列时评的题目,就可以看出岱老当年参与程度之深,其中许多观点至今仍是真知灼见。如在1936年9月为《独立评论》所写的《交通发展与内地经济》一文中,岱老这样说:"交通便利是一个社会经济进步的一个主要条件。我们也承认这个原则也适用于中国。然而我们不能把这个原则囫囵吞下去。""我们应该考虑……交通的发展是否有时可以产生一个意外的、我们所不欢迎的结果","我们必须使国内其他生产事业的发达能勉强追随着交通事业的进展,然后我们才能够得着交通工具的好处",否则,"交通事业的发展未必能产生一个经济繁荣,人民经济的状况也未必有什么进步"。尽管这是岱老60多年前说的话,这一观点对现在有的地方过分和片面强调"桥通路通,路通财通"诸类提法,未必不是一大警醒。

岱老之于自己一代又一代的学生,有一种无言的人格魅力。学生出书,也常在扉页上印有"献给我的老师陈岱孙教授"等字样,这是学生对长者风范的报答。厉以宁毕业时,做的是资料工作。岱老当时是系主任,说了一句话:"厉以宁是个人才,还是回来教书吧!"少了这一句话,中国或许就会少了一位一流的经济学家。对后学,岱老是悉心加以提携的,他希望年轻人超过前辈,"要使青出于蓝而胜于蓝,我这样的人就应该帮助年轻人,这是我辈责无旁贷的事情"。

有一件小事令我感怀。80年代末90年代初,我联系出国留学,陈振汉、厉以宁、萧灼基等先生都为我写了推荐信,我特别希望得到岱老的推荐。我十分惴惴不安地向岱老说了我的愿望,却没想到岱老很爽快就答应了下来。为了减轻先生们的负担,通常的做法是先生们答应下来后,学生按先生的意见起草推荐信,然后送先生过目修改,打印后再送先生签名。岱老却坚持自己亲自写,写完后叫我去取,嘱咐联系几所学校就打印几份,他不会多签一份。此时岱老年已90,学校刚给他落实了住房政策,从镜春园搬到了燕南园55号。在燕南园,岱老和我谈了他在哈佛踢球、骑马、闭门读书,谈到由于搬到燕南园,他有一个多月没到未名湖散步了……后来,种种原因我留学未能成行,岱老在一张稿纸上手书的推荐信,也就成了我的珍存之物。

1992年后,我到了珠海,虽常有机会回北京,归京也必回北大,但没去看望过岱老。很多次走到竹木掩映中的陈宅门前,又一次次转头离去,不忍干扰一位老者的平静。毕竟岁月不饶人,要把最后一点时间留给这位与世纪同龄的老人……

岱老的晚年,仍是为后学着想,拳拳之心,可鉴于此:"个人年华,如逝水一般,于不知不觉中迅速地流失。不可否认我已经垂垂老矣。但我也要承认我还挣扎着不肯服老,总想还能做些力所能及的工作。这就是,把我在治学过程中走过的弯路,犯过的错误和得到的教训,提供给今日的青年,以免他们重蹈覆辙。"

我查了字典,"岱"字无别解,岱者,泰山也!

1997年8月12日于珠海

和陈老在一起的日子

□ 刘姝威[*]

一、初识陈老

1984年秋天,我从家乡哈尔滨市考入北京大学成为陈岱孙教授和厉以宁教授的硕士研究生。我到达北京大学报到的当天晚上,厉老师和夫人到宿舍看望我,厉老师说:"明天早上你和郑伟、王向勇一起去看陈老。"第二天早饭后,我和另外两位男同学一起去陈老家。我们仨都很高兴成为陈老和厉老师的学生。我从未见过陈老,只知道他是我国著名的经济学家,还听说他从未结婚,家里有只大猫。虽然郑伟和王向勇一直在北大上本科,但是他俩也从未去过陈老家。去陈老家的路上,我们仨很兴奋。那时,陈老家在北大镜春园,位于未名湖的后面,绿荫掩映,很安静。我们推开陈老家门,陈老像迎接自己的孩子一样,伸出双手迎接我们三个快乐的学生。坐定之后,陈老挨个问我们的名字。陈老对我说:"听厉老师说,你曾经来过北大。"我说:"是的。1981年我第一次来北大,见到了厉老师。"

陈老和蔼可亲,说话平易近人。第一次见到陈老,我们一点儿都没感到拘谨。陈老问我们生活是否安排好了。陈老很关心我是否习惯北大的生活,他问我:"昨晚你睡好了吗?"我说:"昨晚睡得很好,食堂的饭菜也可口。"

从第一次去陈老家到1997年7月27日他离开我们,13年间我经常去陈老家,他成为我的良师益友。

二、严师

陈老是一位严师。开学典礼上,他第一次给我们讲话时说:"在北大学习,没有星期天,只有星期七。"陈老和厉老师给我们开列了大量的英文阅读书籍,要求我们认真做笔记。开始时,我有些吃力。陈老和厉老师经常鼓励我,他们对我说:"你不是从北大直接考上来的,你是凭着自学考取的,这说明你的能力比其他同学强,你能行。"有一次期中数学考试,同学们都感到考题很难,当我精疲力尽地走出考场时,心里很沮丧,心想:这次肯定不及格。我告诉了陈老,陈老鼓励我说:"不要紧。"当数学老师公布成绩时,我知道我是全班第二名。我又告诉了陈老,陈老笑了。

陈老告诫我们:"不要少年老成。要敢于提出与老师不同的观点。"有一天,我和同学们为了一个学术问题争论到深夜。第二天,我告诉了陈老。陈老说:"好,我们在哈佛大学学习时就是这样,同学们经常为了一个学术问题激烈争论,嗓门大大的。你们应该保持这种习惯。"

---

[*] 刘姝威,中央财经大学财经研究所研究员,北京大学经济系校友。

陈老给我们上课时,教室里总是静静的,陈老渊博的知识和深入浅出的道理吸引着我们每一位学生。下课时,我经常陪陈老回家。我扶着陈老,走过未名湖畔的山坡,沿着未名湖漫步。这是我和陈老最轻松愉快的时候。我告诉陈老我和同学们之间发生的有趣事情,陈老也常常给我讲起他早年留学时的事情。在美国留学时,陈老和同学们搭伙吃饭,起初陈老不会做饭,只好饭后洗碗。陈老不愿意洗碗,于是,他偷偷地学做西餐,然后,他骄傲地告诉同学们:"我可以为你们做西餐了。"饭后,他得意地一边休息,一边看着同学洗碗。散步和交谈消除了我们上课带来的疲劳。到家时,陈老经常邀请我进家里小坐。为了不影响陈老的休息,我常常推辞。这时,陈老总爱说:"只喝一小杯咖啡,行吗?不会影响你的学习。"走进陈老家里,陈老拿咖啡,我沏水,然后,我俩坐在沙发上一边喝咖啡,一边继续聊着路上的话题。

陈老不希望我们成为"书呆子"。陈老年轻时会干木匠活,曾经做过桌子。陈老很高兴我会做衣服。有一次,我去陈老家,陈老远远地看见我来了,对家里的客人说:"这是我的学生,她穿的连衣裙是她自己做的。"

1985年底,我开始做毕业论文,陈老一次又一次地修改我的论文,一共改了十次,并且让厉老师和他一起修改我的论文,厉老师也改了十次。我通过论文答辩后,陈老对我的论文给予很高的评价。

三、知音

1986年底,我毕业了。根据陈老的建议,我去了陈老曾经担任过第一副院长的中央财经大学。

1987年冬天,陈老住进北京友谊医院检查身体。我想陈老住进单人病房一定很寂寞,就到王府井百货大楼买了一个大娃娃,抱着娃娃去医院看望陈老。陈老惊讶地看着我抱着娃娃进来,我对陈老说:"我小时候一个人在家时很寂寞,我喜欢抱娃娃,因为娃娃能够陪我。我让这个娃娃陪您。"陈老开心地笑了。出院时,陈老把娃娃带回了家。家里人问他娃娃是哪来的,他高兴地说:"这是刘姝威送给我的。"

在生活方面,陈老很简朴。1989年冬天,陈老家要从北大镜春园搬到燕南园55号。搬家前,我去燕南园看房子,正在修理房间的工人对我说:"为什么你导师不让我们刷地板,这不费什么事,几天工夫就完。"我和陈老说这件事,陈老说:"天冷了,我急着搬家,地板旧正好和我的旧家具配上了。"

毕业后我经常去陈老家,我们常聊的话题是我国的宏观经济。陈老坚决反对用通货膨胀刺激经济。他对我说:"搞通货膨胀,老百姓怎么办?"1993年后,陈老坚决支持我国的宏观经济调控政策。1994年夏天,雨很大。有一天,我去陈老家,陈老告诉我前一天他去参加了一个会议。我很吃惊,我说:"昨天下着瓢泼大雨,您怎么能出门,淋病了怎么办?"在那次会议上,陈老对我国的宏观经济调控政策给予了强有力的理论上的支持。

1995年10月,陈老95岁生日那天,北京大学为陈老举行盛大的祝寿会。那天,我去晚了,站在挤得水泄不通的过道里,看着坐在台上的陈老。大会结束时,我迎着从台上走下来的陈老走去,陈老满面红光,笑了。我们回到陈老家,陈老稍事休息后,和我们大家一起吃他的生日蛋糕。

我是陈老带的最后一位女研究生,陈老希望我能有所成就。毕业后,选择研究方向一直是我最难解决的问题,也是陈老最关心的问题之一。曾经试过几个研究方向都以失败而告终。1995年,经过近十年的摸索,我终于开始在全国主要金融杂志和报刊上大量连续发表我的研究成果,在金融界引起不小的反响。我每发表一篇文章都立即送给陈老,陈老认真阅读我的每一篇文章。陈老说:"你这条路走对了。现在,银行理论和实务之间有一条沟,需要一座桥,你现在正在做桥的工作。你沿着这条路走下去。"

1996年初,我开始写作我的专著《资产负债管理,信贷质量管理,外汇风险管理,分析技术策略和实例》。我去陈老家,陈老看着我说:"我担心你写书会累坏身体。"我说:"不会。因为我已经有一种写作欲望和冲动。"1997年4月12日,我去陈老家,把我的书送给陈老。陈老喜形于色,兴奋不已,他终于看到了他最后一位女学生的专著出版。

四、离别

1997年6月以后,应各家银行的邀请,我一直在外地讲学。回北京前,我请当地的同志将我在外地拍的照片冲洗好,准备回来送给陈老看,上飞机前特地给陈老买了新鲜水果。回北京后,不到36小时,我接到陈老去世的噩耗。我去花店为陈老定做花篮,看着花店工人为陈老做花篮,我掩面失声痛哭。

洁白的香百合花篮陪伴着陈老去了很远很远的地方,他能看到我们。

北大的"国宝"——陈岱老

□ 张　宏*

在北大读书时,我有幸与陈岱老结缘,是始于燕南园旁边的北大理发馆。我因怕排队等候浪费时间,便总是挑快下班人少的时候去理发。虽然有的师傅这时不免三下五除二地剪完了事,我也无所谓,倒正合我不求美观但求剪掉长发、节省时间的愿望。然而我多数时候遇到的是一位非常细心和耐心的小姐。周围的理发师傅们吆喝着结伴离去,她仍旧不言不语、不慌不忙地推着剪子,手还是那么地轻柔,丝毫也没有加重加快。而且往往因顾客变少而更加从容、精心地修剪!而这时的我,总不免惶惶不安地说,把头发剪短就行,不要耽误您下班回家吃饭!而小姐总是腼腆地一笑:"没关系。我就住在燕南园,很近。"北大燕南园住的可都是"国宝"级的老教授!于是我进一步问清了她就是在经济学家陈岱孙先生家里做事的陈翠玉。这样便让我对陈岱老多了一份亲近和熟悉!而她的优质服务和高尚品德更增添了我对岱老的崇敬向往之情。

时值北大百年华诞将至,我当时在研究生会工作,也开始筹划百年庆典的事。我首先想到了住在北大燕南园和朗润园里的老教授们。他们是燕园星空中最璀璨夺目的学术泰斗!又都差不多是北大的同龄人!是北大光荣历史的创造者和见证人!是北大精神魅力中最足自豪和闪光的地方!他们的音容笑貌和生活、工作情形,应该永留人间,流传后世!于是我找到了人民出版社的编辑严平——他是北大哲学系毕业的博士、著名的黑格尔哲学研究专家张世英先生的高足,还有新华社的主任记者唐师曾——他是北大国政系79级学生,在海湾战争中成为国际知名的摄影师,大家在朗润园里的北招餐厅里热烈地筹划出了制作一盘反映北大老教授成就的录像带,同时编辑出版一本有关老教授的画册,作为百年校庆的献礼!我当时正同北大人事处处长陈文申合办"北大跨世纪学术论坛",陈处长同时还是百年校庆委员会的委员,又与唐师曾是同班同学,于是我们一行又来到设在红一楼的人事处办公室。陈处长办事以雷厉风行著称。他当即表示积极支持,旋即引我们到校党委书记任彦申同志的办公室。任书记也称赞这是一件好事。这样我们又找了中央电视台、北京电视台的记者,决定马上着手采访拍摄工作。我们的第一站,就是燕南园55号陈岱老家。那天陈岱老靠南窗坐在沙发上,穿一件深绿色衬衣,显得非常素朴而庄重。他在武汉的堂妹正好来玩,她对我们说,陈先生这几天身体不适。陈先生也指着对面一张堆满了药的桌子,淡淡一笑地说:"我现在是吃药比吃饭多。"但他仍打起精神来接受采访。陈先生端坐时非常地肃穆,而站立时,虽拄着拐杖,却昂昂然如一座山峰般挺拔巍峨,如将军般令人肃然起敬!我们感受到了一种

---

* 张宏,北京大学校友。

超凡的气度,沐浴在一片神奇的境界氛围之中!这是陈岱老融贯中西的学养和饱经沧桑的经历所铸就的大智慧、大涵养的人生高境!唐师曾带了三台相机,一口气照了好几卷胶卷。只见他时而蹲下,时而跪着,有时甚至趴在地板上如痴如醉地拍着,拍下了陈岱老各个角度的音容笑貌。面对着一刻也没停下来的闪光灯,陈岱老不愧是大经济学家,只说了一句:"你们的胶卷好像是不要钱的。"令众人大笑。我说:"您是国宝,价值不可限量啊!"

转眼我即将博士毕业,开始找工作。由于我曾在武汉市硚口区政府政研室工作三年,积累了一些机关工作经验,于是我想到了报考国务院研究室,并寄去了我的简历和申请。管人事的同志回答说,我条件很好,但他们编制很紧,要我等待消息。但半年过去了,直到1997年元旦,还没有任何音信。我很是着急。忽然想到研究室的主任就是陈岱老的得意弟子。于是我在新年的第一场大雪天里,隔着燕南园的矮墙,叫住正在门前扫雪的陈翠玉,请她帮我约一个时间拜见岱老。陈翠玉很快通知我第二天下午4点去。我又见到了坐在南窗下沙发上的陈岱老。窗外仍纷纷扬扬地飘着大雪,晶莹的雪光将岱老的须眉映衬得更白更亮了。岱老膝上捂着毛毯。见我走进,岱老欠着身子要站起来,我赶紧跨步到他身边,请他别动。我很快地诉说了我决心走知识分子学有所成、报效祖国的道路,并说了我想拜见研究室主任而不得的难处。岱老听后即点点头,表示可以给我写一信,让我去见一面。我怕岱老写信劳累,特意留下一张纸条,只要岱老写十来个字:"张宏同学想到贵室工作,请予引荐。"过了一天,陈翠玉转给我信。我打开一看,陈岱老用标准的竖行信笺纸,工工整整地写了三页!对我的经历、学业、品德和打算都作了简明扼要的介绍。看着这300多个遒劲有力的字,想着一位96岁高龄的老人在大雪纷飞的时刻为我伏案疾书,我的惊喜、感激和敬佩之情,真是难以言表!在热泪泉涌之际,我强烈地感到,我的心花,像沐浴到了明媚和煦的春光一般,在寒冬的雪地里绽放开来!陈岱老为人之仁义厚道,处事之严肃认真、一丝不苟,对学生之无私帮助和鼎力提携,真是达到了忘我的境界!超过了凡人的想象程度!

我的导师陈贻焮先生也是一位在燕园辛勤耕耘了半个世纪的老教授,听说岱老给我写了推荐信,不禁激动地竖起大拇指,兴奋地说:"陈岱老可是我们北大的骄傲啊!北大教授当中,人品之高,当推陈岱老第一!他和季老(季羡林先生),是我们北大当之无愧的二宝!我的学生能得到岱老的推荐信,我也感到很自豪很光荣啊!"

据王梦奎先生说,陈岱老在去世的前一个月,还在写信引荐学生求学问道。陈岱老将自己的一生都献给了我国的学术和教育事业。他对学生,真正做到了鞠躬尽瘁,死而后已!

1998年3月20日

悼念陈岱孙先生

□ 宗 璞*

陈岱孙先生是大学者,是我的父执,是长辈。但在我心中,总觉得他是一位朋友,一位"老友"。

不知道这是不是高攀,也不知道他是不是把我当做小友。我们的来往并不很多,而他待人的平等亲切,让人免去俗套,感到友情的萦绕。

约在80年代中期,顾毓琇先生到京,来访先君冯友兰先生,让我邀请陈先生也到三松堂。那是一个下午,阳光从西窗射进来,照亮了三位老人的白发。不知是谁说了句"这是三位老院长的相聚",我猛然一惊。三人中,冯是文学院院长,年最长;陈是法学院院长,年居次;顾是工学院院长,最年轻。回想当时在清华,年最长的不过30出头,各领一方,和同仁们一起,建立了清华的学术地位,那时是何等的意气风发!而转眼间都是老人了。座谈间,顾先生话语最多,他将中国喻为初醒的巨龙,正待腾飞,言下十分振奋。

1989年,陈先生迁至燕南园,与我们成为斜对门的邻居。一天,他和他的堂妹陈荷一起来探访。当时父亲已经坐在轮椅上,乃由我陪两位陈先生在院中看看。看看乱草中新长出的铃兰,枯叶中新长出的玉簪,还有那一小片属于香椿树的土地,树旁钻出的许多枝条也已有了嫩叶。因说起陈家院子里该种些什么,我说,种一棵香椿吧,可以吃到最新鲜的香椿芽。随即让人挖出两根枝条。陈先生接过,把它们举了一举,说:"给了我两根木棒。"他的笑容是那样年轻。

父亲去世的次日,陈先生由厉以宁先生陪同来吊唁。当时家里人很多很乱,看到陈先生高大的身影,我沉重的心感到一丝宁静,好像有一只无形的手帮我移去了什么。数日后,在冯友兰哲学思想国际研讨会上,陈先生讲了话,谈到他在南岳与父亲相处的日子,说到《贞元六书》和爱国主义。这篇讲话后来整理为《冯友兰纪念文集》的序言。1994年清华以三松堂捐书建立冯友兰文库,开幕那天,陈老先生和大家一同乘面包车前往参加。举行仪式后,大家去参观文库,因文库在五楼,陈先生对我说:"我不上去了,我在车里等。"幸亏有车先送他回去。那年陈先生是94岁,现在我进入老年还不太久,已经步履维艰,才体会到那是多么重的情谊。

陈先生还帮助我了解历史,在我的记忆之井里添贮活水。家中有一张1948年中央研究院第一届院士会议的照片,其中许多人我们都认不出,都说去问陈先生。陈先生总是不嫌麻烦,耐心解答问题。我去看望他时,谈话的很大一部分内容是昆明的生活。有一次陈先生对我说,30年代末,他曾随马帮到丽江去旅行,晚上披着麻袋坐在房檐底下,算是住宿。自己煮饭,煮牛干巴,肉汤很好喝。一天来到一片黑压压的树林,据说是强人出没的地方,大家都很紧张。马帮头一声令下,大家逃

---

* 宗璞,原名冯钟璞,当代作家,哲学家冯友兰先生之女,清华大学校友。

命似的冲过树林,总算没有遇险。

又一次,谈到一份杂志发表的陈先生的经济学文章。我不懂经济学,记得陈先生说,凡事都有来龙去脉,不连贯起来看,就看不懂问题,也许会得出相反的印象。

他看见《中华读书报》上有关于我的简讯,划了圈,让人送来给我,家人说:"连陈先生都帮你搜集资料。"

1995年我偕外子去美国,到费城,得见顾毓琇先生。顾先生应我之请题词。他写的是"学究天人,道贯古今;哲理泰斗,典范永存"16个字,笔力遒劲,后放在《冯友兰研究》第一辑中。顾先生还要我们代为问候陈先生。我们回京后,到陈宅讲起顾先生情况,陈先生极言顾先生多才多艺,顾先生为科学博士,却又能写诗词、剧本,其英诗译作很有味道。

老人渐老和小孩渐长,都是可以看得见的。所以,说人"见老了"、"见长了"很传神。不记得什么时候,听说陈先生在会上晕倒了,便去看望。陈先生说:"是在会后饭桌上,没有任何先兆,忽然失去了知觉,现在已经好了。"自那以后,他似乎出门少得多了。又过些时,他说:"我现在是大门不出,二门不迈。"客厅里靠窗摆着两张沙发,他总是坐那靠门的一张,让客人坐靠内室的一张。因为门边有风,一直不解为什么这样坐,想说,踌躇了一下,以后也就忘了。再过些时,陈先生说:"我老是觉得很累,早上一起来就累。"说了些话以后,我怕他累,起身要走,老人说:"不要走,再坐一会吧。"于是我就再坐一会。这一会很重要,从此再没有见到陈先生。

我家的后院离商店、邮局比较近,陈先生有时从这里穿过,一直是腰身挺直,稳步而行。后院的石子小路坑洼不平,曾想让人修整,像我对一切事一样,总是一再蹉跎,等到把那些坑洼填平,老人已经太累了,已是"大门不出,二门不迈"。也曾想到做点什么好吃的送过去,但不是有事就是有病,这想法终于成了完不了的心愿。

1997年我索性一病经年,住了三回医院。待回到家来,发现燕南园墙外正在大兴土木,日夜施工,令人不能安枕。"陈先生怎么受得了!"我想,"可能学校会安排老人暂避一时。"过几天,知道陈先生住医院了。住几天也好,我们议论。没有想到,陈先生一去不回,永远地离开了。

我们去陈宅吊唁,灵堂里有鲜花有遗像,十分肃穆。这又是贤孝外甥女儿们的劳绩。还有那两张沙发,依然留在窗下,我见了不禁悲从中来。

我很伤心,世上又少了一位宽厚仁让,能主持公道的长者。人常用学贯中西、中西合璧等形容人的学问,我想,陈先生身上体现了人格的中西合璧,既有中国的发自内心的"礼",又有西方的平等精神,这样的人愈来愈少了。我难过,倒也不全是为陈先生,敬他爱他的人很多,无需我这一掬泪。我是被两句诗击倒:"侬今葬花人笑痴,他年葬侬知是谁。"它们不知怎么忽然跳到我心中。那是曹雪芹假托十余岁少女林黛玉的锦心绣口说出的,我到70岁才有些懂得。这是一个可以抽象出来的道理。父亲曾为许多朋友写过悼念的文字,陈先生为父亲写了悼念文字,我现在又在悼念陈先生。再往下呢?后人而复吊后人,代代无已。在这条来去匆匆的路上,人们"见长"、"见老",要停也停不住。

1998年4月下旬

"文革"中的陈岱孙与冯友兰(左),摄于 1973 年。

忆 陈 爸

□ 周如苹*

　　1997年7月27日,当我听到著名经济学家陈岱孙教授不幸仙逝的噩耗,悲痛万分。旧日的情景不禁涌上心头,使我不由自主地要提笔,将我脑海中纷杂记忆的点点滴滴写下来,以示永恒的纪念。

　　我们姐妹对父母的挚友们,均以某爸、某姨相称,如:对张奚若、杨景任夫妇,我们称其为张爸、张姨;称梁思成、林徽因夫妇为梁爸、梁姨,而他们的孩子也称我父亲周培源、母亲王蒂澂为周爸、周姨。金岳霖先生和陈岱孙先生终生未娶,我们这辈的孩子们都称他们做金爸、陈爸。当然,陈爸跟我家又有一层特殊关系,即他是我大姐如枚的"老干爹"。陈爸偏爱如枚,我们有目共睹,心中多少有那么一点儿嫉妒。

　　我在家里最小,太早的事情我不知道,都是听大人说的。我只记得在"文化大革命"前("文化大革命"中,由于人所共知的原因,不便过多来往,"文化大革命"后,我家搬离北大,路远,走动就逐渐少些),每到周日上午,陈爸总是从他居住的北大镜春园散步到我们住的燕南园,晚饭后再慢慢散步回去。有时张爸、张姨、金爸都来的时候,父亲总是和张爸在一旁说笑或谈论一点儿"正经事儿"。母亲则陪陈爸、金爸和张姨一同打桥牌,母亲牌艺不高,总是"三缺一"填空的。陈爸打牌从不动声色,输赢不露喜怒。

　　在我们眼里,陈爸总是一副模样,高高的个子、挺拔的身材、稳健的步伐、慈祥深邃的目光,喜怒从不形于色。所以父亲常说陈爸是"gentleman"、绅士派。母亲常对我们说,陈爸讲故事,听的人肚子都要笑破了,而他依然平静如水,就像什么都没有发生一样。即使在他最艰难的日子里,人所共知的年月,虽在劫难逃,但他仍能冷静地面对现实,坚强地度过了那几年。

　　1981年,大姐如枚英年早逝,陈爸悲痛欲绝,失声痛哭的样子,我终生难忘,连英姐(张爸张姨的长女)都说,从未见过陈爸这么难过,这么失态。这是我第一次看到陈爸流泪,每回忆至此,令人心酸。自大姐去世后,我们更加视陈爸如亲父,常去探望他。

　　父亲常说陈爸学问好,为人宽厚、正直。小时候,我什么也不懂,从学校里略知一二,回来便问陈爸:什么是主观、什么是客观? 陈爸指指自己的头,说"主观在这儿",又指指周围,说"客观在那儿"。我立时茅塞顿开,一下子明白了许多。后来,传闻在某次会议上,有人曾不切实际地说我国经济发展如何快,已基本消灭赤字云云。陈爸立即站起来,说:"这个根据不知是否包括向国际上借的债,而有赤字也并

----

* 周如苹,物理学家周培源先生之女。

非是坏事……"后来我曾向陈爸证实此事,他笑笑,不置可否。

  陈爸是父母亲的挚友,在他去世的前几天,瘫痪多年的母亲不知何故,连续三天叨念陈爸,责备他为何不来看她,是否不知道她还活在世上。我说:"陈爸比你大十岁,天气又热,不要惊动他。"母亲竟说:"就是因为他比我大,才应该让着我,来看我。"我说:"过两天,打个电话,你们说说话就行了。"没想到,两天后竟传来这样令人心碎的噩耗,叫我怎样面对母亲。

  父亲与陈爸的交谊是从1929年父亲赴美留学归国后开始的。那时,早于父亲回国两年又年长父亲两岁的陈爸已是清华大学法学院院长。27岁的父亲成为清华物理系最年轻的教授。1932年父母亲结婚(陈爸送父母亲的结婚礼物,现仍在家中保存),后来,我们姐妹四人相继出世,陈爸就成为我们全家的好朋友,连三姐如玲的名字也是陈爸起的。那时我家孩子多,母亲体弱多病,家里开销大,钱不够用,经常是陈爸慷慨解囊相助。

  60年代初,我读中学时,要好的同学向我证实一个"故事",说我父亲当年和陈爸一同追一个女学生,这个女学生相貌出众,引人注目。但这个女学生自己拿不定主意到底选择哪一位,于是就说你们两位谁先拿到博士学位学成归国就选择谁。陈爸按约定学成归国,而狡猾的父亲却提前回国且捷足先登,将这位女学生也就是我的母亲追到手。而陈爸回来后发现为时已晚,后悔不已,自此终生未娶。我听到这个"故事",不知真假,特意追问父母。父亲听后,只是一笑了之。母亲则说:"别听人瞎说!"自此后的几十年,以至今天还有人来向我陈述这个老掉牙的"故事"。后来,我整理父亲年谱时才证实,父亲是1929年从欧洲完成博士后工作以后才回国到清华任教,而陈爸是1927年就已归国。父亲是在1930年认识母亲,1932年6月18日与母亲完婚,之后定居清华园后母亲才与陈爸相识,于是陈爸成为父母亲一生的朋友。可见前述的"故事"简直是无稽之谈。可在今天居然有人还在以此"美谈"大做文章,借此赚取名利,简直无聊至极。但尽管这样,几十年来,丝毫没有影响父母亲与陈爸之间的纯真友谊。

  陈爸是美国哈佛大学毕业的。1987年我和父母亲去美国到哈佛访问,还去参观了老校友捐给母校的"王八驮石碑"。1997年我再次来到哈佛,望着碑上那充满爱国主义激情的碑文,心潮起伏,想念陈爸,想念父亲。当然,因年久失修、风雨侵蚀,石碑上已看不清校友的名字,没有找到陈爸的名字,但我知道,这就是他们捐的石碑,因为常听陈爸说起。陈爸和父亲一样有数不清的学生,他所从事的专业我是一窍不通。1997年春节我去给陈爸拜年,他送给母亲一套他的著作,我翻翻是什么也看不懂。父亲与陈爸之间近70年的友谊,从1929年在清华起,后抗日时期同赴西南联大,1952年院系调整后来到北大一直是同事。1993年11月24日父亲突然去世,93岁的陈爸从当日的新闻里得知,号啕大哭,翌日来家看望瘫痪的母亲,共叙怀念之情。后来,陈爸又不顾年事已高,冒着严寒亲自到北京医院挥泪为父亲送别,拥抱我们姐妹三人,当时我们真担心他的健康。1995年周培源基金会欲出版一本父亲的纪念文集,邀父亲生前好友、学生撰写纪念文章,我约陈爸,他欣然同意,没有多久就收到他的亲笔信,将亲笔撰写的怀念文章一同寄来,令人感动之至,因为这是我收到的第一篇文章,时年陈爸也有95岁高龄。

陈爸一向身体很好,记忆力惊人,思维敏捷。前两年二姐如雁回国探亲时我们去看陈爸,他居然问如雁是否吃过一种叫什么名字的汉堡包,他说在1927年以前做学生时吃过,特别喜欢,令大家十分吃惊。

陈爸以他97岁高龄溘然辞世,按旧时说法叫"喜丧",但我仍非常非常难过,非常非常舍不得他,不仅因为他是父母亲最后一位挚友,也是我们敬重的前辈楷模和良师益友。和陈爸在一起,我们可以学到很多很多。

翻开与陈爸合影的相册,睹物思人,更加怀念逝去的日子。陈爸一生虽没有儿女,但我们都是他的孩子,在我们的心中,陈爸永远活着,我们永远怀念他。

1997年7月31日落笔

1998年10月15日修改

(原载1997年8月17日《文汇报》)

作者周如苹与陈岱孙教授合影,摄于1997年2月。

浊世翩翩迥不群

□ 汤 燕*

　　自幼的印象里，家里来往的老朋友多与清华有关，或外公辈的同事、学生，或与母亲、姨妈们一起长大的老友，他们相聚最热衷于谈论的话题就是永远的清华，其中最具特色的"清华人"之一就是陈岱孙先生。第一次见到传奇般的陈先生是十多年前，印象最深的是他温和平易的言谈和那间仓库似的卧室兼书房，四周一摞摞的书顶向天花板。1989年，陈先生搬到了燕南园，我到了距燕南园百米之遥的北大图书馆工作，开始是雨雪天中午去吃午饭，后来就成为每周固定的拜访。陈先生，也从传奇人物变成了我心底永远不会逝去的记忆。

　　由于是清华人的后代吧，陈先生一直将我当做家里人看待，虽然按年龄我们相差60多岁，但他坚持让我称呼他为大舅，只因外公教过他生物学。我曾戏言："汤佩松爷爷已从伯伯升到了爷爷，您不升辈吗？"他说："不，这样年轻些！"因此，"大舅"就这样叫下来了，远方的亲友来了问起我是哪家的孩子，他就幽默地答道："按时髦说法：特约嘉宾！"多年的接触，我从大舅身上深深感受到了中国老一代学者爱国忧民克己博大的胸怀，而他特有的人格的感染力是笔墨无法言传的。

　　陈先生是爱国的，陈先生的爱国情怀一生不渝，融于他的一言一行中。他多次讲他那辈人认为留学归国是理所应当的事，那时根本就没有不回国的念头。读书救国，教书救国，朴素的信念伴着陈先生走过近一个世纪的人生历程。每每谈到抗日战争，谈到当时全国民众同仇敌忾的爱国豪情，那些他亲眼所见、为到抗日前线从云南步行到长沙、露宿街头的云南士兵，他挺直的身子会不自觉地离开椅背，言语间有的是无限敬意。他爱国，以毕生70年从教报效祖国，桃李天下，并无索取。他赞赏一切对国家有益的事，如讲北大中国经济研究中心的做法是很好的办法。他关注国家的发展，报上许多有关经济改革的文章，他都用红笔划个勾，这是他多年的习惯，认为是重要的、要推荐给晚辈们看的。他深恶腐败，对贪官蛀虫只有一个"宰"字。

　　陈先生热爱学校，先是清华、联大，后是北大，陈先生始终关心着学校的发展变化。陈先生对清华有着特殊的感情，在那里他奉献了一生中最好的年华，在那里曾有过他讲究的家和志同道合的挚友。讲起清华的往事，他如数家珍，95岁之前，清华的每年校友返校日他都回去，《清华校友通讯》每期必读，在书架上有固定的位置。他在清华人心中也是备受敬重的。费孝通先生说他是"清华的一杆大旗"。95岁那场病后，陈先生身体大不如前，不大出门了，但几乎每周他都问我校园有什么新变化、图书馆有什么新闻。一次他说：听说中国经济研究中心将旧房子按传统样子修得非常漂亮！我将新校历带给他，上面印有中国经济研究中心的新房子的照

---

* 汤燕，北京大学图书馆古籍部副研究员，原清华大学农学系主任虞振镛先生外孙女。

片,他非常高兴,将台历提前翻到那页,放在书桌上。是1997年初吧,一天他特别高兴地告诉我:今天晏老师(晏智杰老师)来了,说春天天暖了,叫一辆车,我们经济学院自己的车,拉我在校园里到处看看!可惜由于他身体一直不如意,始终没能成行。

陈先生热爱学生,对学生的要求几乎没有"不"字。学生们来访,陈先生不会闭门,告别时,都要送到门口。年纪大了,体力大不如前,事后会说:"今天很累,来了两批客人。"我们建议他少讲话,有些可以不见了。他说:"不好意思,人家来不容易。"后来系里出面保驾了,来客少多了。1997年6月,陈先生的身体已经非常虚弱了,系里有一个进修班的学生要毕业,提出想来照相,我们都劝他回绝了,但最终他也没有回绝。那天他很累,饭吃得更少了。那次,是他最后一次与学生合影。陈先生去世后的三周时间里,来家里灵堂悼念的学生络绎不绝,年纪最大的是90岁,联大时期的学生最年轻的也有72岁了。有位老师说:"陈先生对学生真好,我们这些穷学生没什么孝敬老师的,还给老师添麻烦……"几年前她出版了书,请陈先生帮忙推荐、推广。有位学生,带了还未上小学的儿子来给陈爷爷鞠躬,说当年他的论文陈先生改了30多页。那些日子,家里的电话铃声几乎不断,每天系里、家里都会收到从全国各地来的唁电,大家都能讲出陈先生为他们做的、令他们难忘的事。

陈先生正直、谦逊、博学、宽厚。他的学问我不懂,肯定精深,但他能用浅显的语言讲解那些复杂的经济观点,话不多,让外行人能知其所然。我的父亲也是陈先生的学生。父亲说,陈先生讲课深入浅出,没有一句多余的话,第一节课在黑板上写一个大大的 WANT,由此引出经济的本质。每当上课的钟声一响,陈先生准时出现在教室门口,放下烟斗、翻开书本开始,最后一句话音落了,合上书本、拿起烟斗,下课的钟声就响了。陈先生对大事、小事都有自己的想法,不受潮流左右。他总是告诫大家做人要老实,老实做人,老实做事。他是这样说的,也是这样做的。他严格自律,不愿麻烦人,不愿有特殊。生活中许多具体而细微的小事能以小见大,体现他的为人。95岁之前,去邮局寄信、去图书馆查资料……他都自己去做。有一二年时间,报上有关治疗癌症方面的文章他都剪下,及时去邮局寄,是寄给一位在远方患病的学生。他的好友梅贻琦夫人去世了,他不愿公家为他单独派车,佯称不去参加追悼会,而让我问母亲学校去八宝山班车的时间地点,与大家一同在夏日下等班车,那年他已是93岁了。陈先生是认真的人,做事规规矩矩。由于年纪大了,许多会议他都不去开了,每次都自己写信告假,没有半点马虎。各种来信,或咨询问题,或索要论著,甚至托找工作,他都自己处理,不厌其烦。体力所限,书房疏于整理,许多书堆在窗台上下,但凡给系资料室的各种杂志一定放在固定的地方,不许小辈拿,存齐一年请系里取走。书桌旁边的书架每一位置都放固定的东西,将再利用的旧信封、近期要看的文章……还有,每周给我的报纸。我们每周见面的一项内容就是交换报纸,《文汇读书周报》《文摘报》……我有时会忘带,大舅却从不忘记,见面第一件事就是去书房取报,住医院期间也不曾忘记将给我的报带回。家用的日常用品,都放在固定的地方,小辈们找不到知道去问舅公。陈先生的记忆力惊人,很久以前的事都能将来龙去脉讲清楚,95岁时我们还一起背《长恨歌》。后来一二年发现会忽然记不起来客的名字,觉得"很可怕",而"以前听别人讲这样的事不相信",这时,他才意识到自己老了。他不大出门了,凡托我们办的事,总是整整齐齐罗列清楚,最后不忘写个"谢"字。他对现在学校、社会上许多时候办事简单草率,很不以为然,当然,也无可奈何。陈先生是会生活的人,在清华园,陈先生的衣着与张奚若、周培源先生家的家具一样闻名,西服马裤,讲究得体。随着时代的变化,他改变了生活,"房子又小了,成套的红木家具没地方放了,卖!"搬到燕南园,添置的书架是图书馆处理的大铁架,20元一个。只有凭这份达观,才能以这般平和的心境历尽变故沧桑。

陈先生是风趣幽默的人。孙辈们如何也不能想象舅公在长辈、学生们的心中怎么是个严肃、不苟言笑的人!而在家里,讲笑话最多、外号最多的是舅公:"皇上"、"老干部"、"老耗子"、"老猫"。陈先生讲笑话,不动声色,等大家反应过来"喷饭"了,他依旧平静如水。他晚年主要的消遣之一是看电视,除了各种体育比赛外,电影、电视剧他也看。在播放电视剧《我爱我家》的期间,家里的生活用语随着剧情的发展不断变化,见面相问:"您安得可好?进得可好?……"我们问:"皇上,闹不闹呀?"他拊掌大快:"这多热闹呀!"因此发现了"家里谁个子最高、谁年纪最大、谁可以离休",引出了"老干部",也从此,外甥孙女冰冰被"封为蜻蜓秘书"。《我爱我家》不知何故在北京电视台停播,他与我们一起不甘心、等到失望。陈先生肚子里的故事似乎永远讲不完:儿时的辫子、留学时用一根香肠吃下半打面包的同学、清华园的同事、金岳霖先生家的"湖南饭店"、联大的艰苦团结、昆明的唐家戏楼、战后从日本人手中接收清华园……悠悠往事在他脑海里似乎永远不会褪色。回忆时目光中跳动的欢愉,好似他又回到往昔的岁月,那些永存他心底、令他留恋的日子。陈先生是感情深沉的人。与他一起生活了近30年的堂妹病倒了,住院和回家后的日子,每天下午他都到她的床边坐坐,或讲讲一天里发生的事,或并不说什么,只是默默地坐着。晚辈们绕膝的笑语给他的晚年带来了无限的慰藉。外甥女唐斯复、唐立苏只要在北京,每周总要来北大二三次,他一方面愿意她们来,一方面又不愿劳累她们,总是说:太忙了,不用来。对于孙辈,几乎是平起平坐、没大没小了,左一声"舅公"、右一声"舅公",下午1点才午休也可以,"没关系,再坐五分钟。"这几年他特别愿意过节,这时家里人都会聚在他周围,三三两两地闲聊,有时他并不加入谈话,只是坐着,静静地听。记得1996年过中秋节,是临时决定的,提前了一天,我们小辈"申请",他特别高兴:"批准!咱们没有提前,就是今天,春节过除夕,圣诞节过圣诞夜,十五过十四!"马上戴上眼镜、打开柜子,认真选出一听罐头和一瓶酒,说:"我宣布贡献一听罐头和一瓶酒!"当看到外甥孙陈晴如何也打不开酒瓶的软木塞,我们七手八脚帮不上忙时,他站在旁边,双手叉腰,歪着头,一脸的幸灾乐祸!乘我们不注意,快手抢过酒瓶、挟在两腿间做用力状,被我们惊呼着夺回!有时大家愿意给他个惊喜,事先不讲,一下都来了,他更是高兴。给他过96岁生日,事先没有告他,他上海来的堂妹还剪了一对红寿字,他非常高兴,告诉我们这是福建家乡风俗,在鸡蛋上印上红寿字,他一头吃一口,然后给小辈吃,叫做"接寿"。晚辈们出差、出行都告诉他,他总是记得非常清楚:"×日唐斯复在××处,×日唐立苏在××处","今天他们又野吃去了"……大舅走了,舅公走了,谈笑如昨,为之潸然。

亲聆智者謦欬,得以领悟什么是尊严、人格、品质。陈先生儒雅卓绝,世罕其俦,他属于他的时代,如鲲西先生所言:"他是属于清华园的,这样的风范以后再也不会有了……"他的道德学问教化了几代学人,行为人表,会永为人们所敬慕。

作者汤燕与陈岱孙教授合影于 1988 年。

心中往事

□ 李依真*

惊闻陈岱孙老仙逝，心中异常悲痛。我心中一直埋藏着这位经济学界泰斗、一代宗师鲜为人知的往事。

我父亲曾是岱老30年代在清华大学执教时的学生，1957年被划为"右派"，并开除公职；1964年被送往精神病院长期治疗；1973年病情好转出院后回西城区老家居住。当时，正值"文化大革命"时期，他找不到工作，没有经济来源，生活十分困难，几乎靠乞讨度日。

父亲是老北京人，亲朋好友甚多。但在"文化大革命"时期，人人自危，父亲不愿连累他们。亲人们有的自顾不暇，有的避而远之。父亲几乎到了走投无路的地步。这时，只有陈岱孙老师———一位白发苍苍的老人，冒着包庇"右派"、被批斗专政的风险，向濒临死亡的学生伸出援助之手，从自己仅有的生活费中，每月挤出五元钱，救济我的父亲。月复一月，年复一年，一连八年，直到我父亲落实政策后才停止。

五元钱在现代人眼中是不屑一顾的。可在五六十年代，五元钱足可养活一口人啊！父亲就是靠岱老的这五元钱买粮、买煤，度过了最困难的时期。

落实政策后的父亲，不久便瘫痪了。他在病床上最想的就是恩师陈岱孙。无论在广播、电视或报纸上，只要听到或看到岱老的名字，便老泪纵横，激动不已。1984年父亲带着未能报答恩师的终生遗憾，离开了人世。

现在岱老也仙逝离去。我相信在天堂大门叩迎岱老的第一人，一定是我的父亲———岱老养育了八年之久的学生李祥煜。此刻，父亲和他离世的同学们，正静静地恭候他们的岱老师，为他们在天堂上第一课：怎样才能称得起一个真正的人。

（原载1997年8月22日《北京青年报》）

* 李依真，清华大学经济系校友李祥煜先生之子。

敬忆陈岱孙先生

□ 陈 芳*

　　1997年8月初的一天中午，正埋头于海淀区地方志政协卷资料长篇整理的我，收到一封信，肃穆的信封上面有黑体字"陈岱孙教授治丧办公室"。当时真惊呆了，岱老走了？让人不敢相信！

　　先生之风，山高水长。真想哭，即刻给治丧办公室打电话，表示作为晚辈要敬献花圈和挽联，又陈述了难过心情。办公室的同志说大家都一样，感到挺突然的。

　　下午，我去中关村鲜花店请年轻的老板扎了一大束鲜花，内中有马蹄莲，凤尾葵，黄、白菊，还特意插了两枝玫瑰，小伙子讲岱老是高寿无疾而终，可说是"喜丧"。然而我的心依然沉重得很。捧着鲜花来到北大燕南园55号，客厅北墙正中一帧大镜框黑白相片里岱老慈祥地微笑着，我一下就哭了，先是鞠躬致哀，后双手合十，垂首默祈上苍护佑我岱老英灵安息，再跪泣叩首，仍感不能表达伤心之万一。岱老亲属接过花束，放在岱老遗像下面，周围已有不少束鲜花，还有花篮。岱老亲属说岱老此生真不虚度，身后有这么多人由衷地怀念他。笔者说这是大家共同的心愿。

一、众星拱月仰岱岳

　　1990年5月底的一天，我第一次见到了德高望重的陈岱老。当时全国政协正在政协礼堂举行"庆贺陈岱孙先生90寿辰和从教63周年茶话会"，我跟随北大党委统战部的同志们前往致贺。当精神矍铄的岱老出场时，我即为先生整洁的仪表、潇洒的风度所倾倒，只见先生身着朴素的深蓝色中山装，面容清癯，讲话清晰。先生当时已达90岁高龄，然而上下主席台不用搀扶，身轻体健，行动自如。而与会领导、岱老弟子和各界人士表现出来的敬仰之情又深深地感染了我。全国政协李先念主席写来祝贺信称赞岱老："辛勤耕耘，无私奉献，在经济学研究上有很高造诣，值得大家学习。"谷牧副主席则发言评价陈岱老是"一位具有坚定的爱国思想的高级知识分子"。茶话会结束后，北大的同志们和陈岱老合影留念，统战部长葛淑英阿姨把我也拉上了，心里真是高兴，觉得能和陈岱老这样德高望重的前辈师长合影非常之荣幸。

　　在以后的岁月里，我曾多次去北大燕南园先生寓所拜望岱老，现在此缅怀追叙，以资众友更好地向岱老学习。

二、爱国者的道路

　　在访谈中我感到，陈岱老等老一辈中国知识分子爱国家爱得真挚、深切，始终

---

* 陈芳，北京大学校友。

把自己的命运同国家前途的命运联系在一起,科学救国、精忠报国的意识深入骨髓,爱国是他们一生事业的原动力。

1992年11月初的一次拜访中,岱老回忆起他早年的经历。自少年时代就目睹中国的积贫积弱,面对世界萧条的压力和外侮列强的欺凌,痛感中国作为一个经济落后的国家,"不但是一般人民生活的艰难,而是一切立国大计的无着","富强是当务之急"。岱老说到1932年在伦敦举行的国际经济货币会议,世界所有主要国家都参加,唯中国没有被正式邀请,"国大却言轻,你不配的!"岱老由衷地慨叹。至1936年先生更尖锐指出:"甲午战争之后,中国虽幸免于列强政治的瓜分,而经济侵略乃与日俱进。"使晚辈更为感动的是抗战时期西南联大条件那么艰苦,先生还在想着前方部队士兵要填饱肚皮,一再呼吁要培养我们的经济力。新中国成立后,岱老全身心投入经济学教育事业。改革开放以来,岱老边教学边研究,边从事社会工作,更关注改革开放,发表的学术演讲和各种论文累计竟达百万字。1993年还发表《我对通货膨胀的一点看法》,其中充满真知灼见。

陈岱老早年在美国念了六年书,在哈佛大学拿到博士学位后即准备回国。岱老对笔者说过,他们当年出国就是为了回来帮助国家富强起来,不像现在有些人先考虑回来不回来。

三、蔼蔼师尊,长者风范

岱老于1927年归国后在清华大学新设经济系任教授,次年即任经济系主任,一直是清华骨干台柱,被公誉为"清华人的骄傲"。1953年后到北大经济系任主任。28岁至84岁都做系主任,90岁还带博士研究生,令人感佩至极。岱老曾对笔者很谦逊地说:"我最适宜的工作就是教书,别的事情不会做。在任何国家教书都是很苦的,我从不考虑这个问题。"早年岱老抽烟时,学生都爱送香烟、雪茄、烟斗,到"文化大革命"中不抽烟了,学生们就送咖啡,什么品牌的都有,这算是一段趣话。

岱老当年学成回国后每学期同时开三门课,每周课时9节至12节,而现在却是三四人同教一门课。对此岱老很为焦虑,诚恳地说:"这怎么行!"笔者拜读过岱老当年写的《关于大学毕业生职业问题一个建议》:"社会费了大量的财力,造成了这一般的人才,造成之后,又把他们弃置不用,当初的财力岂不是虚掷?"显出经济学家特有的精明。

面对教书这一永恒主题——培养后人、造福社会,先生坚持默默无闻地把自己一生精力都花在学生身上。教书60余载对学生一向耐心细致,哪怕是不知深浅的毛头小伙儿拿很不成熟的观点上门讨教,先生也是要亲自看论文,用红笔修改,告诉后生:你所谓的"新发明"哪位学者已有言在先,如想再论,建议参考什么书,并开列书单。先生在审阅中青年学者的论文、书稿时也是认真至极,逐段逐句,错别字都予以修正。他曾给一位博士研究生毕业论文写出了近两万字的指导意见。记得岱老说过:"青年人做学问就该老实,这是我的一贯看法。"真乃循循善诱,清流惠风。

"春风化雨乐未央。"1994年春天的一次拜访中,岱老平稳地说:"我上课时从来不点名,但下面总是坐得满满的。我对青年同志有一种好感,觉得中国的将来在青年身上,协助社会培养一代新人是很有意义的。亲戚也好,学生也好,他们都不怕我。现在家里有两个外甥孙子、孙女住在后屋,有小孩子在,热闹!"拜访中,岱老的得意弟子、知名教授晏智杰、张友仁诸先生都由衷地赞颂先生的治学、为人之道。

  笔者也亲感岱老的长者风范。自幼在未名湖畔徜徉的我,童年时曾跟着父母到过江西鄱阳湖畔的北大鲤鱼洲"五七干校"。1992年底的一天,当向岱老追述往事时,老人家眼角立即浮上慈祥的笑意,问:"你那时才多大?觉得苦吗?"在笔者起身时,岱老还笑着伸出手来,说:"江西干校的小朋友,好好走啊!"让人心里真温暖,我永远都忘不了这句话。1993年元旦,我又去燕南园拜望,坐在客厅里的岱老一见我进门,即起身相迎,我赶紧扶老人家坐下。岱老外甥女、《文汇报》记者唐斯复老师告诉我孩子们都喜欢他们的舅公。后来出门时,岱老又起身送我。真是让人感动至极,后生晚辈岂敢啊!笔者冒昧,想请他多指教,岱老非常和蔼地同意了,说笔者随时可以去,只要他在家。

四、人格清逸,风骨劲健

  陈岱老一生孜孜矻矻,尽瘁教坛,静以修身,俭以养德。面对百年沧桑,不弃精神学问。先生弟子谈起他时都露敬重之色。北大经济学院教授陆卓明先生称赞岱老有中国知识分子的人格,教书治学皆以正直为先。岱老对西方经济学是融会贯通,不是东抄西抄,而是始终如一。直到1996年,岱老还强调对西方经济学不能"述而不批",认为对西方经济学的盲目崇拜是当前的主要危险。早在1978年为厉以宁教授专著作序时即指出,在资产阶级经济学说史的研究中,最忌简单化的做法。先生一生把自己的焦点凝聚在教书治学上,排除各种诱惑,学术思想很新,能及时了解各种动态,对经济形势和未来都有很正确的理解和分析,提供给社会和决策部门参考。

  先生虽无家室,孤旅一生,但对生活仍很有追求和讲究。早年留洋时,去西班牙是为了看斗牛,到意大利则一定要观歌剧。岱老很奇怪当代人出去就是为了搬几个"大件"回国,而不是去做学问、长见识。当年先生面对国内财政论述几乎空白的状态,自言曾有"野心"写一套系统的财政金融研究专著,以组建中国自己的财政金融研究系统。后来先生风趣地告诉笔者,自觉能力有限,官场陋习看不惯,挣钱又累,再加上求学时学的是财政金融,只学花钱,没学挣钱。然而言谈中却透着清高:虽然是学经济的,却始终抵制唯利是图。岱老生活上有追求,但不挑剔,精神乐观。"文化大革命"期间及以后很长一段时间住在镜春园的老式平房里,潮湿阴暗,中央领导同志访问他时都觉过意不去,先生却说环境有野趣。谈到"文化大革命"冲击,岱老讲不算大,"层次没那么高"。第一等是"资产阶级反动学术权威",第二等差"反动"两字。当时有学生贴大字报在家门口,说岱老是"资产阶级学术权威"。对此,岱老一笑了之,自嘲当"反动派"这不够格哩!1957年先生曾在全国政协二届三次会议上写提案反映我国人口问题,呼吁实施计划生育。据说康生当时曾想据此划岱老为"右派"。笔者问过岱老可有其事,岱老还是笑着讲,他是听到过这个"谣言",但后来没有证实。

1992年的一个冬日,岱老向笔者谈往事时,曾讲归国后目睹北洋军阀政府官场的腐败和黑暗,使他想起《孟子·滕文公章句下》中引曾子语"胁肩谄笑,病于夏畦"这句名言,发誓终生不为官。可叹笔者这个中文系毕业的学生竟不知所引何言,还劳岱老亲笔指教,真是难忘师恩。

最后谨以笔者1997年为岱老所撰挽联作为本拙文结束语,以表敬仰追怀之意:

> 气派吞山河,宗师懿范敬仰岱岳;
> 萋萋生春草,先生道德痛泣王孙。
> 陈公大师千秋

丁丑夏月晚辈陈芳衷挽

八年前的一件往事

□ 海　波*

　　1990年的夏天,我从河北师大校医院转院到石家庄市级医院看病。由于我肺炎很重,高烧又不退,我决定回唐山华北煤炭医学院附属医院住院。我在火车站的一家书店的书架上,惊喜地发现了《陈岱孙文集》。

　　陈岱孙是我国老一辈著名经济学家和教育家。此书反映了岱老光荣爱国的一生。那是为民族独立和国家富强不懈奋斗的一生,是为我国教育事业和经济科学无私奉献的一生。岱老青年时代曾在美国哈佛大学获得博士学位,从此他以经济学为武器,为捍卫民族和国家的利益,岱老一直走在队伍的前列……

　　我默默地在角落里阅读着,油然而生敬意,思绪不自觉地回到了一年前的那一时刻。那是1989年初北大刚要开学的前几天,我与概率系一位影友刚刚从三角地书店里出来,正巧碰上岱老去校内的邮局。影友先是与岱老说事,事后将身边的我介绍给岱老。第一次见面岱老就给我留下了很深的印象。

　　此时在书店里看见岱老厚厚的文集,我禁不住心头大喜。岱老是我所尊崇的文化人。今天在这儿见到他的文集好像见到了久别的好朋友,真想一下把它抱在怀里。由于身上带的看病钱和路费极为有限,我犹豫了很久。火车进站的时间到了,我只好将书放下,走出书店朝火车站的方向跑去。

　　新学期开始了,我打算早些时候回到石家庄,我的第一个计划就是:到石家庄后马上把《陈岱孙文集》买到,并在开学前认真地读完,我带着期待的心情匆匆上路了,谁知《文集》早已销售一空。我垂头丧气地出了书店,心情一下子变阴了,后来跑遍了全石家庄的新华书店都没买到《陈岱孙文集》。那些日子里我一个人在空荡荡的校园里来回踯躅,很苦恼:我为什么住院前不买?后来也多次顺路来北京购买,但都没有在书店里见到。这遗憾伴随我三年之久。

　　1993年10月我与北大俄语系朱士毅教授、陈游芳同学一起拜访了陈岱老。我无意中说出在石家庄上学时的往事。"不遗憾,不遗憾,海波。"和善的声音,我循声望着岱老从里边的书房走出。是书!是渴望已久的《陈岱孙文集》。我心情十分激动,三年之久的遗憾随风飘去,在老人面前我感情失控了。真没想到蓄积了三年之久的愿望,终于如愿以偿了,可以认真地阅读了,可以领略一下世纪老人深邃的思想以及他用生命抒写的爱国精神了。

　　从那时起我每年都要去看望岱老二三次。与岱老在一起的时候我称他"爷爷",这不仅是因为岱老年岁大,更主要的是岱老的思想和渊博的知识叫我敬佩和爱戴。岱老让我增长了很多的见识,特别是做人的道理。他对于青年人的成长特

---

　　* 海波,摄影家。

别关心。有一次,一位素不相识的女学生来到岱老家,向岱老请教经济学方面的问题,岱老带病给她讲解了三个小时。那位学生走后我问岱老为什么不留下这位女学生的地址,岱老微笑着回答说:"学生求知是一件可贵的事情,不必要人家的姓名、地址,只是在学问上互相交流一下。"是呀!此时,我的耳边又响起了岱老的学生王梦奎先生所说的:"先生清白的人格,清高的作风,乐于清苦、追求真理与自我完善的精神,是我们后来者学习的榜样。"

岱老离开了我们,但是岱老的思想和著作永远与我们民族同在。

1998 年 3 月于北京

深情怀念岱孙伯父

□ 陈　俱[*]

　　早在我上小学的时候,就知道有个堂伯父名叫岱孙,是个出色的人物(他和我父亲是同曾祖的堂兄弟)。刚上初中,在华南女子文理学院教书的佩兰姑多次和我说起岱孙伯品德高尚,学问渊博。她说:"我们这些做弟妹的都为了有这么一位大哥而自豪,以他作为自己的榜样。你们小一辈的也要好好向大伯父学习。"她的话引起我对大伯的无限景仰。那时他在遥远的昆明,不可能会面。

　　抗日战争胜利后,我中学毕业准备升学,因母亲重病不能离家,就近上了福建学院读经济。1947年春母亲去世,我决心转学平、沪,随着叔叔陈绛到上海应试。我的首选是清华。家里都知道岱孙伯为人"四角"(福州方言,严格正直之意),不论父亲或是姑母,都没有提起向他请托的事,我只能凭自己的本领。清华的考题只有两道,其一是关于边际效用,我略有所知,答得较满意;另一题懂得少,就勉强写一些。发榜时,经济系插班生只录取两名,自然没有我的份。出乎意料的是,第二年暑假岱孙伯回福州时特地看望了我父亲,说他看过我的考卷,认为还不错,但是比不过人家,因而没有录取。他知道我已就学上海,感到欣慰,勉励我用功。从这件事,可以看出他果然是一心为公、绝不徇私,同时也体现了对晚辈的关怀爱护。我对他的感激和敬佩,是难以形容的。

　　我和岱孙伯的直接接触,主要是在改革开放之后。这时,我从"文化大革命"中下放的县份调到福建省科委工作,有了到北京的机会。每次晋京,我必到镜春园看望他老人家。他殷殷垂询家乡情况,我谈了福建经济建设长期滞后,现在作为改革开放的综合试点省份,出现了转机,有了蓬勃发展的势头,他表示了由衷的高兴。

　　尽管我是个不堪造就的学生,总算学过几年经济,岱孙伯记住了这一点,每当他的著作出版,必定赠送我一本。有的面交,有的托人转交,而且必亲自题字签名。我虽然不能完全读懂,还是认真读了,多少弥补了我学识浅薄的缺陷。同时我也很注意他在报刊上发表的文章,比如1983年那篇著名的论文,我反复阅读,觉得在盲目学西方的论调甚嚣尘上的当时,不啻是一副清醒剂。

　　1982年11月,我有幸参加国家科委组织的"提高科学技术能力考察团"到加拿大、巴西二国,临行前我拜访了岱孙伯。他听了我谈的此行目的,说:到外国考察,很有必要,需要注意的是应以我为主,从我们自己的实际情况出发。他为我写了一封信给旅加的学生谭振樵先生,请他予以协助。谭先生是位知名人士,为当地社会做出了卓越贡献。我们到达蒙特利尔时,谭先生伉俪热情接待,亲自开车领我们参观。这次考察达到了预期目的,就我而言,对于其后理解和贯彻中央科技体制改革

---

[*] 陈俱,陈岱孙先生之侄。

的方针政策,有着积极的意义。

1984年,我在《福建画报》上读到岱孙伯写的短文《乡声》,不胜惊喜。他以朴素的语言记述少年时代的回忆,透露出对家乡的浓厚感情。这简直是一篇优美的散文诗。到京时我向他谈了自己的看法,他淡淡一笑,说:"我不擅长这些,他们一定要我写,只好应命。"

岱孙伯很少流露自己的感情,他对人们的真挚感情往往体现在实实在在的行动中。他热爱晚辈,热爱青年。我所知道的,佩兰姑的外曾孙女、中科院研究生白欣在北大听课,纶叔的孙子郁以福州一中毕业考试第一名的优异成绩被保送进北大学物理,都得到他的亲切关怀。

我到北京看望他时,往往带些家乡土产,如红糟、肉松之类,时逢秋冬,还带上漳州水仙花头。有一次,荷姑说:"别的无所谓,水仙花最好。"岱孙伯微笑。他们说我送去的水仙开花特多。此后,我上北京从不忘记带水仙。我理解,他们对水仙的喜爱,不仅因这花的品格高雅,而且包含着浓郁的乡情。1989年我离开工作岗位,不上北京了,季节一到,就买好水仙装进纸盒邮寄。1992年,岱孙伯为此特地写信表示谢意。这信,我一直保存着,作为我的一件珍藏品。

1997年水仙花上市的季节,街头处处是卖花的所在。我猛然想起:今后,水仙花该往哪里寄呢?想着想着,泪水已经模糊了我的双眼。

我想,我没有赢得直接受教于岱孙伯的机会,是我一生最大的憾事。然而,他作为长辈所树立的榜样,我虽不能企及,却时时给予我莫大的激励和鞭策。他的高风亮节将长久流传,受到后人的景仰。

1998年6月

世纪同龄人

□ 唐斯复*

陈岱孙教授是我国著名经济学家、教育家,经济学界一代宗师,享年 97 岁。

陈岱孙教授在 1965 年。

这位与 20 世纪同龄的老人,在漫长的一生中只做了一件事:教书。从 27 岁开始的粉笔生涯,一直持续了 70 年,春风化雨,桃李满园。

1997 年 7 月 27 日上午 8 时 12 分,陈岱孙教授怀着对人生的深深眷恋,溘然长逝,结束了平凡而又奇迹般的一生。花纷纷,泪纷纷,哀悼的人们悲叹:一个时代结束了。

1997 年春天的一个下午,我坐在陈先生身边,对他说:"大舅,出版社让我写一篇关于您的文章,猜,我怎么写?"他侧过脸,眼睛放光。"我想好了第一句:在我少年时的印象中,我的大舅是位威严的人。好不好?"他笑了,连声说:"好,好。"每当他绽出开心的笑容,我便会感到整个房子充满阳光。

---

* 唐斯复,陈岱孙先生外甥女,资深记者。

少年时,我眼中的陈先生确实是威严的。人们称呼他都有个"大"字,同辈人称他"大哥",晚辈叫他"大舅"、"大伯",又下一代呼唤他"大舅公"、"大伯公",我哥哥的孙子该叫他"大太公",外面的人说到他,则是"大教授"、"大学者",这"大"意味着了不起。50年代初,我从上海到北京读书,住在外祖母家,只有过年过节时才能见到陈先生来。他个子好高,身板笔挺,穿着也笔挺,坐下喝杯茶,话不多,又笔挺着走了。那时,逢年过节,外祖母是要摆上香案祭祖先的,叫我磕头,我不肯。"大舅每次都磕头,你还不磕。"只要是陈先生做了的事,我一定顺从。放寒假,外祖母带我到陈先生家小住,陈先生的母亲我叫"四婆婆",她和外祖母是妯娌,她们有说不完的往事。

在镜春园的日子,比在城里上课时还有规律。每天,陈先生6时30分起床,全家便都起来了,7时30分早点,12时午饭,6时晚饭,10时各自回睡房,与时钟一样准。镜春园甲79号平日安静的时候多。陈先生即便不外出上课,8时整坐到书桌前,一盏旧式绿玻璃罩的台灯便亮了,他潜心看书写字。每当此时,家里嗓门最大的朝年(管家兼厨师),也悄声来去。他的相册一本又一本,很多,从照片上看他年轻时好运动,打篮球、打高尔夫球、游泳、打网球、打猎、跳舞,尤其桥牌打得精彩。他28岁担任系主任,一直做到84岁。有时系里教员之间意见不一致,一起到镜春园开会,照例家里人回避。只听客厅里先一阵是双方语气激烈的争论,静下来后,是陈先生说话的声音,话不多,然后就没有声音了,不一会儿,传来开门和纷沓离去的脚步声。常听人们说,陈先生一语千钧,一槌定音。

实际上,陈先生一点也不可怕,从少年时我便喜欢和他在一起,喜欢镜春园家里的宁静和秩序。每一物件都有固定的放置地方,那煮茶的壶,套在壶上保温的绣花罩子,和粗瓷杯碟,至今仿佛垂手可取。去上课之前,他把茶喝够,讲课几个小时无需再饮水,他说自己是"骆驼",这习惯一直延续了很久。正餐四菜一汤,这大概是他在清华学校吃包饭时留下的规矩。那时吃些什么已记不得了,但是,忘不了吃饭时的情景。饭菜摆上桌了,朝年去里屋请四婆婆。穿戴梳妆整齐的四婆婆慢慢走出来(她腿不好),陈先生在门边迎候,抬起右臂,四婆婆扶着他走到桌边,他为母亲把椅子放合适,坐下。最年长的人先动筷子,全家人方可吃饭。饭桌上没有声音,没人挑肥拣瘦,没人落下米粒,饭菜吃得干干净净。有客人时,略备薄酒,从不劝酒、划拳,酌量自饮。每个人走出卧室,衣冠整齐,陈先生沐浴后也整整齐齐走出洗澡间。

天气好时,大舅带我去商店买东西,他一定按顺序排队,请他站到前面去,他摆摆手。沿着未名湖散步是最迷人的了,他给我讲湖光塔影、临湖轩、花神庙……迎面过来不论是行人还是骑车人,见到大舅都会站定让出路来,恭敬地唤一声"陈先生",大舅点头还礼,略侧身再往前走,继续给我讲北大图书馆藏书的故事。

陈先生求学的故事,是最令人听后难忘的。陈氏家族是福建闽侯的望族,书香门第,中国传统的老式大家庭。末代皇帝溥仪的老师陈宝琛太傅是我妈妈的祖父,陈先生的伯公。他留过小辫子,6岁到15岁在私塾读书,国学基础厚实,酷爱学历史。他的外祖母家景况完全不同,十分洋派,他的外祖父、舅父曾是清政府派驻国外的公使,全家说英语。外祖父为他请了英文教师,自幼他的英文就很好。辛亥革命,11岁时的陈先生自己把"猪尾巴"剪了,他说"我是少年革命党"。15岁,入教会办的福州鹤龄英华中学读书,写了两篇文章便免修中文课,英文课只参加期末考试,专读他最怕的算术课,从最低班一级一级跳到最高班毕业。"一点基础都没有,学起来好难啊!"直到辞世前,偶谈往事,涉及此话题,他仍心有余悸。三年读完六年课程。1918年,他考入清华学校留美预备班,插班三年级。在清华学校,他感到同学们一个个好厉害,都拼命念书,原来以为自己挺不错的,"可不能得意,山外有山,天外有天,埋下头去,发奋念书!"1920年,赴美国留学。他在美国六年,得了学士、硕士、博士三个学位。因成绩杰出,荣获美国大学生的最高奖——金钥匙。15岁到26岁的11年间,他如同在跑道上狂奔,不断追过跑在前面的同学,冲向终点。"竞争十分激烈,我是连滚带爬地读完了书。"美国哈佛大学研究院是世界高等学人聚集求学的学府,他22岁考入。"那时,我是个小伙子,班上有50多岁出过著作的学者,他们不把我当回事,我要和他们比试比试。"整整四年,从不外出游玩,在图书馆中专用的小房间里发奋读书。他攻读的是经济学和哲学,涉及的学问非常广,通读马克思的《资本论》就在那个时期。博士学位答辩在研究院是众人关注的大事,考官是四位大胡子长者,他们分别是经济学、哲学、文学、天文地理等学界的权威,其中一位主持答辩。没有预先可准备的考试范围,一入考场便是四个小时。他回忆:"紧张得汗顺着脊梁往下流。"答辩完毕,如果这四位大胡子什么也不说走了,意思是"明年再来"。而对陈先生则是依次握手祝贺。他在班上最年幼,一次通过。之后,他周游一番。1926年,告别美国,取道欧洲。在英国、法国游学半年。1927年,返回祖国。我曾问他:"您想过不回来吗?"他回答:"我们所有的人都想的是学成回来,报效祖国。"先回福建探望父母,8月北上,应聘赴清华大学任教,从他第一次面对学生起,便一直面对学生70年!他到底教过多少学生,无法统计,来向他遗容告别的学生,有91岁的老人,也有21岁年轻学子。陈岱孙教授倾毕生年华、学识才智,化作一届一届学生的成长,他似吐丝的春蚕、燃烧自我的蜡炬。他乐意得很:"得天下英才而教育之,一乐也。"陈先生怀念在清华的生活,他获得教课和奋发读书的满足。那时一位教员要担任3—4门课,每星期8—9课时。他在哈佛大学时专业方向是财政金融,教的主要也是这一门,但是,他感到对于中国有关这些方面的历史和现状的知识太不够了,最初几年,他花了很多时间和精力来充实自己,补充教课的内容。1932年,清华大学又提供他旅费和生活费,去欧洲游学一年。他在法兰西国家图书馆和大不列颠博物院里,曾为写《比较预算制度》一书作准备,又是发奋地读书。大家都评价陈先生教课教得太精彩,那是教员坚持学贯中西,厚积薄发的效果。教书是他毕生的职业。学习,也伴随了他一生。1997年1月初,他还捧着一本厚厚的、国外出版不久的经济学著作在读。手不释卷,可谓他一生的写照。

《文汇读书周报》曾刊一文,题目是《陈岱孙:一代学人的终结》,这似乎成了怀念他的共同话题。1928年,陈先生担任清华大学经济系主任。1929年,他兼任清华大学法学院长,他是最年轻的院长,其他诸院长也只有三四十岁,均踌躇满志,具有为教育献身的精神。他们组成校务委员会,制定、管理全校教学工作,效率卓著。教授之间的君子之交,至今被当做美谈。陈先生带我去过张奚若先生家,因为先生谢世,去看望张夫人,张夫人是他打桥牌的牌友。我也去过哲学家金岳霖先生家,那是"文化大革命"之前,他们老友见面,谈笑风生,两位都是终生未娶,梁思成和林徽因的儿子陪金先生住;金先生有一收集嗜好,屋里到处是特大个的水果,下面用红木架托着;再就是满屋子的书,和弥漫的熏醋味,为了防感冒用的。每次与老朋友叙谈后,陈先生的脚步会轻快许多,脸上的兴奋能挂很久。物理学教授叶企孙也是单身贵族,也住镜春园,陈先生和他在星期日常常一同进城,各有去处,下午4时在东安市场内的和平西餐馆会面,喝杯咖啡歇歇脚,再一起返回北京大学。叶先生家有一位老张,与朝年是相同角色,管家兼厨师。不幸的是,在"文化大革命"中,叶先生被冤枉投进监狱,抗战时他在天津冒死为八路军买过药品和器材,后来加给他的罪名是"叛徒"、"特务"。出狱后病得很重,陈先生常去看他,给他送东西,每次谈话都心情沉重。不久,叶先生去世了。陈先生与物理学家周培源是通家之好,是20年代时的朋友。

说起来也是很久以前,陈先生带我去崇文门吃饭,他指着一个店面说:"过去这里是家洋行,卖些很有意思的东西。周伯伯结婚之前,要我陪他给新娘买个礼物,就在这里,我替他选了一个非常细致的针线盒。"周先生头发白得早,陈先生叫他"周白毛",时常在晚饭后带我去他们家玩。周先生看到我们,总是挥动双手,高呼:"欢迎,欢迎,热烈欢迎!"周夫人就把家里的好东西抱出来给我们吃。周家的女儿对陈先生特别好,不论哪一个出国、出差回来,买的东西第一个送陈爸。后来,周培源当了政协副主席,搬离北大校园,陈先生去得少了。当周培源去世的消息出现在电视屏幕上时,他正在喝茶,茶杯险些掉在地上,他掩面恸哭,难以割舍这位同甘苦共患难的挚友。上面谈到的都是中国教育界一代举足轻重的著名教授,陈先生看着他们一个个地先走了。1997年7月27日,陈岱孙先生去世,这些家的晚辈全来了,呼唤着"亲爱的陈爸",深深地鞠躬。抗战前,在清华大学教书,他们过着很好的生活,月薪平均400银元,以面粉价格换算,相当今天的人民币4万元。但是,抗日战争打响,他们义无反顾地抛弃一切,奔赴长沙、昆明,建立长沙临时大学、西南联合大学。陈先生在清华的家是很讲究的,南下时,连家都没回,从会议室上的路,朝年只从家里抱出一包四公公四婆婆的衣物。陈先生到了长沙,身上只有一件白夏布长衫。据说,首先扫荡教授住宅区的是本国村民,陈先生的家空了,连同他在欧洲搜集的关于预算问题的资料和已写了两三年的手稿,全部化为乌有。在长沙、昆明共八年半,住过戏院的包厢,也曾和朱自清同宿一室,生活拮据到连一支一支买的香烟也抽不起了。他们在炮火下,坚持上课;在国民党反动派的特务暗杀威胁中,坚持上课;在极端贫困中,坚持上课。这一代学贯中西的学者,是踏着"义勇军进行曲"的旋律和节奏赶路的,是"把我们的血肉筑成我们新的长城"的实践者。1945年,陈先生作为清华大学保管委员会主席,身携巨款,最先回到北平,接收和恢复清华大学。他在东单日本人撤退前大甩卖的集市上,买了几件家具,再就是每个人都有一张的行军床、一条从日军缴获来的粗毛毯,凑成一个新家。

镜春园的家就是如此简朴。1952年,全国大专院校院系调整,陈先生曾任中央财政经济学院第一副院长一年,第二年调任北京大学经济系主任。他对这般按苏联的大学模式将综合大学调整成专业院校,一直存有异议,主张专才必须在通才的基础上培养。几十年中,他反复惋惜:一些很好的综合大学被肢解,恢复起来不容易。他们这一代学人走的是从通才成为专才的路。由此，他又谈到过因为知识面窄，有些教员只能承担一门课的教学，甚至有一门课由几个教员分段授课的现象，"这样，对学生是很不利的"。当然，这类现象近几年逐渐在改变，他感到欣慰。晚年，家里几个孙辈的孩子，在北大和清华上学，他要求他们选听本专业以外的大课，包括文学和艺术讲座。很难估量，他对学生们的爱有多深，对学生们成才的期望有多殷切。1976年，北京大学的工农兵学生受到歧视，被认为基础差，陈先生说："这样对待他们不公平，他们是'文化大革命'的受害者，我给他们上课。"他在有限的时间内，增加课时，增加知识量，那个时期，他累得很瘦很瘦。改革开放了，年轻人有机会出国留学，陈先生非常高兴，记不清为多少人写过推荐信，帮助他们确定专业和选择学校。他希望他们学成回国，但又从不这样提出要求，期待国家能有他们的用武之地，坚信：学生们会回来的。师生交谈，话语不多，临行握别，每一个学生都会从老师那温暖有力的手上，得到动力，感受到挚爱。有一天，家里来了一位面带岁月风霜的男士，陈先生外出开会，来者要了一张纸留言，他这样写道：1957年我当了"右派"，发配到外地，曾来向老师告别，终于没敢推开虚掩的门，在门外向老师鞠躬。凡是对被平反归来的学生，他都备薄酒送风。他去世后，到家里来吊唁的人很多，北京图书馆馆长任继愈已八十有余，他流着泪说："我最后的一位老师走了！"经济学院95级研究生男女10人，静悄悄地在院子里集合，身上只有庄重的黑色和白色，他们站成一排行礼时，脸上是从心底升上的神圣。他们非常幸福，拥有如此值得尊敬和热爱的师长。

陈先生终生未娶给人们留下一个谜，从清华到西南联大，直至到北大，对此传说很多，"美谈"很多。有一天我壮着胆子问："大舅，外面人说的是真的吗？""瞎说。"就两个字把我堵回去了。中央电视台《东方之子》记者曾经来采访他，其中问到他终生未娶的原因，他回答，一是没时间，二是需两厢情愿。我认为后者是主要的。50年代，四婆婆和我外祖母为此十分着急，张罗着介绍对象，因为陈先生是独生子。我还跟着去看他们见面呢，在北海公园白塔下的茶座，来了一位穿着整齐的女士，脸上略施脂粉，戴着金丝边眼镜，看样子，她挺中意陈先生的，但是，陈先生没兴趣，不了了之。后来，还有人来提亲，全是有上文没下文。他的生活自理能力很强，衣柜、箱子整整齐齐，留下的枕套、被单还能用好多年。

陈先生淡泊名利，与世无争，心境平和。其实，他心中也藏有痛苦和无奈。他最痛苦的是学生早逝和被扼杀前程。"文化大革命"前夜，陈先生发低烧，我妈妈把他送进医院查病因，躲过了北京大学的"革命浪潮"，若是他也被戴上高帽子和抹黑脸，后果不堪设想。回学校以后隔离审查，"资产阶级学术权威"这一劫是逃不过的。所幸的是他没有被关过"牛棚"，他没有被人直呼姓名。据说，工宣队、军宣队都尊称他"陈先生"，这在北大找不出第二个人。那时，我妈妈传来陈先生的决定：暂不见面。他是怕连累我们。于是，音信全无。不久，妈妈去了江西鲤鱼洲北大的干校。紧接着，陈先生也被派去鲤鱼洲。便笺寄来，要求代买一双翻毛高统鞋，一条狗皮褥子。那时候他第一次给我们"留言"，做好了再也回不来的准备，届时他已70高龄。命运多变，旋即又取消他去鲤鱼洲的决定，让他去大兴县庞各庄收麦子。很难想象，他个子这么高，长时间弯腰收割，怎么吃得消。总算结束了"学农"，立即又把他们派去"学工",在轧钢厂劳动,住在北小街一个托儿所里。熬到春节前夕,好不容易接到他的便笺,说:"春节放假,你们到托儿所来接我。"等得实在太久了,如同熬过一场战争生还者相见——那天,天空阴沉得如铅色,他穿着灰外套,戴蓝棉帽,说不出他脸上的神情,依旧腰背挺直,我和妹妹直冲过去。"回家说话。"他克制喜悦,令人感到凄凉。那期间,四婆婆去世了,外祖母也去世了,她们老妯娌俩谁也没能给谁送行。我们陪着陈先生把四婆婆送去火化,陈先生陪着我们把外祖母送去火化,又把她们葬在了一起。1995年妈妈去世。待来年清明时,我们将把他们都葬在他们母亲的身旁,长眠在一起。

漫长的"文化大革命"十年,我雀跃过三次:陈先生不去鲤鱼洲了!妈妈要从鲤鱼洲回来了!"四人帮"打倒了!这些都是陈先生第一个告诉我的。我们的国家进入了建设现代化的新时期,从计划经济转向市场经济是重大的革命,随之而来的通货膨胀,令很多人生活陷入困境,陈先生是其中之一。他一向慷慨、乐善好施,过去取了工资直奔邮电局,给有困难的亲友、学生一一汇款。《北京青年报》刊有一文《心中往事》,写的是他救济一位生活无着的"右派"学生达八年的事情。这些年他靠补助,靠亲友、学生接济度日,这是他最最不情愿的。1995年,他的月工资实发860元,他坚持按年度纳税。窘境中,不忘记作为一个公民的义务。

"文革"中的陈岱孙教授。

陈先生的晚年有个信条:"挣扎着不服老","和年轻人在一起会感到年轻"。90岁生日,他是在给200多人上课的讲坛上度过的。平日,密切关注国家经济发展的状况,不断提出具有前瞻性、对制定经济政策有重要参考价值的建议。那几年中,他出版了《陈岱孙文集(上、下)》、《陈岱孙学术论著自选集》,主编《中国经济大百科全书》、《市场经济大百科全书》等。他95岁时还为来自台湾的女学生主持了博士论文答辩。1989年,他的家从镜春园搬到燕南园55号,房子宽敞了,住进几个孙辈年轻人,他们常在老人面前穿梭来往,他高兴。解放北平前夕,清华大学校长梅贻琦劝陈先生去台湾,说:"这是飞台湾的最后一班飞机了。蒋先生请您一定动身,到台湾再办清华大学。"他谢绝了,国民党令他失望,因为——腐败。他对腐败深恶痛绝,只要看到电视新闻中有腐败曝光,他便会嘣出一句:"宰!""皇上才有权力杀人呢,我们就选您当皇上吧。"于是,"皇上"成了孩子们对舅公的爱称。1900年农历闰八月二十七日是他的生日,与孔夫子同一天,属鼠,19年过一次。1995年10月,北京大学盛会庆祝他95华诞,他说:"我只有6岁呢。"他对孩子们从来不说教,也从不刻意为他们做榜样,但是,孩子们感受到:"我们的舅公给予后人的是一种力量,这种力量来自他从青少年时代起秉承了一生的世间最简单和朴素的信念:读书救国。这是所有发奋图强的国家和所有发奋图强的青年所需要的信念。"

陈岱孙教授与同龄老友冰心女士在北京医院巧遇,摄于1996年4月。

1997年7月9日下午,他拄着手杖出门,无需搀扶走向送他去北京医院的汽车。在医院里,他的身体急剧走向衰弱,再高明的医生已回天无术。

在生命的最后时刻,他在报纸上题为《不依规矩 不成方圆》一文的标题处打上"√",颤抖着写下一个"留"字,推荐给我们看。7月26日下午,晏智杰教授到医院汇报介绍陈先生一生学术精华的那本书(即《陈岱孙学术精要与解读》)已编撰完毕。他虽虚弱,仍拱手致谢。他一生的学术研究在这里划上句号。

在生命的最后时刻,他想起了那把小小的金钥匙在"文化大革命"中被抄走了,似问非问:"现在不知道在什么人的手里?"

在生命的最后时刻,他恍惚中对护士说:"这里是清华大学。"

这些是他心中的情结。

陈先生经历了近一个世纪的时代风云,面对了太多太多的死亡,他称得上是:历尽沧桑。他是他们那一代学人中,最后一个走的。他的仙逝,标志着一个时代的结束,一代学人的终结,但是,他们的精神、风范、操守、才智,将永恒。自古以来,先贤和圣者光照大地,我们不能辜负了这份光明。

(原载1997年9月14日《文汇报》)

我的大舅：陈岱孙

□ 唐立苏*

我国著名的经济学家、教育家陈岱孙先生是我母亲的堂哥,我称他大舅。大舅自1927年从美国学成归来,到1997年7月27日去世,整整70年都是在讲台上度过的。他把毕生的精力都献给了他热爱的教育事业,献给了他热爱的学生们。他到底有多少学生谁也说不清,真可谓是桃李满天下了。1995年在"庆祝陈岱孙95华诞暨从事教育工作70周年大会"上,中国人民大学戴世光教授骄傲地说:"我是岱老最老的学生。"戴先生现已年逾90;最年轻的要算是1995年入学的研究生了,他们才20出头。

大舅爱每一个学生。记得1997年5月,中国人民大学的王传纶教授来家小坐,与大舅叙旧。大舅说:"我还记得你的毕业论文,是用英文写的,你的英文很好。"50年前的学生,大舅还记得那么清楚。大舅对在政治上受到不公正待遇的学生十分关心,总是尽自己微薄的力量在精神上给予支持,在经济上给予帮助。记得十几年前每月中旬总有一位身体瘦弱、衣着破旧的人到家来找大舅,没有很多的对话,接下大舅给的钱就走了。我问:"他是谁?"大舅心情沉重地说:"说了'错话',打成'右派',没了工作。"后来,有一年他好几个月没来,大舅先是盼着,后是担心……大舅去世后不久,我从《北京青年报》刊登的《心中往事》一文中,才知道那一年李先生是病了,几年后便去世了。

大舅一生单身无儿女,在众多的侄甥儿女中,我是最受大舅宠爱的,大舅的许多事情都托我办理。他给许多学生写出国推荐信,在使用计算机的年代之前,他总是写好信后让我用打字机打出来。大舅做任何事情都是认认真真,对信的规格要求得极严格,甚至于怎样折信、怎样放进信封里,也有一定的规矩。他说要让外国人看到,我们中国人做事都是规规矩矩。

大舅从不受钱和权的诱惑。国民党政府曾请他当财政部长,他拒绝了。解放前夕,国民党又安排他去台湾再办清华,他也拒绝了。他曾对我说:"国民党政府没希望,因为它腐败。"他总是按照自己的意志做应该做的事情。当我国税法公布后,1995年大舅每月工资实发860元,按规定800元以外的60元要纳税。为了纳几元钱的税,他先是主动与海淀区税务局联系,后又托我丈夫陈衍庆替他办理,他说这是一个公民对国家应尽的责任和义务。

大舅对清华有着特殊的感情。他从福州英华中学毕业后,就考上了清华留美预备班。从美国学成回来,他又选择了在清华教书,直到1952年院系调整,才离开清华到了北大。抗战之前,大舅在清华新林院有个"讲究"的家,"那时候我为布置

---

* 唐立苏,陈岱孙先生外甥女。

那个家，真花了不少心思，几件红木家具都是从西直门地摊上买的，再请人一件件背回来。"当年，清华园里有他的几位莫逆之交，那时他们都过着优裕的"上等人"的生活。但抗日战争爆发后，他们都义无反顾地到长沙，继而到昆明，在西南联大一干就是八年。他们住在昆明的一个大戏院里，抽着从地摊一支支买的最廉价的香烟。大舅给我讲过那时有位好朋友从国外转道到昆明看望他们，临走时把可留的东西全留下了，除了身上穿的衣服外，真是"一无所有"了，上了飞机后，又匆忙地把袜子脱下扔出机舱，留给同仁们。当时的生活就是那么艰苦，中国的那一代学人，就是在这样艰苦的条件下，在强烈的爱国主义精神感召下，为国家为民族培养了一批又一批的人才。

1945年抗战胜利后，大舅作为"清华校舍保管委员会"主席，先行一步，从昆明回到清华。当时日军伤兵员还没完全撤出清华，大舅一边搞接收，一边干着繁重又艰巨的恢复工作，在短短几个月里，同先行的同仁们一起，把一个满目疮痍的清华园，恢复到可以接纳从昆明回来的师生们正式上课。大舅把他的精力和心血，无私地献给了清华，清华是大舅生命的一部分。

大舅有高尚的道德风范，在一些很小的家庭琐事上就能体现出来。凡是在大舅家工作过的保姆都深有体会，小叶、小陈来自安徽农村，文化低，大舅就要我们教她们认字、记账和简单的算术。大舅还托人在城里买了初级的中国历史和中国地理书，并亲自给她们讲解。大舅说，中国人不了解自己国家的历史和地理，是可悲的。几年下来，小叶、小陈都有了很大的进步。

我儿子陈晴1992年考入清华大学建筑学院，五年来一直住在北大，和舅公生活在一起，一老一小相依为命。1997年临近毕业分配，有一天，大舅对我说："能把陈晴留下来陪我吗？"我告诉大舅："陈晴就是愿意留在北大和您在一起。"过了几天，陈晴要迁户口了，我问大舅，户口是迁到城里，还是迁到北大。大舅当时没回答，两天以后才告诉我："我考虑陈晴的户口还是迁回城里吧。"我明白，大舅是怕他百年以后，如果燕南园家里有长居户口，会给学校在住房安排上带来难题的。这些事，我都照大舅的意愿办理了。

7月27日下午，当我们回到燕南园家里，北大经济学院张铮老师轻轻地推门进来，看着我们一张张悲痛的面孔就走了。很快，他又回来了，迟疑了会儿，轻声地说："晏老师要我通知大家，我不相信。"谁又能相信呢？！大舅他走得那么突然，却又那么安静。大舅自1995年患了桥脑栓塞后，身体就每况愈下；但7月9日我们送他去北京医院时，他执意不要我搀扶，拄着手杖，挺直了腰板，步行20多米，自己上车。

大舅就是这样，挺直着腰板，走完了自己模范而又辉煌的一生。

听舅公讲故事

□ 唐 晖 徐燕萍*

我们是侄孙辈之中和舅公相处时间最少的一对,因为,我们生活在苏州,只有过春节或放假才能到北京。和舅公在一起的日子里,最爱听舅公讲他的故事。

舅公是一本读不完的书,在他身上折射着百年的沧桑,放射出我们民族至高的精神力量。当他把他的经历娓娓道来时,给人如沐春风的感受。

曾经听舅公谈到当年留美的趣闻轶事,我们印象最深的是关于面包的故事。当时生活艰苦,有的留学生在经费未到,青黄不接时,竟到了吃干面包、喝自来水的地步。有人拿一截香肠,夹在面包中间,吃一口面包,将香肠后移一段,结果面包吃完,香肠仍在。听罢,捧腹大笑,笑过之后,却不禁汗颜。正是这些人,终年在图书馆里,没有星期天,没有寒暑假地苦读,这种求学精神,令人钦佩。而我们这一代青年人,在如此优越的条件下,学无所成,虚掷光阴,凭什么去笑话他们?

舅公是一位崇高的爱国者,他虚怀若谷,从不提他自己所做的贡献,但我们从他的谈笑之间,却不时为他的拳拳赤子之心深深感动。1937年抗战爆发后,舅公正好从外地返回北平,国难当头,他立刻投身清华南迁的工作,竟过家门而不入。抗战胜利后回家,多年积累的学术资料和珍贵手稿已荡然无存。每当提及此事,从未见舅公有懊悔之色。中国的学者可以不爱权,不爱钱,但没有不爱自己心血凝成的成果的。而舅公把这一切抛置脑后,以无比的热情去爱清华的数千师生,去爱民族的教育事业。

有一次,舅公说他从来不吃炒饼,我们很好奇地追问。他说在"文化大革命"期间到工厂劳动,厂门口只有个买炒饼的铺子,出于无奈,只得天天吃炒饼,连吃几个月,从此以后,看见炒饼就难受。这是舅公唯一一次对我们提到他在十年浩劫中的遭遇。当年他已是七旬老人,其中滋味大家都能体会,但舅公只说这十年没读书,是个"空白点"。舅公就是这样高尚的人,荣厚毁誉全不挂怀,鞠躬尽瘁,为国育才。

舅公讲的每个故事,都令我们反复回味。舅公的一言一行,都在教导我们如何面对人生的风雨,如何走好自己的路。

1997年9月

---

* 唐晖,陈岱孙先生外甥孙;徐燕萍,唐晖之妻。

孤帆远影碧空尽

□ 刘　昀*

陈岱孙先生是我的舅公，是我的外祖母陈荷女士的同族长兄。外祖母中年离异，"文革"后期住到北京大学镜春园79号甲，照顾陈先生的饮食起居，以"荷妹"的身份担当起陈先生的管家。

我本人于1989年考入北京大学，先是在石家庄受军训一年，1990年回到燕园正式开始大学生活。回来时，陈先生兄妹迁入燕南园55号不久。7月初，我一身戎装地踏进北大，由高年级学长协助，在宿舍安顿了下来，随后便冒着细雨走向燕南园。推开55号的纱门，晚饭已经摆好，舅公见我到来，高高兴兴地招呼大家说："开饭了。"

在宿舍住了将近一学年，内心里觉得不大吃得消集体生活的艰苦，经得陈先生同意，搬到他的后院居住。后来，我的一位表弟（陈晴）和一位表妹（萧冰），一个在清华学建筑，一个也在北大读经济，相继都住到这里，使得55号成为当时燕南园里罕见的一处活跃着年轻人的院落。

那些年里，谁会想到舅公总有一天是要离开我们的呢？

2011年1月，我所撰写的关于陈岱孙先生前半生的传记《孤帆远影：陈岱孙的1900—1952》由清华大学出版社出版。这本书于2009年开始构思、动笔，于2010年基本完成初稿。它是对陈先生诞辰110周年的纪念，是向清华大学100周年校庆的献礼，也是为了感念舅公一向给予我们这些晚辈的关怀和爱护。

同时，我更为年少时的懵懂无知感到惭愧和惋惜，在他身边的日子里，向他请教得实在是太少了。

《孤帆远影》出版后，受到一部分读者的喜爱，这是由于大家对了解陈先生的人生经历，尤其是早期的事业和生活一直抱有浓厚的兴趣。但初版成书仓促，有不少错误和疏漏之处，令自己不能心安，因此我仍在继续对书稿进行着修改和增补，期待有机会将更好的一版奉献给读者。

在舅公逝世十五周年前夕，我的母校北京大学经济学院重版《陈岱孙纪念文集》，我谨将修订后的书稿的最后一节——题曰"孤帆远影碧空尽"——的全文编入文集，以寄托对他老人家的崇敬与思念。

陈岱孙作为清华大学经济系"财经专业部分人员"，在院系调整中被安排去了新设的中央财政经济学院任第一副院长（院长空缺），主持学院筹建。一年后（1953年8月），学院奉命撤销，陈岱孙又被调往北京大学经济系，他的后半生就一直在那里。

---

* 刘昀，陈岱孙先生外甥孙，传记《孤帆远影：陈岱孙的1900—1952》作者，北京大学经济学院校友。

北大教授陈岱孙住在镜春园79号甲，学校为他的到来专门新盖了这所住宅，门牌号中有个"甲"字，以区别于镜春园原有的79号。

"文革"中，陈岱孙家的客厅中间砌起一道墙，房子再次被一剖为二，让出的还是西半边，住进一户校工家庭。陈岱孙对这户人家曾有评论："他们养了一条狗，学校来人说不让养，限期处理，结果，他们就把这狗给吃了。"他说这事儿时候的神情非常古怪。

1980年代末，两家先后迁出，小院后来经过整修，成为"北京大学建筑学研究中心"。

陈岱孙搬到燕南园55号（清华老同事冯友兰住在斜对门的57号），在这里度过人生的最后八年。1997年7月，他在家门口从容登车，入住北京医院，两周后悄然辞世。

在北大，陈岱孙与陈荷女士（他的堂妹和管家）一直有养猫的习惯。搬家时，镜春园的猫死活不肯来燕南园，那只好算了，但忍不住还是收留过些许野猫，就只管吃，不再管住了。

1998年5月4日，北京大学100周年校庆，立陈岱孙全身铜像（晚年相貌）于燕南园55号门前。

2000年4月30日，清华大学89周年校庆，立陈岱孙半身铜像（中年相貌）于经济管理学院大厅。

在清华大学经管学院的铜像揭幕仪式上，陈岱孙硕果仅存的老同事（兼同乡）、时年九十八岁的原工学院院长施嘉炀教授（1902—2001）到场观礼。端坐于轮椅的施先生身形魁伟，目光炯炯。仪式结束前，他要求讲话。施先生由于听力不佳，嗓门更为洪亮，他手执话筒，与陈岱孙（铜像）的目光对视，操着一口与陈岱孙一模一样带着福州口音但又够漂亮的普通话，自顾自地说了一句："今天，陈岱孙在天上，看见我们大家在这里，一定很高兴！"

敢于在如此隆重的场合直呼陈岱孙教授其名者唯有两人，一位是刚才的施先生，一位是周培源夫人王蒂澂女士。1997年7月，时年八十七岁的老太太托人送了一个小小的花篮到陈岱孙的灵堂，红丝带上很简洁地写着"陈岱孙千古"，署名"王蒂澂"。

2006年，西南联大校友李政道博士受聘担任北京大学高能物理研究中心主任，在校方推荐的几处住宅中，他看中了燕南园55号陈岱孙故居（为此，小院被彻底拆除并按原样重建），北大方面的陪同看房者询问他是否希望将铜像挪走，李博士断然回答说，"陈先生在此，是我莫大的光荣。"

离开了哈佛的陈岱孙，时常会收到哈佛大学校友会的期刊。1991年，哈佛拒绝在校庆355周年之际授予荣誉博士学位给前总统罗纳德·里根，陈岱孙觉得母校的决定很英明，内心十分支持。

离开了联大的陈岱孙，时常在家接待前来拜访的西南联合大学老校友。其中不少人竭力动员他们的陈先生担纲主持起母校的复校大业，陈岱孙对此一般仅报以淡淡一笑。已经过去的就让它过去吧。

离开了清华的陈岱孙,每逢母校校庆日,都会早早穿戴整齐,在胸前别上写有"1920级"字样的红布条,手握请柬,静静地端坐着等候清华大学前来迎接的专车。到了校园里,他总喜欢在庆祝活动的间歇抽身到处走走,有时候会冲着新冒出来的建筑发上一会儿愣。

但是,有一个地方他再也没有去过,那就是他的新林院3号(注:新林院3号是陈岱孙教授在清华园的旧居)。

关于陈岱孙和清华大学在1952年以前的故事,讲到这里可以告一段落了。

陈岱孙(1900—1997)与20世纪同庚,2010年是他诞辰110周年;清华大学(1911—)与辛亥革命同庚,2011年是它建校100周年。回望历史,有许多往事值得纪念,这也就是作者撰写本书的缘起。

讲述陈岱孙的故事是一项很有难度的工作,经过几番考虑,作者梳理出四条线索。

首先当然是传主的人生——陈岱孙十八岁起就读清华学校高等科,二十岁时完成预备课程并取得官费留美资格,二十至二十六岁留学美国,二十七至五十二岁任教清华大学。

其次是关于清华——这里是陈岱孙求学并为之服务、累计时间长达27年(如果包括他作为"庚款留学生"被选送美国留学的7年,则为34年)的地方。清华园是陈岱孙的第二故乡,是他半生事业的舞台。本书是陈岱孙前半生的传记,同时也必然是清华大学早期40年校史的回顾。

其三,陈岱孙在前半生里的亲朋故交——他们中的一部分为后世所熟悉,更多人的事迹早已经湮没在历史的烟尘之中。

最后,历史和时代背景:(一)20世纪上半叶我国的内外经济环境,陈岱孙是在金银本位制度下成长起来的经济学家,要理解他后来的许多主张和倾向,尤其是在通货膨胀问题上的鲜明立场,就得把眼光放回他的白银年代,以及此后那个通货泛滥、民不聊生的纸钞世界;(二)我国当时的对日关系,包括他在内的亿万中国人的既定生活轨迹都因此被彻底改变。

陈岱孙在世时对于自己的生平行止并无津津乐道的兴趣,他15年前的辞世对于大家来说也很感觉突然——进入20世纪末的陈先生已是垂垂老矣,而他的健康状况又是一个了不起的奇迹,谁都不曾怀疑会在新世纪来临之际庆祝他的百岁生辰,但他偏偏就悄然而去,静得没有打扰任何人。于是,无可挽回地,他带走了无数人的故事,自己的也就此成为碎片。为他撰写这样一部小传,就如同是粘合那些碎片。它们有的似曾相识,有的完全陌生,把它们拼在一起,需要一点灵感,也需要一点运气;还有的已经永远遗失了,于是把剩下的空间留给了作者。

陈岱孙前半生主要致力于财政学的教学和研究。他是典型的"讲义派",课上所使用的讲义,总在课后反复进行修改,又总觉得无法令自己完全满意而不肯拿出来出版。

《比较预算制度》是陈岱孙立志要编写的财政学系列教材的第一部,心血灌溉八年之久,可谓他最重要的早期学术成果,但未及问世,便在抗战烽火中毁于一旦。

此后,陈岱孙的研究兴趣从财政学转向经济学说史。可是,在不堪言问的1957至1976年,他在整整二十年中没有发表过一篇论文,没有作过一次学术演讲。人格与操守使然。却也是深深的无奈与遗憾。

陈岱孙桃李遍满天下,而终其一生,只留下一部两卷本的文集存世。

作为一位卓越的大学管理者,陈岱孙鲜为人知,因为,在他的后半生,历史不曾再给他这样的机会。本书是他前半生的传记,关于叙述他在清华大学早期校史上所成就的事功,自当格外偏重。

陈岱孙后面的故事还很长。

1952年将他的人生一分为二,他还是那个他,但在之前之后的境遇却是截然不同。关于陈岱孙的后半生,作者眼下尚无勇气前去触碰。

好在历史像个大杂货摊子,本来就是说不完的。

2012年2月

作者刘昀与陈岱孙教授合影于1995年。

舅公,您好吗?

□ 陈 晴[*]

我仍旧生活在舅公生活过的房子里,天天看着熟悉的陈设,总盼望着您依然坐在沙发上,或是写字台前,卧室里……寻找,失望。日历永远翻在1997年7月27日。

语言和文字根本无法表达思念。好几次梦里想抓住您的手,惊醒时,孤单的我已是泪湿枕边……

和您一起生活的五年,是我人生中最黄金的时间,在您温暖的怀抱里,我从幼稚走向成熟。您是最好的老师、朋友和长辈。

在我的印象中,您就是严谨,就是热情,就是衡量是非的标准,就是爱。您会因为我们点滴的进步而笑得那么开心,却不会把自己的委屈讲给我们听;您会在我生日时送给我那么好的刮胡刀,自己的却又旧又破;您会津津乐道地告诉我们,做一个绅士,什么场合该穿什么衣服,如何搭配,自己身上却永远是那一件旧中山装……

我的大学上得很累,忙于学习,更忙于实践。您从来不干涉我的想法,但总是提醒我很多该注意的地方……每当我又熬了一夜,清晨把自己的图纸兴高采烈地给您看时,您总是鼓励我,也提一些中肯的意见,最后总免不了问一句:"昨晚我起夜,见你屋灯还亮着,又没睡?"然后就紧锁着眉,摇头叹气不已:"宝贝呀!Take care yourself!"那关切的表情让我觉得自己又伤了您的心……

当我费尽心力,终于拿到毕业证书和学位证书的时候,我悄悄地把它们放在茶几上。第二天,您叫我站到面前,有点吃力地说:"晴晴,我很累,就不站起来了。"我还没反应过来,您突然紧紧握住我的手:"孩子,祝贺你!祝贺你呀!"话语之中的恳切、兴奋和关怀,我太懂了……五年来,您以90多岁的高龄,为我操了多少心,着了多少急?!就在我真正步入工作岗位,想永远住在您身边陪着您的时候;就在我满怀希冀,想有一天把自己真正的成功与您分享的时候,您就这么匆匆地走了……什么都没说。

我亲爱的舅公啊!您的一生都在关心着别人,我多想您啊!哪怕让我再抱一抱您,和您撒撒娇,亲亲您的脸呢……

许多年以后,我们的孩子不会像我们这样,有幸和舅公生活在一起。对于他们来说"老舅公"一定是父母口中伟大而遥远的传奇。我们既然已经无法把您的爱和美德回报给您,也就只能尽力地给予我们的后代,告诉他们您的精神,告诉他们要做一个光明磊落的人。

亲爱的舅公,我懂事了,不哭了,您在哪儿?您好吗?

1997年9月9日

---

[*] 陈晴,陈岱孙先生外甥孙,清华大学校友。

作者陈晴与陈岱孙教授合影于 1986 年。

忆岱孙伯公

□ 陈　郁*

又一次踏进熟悉的燕南园，又一次推开55号那熟悉的大门。大厅堆满的花篮和挽联取代了往日茶几上的电视机，伯公常坐的那张沙发空荡荡地摆在原处，还有那摆在案桌上的遗像，这些都使我不得不接受这个事实：我亲爱的伯公已经离我们而去了！

就像12年前失去亲爱的爷爷一样，如今我又失去一位可亲可敬的长者。可是十多天前送伯公去医院时，伯公还是自己走着上汽车的。当时，我的感觉是伯公只是和往常一样去医院做一次例行的检查，住进北京医院，可是怎么也没想到……

这一切来得太快了，前后只不过二个多星期，到现在也才不过二个多月，可又似乎已隔了很久，很久……

初到美国的日子是紧张而忙碌的，然而在繁忙的学习和工作之余，思绪常会飘回到梦中的燕园。毕竟那里的一切都是太令人难以忘怀的。四年来，课堂、图书馆、实验室是我获取知识的殿堂，这里有谨严的恩师、热情的同学；燕南园则是我生活中不可缺少的另一部分，这里有慈爱的长辈、无间的朋友。所有这一切，我从陌生到熟悉，以至于成为记忆中恒久不变的一页……

想起第一次走进燕南园55号，想起每次回福州时伯公托我捎去对家乡亲人的问候和捐赠的著作，想起每次从福州来时带给伯公爱吃的家乡的橄榄和红糟，想起伯公等待着我讲述家乡的情况，想起这四年来每个中秋夜团聚在燕南园，想起伯公95华诞时的盛况，想起毕业前夕和晴晴、冰冰共商待伯公百岁大寿时重聚燕南园的约定……我不禁怅然……

伯公对我的学习和生活一直是很关心的，甚至于连冬天宿舍里何时通暖气也要问个清楚，并提醒我多穿衣服。当我告诉伯公我要去宾夕法尼亚大学读书时，伯公便问我有没有准备大衣？说费城的冬天很冷，事后又督促了好几回，并说买不到就定做一件，直到听说我有羽绒服后才放心。

在联系出国的过程中，我曾请教于伯公。伯公年轻时留学美国，对美国的高等教育了如指掌，娓娓道来，如数家珍，使我受益匪浅。谈起在美国读书的日子，伯公神采奕奕，仿佛又回到了70多年前：美丽的哈佛校园，翩翩的中华学子……

又想起我离开北大时留给燕南园的纪念，一个装在伯公床头的电铃。入夏时，伯公的身体已不是太好，由于天热，晚上常常睡不着觉。斯复姑姑便提议装一个电铃，这样晚上伯公有什么事可以招呼一下，可是伯公认为没必要，不用麻烦大家，后来在我们的坚持下，伯公总算同意了。于是由我趁毕业论文完稿后的闲暇将它安

---

* 陈郁，陈岱孙先生侄孙，北京大学校友。

好,但随后伯公便去住院了,伯公终于还是没有使用它。

可是伯公现在已经离我而去了!

伯公住院的第二天,我赶回福州准备行装,原想回京后的第一件事便是去北京医院看望伯公,告诉他家乡的情况。万没想到未能见上最后一面,深感遗憾!大人们说还是让伯公活着的形象留在我心中。8月1日,我泪洒北京机场,飞赴美国。未能参加伯公的追悼会和遗体告别仪式,实为遗憾之二!此值伯公97诞辰,远在万里之遥的异国他乡,梦中的伯公神采奕奕,坐在围满鲜花的沙发上,听我向他讲述我的新生活……

作为世纪同龄人,伯公历经近百年的风雨;作为燕南园中最负盛名的教育家,伯公一生桃李满天下。伯公留下遗愿:将他最大的财富——书籍,留给学院和老师们。伯公的精神,也应由我们年轻的一辈继承并发扬。

1997年9月29日夜于美国费城

他的生命因孤独而见深邃

□ 萧　冰*

　　1997年7月,我从北大经济学院毕业。同年同月,舅公永远地离开了燕南园。在那里,我与另一位表哥陪伴舅公将近四年。

　　舅公没有等及聆听孩子们讲述外面的世界,没有等及接受青年一辈怀无限敬仰立志给他老人家的一份回报,独自走开了,走前留下的话是"要好好工作"。

　　那曾经扑面而来的熟悉的笑容、熟悉的身影化作一片冰冷,似乎成为生活的空白。但怎么会?! 如果说青春的生命如溪水,那么舅公则如青山雄伟,它不会化为空虚,它就在那里!

　　舅公是踏踏实实做学问的人,有着不寻常的智慧,但从不浮夸,在孤独中探索,自强不息。听舅公说,他在美国威斯康星州立大学读书时,觉得功课都能应付自如,并不太注意努力。但当他去哈佛大学攻读博士学位时,却被外国才子们的旁征博引深深触动,于是开始了只有星期七没有星期日的发奋苦读。经过这样一段"沉下去"的生活,舅公终于在四年时间内以优异的成绩拿到了硕士、博士学位。回国选定了在大学教书后,又怀着一腔热情到欧洲、美国等多处高等学府、图书馆搜集资料,准备为国内编写一套完整、系统的财政学教科书。但抗战爆发,为这一切画上了句号。为筹备清华南迁,舅公首先受命并义无反顾地南下,承担起各项重任。而多年来他精心整理的资料笔记却遗落于清华园,在战火中不知去向了。这在国难当头、纷飞战火中或许并不显得重要,但对一个学者来说,这无疑是一种莫大的悲哀,同时也是对个人青春理想的沉重一击。

　　舅公的眼神里更多了一份深沉,但舅公从未放弃自己的理想。在今天,经济学界各流派虽观点不同,但对舅公都怀有共同的尊敬。舅公曾指出的"大专问题"——即大学分科过专过细的问题,现在正是教育改革的一项重要内容。舅公对很多问题的看法常常是超前的。虽然他不能像政治家们那样扭转乾坤,像商人们那样呼风唤雨,但他不正是兢兢业业地承担着知识分子的重任吗? 舅公每次在会上作的发言,字字铿锵有力,句句发自肺腑,每个人都会专注地聆听。因为它严肃、专注、情寓其中,那似乎是生命力的一种释放。我深深地折服于一种超越命运的人的力量。

　　如一首乐曲,或许已经有了庄重严谨的主题,再加上抒情的广板、活泼的小快板才更加完整而丰富。人更是如此。每当看到、感受到平素不多言的舅公那种对生活对人类最真切的情感流露时,我都不由得生出对舅公更深的敬意。

---

* 萧冰,陈岱孙先生外甥孙女,北京大学经济学院校友。

记得舅公不止一次提起过一段旧事,具体情节记不清了,依稀是说两位文人用不同语言同译一篇名著,在钱塘江边共叙苦功时倍觉意气相投,酣畅淋漓,于是在亭子里就相拥大哭,旁若无人。舅公每说至此,都会举起大拇指。然后再指指自己,摆摆手。

或许舅公不能像文人们那样直接地抒情吧,但谁能说舅公没有那样一份热烈的情感呢?那是一个平常的晚上,家里人围坐着看新闻。电视里的人们忽然起立,紧接着回响起庄严的国歌声,电视上切换着不同的战争画面。那天是国庆。我瞥见舅公用手支住额头,正想问一下是否不舒服,却蓦地发现了舅公眼角的泪滴。舅公流泪了……我有些吃惊,但转而化作一种感动。那几滴泪珠里凝集着多少旧事、多少怅惘、多少希望。

舅公曾通读过四遍圣经,但他是一个彻底的无神论者,甚至不相信气功。他对别人有着非常的关注与尊重。

记得每次帮舅公从经济学院取信回来,舅公都会马上挑出非公函的信件,一一拆开细读。因为有些信不便亲自回,便叫我以秘书的名义代回。他每次都亲笔草拟好原稿,并让我详细了解事情的原委,看看有什么意见,怎么解决,之后再誊写。信封写好后还要亲自检查一遍地址、邮编,才放心地让我发出去。遇到希望得到文集的人,舅公就会自己拿钱,叫我到书店专门买××年校正、错误较少的那一版,亲自包好,再发出去。每次相似情形都会这样处理,除非是身体不太舒服,才会找人帮忙代发。

像这样对不熟识的人的关注、尊重甚至资助的情形很多。要知道舅公并不富裕,靠不足1000元的工资和其他一些稿费生活,但我仍然觉得舅公是贵族,他拥有骄傲的资本,他有太多人回馈的爱与敬仰。

舅公的生活很平常,他的人格却卓尔不群。他的生命因孤独而见深邃,因坚韧而见力度,因博爱而见宽广。如一首雄浑的交响乐,能久久撞击人的心灵;如夕阳洒下的金光,归于一种饱含激情的平静。从舅公身上,我渐渐理解不朽,那是一种精神,是人类共唱的生命的欢歌。

清明将近,深切怀念舅公!

1998年3月

高山仰止的一代宗师

——在清华大学陈岱孙先生塑像揭幕仪式上的讲话

□ 王大中*

今天,在清华大学庆祝成立 89 周年之际,为纪念陈岱老诞辰 100 周年,我们举行陈岱孙先生塑像揭幕仪式,这是一件非常值得庆祝的事情。请允许我代表清华大学,向参加揭幕仪式的所有来宾表示热烈的欢迎,对塑像的揭幕表示热烈的祝贺,向张得蒂、张润垲两位雕塑家表示衷心的感谢,向最先倡议并捐款的西南联大校友会的各位老校友表示感谢,并向唐斯复、唐立苏女士等陈岱老的家属在塑像过程中的大力支持表示诚挚的谢意!

从 1927 年学成归国起,陈岱老担任清华大学教授、系主任长达 25 年。在院系调整后,他离开清华,但一直没有离开教育工作岗位,终身从事教育事业 70 年。他不在清华任教期间,依然关心着清华大学事业的发展,1979 年学校恢复成立经济管理工程系以及 1984 年经济管理学院的建立,陈岱老更是倾注了巨大的心血,为学校建设事业做出了杰出的贡献。陈岱老渊博的学识、高尚的为人、对教育事业执着奉献的精神以及对国家和人民的热爱、对经济建设的热情参与,永远是我们后辈学习的榜样。今天,在这里建立陈岱老的塑像,一方面表明他的学生对他真诚的怀念和尊重,同时也昭示了今天的清华大学经济管理学院,同 1926 年建立的、以陈岱老为系主任的经济系的历史渊源,一脉相承。因此,在清华建立陈岱老的塑像,意义非同寻常。

陈岱老的自我评价非常谦虚。大家看到,陈岱老塑像的基座上写着陈岱老晚年常说的一句话:"我这辈子只做了一件事:教书。"而陈岱老是高山仰止的一代宗师,他受到大家真诚的尊敬。我们今天建设世界一流大学,就特别要大力宣传、学习陈岱老为教育和学术事业无私奉献的精神,同时要将陈岱老为人师表的高尚人格发扬光大。

2000 年 4 月 30 日

---

* 王大中,中国科学院院士,原清华大学校长。

清华大学经济管理学院成立十周年,前排左四为名誉院长陈岱孙,左五为院长朱镕基,左六为清华大学校长王大中,摄于1994年。

西南联大的灵魂和骄傲

——在清华大学陈岱孙先生塑像揭幕仪式上的讲话

□ 郝诒纯*

　　陈岱孙先生为传道授业，发展教育事业，培养国家需要的人才，奉献了他的一生，是我们当年的西南联大学子特别敬仰和钦佩的老师之一，他的品德风貌、人格魅力，令我们耳濡目染，受到极其深刻的教益，我是学地质学的，与陈先生的专业不同，当年无缘亲见受教诲，也极少个人接触，但是，今天瞻仰陈先生的遗像，缅怀和老师在同一个校园中八年相处的情景，使我想起一些受益很深的往事，记忆犹新，时间有限，在这里我仅简单地读几件，以表对先生的景仰和忆念。

　　西南联大被誉为抗日战争期间大后方的"民主堡垒"，在昆明的八年中，联大师生为争取团结抗日，抗战到底，为反对内战，反对独裁，争取和平民主，所进行的爱国民主运动从来没有停止过，陈先生当年在联大的法学院、经济系和全校的一些领导与决策机构中都拥有很高的声誉与地位，他的见解和言论足以影响大局，陈先生一直是坚持真理，捍卫正义，坚定地站在爱国进步师生一边，总是非常明智、冷静和沉着地，为捍卫联大的生存和完整，为支持师生们的爱国民主活动，保障进步师生的安全，运用他的影响，默默地做着许多从不为人道的工作，他的这种努力也是八年如一日从来没有停止过，这是所有联大校友由衷感佩的。

　　在昆明期间，学校的物资条件非常差，教授的工资极低，有一段时间不断遭受日本飞机的狂轰滥炸，生命安全没有保障，有家眷的教授都被疏散到校外的农村，只有陈先生和叶企孙、金岳霖三位单身教授，在学校附近合租一间小房子居住，自己开火做饭，生活十分艰苦。当时不少人在困苦和危险面前，动摇了信心，整天愁眉苦脸，垂头丧气，意志消沉，但是每当三位教授在校园里出现，不论是去上课还是同大家一起跑警报，他们那平静安详、乐观豁达、谈笑风生、神采奕奕的风貌，大家看了精神为之一振，给我们青年学生做出了光辉的榜样，使我们受到深刻教育和启迪，懂得了在那时国难当头的困苦艰险处境中，应该用什么样的精神和动态对待生活与学习。

　　陈先生的讲课艺术和效果在联大是脍炙人口的，每堂讲课总是有很多学生去旁听，座位不够，就站着听或在室外听，我听过陈先生讲"经济学概论"。他讲课好像讲一个非常熟悉的故事，娓娓道来，十分流畅，极少看讲稿，而且深入浅出，层次分明，条理清楚，简要易懂，逻辑性和启发性很强，初学者也能够充分理解并且记下笔记，每到一定的段前，把听课笔记认真整理出来，就是一篇简短的论文，我只是因

---

* 郝诒纯，中国科学院院士，原西南联合大学北京校友会会长。

为慕名去听了陈先生的几节课,受到教益却至今不忘,我一直在大学里工作,讲了几十年的课,每当对自己讲授的效果时,总要回想起陈先生讲课时情景,分析一下他成功的原因,找出自己改进的方向。

我们西南联大北京校友会成立至今差不多二十年了,陈先生一直被校友们推举为校友会的名誉会长,陈先生对校友会的关心、帮助和支持使每个校友都非常感动,每逢校友会组织活动,只要他没有十分重要的事情,一定出席,直至他年近九十岁的那些年,仍然如此,对校友会工作提出过许多重要创议和意见,每次参加活动几乎都发表热情亲切而意义深远的讲话,对共产党、新中国和社会主义的热爱使大家感受极深,对我国四化建设的美好前景充满信心,使大家深受教育,他每次都对校友们提出殷切的希望和很多的要求,虽然联大校友在20年前绝大多数业已步入晚年,但多年来在陈先生的多次鼓励和鞭策下,很多人都学习陈先生不言老的精神,焕发了青春,加倍努力,作出了更多的成绩。

今天清华大学决定将陈先生的铜像立在清华,举行隆重的揭幕仪式,使我们联大校友几年来的殷切希望,今天及以实现,感到非常欣慰,陈先生的遗像立在这里,不仅表示我们对老一辈学者的缅怀与崇敬,同时供给青年学生们瞻仰并学习陈先生人品与业绩,对他们将是极其宝贵的素质教育,意义更加重大。

我谨代表联大北京校友会和全体校友对清华大学举办这件事表示钦佩和感谢,也向对举办这件盛事的发起者和捐赠者表示钦佩和感谢。

最好的纪念

□ 王德炳*

今天我们通过这样一种朴素的方式,纪念我国著名经济学家、教育家陈岱孙教授百年诞辰,深切缅怀岱老的高风亮节和博大学识。

作为世纪老人,岱老经历了中华民族近百年的沧桑和风云变幻。作为爱国进步的知识分子,他所表现出来的操守和品格,堪称世之楷模。他早年投身五四运动;在哈佛大学获得博士学位之后,又毅然回到灾难深重的祖国,并出任清华大学教授,走上了教育救国之路;抗战爆发后,陈岱孙教授在一系列文章中愤怒声讨日寇的侵略行径,并从经济的角度为抗战出谋划策。抗战胜利后,他和闻一多、朱自清等教授联名发表了《十教授公开信》,呼吁停止内战,和平建国。在"文革"中,陈岱孙教授不说假话,以一个正直知识分子的沉默,作着无声的反抗。改革开放后,陈岱孙教授年逾八旬,还担任全国政协常委,继续为我国改革开放、社会主义现代化建设和学校发展献言献策。

作为大教育家,陈岱孙从教凡70余年,为祖国培养了大批的经济学人才。直到1997年去世前,97岁高龄的他还带着好几个博士生。

名校名师。正是拥有像岱老这样一批"弦歌不绝、道德文章"的名师,北大才成其为北大。

哲人已逝,风范长存。全校教职员工要以陈岱孙教授为榜样,为早日把北大建成世界一流大学而努力奋斗;经济学院的同志们要以陈岱孙教授为榜样,勤奋工作,多出成果,多培养人才,为把经济学院建成世界一流的经济学院不懈追求,以你们的辉煌成就作为对岱老最好的纪念。

---

* 王德炳,北京大学医学部教授,原北京医科大学校长兼党委书记、北京大学党委书记。

陈岱老百年祭

□ 晏智杰[*]

在我们大家聚会纪念陈岱孙先生诞辰 100 周年之际,首先让我代表经济学院的同志们对各位领导和来宾表示热烈欢迎和衷心感谢。今天与会的老同志们大多是岱老的同事或学生,与会的青年学子们则是岱老学生的学生,或岱老学生的学生的学生。世纪之交,来自北大、清华、西南联大和中央财经学院的老中青同志们欢聚一堂,共同缅怀这位 20 世纪的同龄老人,这充分显现了岱老的感召力和我们大家对岱老的尊敬和爱戴。岱老虽然三年前永远地离开了我们,但我们总觉得他仍然活在我们心中。的确,在我们心目中,岱老永远是一面旗帜,一种榜样,一种精神,值得我们永远铭记和学习。

我有幸成为岱老的弟子,又有幸在岱老身边工作多年,几十年间他老人家给了我无微不至的教育和关怀,使我受益匪浅,铭记终生。人常说人生得一知己足矣,我要说的是,能得到岱老厚爱,那是我一生最大的荣幸。

我常想,陈岱孙先生平凡而杰出的一生留给世人的诸多精神遗产中,最宝贵的是什么,我敢说恐怕莫过于他在近一个世纪的奋斗中,高扬爱国主义和坚持不懈地追求科学真理的精神了。

先生早年远涉重洋,走的是一条科学救国的道路。回国伊始,他在清华执教十年间,兢兢业业,成绩卓著,誉满清华园。随后抗战烽火燃起,先生与清华同仁立即投入了民族自救的伟大斗争,在西南联大的艰苦岁月中,先生一边坚持教学,为国家培养经济学人才,一边参加抗战活动,以其经济专家的远见卓识,为争取抗战胜利出谋划策,贡献才智。抗战胜利后,先生又同广大爱国知识分子一起投入反对内战,要求和平建国的行列。眼见国民党腐化堕落,民不聊生,先生毅然决定留在清华,迎接解放。

新中国成立,先生诚心接受中国共产党的领导,拥护社会主义,潜心学习马克思主义,且卓有成效。不料 1957 年后不正常的政治气候逐渐支配了中国的思想界和教育界,使先生倍感苦闷、无奈和不解。不得已,先生在学术上整整沉默了 20 年。逆境中的沉默是对极"左"路线的无声抵制,也是坚持科学精神的顽强表现。

改革开放使国家民族获得了新生,也使进入耄耋之年的岱老焕发了科学的青春。他热忱拥护党的十一届三中全会路线,并以自己的实际行动为新时期的教育事业和经济学的改革和建设贡献了力量。他不顾自己年迈体衰,在十几年间,先后发表了一部学术专著,撰写了多篇具有高度科学价值的论文,还参加了大量科学和社会活动。他的思想观点受到学界和国家领导人的高度重视和评价。

---

[*] 晏智杰,原北京大学经济学院院长。

理论联系实际，注意从中国的国情出发考虑问题，是陈岱孙先生科学活动的一大特点。他精通西方经济学说，但在研究中国经济问题时从不生吞活剥地搬用这些学说，而是注意其特定的分析前提，指出其适用的范围和条件，指出哪些适合于中国，哪些不适合，因而他的分析和意见总是显得那么有说服力。

不断研究改革开放中的新问题新事物，紧跟时代脉搏，使自己的思想不断前进，是陈岱孙先生科学精神的又一特点。这里我要着重说明，岱老不仅是较早认识到需要改革计划经济体制的老一辈经济学家之一，而且在对改革目标模式的认识上不断前进和提高。起初他赞成"计划为主，市场为辅"的提法；后来则发展到接受"市场和计划相结合"的高度；到最后，岱老就完全接受和拥护以建立"社会主义市场经济体制"为取向的改革框架和目标模式了。

这里有岱老的一封信为证。那是岱老为商请当时的朱镕基副总理为他主持和主编的一套市场经济百科全书作序而写的。岱老在信中说：

朱副总理：

您好。去年九十五岁生日时，承蒙送来亲笔贺信，难以忘怀。这两年国家经济日趋好转，倍感欣慰。

九二年初，在有关部委领导和同志们以及院校同行们的参与下，出版了一本《中国经济百科全书》。自顾年龄已迈，精力不足，本不再想搞书了。但中央确立社会主义市场经济体制目标模式，给我以极大鼓舞，在四十多个部委和三十余所高校同志们的鼓励和支持下，花了几年时间又编了一本《市场经济大百科全书》，试图介绍一些较为成熟的市场经济理论和实际运作规范，现已定稿，即将出版。意欲请您为本书写个序言，又恐公务繁忙，难以拨冗，加以在题辞和作序上又自有规矩，又不敢贸然恳求。因特先此函陈，征询是否有此可能。

这封信写于1996年11月14日，第二年7月28日岱老就仙逝了，因而这封信是岱老晚年对改革态度的重要体现。我们中的许多同志都参加了该书的编撰，对岱老对该书表示的极大关注和花费的心血都记忆犹新，特别是1996年冬，也就是岱老给朱副总理写信之前，编委会在皇苑饭店召开会议，岱老亲临会场致辞的情景。那时他已96岁高龄，天气又冷，大家怕累着岱老，劝他别去了，我们会把情况向他及时汇报的，但他执意要去，还一定要致辞，他说我是主编，那么多同志都要去，我怎么能不去。我和岱老的一位亲属陪同前往。得知岱老亲自与会，各位编委和负责人早早就赶到了。会议开始，岱老不要人搀扶，坚持自己双手扶着椅子把手站起来，挺直身板郑重地向各位委员鞠躬致意，然后清晰而缓慢地宣读了他自拟的致辞。目睹陈岱孙老骥伏枥、奋力前行的精神状态，在座各位无不为之动容。现在，我们读了岱老会后写的这封信，可以更深切地体会岱老当时的思想境界了。那完全是岱老为中央确立社会主义市场经济体制目标模式感到极大鼓舞的真情流露。

岱老是学贯中西的一代大师，但他从不以权威自居。他常以自己治学中的"教训和缺失"宣示于人，使青年引以为戒；他对人们的求教总是尽力相助，但又恪守着知之为知之，不知为不知的原则；学术中的不同观点，包括我们这些晚辈的一得之见，只要是认真研究和严肃思考的结果，只要能够自圆其说，有根有据，即使不甚成熟,也常常能从他那里得到鼓励和指点;即便是指出人家的缺点和不足,他也总是与人为善,从不强加于人;而对指出他自己著述中些许技术性差错的外地青年,岱老却表示出格外的欢迎和尊重。记得有一天在校园路上岱老碰到我,对我说:湖南一位青年来信,指出我那本小书(岱老这样谦称自己的那本名著《从古典经济学派到马克思》)中有一处注释的公式计算数据有误,我已经写信给他表示了感谢。岱老让我察看一下予以改正。我及时照办了,并将改正的意见告知了上海人民出版社。得知这些情况后岱老才表示放心了。

一位世纪老人,生于前清书香门第,长于民国动乱年代,历经新旧中国两个朝代,始终能够跟着时代前进,与国家民族同呼吸共命运,这种不懈追求、不断进步的精神实在难能可贵。这种精神什么时候都不会过时,今天则尤其显得重要,因而他同我们永远在一起。陈岱孙不愧是真正的科学家、教育家和经济思想家,是求真求实的楷模。我们这些后来者、晚辈和学生,愿追随先生的足迹,发扬先生的精神,继续致力于先生未竟的事业,这也许是我们对先生最好的纪念。

作者晏智杰与陈岱孙教授合影于1984年。

在陈岱孙教授百岁诞辰纪念会上的发言

□ 范家骧*

  自从1997年7月27日陈岱孙老师逝世以后,我在报刊与专著中,谈到许多悼念的文章,使我了解到我前所未闻的许多事迹,加深了我对老师的景仰之情,我有幸参加这次经济学院主办的陈岱孙教授百岁纪念会,回忆起三十年来承蒙陈老师的教诲与照拂,不禁百感交集。现将我与老师交往中的一些情况缕叙于后,事情虽小,对我说来却永远在记忆之中,并从中吸取教益。

  老师一生生活简朴,乐于助人。1960年我调入陈老师所在的经济史、经济学说史教研室筹组新课并担任教研室工会小组长,当时一般教员家中尚未安装电话,有关工会的通知,需要分别到户传达,为了节省时间,经常在下第四节课后,骑车执行这项任务;有两次我到镜春园陈老师住所,正值陈老师在堂屋吃中饭。当时陈老师的八十多岁的老母亲还健在,一人面前一碗面条,别无其他菜肴。我想他们年事已高,需要增加营养,为何吃得这样简单?以后曾同一位教员去看望陈老师,这位教员是他的小同乡,谈话之间,这位教员突然问了一个我从来不想也不便问的问题,他说陈老师你在本系里工资最高,你如何支配这笔收入呢?陈老师听了并不生气,平静地回答说:"我以前的朋友与老家的亲戚故旧都知道我在北京,他们有经济困难或者要办什么事缺钱,就来信要求帮助,我就得接济他们,加上自家的生活费,所剩就无几了。"张友仁教授说六七十年代陈老师还经常接济经济困难的学生,由此看来,陈老师一生生活简朴与乐于助人是密切相关的。

  陈老师顾全大局,保持守时的美德。陈老师调入北大后,学校用现成的建筑材料,在镜春园的一个荷塘东边为陈老师盖了一所住宅。我们都认为选址选得好,夏日可以闻到阵阵荷香,月明之后欣赏荷塘月色。过了几年后,就出现了问题,到了夏天水泥地面反潮,以后进一步恶化,夏天不但水泥地反潮,而且所有墙壁都出汗,就是墙壁表面都抹有许多水珠,寒气逼人,住着很不舒服。系里学校领导都关注此事,早就决定请陈老师搬迁到燕南园,但因故房子腾不出来。陈老师对我们从不谈房子问题,肯定是从大局出发,等待学校解决。这时陈荷老师已住到镜春园,照顾陈老师的日常生活,倒是我主动与陈荷老师交谈,我们认识房子发生这些问题是由于塘水渗入地基中,而地基中不是缺乏一层足够厚的柏油防水层就是防水层太薄不起作用引起的。换房一事直到"文化大革命"结束后才告实现。可叹的是搬到燕南园以后,陈荷老师有一次浇花,由于苍苔路滑,不慎跌跤,卧床三载,终于逝世。我们不仅哀悼陈荷老师过早去世,也担心陈老师自己料理生活的艰难,如果陈荷老师健在,这次纪念会也许会变成庆祝会。

---

* 范家骧,北京大学经济学院教授。

陈老师时间观念极强，无论是系里开大会，教研室开小会，陈老师都是提前到会，带动其他人准时到会。更令人感动的是，每次外出开会，派车接他，请他在住所等候。但是每次轿车开进燕南园转弯后，远远望去就看到陈老师已经扶拐站在路旁等候了。

在学术方面，陈老师学识渊博，诲人不倦。陈老师学贯中西，为学术泰斗，一代宗师，虽然曾在西方受过教育，但对西方经济学主张不应一概排斥，也不应全盘接受，不能作为我们的指导思想，在一些具体问题和方法上，可以有借鉴之处。这是他对西方经济学的深入了解得出的判断。我与另一位同志合写的《西方经济学》，有幸请到陈老师为该书作序。他在序中对凯恩斯理论作了深刻的译介。陈老师指出以《通论》的理论为宏观经济学的基本内容，不等于说宏观起源于凯恩斯，我们也不能把凯恩斯主义和宏观经济学简单地等同起来。还说凯恩斯虽以《通论》出名，但《通论》实际上是在一个严格限定的前提下写作的。这个前提就是"短期"、"静态"与"封闭经济"。这是《通论》的缺漏，全盘接受有缺陷的理论是不智的。

大概是在1972年"文化大革命"期间，掀起学习马恩经典著作的高潮。经济系响应号召，由陈老师主讲《反杜林论》的第二编政治经济学，第三编社会主义。这是我第一次听陈老师系统讲课。陈老师深入浅出的教学方法，有助于理解较生疏的原文。当时兴编写经典著作解说，《反杜林论》也不例外。课程结束后，由陈老师、赵靖老师和我三人组成编写组，由陈老师主持。主要的与较难的部分由陈老师写解说词，我们两人写一小部分，但负责注释部分。人民出版社出版的《反杜林论》中译本有两种注释，一是脚注，另一是放在全书最后的注释，查阅一些辞书也得不到解答，不得不请教陈老师，陈老师要我参考苏联研究所撰写的《世界通史》中译本。我喜出望外，在大图书馆书库找到这部中译本，大约有十几卷。按照时间次序查阅都得到解答。至此我深深认识到陈老师学识渊博，博览群书，也认识到前苏联在历史研究的高度水平。书成以后，以北大经济系的名义出版。为了准备今天的发言，我想知道我究竟解释了些什么，自己收藏的那一本，不知放到哪里去了，也无力找寻，只有到校图书馆借阅，但都借出去了。无奈只好匆匆翻阅《反杜林论》中译本，看到了160页中的一段话："原始贵族的形成象克尔特人，日耳曼人种，以及印度谊旁遮普地方，在土地公有制基础上所发生的那样，最初也完全不是基于暴力，而是基于自愿和习惯。"很觉眼熟，我敢肯定我在书中解释过。这一段话是批判杜林的暴力论的，一般也会认为贵族是由暴力产生的。只有说明当时历史情况，才能解释清楚原始贵族是和平产生的，感谢陈老师的指点，我才完成了任务。

70年代来，在陈老师的主持下，北大经济系编辑出版了《经济科学》双月刊，80年代中期为了便于对外交流，需要增添英文目录。当时陈老师任主编，我是编委成员，目录英译工作公推由我担任。我虽然知道英译目录中各篇文章题目有其特点，但译出后，不敢说有把握，于是仍然求教于陈老师。陈老师欣然接受，只要他有空，我递上译稿，他立即进行审阅校正，一篇的题目经陈老师改动一两个字就显得地道多了。我感到难译之处，经陈老师一修改，也就迎刃而解。在陈老师的指点下，目录英译我逐渐有掌握，但每次译完，还是请陈老师过目改正，陈老师从未推辞，这个过程持续了三四年，以后由于我教学任务加重，才由其他老师接替。在其间有一期的中文目录中领头文章的题目是"马克思恩格斯论著概说序",有序作者的姓名,但无"概论"作者的姓名,可能来稿的题目就是这样写的。陈老师在归还我的译稿中,附上以下一段话:"无论是'文'或是'书',无论是'序'或是'书译',都应有原文或书的作者的名字——这是对作者的起码的尊重。"这段话充分体现陈老师对作品的重视对作者署名权的尊重。

还有一件事,使我深深敬佩陈老师的实事求是精神与其远见卓识。大概在80年代初期,当时任美国联邦储备局主席的沃克尔率团来我国访问,规格甚高,受到政府盛情接待,其间有一天学校通知由陈老师率领我们几位中年教员到临湖轩与沃克尔一行座谈,该局的副主席、一位女经济学家曾提问道:"中国将来建设铁路,需要大量资金,你们要不要外国援助?"这个问题现在来回答并不困难,在那时好像很不简单。陈老师先让我们回答,一个一个地请,都不作声,最后要我回答,当时我的脑子里还牢固地保持独立自主地进行经济建设的思想,还想到我国建国后的实际情况是铁路建设都是国家筹办的,正在踌躇之时,没有回应陈老师的问话,陈老师只得自己回答了。他说主要是自己筹措资金,必要时当然可以接受外援。访问团听了感到满意,我们如释重负,但也感到惭愧,更敬佩陈老师眼界开阔,运用自如。

陈老师晚年希望编写一些辞书,留给后学者参考。他主编了《中国经济百科全书》、《市场经济百科全书》与《英汉国际金融辞典》三部辞书,我参加每一部书的审稿编纂的全过程,特别是《英汉国际金融辞典》一书独自担任校改工作,历时十月,以报答陈老师教诲照拂之情于万一。陈老师生前未能见到《市场经济百科全书》的出版,甚为遗憾!

值此纪念陈老师百岁诞辰之际,陈老师诲人不倦、助人为乐的品格与敬业精神以及开创性的学术研究成就,永远指引我发挥余热,不断前进。

2000 年 11 月 16 日

善待每一个学生

□ 平新乔*

人生的紧要关头有时只有那么一两步,如果能在这关头遇上贤人圣者,那么命运会整个地改变。遇见陈岱孙教授,考入北京大学,对于我来说,便是这决定性的一步。

一、入门

1976年粉碎"四人帮"后不久,我就被审查了,直到1978年5月才不了了之。原因是自己思想确实很"左"。审查完后,被分配在上海体育学院教马列理论课。我考过几次研究生,待到录取单位来"调档"之后,都是我的档案被调走,录取的通知也就盼不来了。

1983年,我抱着再试一试的态度报考了北京大学经济系,专业导师就是大名鼎鼎的陈岱孙教授。在春暖花开的4月,我接到北京大学面试的通知。由于招生的程序是先笔试,再面试,然后才调档。我知道与前几次一样,面试并不是真正的考验,对我来说,惊涛骇浪是在调档之后。

4月23日上午,我来到北京大学四院117室报到。室内坐着两位老师,一位年轻,另一位是长者,穿着咖啡色的上衣,正在伏案签写一些信件,隔两米望过去,那是一些英文文件。我将复试通知交给那位年轻老师,年轻老师是智效和,他马上招呼我坐下。稍等了一会儿,待长者签完字,智老师轻声向长者介绍说:"陈先生,这就是平新乔。"哦,这位长者就是我来投奔的陈岱孙先生,我顿时肃然起敬,望着这位看上去有60多岁(其实已经是83岁)的长者,在嗓子底里轻声叫了一声"陈老师"。陈岱老挺拔的身子高出我一头多,他目光炯炯,从头打量我到脚,伸出大手有力地握住了我的手,顷刻非常随和地说:"一路上辛苦了,先找地方休息一下,住下再说。"回头便要智效和老师给我与同来面试的谢百三同学安排宿舍。一会儿,厉以宁老师和石世奇老师也来到117室办事,我站在一旁微笑着面对厉老师那深度近视眼镜片后面射出的犀利目光,听着石世奇老师对我们的欢迎话语,一种从未有过的感情涌上心头,心想:这要是我的家园该多好啊!厉老师笑着对我和百三说:"我想4个月之后,我们又会见面的。"(4个月后即秋季入学)

这就是我在北京大学经济系面试的第一天。

16年后的今天(注:此文写于1999年),我才知道,在117室我所见到的陈岱老、石世奇、厉以宁与智效和老师都在日后的录取关头对我鼎力相救。

三天以后的面试是在四院二楼的一间小房间内进行,由经济学说史教研室组

---

* 平新乔,北京大学经济学院教授。

织,陈岱老、商德文老师、靳兰征老师考我。这与其说是考试,不如说是和气地聊一聊,陈岱老只问我:"马列著作你读过哪些?"由于自己70年代在此方面下过工夫,所以,三句两句就把信息量传递过去了。岱老笑了。接下来问我:"如学经济学说史,你想搞哪一段?"我说喜欢读亚当·斯密与大卫·李嘉图,即古典这一段,并说自己年龄已偏大。这时岱老平静地说:"今年28岁,不大,研究生这个年龄不算大,好好学,会有成绩的。"并问我,"将来想做什么?"对此我毫不犹豫地说:只想做一名大学教师。考试总共不到30分钟,给我的感觉是一位新来的工作人员到单位报到,与单位的老同志相互认识、了解一番。

在我的记忆里,几次报考研究生的历程,只有北京大学经济系有面试这一关。后来我到美国后知道,录取MBA的学生,面试是必不可少的。面试可以降低学校对学生评价的不确定性,降低培养风险。北大经济系当时仍由陈岱老主持系务,录取研究生时增加面试,显然与他坚持有关。对我来说,最后能进入北大,与这次面试有着密切的关系。与岱老见面之后,我预感到:这次遇见救星了。果然,面试那天下午,我与百三在未名湖畔散步,正好遇见陈岱老走回家,我们停步向他致敬。他走近我,正式告诉我:"你的面试通过,我们已经讨论,决定录取你。"

但是,无论如何,我是不该向陈岱老隐瞒的。回上海后,我就提笔写了一封长信,检讨我在1970年至1976年间走的弯路与错误,也讲述了自己几次报考由于政审关过不了而未被录取的经历,希望能有重新学习的机会到北京大学、到陈岱老身边。此信发出,没有任何回音。我所在的上海体育学院党委组织部鉴于我在那里5年的工作表现,诚心帮我,这次未将原单位搞的非正式档案(又称"运动档案")寄往北大,只寄了我的正式档案。我的录取政审关顺利通过了。7月初,我正式接到北京大学的录取通知书。

我被北京大学录取,在原单位引起轩然大波。8月中旬,一位好朋友告诉我:有人在告你,北大已派人来上海调查了。我心里准备着的大风大浪终于来了。我并不否定自己的错误,过去的事实都在那儿摆着,我只想知道的是,像我这样的人是否因为过去的错误而就应该被剥夺受教育的权利?此刻,我想起了陈岱老那高大的身影与和善的目光,我多么希望陈岱老的庇护!在朋友的资助下,8月14日我又一次登上北上的列车。15日上午10:10下车后直奔北大,进南门已是晌午了。王志伟师兄正在29楼的楼道里用煤油炉做饭,我上前说明了来意,志伟兄关了炉子,带我直奔镜春园。

那是一座多年失修的旧院子,坐落在一个池塘旁,荷花亭亭玉立,荷叶飘散着阵阵清香。几片碎石点缀着直通院门的小路,门旁的信箱上写着"79号甲"。院门虚掩,志伟兄犹豫了一下,这是寻常百姓人家睡午觉的时分。但是,志伟兄还是推开门轻步走进了院子,来到内宅门前,透过纱窗往里看,见门旁的座椅上一位穿着白衬衣的长者正在读报(后来我知道,岱老在美国留学时养成的习惯,是不睡午觉的),那正是岱老。志伟把我引到岱老面前,他让我们坐下。我急迫地但又尽可能清晰地讲述自己的要求,我等待裁决。

岱老只说了一句话:"你是惊弓之鸟了。"我立刻从这句话中读出了老人对我的全部怜爱!这分明是告诉我:孩子,不用担惊受怕,做错事改了就是,大人给你担着。岱老再也没有多说一句话，站起身来，拨通了石世奇老师的电话，安排我去找石老师谈。石世奇老师是经济系党总支书记。岱老似乎在告诉我：是否录取由北京大学经济系最后决定，不由一个人说了算。

我从石世奇老师家出来，再走回未名湖北岸的镜春园，心情已经放松多了。我去瞻告一声岱老，这次进京见过组织，达到目的，我该立即返沪了。岱老要我坐下来，对我说了一番话："我自己年轻时做过很多傻事、错事，也说过不少傻话、错话，谁不犯错误？错了，知道了，改就是了，应该有再学习的机会。为了你的录取与否，我们已经两次派人到上海调查核实了，索性乘此机会把问题彻底搞清楚，你就放下包袱一心往前奔，免得以后再折腾。我看这次调查说不定对你是件好事。"老先生此番话是和盘托出了，我诚惶诚恐，惊动了北大这么多老师与领导，不就是为了帮助我这区区一学子吗？

岱老送我到湖边，又继续往西校门走，我再三请他留步，天已经开始黑下来了。我几步疾行之后，猛回头，见岱老高大伟岸的身影仍站立在湖畔的路上。我两行热泪夺眶而出，向这位圣者鞠躬。微风悄然吹起，我直起身，一片秋叶飘到头上，我正站在一棵大树底下。

二、受业

我按时到北京大学经济系报到，我揣着一颗异常敏感的心，跨进四院。陈岱老像见其他所有新生那样，只对我笑笑，好像那场风波没有发生一般。系里所有老师与职工，从未在我面前提起录取那件事。在走廊上遇见厉老师，他主动要我修他的《剑桥欧洲经济史》，并且立即领我去查那张卡片。15年后我才知道，厉以宁这位陈岱老的高足，在录取我的过程中使了大劲。董文俊老师对每个新生都乐呵呵的，我哪里知道，董老师就是系里派去上海调查我的两位干部之一。事情过去16年了，回头想想，就是北京大学经济系和陈岱老以宽阔的心胸，救了一个学子。

在岱老门内学习，他只管我两件事：选课与论文。这是我人生第二个充电期，我总想多学一些，恰好岱老治学强调"宽口径"与"厚积薄发"，与我当时的想法十分投合。开学后两周，我来到岱老的家，请教如何治学，他用手划了一个"十"字，告诉我一个"十字法"。所谓"十字法"，便是建立一个学问的横坐标轴，以微观、宏观、财政、金融、国际贸易、国际金融等为横坐标上的点，再建立一个理论史的纵坐标轴，上从亚里士多德，下至今天各大经济学家。然后，横纵轴上坐标对应的一点，便是某人关于某个领域的思想，或是某一领域内几个人的不同观点。岱老说："修课的目的就是建立这两个坐标轴。以后，你能有多大的作为，取决于这个十字架构造得如何。"

这一番话让我连滚带爬，在北大足足忙活了两年。由于我没有上过中学，1979年后只在电视里补过若干数学课，因此在北大补数学课便成了我的一大目标。岱老对此极力支持。他对我谈起了自己在清华上出国预备班时数学基础不好的教训。他在福建英华中学强化数学学习时，上午进初中数学课堂，下午上的是高中数学班，结果闹了个夹生饭，一辈子没有学好数学。谈话间透露无限的遗憾。我在经济系修了5门数学课，每次选课都由岱老签字。岱老告诫我，"趁年轻补数学，还有些成效,年纪一大,就难补了"。我之所以在美国康奈尔大学经济系这个号称 JET (Journal of Economic Theory)派的数理经济学堡垒系里攻下经济学博士,得感谢北大经济系当年那几门数学课,当然得荫于陈岱老的把关。

岱老鼓励我修遍各位老师的课,尤其鼓励我去修厉以宁老师的课,由于厉老师与岱老的关系密切,我逐渐地感到听厉老师的教诲与听岱老的指导,实质上是一回事。我的毕业论文就是在读完厉老师帮我挑选的维纳(Viner)的《国际贸易理论研究》一书之后确定选题的,对此,岱老完全赞同。这样的事我以后在美国再也没有遇到过,一个导师对自己研究生如此放手,让他接受另一位老师的建议,这只有当两位导师对选题的背景知识与内容的理解基本一致,并且两人之间亲密无间时,才能做到。一做毕业论文,岱老就直接给予指导,前后涉及 18 世纪下半叶至 19 世纪上半叶的十几位货币理论家,岱老都能悉数道出,使我终生对读英文原著形成了偏好。

论文初稿写出来了,我兴冲冲地交给岱老,满以为会受到一阵赞扬。没想到,两个星期后,老人家批下来了——我的天,黄色的竖行纸二十多页批注,共六七千字呐。没想到他的推敲比我作者还要仔细。我读了两遍,头一遍令我汗流浃背;第二遍,是在三教通宵教室内,边读边想,我一宿未睡,同时,修改的思路也出来了。我改写三周后,再送上去。一周以后,老人家说:好多了。但是,还给我写了六页竖行纸,这次我心理上也习惯多了,一周后我又改出一稿。三天以后,岱老说:"可以打印了。"

我之所以如此详细地叙述在岱老那里三易其稿的过程,是由于扪心自问:我们如今对待研究生是否达到这般的认真,给学生看稿子,是否像岱老那样投入这么多的时间?13 年之后,当我在美国遇到的博士导师也是对我的论文如此挑剔与帮助时,这是一种真做学问的态度。

陈岱老对于有关国计民生重大问题的意见,是慎之又慎的。我平生唯一一次受到岱老严厉批评是 1988 年在他家里。那时,社会上通货膨胀压力很大,而我在报刊上发表文章是不同意政府的紧缩政策的。岱老对我说:"不要再宣扬通货膨胀有理了。"他不让我打断他的话,给我讲了一大段 30 年代起他便反对通货膨胀,认为通货膨胀是一种隐蔽税的观点。我当时与岱老已交往 5 年了,第一次看到他如此严厉,吓得不敢吱声。90 年代我在海外又屡次看到报刊上刊登陈岱老对通货膨胀的深恶痛绝的议论,便体会到这是岱老的一贯的学术观点。我对他这种对真理追求的一以贯之的态度,油然产生崇敬之情。

三、离别

我于 1989 年 12 月底去美国留学。临行前,岱老带给我一纸条,上写着:"家里有一规矩,家人远行,要备薄酒一杯。"那时,陈岱老已从镜春园迁到燕南园 55 号,地板房,暖和多了。我接了纸条,即去叩恩师家门,谢他的一番盛情,表示我一年以后回来再聚。岱老说:"也好。等你学成归来,我再为你洗尘。"

没想到,我这一走便是 8 年半,比我在北大待的时间还长 2 年。这中间,岱老给我来过数封信。1992 年夏我放假回国,见过岱老,谈起奥运会,我说要为经济学界拿金牌,这才叫好汉。岱老两次重复"金牌",笑着说:"好。"他没有泼我的冷水。1993年夏我又一次回国去见岱老,谈起学业,岱老问我几时能完成?我说取决于自己,是想多选一些课,还是直接进入论文?岱老说:"从长远看,早一年还是晚一年回来关系不大,关键是要学好。"并且勉励我要做合格的大学教师。

  这一见面成了自己与岱师的永别! 1997年7月28日,我从电子信件上获知岱老已于前一天仙逝。一时默默地流泪,彻夜呆坐在计算机房内到天亮,我猛然间觉得内心深处那块净土漂走了。在美国,无论争研究生入学、考Q考、考A考,还是做论文,在近乎白热化的竞争中,岱老一直是我心中最强大的精神支柱。我总盼着有朝一日学成回去为岱老掛一杯美酒,哪怕是两人对坐一会儿,也算是自己对岱老的一点点回报。而现在,岱师未看到学生学成而归天,这做学生的也太磨蹭了。

  当我终于完成学业回到燕园时,岱老的铜像已经伫立于燕南园55号门前。轻声推门,一个年轻后生打开门,我一入屋就见到岱老那张慈祥的遗像。想起我15年前踏进他家门的情景,真是无限悲凉。光阴似箭,是啊,岱老走了,我也步入中年了。我是岱老善待过的无数学子之一。我应做的就是善待自己的每一个学生。

1999年1月

经济学界"不老松"

□ 王健平*

在我国经济学界和教育界,北京大学经济学院陈岱孙教授被人们尊称为"岱老"。岱者,泰山也!

陈先生与本世纪同龄,今年已达94岁高龄了,但他仍然精神矍铄、头脑敏锐、语言流畅、记忆力惊人,特别是他那削瘦、高挑的身板依然是那么硬朗、挺直,给每位见过他的人都留下了极其深刻的印象。听老先生回忆他那难忘的往事,同熟悉岱老的人聊起他的处事为人,拜读他那浓缩其学术思想精华的《陈岱孙文集》,从中我感受到了我国老一辈知识分子"爱国自强、刚直不阿、诲人不倦"的崇高精神。

爱 国 自 强

陈岱孙教授1900年出生于福建闽侯一个书香旺族之家,光阴荏苒,斗转星移,如今90多年过去,从清朝的小臣民到中华人民共和国的公民,他经历了本世纪以来的世事沧桑。当我问及岱老一生中最难忘的一件事是什么时,他稍加思索后说:"是亲眼目睹了'华人与狗不得入内'的牌子。"那是1918年夏,正是我们的祖国饱受内忧外患的时代,青年陈岱孙从闽赴沪报考清华学堂,当时他根本不知道有这类侮辱中国人的牌子存在。一日,他到街上散步,无意之中在上海外滩公园门口见到了这块牌子。陈老回忆道:"瞪着这块牌子,我只觉得全身的血液都涌上头部,不知多久才恢复了知觉,嗒然若丧地走回客店。我们民族遭到这样的凌辱创伤,对一个青年来说是个刺心刻骨的创伤。"次年爆发的"五四运动"又给正在清华学堂就读的陈岱孙上了一堂爱国主义的课。他参加了游行、请愿、宣传等活动,尽管"只有摇旗呐喊的份"。那时在爱国学生中盛行各种救国论,陈先生则主张"经济救国论"。他认为,积贫积弱是导致横逆的原因,只有"足食足兵"才能救国救民于水深火热之中。于是他选择了"经世济民"之学作为民族富强效力的志向。1920年,陈先生赴美留学,无论在威斯康星大学还是在哈佛大学,他都是出类拔萃的好学生,曾荣获过金质钥匙奖。至今,陈老仍对在美国哈佛大学有幸获一单人小隔间如饥似渴地吸吮知识的岁月无限神往,对与诸多后来被证明在学术上卓有成就的同学(如荣获诺贝尔经济学奖的奥林、鼓吹"垄断竞争"学说而成名的张伯伦)在一起"面红耳赤"地争论问题的经历记忆犹新。1926年,仅26岁的陈先生以优异的成绩获得了哈佛大学博士学位,凭他当时的条件,在美国完全可以找到一份理想的工作。然而,他却不顾导师的挽留,经欧洲大陆"游学"一年后,于1927年春回到了祖国。陈老回忆说:"当时我只有一个信念:学成之后报效祖国。正是因为祖国的经济文化不如欧美发达国家,才出去学习,学到知识才更有用。学成了不回来,又出去干什么。"

---

* 王健平,新华通讯社高级记者。

高节清风

1990年,在庆祝岱老90寿辰和从教63周年茶话会上,全国政协副主席谷牧在祝辞中这样说道:"陈教授的特点是'三清',即清白、清廉、清高。一般地讲,我们并不赞成在知识分子中提倡孤芳自赏式的清高,而陈教授的清高实质上是鄙视庸俗低级趣味……我们赞成和提倡这样的清高。"

针对眼下时兴的"黄(经商)、红(做官)、黑(学术)"三道之说,我曾问过岱老,作为"哈佛"的高材生,当年为什么独独选择了一条"黑道"并一走到底呢?岱老爽朗地笑着说:"我与教书有缘。"陈岱孙的祖父在清朝时曾"进了秀才、当了举人、中了进士、点了翰林。本来,在翰林院散馆时可以等候做官,但他却主动回到了三闽大地以教书为生"。陈先生的祖叔爷(祖父的亲哥哥)就是清朝末代小皇帝溥仪的老师陈宝琛。家庭的"香火"影响对岱老从教确有潜移默化之功力,但促使他从教的深层原因则是旧社会官场上那"相互倾轧"之风和腐败之气,使他深深感到官场的肮脏。因此他决定"不去做官,而把教书作为一生的事业"。

作为教师,陈岱孙是一位学识渊博、教学有方的教育家;但同时,他又是一位敢于直言、刚直不阿的爱国者。在抗战以前和抗战时期,他在动荡不定、条件艰苦的环境下,发表了许多文章或言论,猛烈抨击国民党当局"恳求乞怜"的亡国政策,愤怒声讨日寇的野蛮行径,主张建立自立经济,以抵抗外来经济侵略。抗战胜利后,中国面临着向何处去的重大历史抉择。1945年冬,陈先生不顾个人安危,在西南联大与张奚若、钱端升、闻一多、朱自清等著名教授联名发表了轰动一时的《十教授公开信》,要求"废除一人独揽作用",停止内战,希望政治协商会议成功和中华民族独立解放。随着时局的发展,陈岱孙同许多正直的知识分子一样,愈益看清了国民党卖国独裁的真面目,开始把希望寄托在中国共产党身上,他以拒绝南迁、坚持留在清华园迎接解放的实际行动作出了自己的正确的抉择。

新中国成立后,岱老的生活步入到一个崭新的时期,他潜心学习马列主义毛泽东思想,思想逐渐发生了深刻的变化,用他自己的话说,就是确立了"全心全意为人民服务"的思想。在从事繁忙的教学、行政领导和社会活动的同时,陈先生积极著述,其代表作就是一部40万字的《经济学说史讲义》,这套讲义是陈先生以马列主义为指导研究西方经济学和马列主义经济学说发展史的重要成果。遗憾的是,由于当时特定的历史性原因,这一成果未及正式出版面世便遭扼杀,他本人也受到不公正待遇。在60年代初当"左"的指导思想占主要地位后,高等院校中政治运动时伏时起,对此,陈岱孙采取了沉默的态度。在十年"革"文化"命"时期,陈先生更受到严重冲击,处境困难,但他采取的"对策"是:"既然不能说真话,就不说话了,但绝不说假话。"从60年代到70年代末,岱老的学术活动中断了近20年。这20年的"空白",对学术功底扎实的陈先生来说无疑是个重大损失,然而,这不正是从另一个方面说明了岱老的正直和对科学的忠贞吗?

党的十一届三中全会以后,已到耄耋之年的陈教授重新恢复了青春活力,进入了他著述最为丰硕的丰产期。十年之中,岱老在坚持教学、创办并主编《经济科学》杂志以及参加各项社会活动的同时(岱老是全国政协二至八届委员,六、七届常委),

撰写并发表了大量论著,其中包括学术专著《从古典学派到马克思》,主编二卷本《政治经济学史》,发表了各类学术演讲和文章数十篇,累计达百万字左右。除此以外,岱老还为审阅许多书稿和文稿做了大量幕后工作。

在改革开放的新形势下,当形形色色的西方经济学说给中国经济学界带来"冲击"之时,有的人盲目欣赏,有的人一概排斥,岱老却始终保持清醒的头脑。1983年,他在《北京大学学报》上撰文指出:"在对待西方经济学对于我们现代化的作用上,我们既要认识到,这些国家的经济制度和我们的社会经济制度根本不同,从而,现代西方经济学作为一整个体系,不能成为我们国民经济发展的指导思想;但同时,我们又要认识到,在若干具体经济问题的分析方面,它确有可供我们参考、借鉴之处。"岱老还针对新形势下出现的各种理论和实践问题,提出了自己的重要意见和建议。他强调应从具体国情出发制定经济发展战略,切忌在反对曾经存在的旧教条主义偏向的时候,又盲目照搬西方国家的理论和政策,陷入新的教条主义泥坑;他强调要注意把握好微观搞活与宏观调控的关系,不断调整各部门、各行业、各利益集团人们之间的各种比例关系,力争避免出现重大的比例失调和分配不公这类全局性问题,实现经济的协调稳定发展;他还对货币金融、人口、消费经济等问题阐明了自己的观点……这些饱含肺腑之言的意见和建议,字字句句都表达了这位老知识分子的报国之情。

诲 人 不 倦

岱老的教龄在经济学界可以称得上"之最"了。他从27岁被聘为教授起,曾经先后就教于清华、西南联大、中央财经学院、北京大学等院校,直到如今仍然在带博士研究生。60多年来,亲耳聆听过岱老教诲、亲眼目睹岱老讲课风采的学生足可以组成一个高素质的军团。我国政界不少要人和著名经济学家、企业家、科学家都以作为岱老的学生而自豪。有一年,岱老与费孝通一起去香港讲学,所到之处都有学生举着清华或北大校友会的旗帜热烈欢迎。费老感慨地说:"陈先生是一面大旗!"的确,陈教授的学生在海内外已经汇集成浩浩荡荡的队伍,而恩师则是他们做人建业的旗帜。抗战时期,日军飞机轰炸,他在西南联大坚持上课;1976年唐山大地震后,他露天讲课,主动承担为最后一届工农兵学员补习的任务;他90诞辰纪念日是在为200多人上课的讲台上度过的……

陈教授的学生都说,听岱老的课可真是一种艺术的享受:岱老学识渊博、治学严谨,讲课的内容充实、条理清晰、言简意赅,在历史和理论的论述中,不乏幽默与诙谐,把抽象枯燥的经济学理论讲得透彻而生动。更令人叫绝的是时间掌握得特别准,当一堂课下来他的结束语收尾之时,常常是下课铃声响起之刻……若无精深的学识、真诚的态度以及长期教学实践的千锤百炼,要想达到如此炉火纯青的境界是难以想象的。

陈先生待人谦和但治学却极其严格。一位博士研究生向岱老呈交了近20万字的毕业论文,他认真审阅后竟写出了近两万字的书面指导意见,就论文的指导思想、框架结构、理论内容方面提出了许多重要意见,连文字表述、人名拼写和标点符号等方面出现的问题,他都注意到了,字里行间渗透着老先生的科学态度以及提携后学的拳拳之忱。由于岱老的声望，不少中青年学者都喜欢请他为自己的专著写序，但岱老绝不是敷衍地对原著和作者唱几句浮浅虚夸的赞美辞，而是认真地联系所序原著陈述自己的看法，或补充、发挥，或修改，思路新颖，观点鲜明，不但为原著增色，而且序文本身往往就是一篇颇具学术价值的论文。

  岱老一生辛勤耕耘于教育事业，现在仍然笔耕不辍，每天工作达六小时之多，著书立论、带研究生……这种敬业精神，对事业的执著追求着实令人钦佩。我曾问过岱老，今后还有什么新的打算？岱老说："个人的年华，如逝水一般，于不知不觉中迅速地流失，不可否认自己已经垂垂老矣。但我要承认我还挣扎着不肯服老，总想还能做些力所能及的工作。人们常说'老骥伏枥，志在千里'，对此，我不敢奉为座右铭，因为年纪大了，再谈'志在千里'太空洞，何况自己当年是否是'千里马'还是个问题。还有个说法是'老马恋栈'，这是要引以为训的。我认为'老马识途'或许可以为我所用。老马是在走了多少错路、弯路后，才迷途知返地认识了归程。回顾我60多年的教书治学的历程，的确走了不少弯路、犯了不少错误、受到不少教训，我希望今天的青年朋友不要重蹈我的覆辙。为青年人在治学上提供这些覆辙的教训，这也许是我今后所能做的一种力所能及的事情。"

1994 年 4 月 16 日

（原载新华社《经济参考报》，《新华文摘》全文转载）

一代名师　后学楷模

□ 海　闻*

我今天来参加纪念陈岱老百年诞辰活动具有两重身份：一是代表北京大学中国经济研究中心的全体教师来缅怀经济学界的泰斗；二是作为陈岱老的学生来表示对恩师的深深怀念。

北大中国经济研究中心成立于1994年，短短的几年来，中心在国内外经济学界的影响越来越大，而中心的建立与发展都是与陈岱老的影响和支持分不开的。中心的主要创建人林毅夫、易纲和我都是陈岱老的学生。当年林毅夫从台湾回到大陆，是陈岱老欢迎他到北大经济系来继续深造的；易纲和我都是北大经济系77级的学生，陈岱老是我们当时的系主任，还亲自给我们上过课。他的言传身教对我们的一生都产生了非常重要的影响。

陈岱老27岁获得哈佛大学博士学位后毅然回到了当时仍是疮痍满目、民不聊生的祖国，其精神是极为可嘉的。作为中国最早留美回国的经济学博士，他的一生都献给了经济学的教育事业。无论从精神上还是实际行动上，他都为我们这一代出国留学的经济学人树立了榜样。我们正是以他为楷模，踏着他的足迹回国来从事经济学的教学研究工作。陈岱老对我们的工作一直非常支持，当他知道我们要回到北大建立中国经济研究中心时非常高兴。他虽已95岁高龄，却欣然答应做我们的学术顾问，并参加中心在1995年3月10日举行的正式成立大会。岱老那天特别高兴，发表了《经济学是一门致用之学》的演讲。他说："经济学这个东西，应该是一个致用之学，作为致用之学就是一定要跟实际密切联系起来的。……它并不是空虚的、抽象的理论，而是联系实际的理论。古代就已经如此了，现在我们更应如此。"岱老语重心长地对我们说："我希望中国经济研究中心在这方面能够多做一些工作，以弥补我们过去所失去的时间。"言语之间，流露了岱老对我们的殷切希望和信任。

成立大会上我们还邀请了经济学诺贝尔奖获得者道格拉斯·诺斯教授做了题为《制度变迁理论纲要》的讲演。讲演用英文加翻译，时间很长，我们担心岱老身体吃不消，多次劝他休息，而他精神饱满、兴致勃勃，一定要听完整个演讲，参加完整个成立大会。那天他很高兴，我们亦很感动。我们对他说，陈岱老，我们跟着您回来了！这的确是发自我们内心的呼声。

成立大会之后，岱老还接受了中央电视台关于中心的采访，95岁的老人面对聚光灯毫无犹豫、毫不停顿，一口气谈了他的看法。他支持中心的成立，他认为这件事非常有意义，他相信中心能办得好。在中心成立初期，许多人仍表示怀疑的时

---

* 海闻，北京大学副校长。

候,陈岱老则毫无保留地表示了信任和支持。中心之所以有今天的成就,我们不能不感谢陈岱老。在岱老百年诞辰之际,我要代表中心全体教师向这位伟大的经济学家、我们的前辈表示深切的怀念和崇高的敬意。

今天来参加陈岱老师百年诞辰纪念活动,我还要代表我自己来感谢陈岱老对我的教育与关心。作为"文化大革命"后恢复高考第一批进入北大经济系的学生,我们有幸聆听了陈岱老给我们上的经济学说史。当年陈岱老已78岁高龄,仍然亲临第一线给本科生上课。他讲课非常清晰、简洁,深刻而又幽默。几十分钟一堂课,却常常令人回味无穷。至今我们仍能清楚地回想到当年陈岱老在文史楼二楼给我们上课时的情景。我们77级是"文化大革命"后第一批高考入学的,聚集了12年的优秀初、高中毕业生,年龄上、经历上都比较成熟。当时上课的老师也都很优秀。厉以宁、萧灼基、洪君彦、胡代光等都给我们上过课,可谓名师荟萃,但同学们都认为,陈岱老是讲课讲得最好的老师之一。

我跟陈岱老的直接接触是从1981年开始的。在他的影响下,我在二年级下半年就开始有了出国留学的念头,到了大学四年级的时候,我已经办好了全部留美学习的手续去向他辞别。陈岱老仔细询问了我的情况后,建议我先不要走。他说:"你现在去是作为转学生,到了美国仍然要补许多本科生的学分,由于我们跟他们的课程安排不一样,你有许多学分需要补,光补这些本科学分大概就需要两年,再读研究生就很晚了。这样走的话,早去不能早回,不如读完北大再走。"陈岱老的一席话不仅为我指明了方向,更让我感动不已:作为蜚声中外、德高望重的大学者,他把一个无名的青年学生当做自己的孩子一样来关心,甚至到了帮我考虑应该什么时候走,在什么情况下走更好的细节问题。在陈岱老的建议下,我放弃了第一次签证,坚持在北大读完了本科,有幸成为北京大学第一批经济学学士之一,也有幸在1983年底就获得美国加州州立大学的经济学硕士学位,并为在美国的继续深造打好了基础。

在美国获得博士学位后,我经常在暑假回国到北大短期任教,有空也去看望陈岱老。1995年回国后,去看陈岱老的次数就更多了些。陈岱老对我们中心一直十分关心,每次去都要问问我们的情况,在我眼里,他是一位德高望重的学者,又是一位慈祥的爷爷。而他对我们则始终平等对待。1994年他出了一套《陈岱孙学术论著自选集》,就托人送给我一套,并亲自题上"海闻仁弟惠存",我不得不被陈岱老这种谦逊仁爱的高尚之风所深深打动。

作为陈岱老的学生,我们一直盼望他能活到一百岁。今天,我们虽然迎来了陈岱老的百年诞辰,可惜岱老已经不能和我们一起来庆祝他的百年华诞了。但我们也非常高兴地看到,岱老未竟的事业正在被他一代又一代的学生们继承着。我们要永远以陈岱老为榜样,为中国经济学的教育与科研工作奋斗终身。

我 记 得

刘文忻*

今天,我们又聚在这里,纪念陈先生百年诞辰,深切地缅怀我们敬爱的陈先生。

自从我毕业留校以来,就一直和陈先生同在一个教研室,有幸长期在陈先生的身边学习和工作,我由衷地敬仰先生的为人和为学的品格。在这纪念陈先生的日子里,我记忆中的陈先生的面容笑貌和一些往事,又都浮现在我的眼前。

我记得,刚留校任教那年,我在教学预备课中遇到了一个关于学说史方面的问题。当时年轻,无所顾忌,直接便去向陈先生请教。当时,陈先生笑吟吟地听完了我这个年轻的新教员的提问,第二天竟然给我写了一页关于该问题的答案,并且还启发我应该如何进一步地去思考这个问题。这便是我和陈先生的第一次接触。而陈先生作为一位经济学大师,给予我这样一名青年教员的学术指导竟是如此地具体和切实。这使我深切地体会到什么叫严谨治学。而且,应该说,当时陈先生给予我们的不仅是知识解惑的本身,而且还使我深深感受到陈先生对青年一代的关心、爱护和培养。

我记得,当我在1980年通过考试获得公派留学美国资格以后,为了对外联系学校,我很希望陈先生能作为我的一名推荐人。陈先生知道我的愿望以后,便欣然允诺。陈先生亲自动笔为我写了一封很漂亮的英文推荐信,并且,还帮我修改我自己写的对外联系的英文信件。陈先生也边修改边告诉我为什么这样修改以后会更好一些,为什么修改以后的抬头称呼会更合适而且联系起来更方便一些等等。由于当时出国的人不多,关于如何对外联系都不太清楚,于是,陈先生又为我详细列了一个单子,告诉我对外申请学校的程序,即第一步应该做什么,第二步应该做什么,如此等等。此外,陈先生还亲自请他在美国的朋友给予我一些帮助。正是在陈先生的指导和帮助下,我与美国普林斯顿大学和宾夕法尼亚大学的联系获得了成功。这些事情距现在已经很遥远了,但现在回忆起来,仍然是那么清晰和亲切。每当我翻阅我所保存的这些由陈先生的熟悉字体写就的材料时,我便怀着一种对陈先生无限的感激和永远的纪念,同时,也感受到一种永远的激励。

我还记得,对于教研室和院里的各项学习活动,陈先生每次都准时参加。而且,几乎每次都是提前到会。对于年事已高的陈先生来说,每次步行到院里,再参加几个小时的学习,其实是很辛苦的。但陈先生却长期坚持这么做。我劝陈先生不必例会,陈先生却不依。那时,在四院,由于没有大的会议室,有时便召开院里的"走廊会议"。所谓"走廊会议"就是大家都站在走廊里开会,由院里领导传达或布置一些事情。对于这样的会议,陈先生也照样拄着拐杖参加,每逢这种场合,我能

---

* 刘文忻,北京大学经济学院教授。

做出的事情,就是从教研室给陈先生搬一张椅子,使陈先生能坐下来开会。这样,我才觉得安心一些。以后,经济学院由四院搬到法学楼,离陈先生居住的燕南园更远了,而且,陈先生的年事也更高了。但陈先生仍坚持到院里参加活动。再以后,陈先生每逢无法前来参加教研室活动时,他总会写一张请假条,放在信封里,托人带给我。这一张张假条,我每次拿在手里都觉得沉甸甸的。从这些事情上,我深深地感受到陈先生严以律己的风范,同时,也留给了我无尽的思考和永远的学习。

人们总称陈先生是中国经济学的一代宗师,或者说是中国经济学界的泰斗,这确实是当之无愧的。"文化大革命"以后,在北京大学经济学院以至于全国范围内的西方经济学教学和科研发展至今的过程中,陈先生所起到的一种旗帜的作用以及他的重要贡献,是其他人所无法替代的。陈先生以他丰富的学识和深邃的经济思想,身体力行地带着我们走过了西方经济学和科研发展的那一段带有曲折而总体上是健康和充满活力的发展历程。早在1979年,陈先生便明确指出,经济科学要为四个现代化服务。1981年他又再一次强调,经济学是效用之学。在80年代初,陈先生又高屋建瓴地提出了关于正确对待西方经济学的观点。对于西方经济学,陈先生不赞成全盘否定,也不赞成全盘肯定。他指出:"现代西方经济学作为整个体系,不能成为我们国民经济发展的指导思想。同时,我们又要认识到,在若干具体经济问题的分析方面,它确有可供我们参考、借鉴之处。"陈先生还具体举例分析了现代西方经济研究对于促进我国现代化经济建设的若干主要方面。陈先生的这一观点,在当时和以后的各阶段时期都有着重要的现实意义。

此外,在关于古典经济学的主要代表人物亚当·斯密的两部经典著作《国富论》和《道德情操论》之间的关系问题上,陈先生从原始资料出发,以其深入的研究,令人信服地提出亚当·斯密这两部著作之间的矛盾只是表面的和非本质的现象,而两者之间的共通和一致才是基本的事实。这就是说,陈先生告诉我们,即使在亚当·斯密那里,以经济理性人为前提的市场经济和提倡道德情操之间并不是矛盾的。很清楚,陈先生的这一结论不仅有重要的学术理论价值,同时,其现实意义也是深远的。

回忆往事,对于陈先生的人格和风范,对于陈先生的学术观点和学术成就,令人由衷敬佩。我深切体会到,陈先生的学识和品德是一种完美的统一。在他身上所透出的高贵与平和总是显得那么和谐和自然,他的那种超然、坦荡和独立又往往蕴涵着深刻的现实性。

我有时总想,从经济学的角度看,未来是充满不确定性的。经济学家又总是在一定的条件下,运用一定的方法。把所研究的不确定的事件处理成为可以分析和把握的事件。相类似地,在现实的社会生活中,当我们面对充满各种不确定因素的未来时,我们还是能找到一些根本性的东西来把握未来的。这些根本的东西,一定包含着陈先生身上所体现的学识和品格。我们应该确确实实地以陈先生为楷模,发扬他的精神,努力像他那样去对待学习、工作和生活,那么,可以肯定,我们的未来和我们的事业将是充满希望和光明的。

陈先生的风范和精神永存,陈先生永远活在我们心中!

记陈岱孙先生与中央财经大学

□ 杨禹强*

从陈岱孙先生简短的生平《小传》中,我们可以看出其留学归国后大半生多是在清华大学和北京大学度过的,在这两校过渡之间,有一段不凡的岁月,那就是"1952—1953年任中央财经学院第一副院长"。担任中央财经学院第一副院长,是陈岱孙先生作为教育家办学的重要经历,也是中央财经大学发展史上弥足珍贵的一段佳话。

1952年,正是全国范围内的高等学校"院系调整"时期,这也是新中国成立之后在中国教育史上备受瞩目的大事件之一。在这次全国范围的院系大调整中,原北京大学、清华大学、燕京大学、辅仁大学的部分财经科系调整到中央财政学院,在此基础上成立了中央财经学院。中央财政学院的前身是成立于1949年的中央税务学校,隶属财政部领导,第一任校长是由时任国家税务总局局长的李予昂兼任。据史料记载,国家成立这所学校的主要目的,就是为当时百废待兴的新中国培养急需的中高级经济管理人才。随着中央财经学院的成立,隶属关系由原来的财政部转为高教部领导,也预示着这所学校将朝着正规化的大学办学方向转变,不过在培养全日制本科生的同时,它依然保留着为国家培养急需干部的传统,所以还承担着每年为财政部轮训干部600人的任务。

中央财经学院建院之初,首先成立了筹委会,筹委会主任委员正是著名的经济学家陈岱孙先生。陈岱孙生于1900年,福建闽侯人,1926年毕业于哈佛大学研究院经济系,获得哲学博士学位,先后任教于清华大学、西南联合大学,担任过经济系主任、法学院院长等行政职务。从学术背景、阅历、年龄、声望与视野可以看出,选择陈岱孙先生作为这所肩负国家经济建设重任的高校负责人,是非常恰当与明智的。1952年12月10日,时任教育部部长的马叙伦签发了关于陈岱孙先生的任命,"由第一副院长陈岱孙主持中央财经学院的工作"。学院院长暂缺。由此,开启了陈岱孙先生与中央财经大学的不解之缘,其对学校的影响、牵挂与期盼也一直伴随日后的生活。

据一位尚健在的离休老同志王万有回忆,当时年富力强的陈岱孙先生受命担任中央财经学院负责人一年多时间里,总是踌躇满志,忘我工作,希望干出一番事业来。翻阅史料,我们可以看出,在此期间,陈岱孙先生工作着力点主要体现在确立办学理念、加强制度建设、广揽英才并促进融合、设置学科专业和进行教学改革等几个方面。在确立学校办学理念方面,考虑到学校的前身是发轫于1949年的中央税务学校,以"延安式"干部培训为人才培养特点,陈岱孙先生上任伊始便提出了

---

* 杨禹强,中央财经大学校办副主任,校长助理。

要办正规大学的思路,强调既要继承学校原有的优良传统,同时还要融合民国时期借鉴欧美大学以追求高深学问、培养宏大人材为宗旨的办学理念,这一办学理念成为学校日后不断发展、追求卓越的精神动力和力量源泉。

在制度建设方面,陈岱孙先生提出要朝着"大学化"的方向建章立制,从原来的"干部培训"学校向真正意义上的"大学"蜕变。在他亲自领导下,学校制定了《中央财经学院院章(草稿)》,作为学校的根本大法,在人材培养、学术研究、组织管理、学生活动等方面都做了具体规定,其间渗透着"教授治学"的精神,在当时整个国家正轰轰烈烈地向苏联学习的时代背景下,显得尤为可贵。

在师资引进与促进融合方面,陈岱孙先生也是念兹在兹,作为头等大事来抓。根据史料记载,经过院系调整后,当时学校共有教职工356名,其中教授24名,副教授11名。在这批教师中,除了一批富有经济管理经验的专家和干部外,还有余肇池、赵人俊、戴世光、吴景超、陈达、王传纶、周作红、罗志兴、姚曾荫、赵承信、郑林庄、张伟弢、饶毓苏、袁方、徐卜五、赵锡禹、杨承祚、崔书香、孙昌湘、董浩、李景汉、魏重庆、陈文仙等著名学者。这其中,既有像陈岱孙、魏重庆等享誉全国的经济学大家,亦有社会学领域如陈达、李景汉、吴景超、赵承信等领军式人物;同时还有一些在应用经济学研究方面造诣深厚的学者,如素有中国会计学界"南潘北赵"之称的赵锡禹、中国统计学科前辈崔书香、财政金融学家王传纶等;此外还有一些默默耕耘、厚积薄发、大器晚成的学者,如郑必坚等。当时的中央财经学院,真可谓是群贤毕至,名家荟萃,这批学养深厚的学者的加入,给学院创造了非常浓厚的学术氛围。当然,这些来自不同学校的教师也带来了各自不同的办学理念与教学风格,难免在工作中有些小摩擦,但在陈岱孙先生和风细雨和人性化的领导风格感染下,教师之间总体上和睦相处、其乐融融。这一点,我们可以从当年工资调整一事看出。

1952年10月29日至11月15日,学校专门成立了工资调整评议委员会,采取"领导与群众相结合,充分准备,多协商,少开大会"的原则,用了18天的时间,在教职工相互还不太熟悉的情况下,顺利地进行了工资调整,教职工工资平均增长40.7%,高于全国高校教师工资增长18.6%的水平。总结此事的经验,学校认为:"一是领导负责,亲自动手,与陈(岱孙)院长、秦(穆伯)主任的亲自动员和掌握分不开;二是通过党团及群众大会和个别交谈,充分进行了宣传教育,强调处理好个人利益和国家利益的关系;适当的批评和自我批评,所谓'适当的',是不能搞的太激烈,否则就会丧失调整工资的意义,不利于团结。"在工资调整过程中,陈岱孙院长不顾个别职工对高级知识分子工资调整过高的意见,坚持给予高级知识分子以特殊照顾,充分发挥他们的积极性。从这一点能够看得出陈岱孙先生深知办好一所大学的根本是尊重并充分发挥教师,尤其是高水平教授的作用,同时也可以看出他温文尔雅的性格中有坚毅的一面。

在学科专业设置和教学改革方面,在陈岱孙院长的领导下,根据国家经济建设的需要,结合中财院的实际情况,设置了财政系、统计系、会计系、企业管理系以及贸易系等5个本科层次的专业,同时还设置了贸易、银行、劳动以及保险等4个两年制的专修学科,共有学生1768名。翻阅史料,我们可以看出,对每个专业人才培养目标和课程体系设置都是非常明确的,也很符合当时人才培养的要求。这些学科专业都是当时国家经济建设急需的,也奠定了中央财经大学日后学科发展的基本架构,如今已是学校优势特色学科,在国内高校中占有举足轻重的地位。这些成绩的取得,是与当年陈岱孙先生在学科专业设置方面的远见卓识分不开的。从1952—1953学年的档案资料中,我们可以看出,当时学校在人才培养,特别是在教学改革方面主要还是向苏联学习、向人民大学学习,注重加强师资培养,改进教学方法,提高教学质量,在这个过程中,也出现了整齐划一的"苏联模式"与多数教师中已形成的自由多元的欧美大学教育理念之间的冲突,陈岱孙院长总是能够直面这些问题,尽力妥善加以解决。

正当陈岱孙先生试图将心中规划好的大学蓝图逐一付诸实现的时候,1953年8月,高教部发来(53)综财马字第30号通知,决定撤销中央财经学院,同时,决定成立中央财政干部学校,继续为国家培养急需的中高级经济管理干部,师资以原财政学院、税务学校人员为主,这所学校后来发展成为中央财政金融学院。撤销后的中央财经学院学生并入中国人民大学,部分师资安排到北京大学、清华大学、人民大学、钢铁学院、石油学院、林学院等院校,陈岱孙先生调到北京大学任教,此后再也没有离开过。

虽然离开了中央财经学院,但陈岱孙先生与中央财大的联系并不因为离开而隔断,而是一直延续着。1978年,"文革"中停办的中央财政金融学院恢复招生,得知这个消息,陈岱孙先生十分高兴,主动表示要回学校给学生作讲座,还联系安排一些熟悉的教授到学校授课。在上世纪70年代末80年代初,中央财大邀请了当时国内著名经济学大家来校为师生作系列讲座,成为当时开风气之先、研究中国经济问题的中心之一。这系列讲座的第一场便由原来的老领导、已是经济学泰斗的陈岱孙先生开讲。当时正读大一、现任学校组织部部长的叶飞学长告诉笔者,陈岱孙先生来校讲演那天,他还不太知道先生的大名,只是看到很多的老师和同学们不约而同地往学校大礼堂走,询问后才知道是怎么回事,他立马跟着人流一起去礼堂听讲。据他回忆,当时陈岱孙先生演讲的内容似乎是与如何正确认识西方经济学有关。多年过后,叶飞学长仍然对那天盛况空前的讲演场景印象深刻,为刚入大学不久就有机会一睹大师风采感到庆幸。陈岱孙先生重回中央财大一晃已近30年,久别重回是怎样的一种感觉,也许只有老先生自己知道,但对当时的年轻学子而言,听着陈岱老的讲演,就像听着家中久经世事的老人与他们叙说家常一样温馨亲切。

除了有时回中央财经大学作讲座或参加学术活动外,陈岱孙先生还保持着与当年留在学校继续工作的朋友同事们的密切联系,在参加学术活动中,若遇到来自中央财大的教师也显得格外高兴,总是询问学校的发展情况。在这些教师当中,崔书香教授是与陈岱孙先生联系比较多的一位。崔书香教授生于1914年,1935年考入清华大学经济系作研究生,1937年在美国威斯康星大学经济学系获硕士学位,1939年获哈佛大学瑞德克利夫学院经济学系硕士学位。除了时间上的先后,崔书香教授与陈岱孙先生在求学经历和毕业院校方面有着惊人的巧合和一致,两位教授又同为经济学界人士,经常在学问上相互切磋,保持着君子之交。据崔书香教授回忆,"陈岱孙先生一向关心咱们学校,每一次见到他,他总是要问起学校的情况。"特别是在1996年初,在学校将更名为中央财经大学之际,陈岱孙先生专门通过信件向时任校长的王柯敬和副校长王广谦提出了殷殷期望。在信中，陈岱孙先生希望中财能成为一所有理念、有特色、有发展眼光、有时代气象的大学，能够为国家培养更多担纲扛鼎的领军人物和一批又一批高素质财经管理人才。陈岱孙先生先后求学于威斯康星大学、哈佛大学，任教于清华大学、西南联大、北京大学等闻名于世的学府，对于大学教育发展及学术建设的识见自是高人一筹，所以其对中财发展的谆谆之言无疑是我们的宝贵财富。经过六十余年的发展，中央财经大学已被社会美誉为"中国财经管理专家的摇篮"，培养了近10万名学生，涌现出李金华、金人庆、戴相龙、孙志强等一批杰出的校友代表，他们为国家所作的贡献应该可以告慰老院长陈岱孙先生的殷切期盼。

现任中央财经大学校长的王广谦教授亦曾与笔者谈及自己与陈岱孙先生的一段不解之缘。王广谦教授是中央财大1979级学生，研究生毕业后一直留在母校工作，对中央财经大学的历史渊源与发展历程十分了解。据他所言，作为晚学后辈，在参加一些学术会议遇见陈岱孙先生时，老先生总是热情地与他说话，询问学校的发展情况，言谈之间充满了对中财大的惦记和期盼。正如王广谦校长所言："每次看见陈岱老总是觉得非常亲切，他对学校的发展是那样的关心，让我印象深刻，也令我深受感动，总是能给我增添做好学问、办好学校的信心与力量。"

虽然，陈岱孙先生主持中央财经学院工作仅短短一年多，但他的办学理念、领导风格和人格魅力对学校日后发展产生了非常重大的影响，至今仍然发挥着潜移默化的作用。熟知学校这段历史的师生，无不为能有陈岱孙先生这样的学术大家担任过学校领导而深感骄傲，无不感念陈岱孙先生为学校发展所付出的艰辛和作出的重大贡献。

陈岱孙先生永远活在中央财经大学师生的心中，我们永远怀念他！

"得天下英才而教育之"

□ 王曙光[*]

  陈岱孙先生是我国老一辈著名经济学家、教育家,经济学界一代宗师。自1927年哈佛归来,岱老先后在清华、西南联大、北大执教70载,沾溉无数学人,可谓桃李满天下。岱老学识渊深,才华盖世,却又淡泊名利,洁身自爱,操守坚贞,堪称师表。我恐怕连岱老的"私淑弟子"也算不上,但有幸生活在大师身边,"虽不能至,心向往之",对岱老的道德文章总是心怀感佩。

  我第一次拜访岱老是在1995年5月,彼时燕园正是春树如云的阳春时节。岱老的寓所在燕南园静谧幽深的一角,绿竹掩映,野花飘香,很有情调。岱老那天很开心,他仍是习惯性地坐在靠门的旧沙发上,以悠远和缓的声音与这些小他70岁的晚辈娓娓而谈。聊到年轻时围猎追击野猪的逸事,岱老笑意陶然,竟有孩童般夸耀的神气,身上自有一种活泼纯真的气象,让我不禁想起"大人者,不失其赤子之心"这句话来。席间有人问到岱老的"养生秘笈",岱老一笑,说道:"顺其自然而已",他说他从没有什么秘不示人的健身之法,甚至不相信气功。在他的小院子里,他用手杖指着满地疯长的二月蓝,风趣地说:"这东西可以吃的。"我至今珍藏着那天与岱老的合影,在我们的身后,盛开着一片金黄的连翘。事后,我写了一篇小文,题目引用《诗经》上的一句话"崧高维岳,峻极于天",以表达我对他的敬意。送他审阅时,他正暂住校医院,读后自谦地笑道:"过誉了,过誉了。"

  岱老身材伟岸,衣着质朴无华,平素寡言,神色矜持庄重而闲雅,策杖徐行燕南园中,一派名士风度。可惜吾生也晚,未能一睹岱老讲坛上挥洒自如的神韵,只好凭借前辈们吉光片羽式的回忆来想象一番。他经常讲"为师者"要使求学者"长学识,长智慧,长道义",这三条岱老以身作则,当之无愧。岱老常在书的扉页上用一方闲章,上刻细篆"慎思明辨,强学力行",这八个字,他也是当之无愧的。岱老29岁即担任清华大学法学院院长,又在北京大学经济系执掌系务达30年,处事缜密迅捷,富有行政才能,金岳霖先生在回忆录里叹服岱老是"能办事的知识分子"。抗战事毕,岱老主持清华复校诸事,居功甚伟。岱老的守时是出了名的。我们毕业的时候,岱老已是95高龄。我前一天与他商定,邀他翌日出席我们的毕业合影。没想到等我去燕南园接他的时候,他已扶杖端坐在图书馆前的长椅上。他是那样高贵又是那样质朴的一个人。

  1995年的初夏,北京大学为岱老举行盛大的祝寿会,岱老那天身穿玄色中山装,显得格外凝重庄严。当岱老缓步进入报告厅时,全场起立鼓掌,掌声久久不息,几代学子用这种无言的方式表达他们对一位一生无欲无求尽瘁教育的老师的由衷

---

 [*] 王曙光,北京大学经济学院副教授、院长助理。

敬意。岱老为这次祝寿会而作的即席演讲,是我平生所听到的最为感人肺腑的讲话之一,至今难忘。岱老说:"我首先要对同志们的厚谊隆情表示由衷的感谢;同时,我又感到不安和惭愧,因为同大家对我的期望和鼓励相比,我所做的工作实在太少了。时光流逝,一晃大半个世纪过去了。在过去这几十年中,我只做了一件事,就是一直在学校教书。几十年来,我有一个深刻的感受,就是看到一年年毕业同学走上工作岗位,为国家社会服务,做出成绩,感到无限的欣慰,体会到古人所说的'得天下英才而教育之,一乐也'的情趣。"岱老演讲毕,向台下郑重其事地鞠了一躬,台下又是经久不息的起立鼓掌,此情此景,令人眼湿。

两年前的盛夏,岱老终于走完了近一个世纪的漫长人生。他一生澹泊,孤独,将全部的精力贯注到教书育人之中,对他而言,教书不仅是安身立命的职业,更是他全部生命的诠解方式,这种诠解迹近一种宗教式的虔诚和投入。"千古文章未尽才",与70年治学执教生涯相比,岱老并非著作等身,将近20年的学术沉默,既是他个人的遗憾,也是一代知识分子命运与节操的缩影。正如岱老一位后辈所写的:"他的生命因孤独而见深邃,因坚韧而见力度,因博爱而见宽广。"岱老对后代的深刻影响,与其说是学术上的,毋宁说更是人格上的,他卓尔不群的人格魅力将作为一种传说被流传下去。

他去世后,我曾连夜撰写挽联,献给这位我所尊崇的师长:

> 学为儒范,行堪士表,仰一代宗师,道德文章泽后续;
> 质如松柏,襟同云水,数九秋春秋,经世济民慰平生。

而今两年过去,我也选择了执教鞭的职业,岱老的为师风范,是我私心所向往和仰慕的。偶到燕南园那个熟悉的院落散步,总要立在岱老高大的铜像边,徘徊许久不想离去。那尊像,孤独,神秘,高贵,而又令人感到温暖,超脱,大气,使人忘却尘想。

1999年9月
(原载《北京教育报》1999年9月10日教师节专号)

附:瞻燕南园陈岱孙先生旧居并纪念先生逝世十周年

> 矫矫堂前树,萧萧宅后竹。
> 幸得燕南园,有此盘桓处。
> 庐主虽已逝,风节存千古。
> 浊世独翩翩,清高远尘俗。
> 凤志在育英,凝神无旁鹜。
> 平生惟淡泊,冷眼蔑名禄。
> 静观知行藏,从容应外物。
> 乱世贵操守,坚贞老梅树。
> 廿年甘沉默,傲与时流殊。
> 松柏凛岁寒,形寂道不孤。

俯仰无愧怍,磊落葆清誉。
所幸暮年时,国运履正途。
老骥犹奋励,皓首频新著。
尽瘁燃蜡炬,何畏传薪苦。
念公去十载,岱岳巍然矗。
道德文章在,光焰且永驻。
泽被后学者,珍重好读书。

2007 年 10 月 5 日

作者王曙光与陈岱孙先生合影于燕南园(1995 年春)。

经学济世　宁静致远

□ 薛　旭[*]

初见陈先生

第一次见到陈岱孙先生是在 1982 年。那时是在北大老二教，经济系召开欢迎新生大会，陈先生做报告，时间已经过去整整 18 年了，但是陈先生清瘦健朗的形象，至今还是历历在目。那天，他穿着一件标准的蓝色中山装，在讲台上发表了关于经济学历史、经济学意义的一篇演讲。他的演讲中，特别强调了经济二字的解释，并做了详细的说明。通过他的演讲，我知道，"经济"两字是日本用中国的古汉语造出来，然后又传播到中国的，其来源于经世济民。18 年过去了，当我回首往事，反思自己的工作，我明白先生在那次欢迎大会上慷慨陈词演讲的深深用意。他是希望我们明白：经济学理论担负的重大社会责任与使命，经济学家不能脱身于社会经济之外，不能够放弃自己作为一个专业学者对国家经济命运、经济发展的责任。先生一生的经历，就是对这种使命的理解与履行，而他也希望他的学生能够继续履行与完成这种使命。

后来，我在实践中又与陈先生有过几次不多的接触。陈先生给我的感觉是：对学生的问题、对学生的要求充满着热情和关心。那时候我是经济学院的团委书记。1987 年我们从石家庄印染厂拉了一个赞助，支持我们编辑《春华秋实》，这是经济学院的第一个正式的校友名录，我们请陈先生题词。陈先生听了我们的介绍之后非常高兴，他非常仔细地想了想，然后给我们写了"学而不思则罔，思而不学则殆"的题词。写字的时候，他手有些颤，但是表情专注，写完后，我能感觉到他轻舒一口长气，对于已经 87 岁高龄的他来说，这些工作，确实不轻松呀！

陈先生所拥有的经济学家的使命感

系统了解陈先生的思想，是在《陈岱孙文集》出版后，系里给每一个老师发了一套，这样我有机会系统读了先生写于 30 年代、40 年代，以及 80 年代的很多文章，先生的整个文章体系，体现了一个独立、不媚俗、具有强烈使命感与责任感的经济学家与教育家的精神与思想，给我深刻的教诲与启发。

先生在 1936 年发表了一篇我认为能够体现先生经济学家精神与使命的文章，就是《我们的经济运命》。我不知道当时，先生为什么写这篇文章，但是，整个文章，充满强烈的使命感与豪情，字里行间，流露出国家兴亡匹夫有责的爱国情绪。文章

---

[*] 薛旭，北京大学经济学院副教授。

写道:"最后我们要不惮重复地说,如果一个国家不能保持支配本身经济运命的主权,这个国家的政治运命,恐怕只有悲惨的结果。我们应该看清这一点,把我们经济运命的自决,看作整个民族国家生存斗争的前线。"

这一段话写在近65年前了,但是今天读下来,我相信,所有经济学家仍然能够感到震撼,受到激励,受到启发。

作为晚辈,我从陈先生一生的追求中得到了什么

陈先生在镜春园的家我是去过几次的。记得第一次进去,我首先感到一丝幽暗,他坐在紧靠门口的沙发上,静静地听我们谈我们的想法,然后他谈出他的观点,跟他谈话,我能够感觉到一个耄耋智者,似乎在世界的另一端冷静地看着世界,本着自己的良心和原则,发表自己的看法。他也许能做的不多,但是,凡是在他能做的地方,他都本着自己的良心与思想尽量做好。从严格的理论经济学角度讲,我不是一个合格的经济学家,十年了,我研究的方向,一直是贸易理论与市场营销这些东西。所以陈先生经济史的文章,我读的有限,但是,他的关于如何治学、如何研究经济的文章,我还是认真读了的。因为,我相信一个年过八十的智者的思想,一定充满了他强烈的人生体验与思想积淀。回顾这十年的工作,陈先生有关经济学历史和经济学意义的文章,我的确受益匪浅,对我自己的工作起了莫大的精神作用。

当我步入中年,开始自己职业生涯的时候,我感觉到先生的了不起不仅仅在于他的思想,而更在于他作为一个经济学者的思维与行为方式,在于他在过去70年教学生涯中,所表现出的强烈的社会责任感与经济学家使命感。在我们今天都为自己的生活与发展忙忙碌碌的时候,先生似乎还等在他那阴暗且简陋的小室中,认真而又执着地履行自己的职责,不为世名所累,不为金钱所扰,踏踏实实一步一个脚印地去履行和完成自己的人生使命。正是这样的使命感,才使先生的很多文章,从30年代到90年代,在我们今天的人读起来,仍然新鲜,仍然具有很强的生命力,仍然能够深深打动与影响我们。

作为陈先生曾经领导过的经济系的学生,作为曾经聆听过陈先生教诲的晚辈,在先生百年纪念的时候,我感觉到我应该说些什么,而当我重翻先生的文章,我又深刻地体会到,我们究竟能够说什么呢?先生的身影与声音,已渐渐远去,但是先生确定的标准,先生终生追求的治学思想,我们还远远没有达到。先生对经济学的研究与理解,先生关于"专才"和"通才"关系的分析,关于理论和实践结合发展经济学的思想,又被多少人重视与实践呢?

从这一点说,作为晚辈,我十分惭愧的,也正因为这一点,我觉得,我必须写这篇文章,在世纪之交,在先生百年诞辰的时候,把我的惭愧,把我的理解告诉大家,希望先生的理想在新世纪能够继续成为我们努力的标准。

在经济学领域,我认识先生已经用自己的一生来证明与实践了他的理论和观点,用自己的一生为中国经济学家指明了发展的道路,那就是履行自己对于这个社会的经济使命与责任,建立自立的经济体系,将中国经济命运掌握在自己手中;那就是从经济作为致用之学的本质出发,理论联系实际,解决摆在中国经济面前的各种管理问题,为社会培养通专结合的优秀人才,为中国经济的发展尽一份努力。就

这一点来说,先生是伟大的。

陈先生告诉我们,作为一个经济学家怎样去工作,怎样去学习,怎样去奋斗,怎样去创新。从这个意义上讲,陈先生的治学精神是永恒的,是不朽的。即使再过去100年,一个希望对社会发展有所价值的经济学者,也必须这样生活,这样思想。因为先生的治学思想从根本上反映了经济科学发展的内在规律与战略,同时,也反映了在一个特定的时代之下,一代知识分子能够从国家和民族角度,发挥和显示本身的价值,人生如斯,还能有什么遗憾呢?

陈岱孙先生与清华经管学院

□ 曲文新*

中国老一辈著名经济学家、教育家、经济学界泰斗,深为清华人崇敬和爱戴的陈岱孙先生离开我们已三年有余了。今年十月适逢他老人家百年诞辰。由于工作关系,过去的15年中我能多次参与陈岱老参加的经管学院的活动,并亲近地接触他,深深感到了"他永远平和从容,没有轰轰烈烈,他的影响来自于人品学问的高大",心情十分不平静。他老人家的音容笑貌时时浮现在眼前。从经管学院的前身经济管理工程系到经济管理学院成立,经管学院发展过程中的每一重要阶段都饱含着陈岱老的深情、关爱和亲切指导,浸透着他老人家的心血。他不仅培育了我国数代经济学人,将其一生无私地奉献给中国的经济学研究,也贡献给了清华经济学和经济管理学科的建设和发展。

为了适应社会主义现代化建设的需要,逐步将清华大学建成综合性大学,学校于1979年恢复成立了经济管理工程系。1980年校庆,清华经济系老校友返校聚会,当校长兼党委书记刘达同志在会上希望诸老前辈、老校友给予支持、帮助和指导时,年届八旬的陈岱孙先生非常高兴地做了回应,他说:"1952年院系调整后,在清华这个大家庭中,我们这一房(经济学科)没有了。现在成立经济管理工程系,把这个线接上了,以后我们就可以回到这一房里来了。我想,我可以代表今天所有在座的校友表示,如果母校对于我们有所驱使的话,尽量提出来,我们一定尽我们的力量,做我们力所能及的事。"他的话不仅获得与会校友暴风雨般的掌声,也对学校,尤其对经济管理工程系的师生给予了巨大鼓舞。陈岱老愿意接受"驱使",绝不是一种客气的表态,这为他其后十几年的行动所证实。

经教育部批准,1984年4月清华大学经济管理学院正式成立,由时任国家经委副主任、1951级电机系校友朱镕基同志兼任院长,陈岱老被聘为第一批名誉教授。5月14日,在大礼堂举行隆重的成立大会。会上,陈岱孙先生深情地说:"我离开学校32年了,虽然离开了,我与清华还是维持着'香火之缘',但只是心理上的一种关系。今天,校长聘我为名誉教授,有机会成为清华大学教职工的一员,我十分高兴。年龄虽稍大了点,学校有什么驱使的地方,我只要能做到的,就无不尽力,我这里向同志们做一个保证。"接着,陈岱老尖锐地指出:"讲起经济管理这门学科,过去我们重视得不够。我们过去对科技人才的培养比较重视,不太重视经济管理人才的培养,比例不协调。我们技术落后的还不是太多,在经济管理上落后更大了。清华大学过去在培养科技人才方面有很大成绩,有了这个学院,至少清华在人才培养的失调方面,是会有改进的。"对于经济管理学院办学应坚持的原则,他认为:"有人问我,清华经管学院是偏重理论还是实际应用?我个人想法,不要这样提,在经济科

---

* 曲文新,清华大学经济管理学院教授。

学中,包括经济管理,恐怕没有一种脱离实际的经济理论,也没有失去理论依据的实际应用,两者是结合在一起的。过去有一种错误的想法,好像经济理论与实际应用可分开,将两者分为互不往来的独立王国。古往今来,任何一个经济理论都是针对当时实际经济情况提出来的,总结成为理论的,没有不是这样的,中国如此,外国也如此。没有离开实际的理论,也没有离开理论的实际。当然,在具体工作中还是有所偏重的。学院要避免只是抽象地讲理论,搞概念游戏,或者只是围绕着具体问题转,不能上升到理论。"陈岱老关于办学原则的观点引起学院师生的高度重视,从而为学院建设沿着正确的方向发展奠定了基础。

清华大学成立经济管理学院,是学校建设综合大学的重要一步,它不仅受到国内经济学界老校友的欢迎,而且也受到身居海外的经济学界的老学长的支持。在美国的经济系 1932 级老学长王秉厚先生知道学院成立后,通过陈岱孙先生与学院联系,决定捐赠 10 万美元在学院设立"陈岱孙经济学奖学金"。1987 年 10 月,学院举行了首届"陈岱孙经济学奖学金"颁奖会,兼任奖学金评选委员会主任的朱镕基院长、高景德校长和陈岱老向获奖学生颁了奖。颁奖会上,陈岱孙先生着重讲了奖学金捐赠人的情况,他说:"王秉厚先生清华经济系本科毕业,后在西南联大任教,抗战胜利后赴美深造,获学位后适逢联合国成立,应聘在联合国工作几十年,前几年退休。王先生是依靠工资生活的人,不是富翁,他一笔笔地从自己的积蓄中捐赠奖学金,是出于对母校的感情,更是出于对祖国的热爱和对祖国现代化急需经济管理人才的感情。如果只讲科技现代化,不讲经济管理的现代化,那么,现代化就有功亏一篑的危险。这个奖学金的设立,就是提供者怀着强烈的爱国热情为避免这种情况所做的协助的表现。奖学金的名额是有限的,但他所蕴涵的含意是重要的。在清华这个著名的高等学府学习的人数实在是太有限了,是少数人,所以大家对我们的同学都有一种期望,希望你们学有成就后,对我们的国家、社会应有一种责任感和使命感,如果让'经济人'在今天复活起来,用它指导、主宰自己的一切,那将是很不好的。"全院的学生热烈地为陈岱老的讲话鼓掌,衷心地感谢他对后学的"为人"的谆谆教诲。

1990 年 10 月 19 日,正值陈岱老 90 华诞前一天,当日在主楼后厅举行了隆重的庆贺大会,朱镕基院长专门从上海(时任上海市委书记兼市长)发来贺电,张孝文校长代表学校向陈老赠送了寿礼。会上,陈岱老以高龄做了深情的讲话:"我和清华的关系,有几段,1918—1920 年在清华学校读书,1927—1952 年在清华当教师,后来中断,1984 年又回来了,在组织上又回来了。我一生的生涯是教书。我选择教学工作,似乎是偶然,又不尽然。……现在看来,我这个选择是对的,我现在没有后悔。……几十年时间,一下子就过去了,年纪大了,常有力不从心的感觉,但又不愿意饱食终日。今年是'马'年,就联想到许多'马'的成语,首先是'老骥伏枥',还有……'老马识途',这可以借鉴,我可以向青年同志提供过去在治学和工作方面走过的错路和弯路,和'老马'一样,只是在经过许多错路、弯路之后才认识到归途,这对于我们青年同志来说,也许是可以吸取的以免重蹈覆辙的教训。最近几年,我指导研究生,不时地与国内认识的青年同志通通信,一方面教学相长,另一方面可以为青年朋友讲讲自己过去走的错路、弯路的教训。"陈岱孙先生的肺腑之言,深深地打动了学院所有教师和学生的心灵,作为一名教师,如何对待自己的工作和学生,这位九旬的长者在我们面前树立起光辉的榜样。

经管学院在1984年成立,通过十年的工作,取得了很大的进展。1994年3月31日,在大礼堂举行了院庆十周年大会,时任副总理的朱镕基院长出席并发表了重要讲话。大会上,王大中校长致词后,94岁高龄的陈岱孙先生在全场雷鸣般的掌声中讲话。他在回顾与清华的紧密关系和祝贺学院十年中所取得的成绩之后说:"我们要不以过去十年的成绩为满足,要努力争创更好的第二个十年的成绩。第二个十年如何做?我粗浅的看法,认为有两个方面,一个是作为协助学科的任务,一个是作为独立学科的任务。清华大学有不少学科,有工科、理科,还有管理学科。经管学院作为综合性的清华大学的一个单位,有责任帮助、配合其他学科单位;作为独立学科,为国家培养经济管理人才,两方面任务是相辅相成的。作为协助学科,'牡丹虽好全靠绿叶扶',作为独立学科应'责无旁贷'。"他亲手为建院十周年题词。文中说:"在建设社会主义市场经济的中国,我们迫切需要一大批德才兼备的新型管理人才,社会主义市场经济的企业家、理论家。任重而需急。我们幸而已有了十年的办学基础。我们要加倍努力,日进无疆。"

陈岱孙教授在清华大学经济管理学院成立10周年大会上讲话,摄于1994年。

经管学院成立后,根据朱镕基院长"从各个部门聘请一些有长期经济工作实践经验的同志担任教授"的指示,十年中共聘任36位兼职教授、副教授,他们没有任何报酬,积极地以各种方式支持、帮助了学院的建设和发展。12月23日,朱镕基院长专门邀请了在京的兼职教授座谈,表示他和学院的诚挚谢意,同时也听取大家的意见。会上,朱院长尊敬地请陈岱老讲话。陈岱老说:"今天与我平常一样,每次都有回家的感觉,每次回来都感到不一样了。我组织上回清华已经十年了。听了学院发展的前景我很兴奋,我相信一定会达到。"随后,他谈到应注意吸取国际上先进的商学院的教学方法。"七十几年前我在哈佛大学念书时,哈佛成立了商学院,他们标榜用一种新的方法教学——案例教学,就是理论联系实际,当时的学校都是偏向理论方面的。哈佛商学院在当时是唯一采取这种教学方法的学校,据我了解,这也就是以后它能站得住脚的原因。当然,另一方面,我也谈过,这并不是放弃理论,应在理论的基础上联系实际,两者是相互关联的。"

1995年10月20日是陈岱老95岁寿辰,朱院长原定登门为他祝寿,学院还准备了生日花篮,上书"恭贺陈岱老九五华诞,朱镕基"。后因公务,无法践约,朱镕基同志专门派秘书奉上花篮和亲笔贺信。

1997年7月27日,经管学院广大师生所崇敬的陈岱孙先生走完他97年平凡但却高尚的一生。"我要自己起来,我要是起不来,就永远起不来了",这是经济学界一代宗师在北京医院给人世间的最后遗言。在弥留之际,不用家人的搀扶,挺着1.8米的身板走进卫生间,自理完一切,最后头脸光鲜,衣着整齐,安详地离开了我们。8月8日,朱镕基和李岚清同志暨各界人士在八宝山烈士公墓与陈岱老作最后告别。

根据西南联大校友的倡议和清华大学、经管学院广大校友和师生的要求,为了永远纪念陈岱孙先生,学院请专家为他塑造了一尊半身铜像。铜像高42厘米,铜像中陈岱孙先生神采奕奕,目光深邃而又稳重平和。铜像的基座上嵌刻着陈岱孙先生的一句名言:"我这一辈子只做了一件事:教书。"王大中校长2000年4月30日在经管学院院馆——伟伦楼举行的陈岱孙铜像揭幕仪式上讲了一段话,可以作为本文的结束语,他说:陈岱老担任教授、系主任长达25年。他不在清华任教期间,依然关心着清华大学事业的发展。自1979年学校恢复成立经济管理工程系以及1984年经济管理学院的建立,陈岱老更是倾注了巨大的心血,为学术建设事业做出了杰出的成就。……今天,在这里建立陈岱老的塑铜像,一方面表明他的学生对他的真诚的怀念和尊重,同时也昭示了今天的清华大学经济管理学院,同1926年建立的、以陈岱老为系主任的经济系的历史渊源,一脉相承。

敬爱的陈岱老,这位与学院的建设和发展息息相关并做出重大贡献的一代宗师,清华大学经济管理学院的广大师生永远怀念您!

陈岱孙与朱镕基在清华大学经济管理学院"陈岱孙经济学奖学金"第一次颁奖大会上向获奖学生颁奖,摄于1987年。

陈岱孙教授与经济学的开放

□ 梁小民*

改革开放以来,经济学界最大的变化之一是对西方经济学的态度由抵制、批判为学习、借鉴。经济学的这种开放对我国经济改革的进展功不可没。老中青三代经济学家共同推动了中国经济学的开放,其中已故著名经济学家、北京大学教授陈岱孙先生功不可没。

自从解放以后,西方经济学作为资产阶级学术思想一直处于受批判的地位。甚至从事这一学科研究的人也由于所从事的专业而成为"右派"或"准右派"。许多在西方经济学研究中有造诣的专家改了行,年轻人在阶级斗争观念的引导下也不愿进入这个学科。1978年以前,全国从事西方经济学研究的人不过十几个,而且是以彻底批判为己任。看看"文革"前商务印书馆出版的《当代资产阶级经济学说》一书,你就知道当年专家们在政治压力之下所做的批判是何等荒谬。我考这个专业的研究生时,专业名称就是"当代资产阶级经济学批判"。在这种气氛之下,也就谈不上对西方经济学的了解,更不用说学习或借鉴了。

是改革开放的春风吹开了经济学开放之门。三中全会后,在思想解放的感召之下,已有学者探讨西方经济学的合理之处。最早是在北京郊区召开的一次农业经济学会上,有的学者探讨了边际收益递减规律的合理内容。此后,刚成立不久的外国经济学说研究会(现改名为中华外国经济学说研究会)受国务院财政经济委员会调查组理论与方法研究小组委托,从1979年11月起举办"国外经济学讲座"。陈岱孙先生作为会长对这个系列讲座起了重要的推动和组织作用,并确定了"批判错误,学习借鉴合理之处"的基调。该讲座历时一年多,共举办了60讲。外国经济学说研究会将这次讲座的内容编为4册《国外经济学讲座》,出版后,对西方经济学的研究起了积极的推动作用。此后,商务印书馆出版了萨缪尔森的《经济学》(第十版),高校开始系统讲授"微观经济学"和"宏观经济学"。

80年代初中国思想界的气候还是多变的,时而阴转晴,时而晴转阴,经济学界的春天也依然是乍暖还寒。就在对西方经济学的研究刚刚起步之时,一股寒流又袭击了这颗刚刚出土的幼芽。介绍西方经济学说被说成是"资产阶级自由化"的表现之一,开设西方经济学课程被指责为"用资产阶级思想腐蚀青年",出版西方经济学著作被称为"放毒"。甚至称萨缪尔森为著名经济学家都被批判为"无耻吹捧资产阶级"。刚刚打开的门似乎又要关上了。有人沉默,有人观望,有人随风转舵。

当时我与陈岱孙先生都在北大经济系经济学说史教研室。这个教研室承担着西方经济学教学与研究工作。当时大家开会学习都对时局颇为忧虑,对那些批判

---

* 梁小民,北京工商大学教授,北京大学经济系校友。

者的言行颇不以为然。我们教研室虽然三代同堂,但气氛是民主、和谐的。大家交流各种信息,也对那种极"左"做法大为不满。陈岱孙先生发言不多,总静静听大家说话。我们只是发发牢骚,对时局还是无可奈何,只希望有人能出来说几句公道话,不要再走"文革"前彻底批判西方经济学的老路。

当时已83岁高龄的陈岱孙先生在《北京大学学报》1983年第三期上发表了《现代西方经济学的研究和我国社会主义经济现代化》一文。他明确指出:"现代西方经济学作为一个整体,不能成为我们国民经济发展的指导理论。同时,我们又要认识到,在若干具体经济问题的分析方面,它确有可供我们参考、借镜之处。"这篇文章以后由《人民日报》转载,并得到中央有关领导和学术界的肯定。《人民日报》的"编者按"明确肯定了这篇文章的基本观点。这篇文章洗刷了加在西方经济学研究者身上的不实之词,划清了"资产阶级自由化"与经济学开放的界限。

当然,从今天的观点看,这种对西方经济学"整体批判,个别借鉴"的观点仍然是"犹抱琵琶半遮面",不敢公开承认西方经济学应有的作用与地位,但这种观点的提出可以说是一种历史的进步。考虑到当时我国还没有明确把社会主义市场经济作为改革的目标,仍坚持以计划经济为主,这种观点也是有其合理性的。而且,更重要的是,在当时一片气势汹汹的封杀声中,读到这篇文章时真有一种得到解放的感觉。自那以后,对西方经济学的教学与研究又走上了正轨。

现在我们对西方经济学的研究已有了长足的发展,中国经济学的发展以及社会主义市场经济理论的建立都与我们对西方经济学的学习与借鉴是密切相关的。当看到经济学中春色满园、百花吐艳的局面时,我经常想到以陈岱孙先生为代表的老一代经济学家的贡献,想到1983年那篇驱走寒流的文章。

我不是陈岱孙先生的入室弟子,但在北大近20年的时间中得到了先生许多教诲、指点。记得1994年我提出了对西方经济学重要的是学习的观点,曾受到一些人的批评,但先生却给予我鼓励。先生去世已近5年了,但他对中国经济学开放与发展的贡献永远值得缅怀,他给我的教诲永远激励我前进。

(原载《小民谈市场》,广东经济出版社2002年1月版)

失实的故事

□ 唐斯复

读《文汇读书周报》2003年5月23日刊《陈岱孙先生的一句话》，深感欣慰——作为先生的外甥女陪伴他至生命的终结，看到在先生百年之后不断有人怀念他、赞美他，证明为人、为学之美德的永恒；同时，又因文中对他情感生活"传奇"的描述，阅毕犹如骨鲠于喉——反复出现的"美谈"乃是讹传，今特撰文澄清，希望世人别再继续讲这个失实的故事了。

陈岱孙先生终生未婚，自有其自身和客观的原因。但决非如《陈岱孙先生的一句话》中所述：早年他与另一位同学同时追求一位漂亮女生，这位小姐难分伯仲，就说谁在美国得了博士就嫁给谁。先生果然下决心去攻读博士，不料那位情敌未遵守"游戏规则"，提前回国把那位小姐追到了手，及至先生得了哈佛博士回国时，伊人已是别人的太太了，受此打击，以至先生终身未娶。作者虽然没有指名道姓，但谁都知道这讹传中的主人公是：陈岱孙先生、周培源先生和王蒂澂女士。

这是个杜撰的故事。实际情况是这样的：1920年，二十岁的陈岱孙先生从上海启程去美国，适时，与周培源先生根本没有见过面。陈岱孙先生1926年学成离开美国，之后，赴欧洲游学半年，1927年2月返回祖国。先在故乡福建与父母团聚，直至1927年8月北上赴清华大学任教。周培源先生较之陈岱孙先生晚回国两年，1929年他们在清华大学同事而相识。陈岱孙先生与王蒂澂女士见面是在1931年，有他1931年日记为证："今天，见到培源的女朋友王小姐。"1950年代在北京崇文门，陈岱孙先生指着一座旧楼房对我说：过去这里是一家洋行，周培源让我陪他在这里为他的女朋友买礼物，因为还没见过受赠人，于是，买了一个小姐们都能使用的针线盒。"文革"中，不知哪位"天才"异想天开地杜撰了上述的"三角故事"，在北京大学的大字报上作为揭发材料披露。我母亲看了大字报回家问：大哥，这是真的吗？"瞎说！"陈先生回答得斩钉截铁。同一时间，周培源的女儿也回家问妈妈：这是真的吗？得到的回答同样是："别听人瞎说！"

这个被视为"美好情操的故事"其实一点都不美好，伤害了两位伟大的学者和一位贤惠的女士，而且，不符合20世纪20年代中国知识分子勤学救国的心理和行为。陈岱孙先生是中国经济学界一代宗师，桃李满天下；周培源先生培养出物理学界的诺贝尔奖获得者。他们以过人的天资和勤奋，取得学业的巨大成功，为教学育人做出卓越的贡献。王蒂澂女士与周培源先生患难与共，养育了四个女儿，是忠于岗位的中学英语教师，至今卧病医院。真不希望在他们身上，受到"谬误重复成真理"的强加"事实"。

自1929年始，陈岱孙先生与周培源夫妇的友情持续了50多年，这才称得上是美谈和传奇呢。无论在30年代"教授治校"的清华大学，还是在战乱中的西南联合大学,或是 50 年代以后政治风云翻滚的北京大学,他们一直是同事,往来频繁,信任笃深。周家的大女儿是陈先生的干女儿,四个女孩见陈先生均高呼"陈爸",他是他们全家的好朋友,周家女儿回忆:在我们眼里,陈爸总是一副模样,高高的个子,挺拔的身材,稳健的步伐,慈祥深邃的目光,喜怒从不形于色。父亲常说陈爸是"gentleman"(绅士派),学问好,为人宽厚、正直。妈妈说陈爸讲故事,听的人肚子都要笑破了,而他依然平静如水,就像什么都没说过一样。我家孩子多,母亲又体弱多病,家里开销大,钱不够用,经常是陈爸慷慨解囊相助。

陈岱孙先生珍惜与周培源一家人的友情,空闲时便会提议:到周白毛家去(周伯伯头发是雪白的)。他会先打电话通知,待我们到达时,周伯伯站在廊子上,学着小学生欢迎贵宾那般舞动双手:欢迎,欢迎,热烈欢迎!周伯母则把家里的好烟、好吃的东西都抱出来招待。看他们的神情,听他们的谈话,我体味了君子之交淡如水的境界。1993 年 11 月 24 日传来周培源逝世的噩耗,陈岱孙先生掩面痛哭,泪水顺着指间流下。第二天,去探望病中的老友王蒂澂,共叙怀念之情。又以 93 岁高龄冒严寒去北京医院向挚友永远告别,紧紧拥抱周家的女儿们。君子之交淡如水的境界原来蕴涵如此浓重的情感。

我从没有相信过那个"故事",它绝不可能是真的。陈岱孙先生出生在书香门第,是福建闽侯的望族,那虽然是个成员众多的大家族,几乎每一房都有若干后代,可是,他是独子,父亲的这一房需靠他传宗接代。就他所受的渊源家学的熏陶和为人之任的传统教育,他绝不可能为爱恋朋友之妻,而忘却自己的责任,而无视母亲因他未婚而终生焦虑,做出有悖于伦理道德的事。正因为陈岱孙先生求学、治学专心致志,性格内向、矜持、洁身自好,又强调婚姻必须两厢情愿……还因为父亲逝世尽孝服丧,而失去婚姻良机等原因,致使他独自度过丝毫没有蝇苟的纯洁的一生。

两位学术泰斗相继而去,我和周家女儿继承前辈的友谊,成为挚友。我们时常叙谈长辈活着时的往事,叙谈仍在医院与病魔斗争的周妈妈的趣闻,当然,也为不断出现的失实"传奇"而生气。也许,"传奇"是动人的,传播"传奇"是善意的,既然有那么多人欣赏,那就让虚构进入文学艺术作品里去吧,还可尽情发挥。我们再说一次:还陈岱孙、周培源、王蒂澂之间交往的真实风貌,给他们以安静吧。

(原载 2003 年 6 月 13 日《文汇读书周报》)

陈岱孙与周培源,摄于1988年。

陈岱孙　林中此路

□ 李俊兰

　　一尊半身铜像,伫立在黑色的大理石台座上,黑色的大理石台座伫立于清华大学经济管理学院人来人往的大厅里。2000年4月清华校庆日,新老清华学人在此举行"陈岱孙先生铜像揭幕仪式",红绸起处,一位面目清俊的肃然学者便成为这煌煌学府一个恒定的存在。清华人说,早在20世纪20年代,陈岱老便成为清华大学经济学科的创始人,他70年的教学生涯是从这里起步的……

　　一位扶杖老人,在燕南园的松风花影中冥坐,松风花影的燕南园是北京大学名师宿儒的汇聚之地。1998年5月4日北大百年校庆,一批又一批海内外学子走进燕南园,向这尊面含微笑的蔼然长者铜像鞠躬致敬。北大人说,陈岱老在北大45年,育人无数,他97载生命岁月是在这里结束的。

　　1997年那个苦热的7月,陈岱老是拄着拐杖离开燕南园寓所的,亲友劝他换件"出门衣服",陈岱老摆手:"不必换了,到医院住几天就回来。"他平素讲话,文白相间,略带福建方音,只是一生谦逊的他却自认"普通话很标准",因此常被小辈们打笑。去世前一天,他从病床上睁开双眼,见平日总同他嘻嘻作笑的晚辈人人面带悲戚之色,"福建普通话"说:"你们以为我要走了吗?没有这么简单!"他挣扎着站起身,缓缓挪动一米八的身躯,走进卫生间自理,然后衣、容整洁地回到病床上。

　　他知道他的那些散布于海内外的学生已经在酝酿他的百岁庆典,生于1900年与20世纪同庚,他自信能够达于"期颐"之年。

　　离开燕南园不过18天,待北大、清华两校学子再见陈岱老时,他已安卧鲜花丛中,身着黑呢中山装,一如生前风纪谨然。清华人想起来了,80年代历次校庆,陈岱老都是以这身黑呢中山装出场,一米八十、从未臃肿过的挺拔身材,根于学养的雍容气度,鬓上银丝也不掩其翩翩风采。北大人也想起来,80年代初墨西哥总统访问北大,时任经济系主任的陈岱老陪同,师生们则夹道欢迎。只见陈先生身着黑呢中山装,手中一根文明棍,周身一派高贵之气,竟把经济学系的二班青皮后生看"傻"了,以致感叹:这俩人到底谁是总统哇?——这看"傻"眼的毛头小伙中,就有如今以"京城四少"而广为社会所知的青年经济学家、北京大学经济学院院长刘伟……

　　人间有意,自然无情,97岁的陈岱老还是离去了,带着他的满腹学问,带着他的翩翩风采,带着他对清华荷塘、北大湖塔的依依恋恋,带着他生命中曾有过的欢乐与寂寥。

　　今天,正是他的五周年祭日。

"陈岱老是个谜"

陈岱老辞世,远在美国的顾毓琇老先生写来纪念文章,缅怀共同执教清华的岁月,认为"经济泰斗"岱孙兄以高寿谢世,"乃国之人瑞也"。

1926年的哈佛博士,是在长寿的晚年达于学术声望与人格、师品的峰巅,当其生命戛然而止时,江泽民、李鹏等党和国家领导人敬献花圈,朱镕基、李岚清同志亲临追悼会吊唁。

1995年陈岱老95岁华诞,李岚清同志曾挥墨致贺:一代宗师,桃李满园。

朱镕基副总理则在贺信中对"适因公须即日离京,未克践约",表达了"怅何如之"的心情。

1994年,在清华大学经济管理学院成立十周年大会上,其时兼任经管学院院长的朱镕基在讲话中忽然转向在座的陈岱孙先生:"陈岱老,我是学生,我想请教一个问题……"当时的朱副总理请教了什么已不重要,但面对千人之众,执弟子礼,以师道尊之,此番话语其后在高校、在学界不胫而走。

有人说"陈岱老是一棵大树"——中国经济学界有六代人师出其门。

有人说"陈岱老是一面镜子"——没有读好书的、没有教好书的都应感到惭愧。

北京大学一位文学博士则独发机杼:"我觉得陈岱老是个谜。"

谜面之一,与国家领导人对陈岱老的尊崇有加形成强烈反差,是他日常生活的低调和深居简出,他有那样高的声望,却从未听说有什么"牛气"的举动,不喧不嚣、不招摇,他何以能那样的"显",又是如此的"隐"?

其次,他是哈佛博士,受过规范的经济学训练,无论是旧中国还是解放初,这样的人都如凤毛麟角。但在计划经济一统天下时,不懂经济的人在指挥经济,他内心是怎么想的?是否有所抵牾?何以自持?

这样的问题牵引着我们去了解:鲜花与掌声之外、亦显亦隐的陈岱老;一个被20世纪长长的历史影线有所遮蔽的陈岱老。

金钥匙:一把还是三把

在生命的最后时刻,神志已经恍惚的陈岱老断断续续留下这样两句话:"这里是清华……""金钥匙,现在在什么人手里?"

这是他内心深处的两个情结,金钥匙自"文革"红卫兵抄家便一去不返。

陈岱老的学生、亲属都知道"金钥匙"是他留学美国的荣誉,但由于他生前"不自表暴",众人对其出处又不甚了了。曾追随他先读硕后读博的北大经济学院王志伟教授认为,陈岱老的博士论文《马萨诸塞州地方政府开支和人口密度的关系》得到他的导师卜洛克的高度评价,不仅在学术上有独到之处,而且对地方政府有实际价值,"金钥匙"是否同波士顿"荣誉市民"有关?陈岱老的外甥女、《文汇报》主任记者唐斯复,朦胧地记得多年前曾问过"大舅",好像是"全美学生会"的奖项,同博士论文不相干。著名表演艺术家英若诚1946年就读于清华大学外文系,他回忆:"按学校要求外文系学生必须选修一门社科课程,我选了陈岱孙先生的"经济学概论",受益匪浅。当时我就听说他留学美国学业优异,得到美国几所著名大学联合颁发的金钥匙,他有3把,上面有希腊文的缩写字母……

隔着天人之界,陈岱老留下一个费解的话题。

他97年的人生历程更是不易读解的课题。

姓陈名总,字岱孙,先生以字行,福建闽侯人,出身名门望族,其伯祖父陈宝琛为末代帝王师,乃宣统皇帝的"陈师傅"。祖父陈宝璐,晚清进士,曾供职翰林院。

母系一族同样显赫,外祖父罗丰禄毕业于福州船政学堂,与刘步蟾、林泰曾等同为清政府派往欧洲的第一批留学生。后从事外交,任中国驻英国、意大利、比利时三国公使,曾随李鸿章参加"甲午战败对日谈判",参加沙皇尼古拉二世加冕礼,参加李鸿章与俾斯麦会谈,谒见英国维多利亚女王。陈岱老的两位舅父亦曾分别担任中国驻伦敦副总领事、中国驻丹麦公使,人称"外交世家"。

这样的家庭背景,使他"四五岁时学过若干汉字,念过三字经、千字文、千家诗"。6岁入私塾,读史,读十三经,9岁开始作文章,10年旧学,用足童子功。

在陈岱老仅有的一篇回忆童年生活的短文里,他引用了私塾先生送他的一首扇面诗:

> 本是龙门谢李膺,虬枝得所气休矜,
> 人间饮啄原前定,不露聪明即寿徵。

陈岱老自己解释:"在塾中年纪最小,自以为书香门第,书念得还不错,就不时器小易盈地,冒出一些骄矜之气。石老师及时给我一个训诫,我感谢我的老师。这首诗我一直记着,不敢忘。"从这里可以看出,为什么几十年后人们会用"高贵又谦和"这样似乎有着对立关系的词语来评价陈岱老。他幼年时已懂得以"不露"去骄矜,老年时的"不喧不嚣、不招摇"自在情理之中。

这位私塾先生的扇面诗,可以看做我们解读陈岱孙先生人生态度、性格逻辑的一把金钥匙。

辛亥革命,清廷退位,11岁的陈岱孙剪了脑后的小辫子:"我是最小的革命党。"15岁进新式学堂——福州鹤龄英华中学,从此他的名字就同侯德榜及其后的陈景润等一起,成为这个学校永远的光荣。

1918年赴上海投考清华学堂,在黄浦江畔公园前撞见"华人与狗不得入内"的牌子,"只觉得似乎全身的血都涌向头部"。"到清华读书第一年赶上'五四',当然游行、请愿、宣传都参加了,但只有摇旗呐喊的份儿。我当时总觉得我们似乎有一个基本问题需要解决,想起了古书中所说的'足食足兵'的重要性和积贫积弱显然是导致横逆的原因,那么富国似乎是当务之急。"于是,1920年考中"庚款留美",他选择了经济学科,他认为自己秉持的是"经济救国论"。

"没有星期日,只有星期七"、"没有寒暑假,只有寒暑期",是青年陈岱孙留美6年的基本生活形态。1922年自威斯康星大学毕业,慕名考取哈佛研究院,1924年获硕士学位,1926年取得博士学位。直至晚年,陈岱老还十分留恋那段清苦却快乐的读书时光,"由于导师教授推荐,获得在图书总馆书库里,使用一个摆有一小书桌的研究小隔间的权利","我在哈佛最后的二年,是在这个小隔间度过的"。此时,他通读了原版的《资本论》和《圣经》。

就是在这小隔间里,他完成了颇得导师赞许的博士论文《马萨诸塞州地方政府开支和人口密度的关系》,一个异国学生以美国地方财政为选题,独到且具难度。60多年后,他的学生晏智杰教授将其译成中文时评价:"一切结论都是在对丰富资料的周密分析之后得出的","这些见解即使在今天也没有失去其科学价值"。陈岱老也是在多年之后偶然提及"论文颇得导师称许"的原因:"也许当时对以繁琐的数学资料用统计分析的方法,对某一经济问题作实证探索的研究不甚多"在数理经济学大行其道的今天,人们应该知道,早在理论经济学当家的20世纪20年代,有一位中国青年已经进行了这样的实证探索。

可以想见,当这位高高瘦瘦的中国青年将光灿灿的"金钥匙"执于手中时,内心会怎样地澜起波涌?因了国家与民族的落后,面对这份荣誉情感可能会更为复杂。

欧洲游学一年后,27岁的陈岱孙回到祖国,立足未稳,清华大学的教授聘书就翩然而至,1928年担任经济系主任,1929年兼任法学院院长。

陈岱老的外甥女唐斯复说:"1927年至1937年是大舅人生最快意的时期,正值大好年华,西学归来事业有成,月薪400多大洋,他在清华有一个非常讲究的家,红木家具、米色地毯,授课、教务之余,他非常喜欢运动,网球、马球、桥牌,各种西装、猎装、舞鞋……尽管他一生未娶,我却认为他是真正生活过的人,他很会享受生活。"

卢沟炮响,清华南迁,成立西南联大,先长沙,后昆明,艰苦备尝,"课堂分散,大舅不会骑车就骑马,后来连人都养不起何况养马,徒步走40分钟去上课,吸烟要一根一根地买……"

据如今分散在海内外的西南联大老同学回忆,此时的陈教授依然衣冠整洁,谈吐高雅,既有中国学者风度又有英美绅士派头。上课前一两分钟他已站在黑板前,难得的是他讲完最后一句话,合上书本,下课铃也同时响起来,让同学们既惊叹又欣赏。他讲课言简意赅,条理分明,没有废言。他不念讲稿,但每每课后翻阅笔记,不须增减,就是一篇完整的佳作。任继愈先生撰文说:"这种出口成章的才能,西南联大教授中只有两位,一位是陈先生,另一位是冯友兰先生。"

日本投降,抗战胜利,国内政局依然动荡。1945年秋,陈岱孙与张奚若、闻一多、朱自清等联合发表了反对内战的《十教授公开信》,这是陈岱孙先生不为多见的一次公开政治表态。

多年前他自哈佛归国后,同为哈佛校友的南京政府行政院长宋子文,曾有意邀请他出任财政部长,被婉言谢绝。

再至后来,北平解放前夕,清华大学梅贻琦校长转告:蒋先生请您一定启程,到台湾再办清华大学。陈岱孙先生摆手作罢。后来有人问他为何对国民党如此没有信心,陈先生口出二字:"腐败!"

> 浊世翩翩迥不群,胜流累叶旧知闻。
> 书林贯穿东西囿,武库供张前后军。
> 冷眼洞穿肠九转,片言深入木三分,
> 闻君最爱长桥戏,笑语无遮始见君。

这是朱自清先生所作《赠岱孙》,写于西南联大时期。诗中"胜流累叶"指陈先生乃福州螺江名门之后,"武库"用典,指晋杜预典治财有道,人称杜武库,喻指陈的财政专业。朱先生以一代文学大家的艺术敏感,以抵达灵魂的笔力,为陈岱孙先生"画像"。无疑,这是我们解读陈岱老的又一把金钥匙。

20年沉默:学术缺憾还是人格完整

从北大镜春园南行数十步,抬眼,未名湖和博雅塔豁然眼前,水中粼粼波光,绕堤依依垂柳,如诗如画,尽去俗尘。

据说这湖建于乾隆年,本无名,著名历史学家钱穆教授因即命名曰:未名湖。

博雅塔的命名则同当时燕京大学哲学系美籍教授博晨光有关,他深受出国传统文化影响,曾兼任哈佛燕京学社的工作,他的前辈也曾为燕京大学前身通州协和大学的发展做出过贡献,为纪念这一历史渊源,校园内建自来水塔就采取了通州燃灯塔的造型,取名博雅塔,雅是儒雅学者之意。

博雅塔凌空而立,它证明着:50年代初的中国高等学府尚有那样的文化气度。

陈岱老在未名湖北岸的镜春园一住就是36年。

1952年院系调整,他离开了清华大学,内心想必是不舍、不愿的,清华的教育理念强调通才与通识,而一所大学被肢解意味着什么? 其次是个人情感,他先是清华的学生后成清华的先生,十多年眠宿之地,特别是1945年底作为接收大员从昆明先行回到被日军的碉堡、马厩、伤兵医院摧残得满目疮痍的清华园,全面清理、修葺,四处追收散佚的书籍和实验设备,清华的一草一木,有他的殷殷心血。

然而在大的历史命运面前,个人常常是无力的。

据说,在50年代的"早春天气"里,一向沉稳的陈岱老,也就人口问题"鸣放"了一次,有人曾想据此划他"右派",后来不了了之。

他的学生却在劫难逃,高高大大的范钟民戴上"右派"帽子心里不服,从劳动基地跑回北京,被公安局抓进"班房"。陈岱老找他谈话,送了8个字"小心谨慎,好自为之"。得知范钟民没钱没衣没布票,给他寄去了过冬的绒衣衫裤。多年后远在加拿大的范钟民得知陈岱老逝世的消息,当晚待家人睡去后,在客厅里洒泪跪拜。

还有他最得意的门生朱声绂,才华过人,能说几门外语,打成"右派",从此一生坎坷。

这些势必要影响到他的心境,但真正令其受伤的是40万字的《经济学说史》讲义,于1958年受到批判。北京大学经济学院张友仁教授说:"这套讲义在当时是空前水平的,在内容上超过了当时的苏联教材,而且为后来几十年的经济学说史教材奠定了基础。可在不正常的政治环境中受到了不公正的待遇。"

陈岱老在学术上沉默了。在其后20年的时间里,不发表文章、不作学术演讲。

清代人有"但开风气不为师"之说,在陈岱老,只想反向:"不开风气但为师",只想"以教书安身立命"。1962年经济系教师组织了一个"读书会",陈岱老任会长,但在"社教"和"文革"中被打成"裴多菲俱乐部"。

"文革"中被抄家,因生病住院得以躲过批斗高峰。但其后的"专案组"和大批判是跑不掉的,据说理由有三:他的反动家庭,他留学美国,他是资产阶级学术权威,被"集中"到37楼办学习班。每日批判——检查——批判,要他交待:"提暖瓶去水房打水时,是怎样同特务接头的?"年近七旬的老人每天要跑早操,一次跑步时绊倒,一下子竟摔晕过去,送校医院醒来,继续办学习班。

他85岁那年,一天晚上在校园散步时也绊了一跤,据说他当时就势一个前滚翻,毫发未损。站起身拍拍土说,感谢当年清华的体育教师马约翰,这个前滚翻的动作过程同马先生教授的要领一模一样。

可在年轻十几岁时却有摔晕的一幕,显然同心情的沉重、精神的压抑有关。据一位1970年的工农兵学员回忆。见到开会用英文作记录的陈先生很钦佩,后来就出面请他教大家英语,70岁的陈先生答应了,利用业余时间到系里给大家讲授,但时间不长就被军宣队领导制止了。

陈岱老西南联大时期的老学生张友仁教授回忆说:"到'文革'后期可以上讲台了;但只能讲毛选和马列著作。陈岱老非常认真地对待马列经典著作的教学,他说一定要忠于原著,查阅各种版本,校出中文本存在的大量误译和不准确的地方。每次讲课都让我先在黑板上一一'改错',然后陈岱老按原文讲解……"

北京大学哲学系副教授聂锦芳,是"马哲"专业博士,他认为陈岱老在大约30年前就能以忠于原著的学术精神从事教学,是具有前瞻性的。近年国内"马哲"研究界也在关注译本问题。新中国成立后,马恩著作中文本是从俄文本而来,而俄文本又从英文或德文本而来,在语言转换过程中自然有"走失",而且俄文本有斯大林时代特定历史时期对马克思主义的理解,所以现在哲学界提出"回到马克思",陈岱老是令人起敬的。

张友仁教授还有如下回忆:"当时学习《反杜林论》,其中的《批判史》有如天书,可以说当时整个中国没有一两个人懂,陈岱老凭借他的经济学造诣,下工夫读懂了,给大家解释得明明白白……"

所以有人说,没有西方经济学的教育背景,不可能真正读懂马恩的经济学著作,特别是在教条主义猖獗时,你愈用力读,有可能离马恩愈远。

张友仁、张秋舫夫妇认为,"文革"中的陈岱老是乐观、自信的,"他总说这些学生懂。有真理在,真相总会大白。因此,他不和学生硬顶,那么大的政治风浪,他的态度是——逆来顺受。"

所以,当天开日丽、大地回暖时节,汤燕、胡坚一班燕园小辈都说陈岱老"命好",尽管是相差至六十岁的祖父辈;陈岱老却让她们喊"大舅",他说:"这样,年轻些……"

他真的年轻了,1981年出版了《从古典经济学派到马克思》,经济学界称之为"经典",评价是:只有陈岱老这种具有深厚西方经济学学养的人,才能写出。

80年代中后期,关于"亚当·斯密矛盾"的论述,廓清了一个重要的理论问题。

此外,还有经济学圈外人根本听不懂的魁奈《经济表》的问题探讨。但他有一句每个人都能听懂、必定会代代相传的经典名言:"经济学是致用之学。"

当他"多产"时,有人为他的20年"空白期"惋惜:真话不能说,假话不愿说。也有人据此断言:陈岱老不搞风头经济学,"空白"正是他的科学品格。他的学生晏智杰教授说:"就某个时期的观点来说,难免带有一定的历史局限性",但"从没有出现原则性的曲折和反复"。

人们把"一代宗师"的称誉献给他,实至名归。

冯友兰先生的女儿宗璞说:"陈先生身上体现了人格的中西合璧,既有中国人发自内心的'礼',又有西方的平等精神。这样的人愈来愈少了。"

他能像普通大学生那样说"晏老师如何如何",而晏老师正是他的学生。他的学生留校成为他的同事后,他便称"刘伟老弟"、"志伟老弟";他有事不能到会,就非常恭敬地给"老弟"写"请假条"。

他为学生的成绩高兴,譬如厉以宁教授的专著出版。他也为学生的焦虑而焦虑,他拄着拐杖穿过冯友兰先生家的后院去邮局,他寄出一份治疗癌症的信息,他惦念那个风华正茂的年轻学生。

刘伟院长说:"每逢心里有了不快、郁闷的事,到他那里坐一坐,聊的是天南地北。可从屋里出来,觉得天也蓝了,路也宽了,很奇怪,他有一种宗教般的力量……"

他用以净化人心灵的力量,是他的境界。

他的外甥女唐斯复认为他也有遗憾之处,"譬如那么多人求他写序、写留学推荐信、找工作的联系信,他呢,却不会拒绝,难以推却,不免也有违心之举……但是,他离完美已经很近很近"。

他身后,亲属们清理遗物,发现他留有的床单、被罩、衬衣裤,还可以用若干年。他们说:"他留下的是一个97岁人的生活信念,他对生命的热爱。"

陈岱老已经离世五年了。

天堂里有他的一班老友:风流倜傥的金岳霖先生,善解人意的叶企孙先生,"美髯公"冯友兰先生,他的挚友、满头白发的周培源先生……

他们走在天堂的林中路上。他们是20世纪中国的风华一代。可关于他们的话题,会被21世纪的中国文化人,在很多年里谈论。

(原载2002年7月27日《北京青年报》)

一棵大树——陈岱孙

□ 李彦春　甄 蓁

"我要自己起来。我要是起不来,就永远起不来了。"这是经济学界泰斗、宗师陈岱孙在北京医院给人世间的最后留言。时间是1997年7月26日晨4时。他推开家人的手,挺着1.8米的身板缓缓走进卫生间,自理完一切,头脸光鲜、衣扣整齐地回到病床上。16个小时后,27日8时12分,死于心、肺、肾功能衰竭。中国经济学界的一棵大树在滋养了无数繁枝茂叶后去世,享年97岁。

陈岱孙的亲属唐斯复哽咽道:"在舅舅不能为社会尽责尽力的时候,自己需他人照顾的时候,他,走了。"当日下午,朱镕基办公室来电话委托北京大学领导携花圈来家吊唁。28日,李铁映对陈家人说:"我感到震惊、非常悲痛,没想到走得这么快。岱老的仙逝,是中国教育界、学术界的重大损失。""损失,无法弥补的损失。"经济学家陶大镛老泪纵横:"像岱老这样学贯中西的马克思主义经济学家短时间内无人替代,他的主导性意见影响中国经济的走向,功不可没呵!"

中国经济学界有六代人师出陈门

陈岱孙从事西方经济学说的研究逾70年。在1926年取得美国哈佛大学博士学位回国后,就在清华大学、北京大学执教。27岁上讲台,95岁仍在指导博士生。70年中,育人多少,无从计数。至少,中国经济学界的6代人中有一部分师出陈门,受他恩泽。陈岱孙一生坚持的观点始终如一,没有原则性的反复。不人云亦云,更不受风潮左右。"我是个教员,教员出口之言必须是真话实话。"他研究经济学的基点:经济学是致用之学,教学与研究需从中国国情出发,理论联系实际。

自1979年改革开放始至他临终,正如陶大镛讲述的,他的思想影响了国计民生。计划经济转轨市场经济,陈岱孙提出了一系列真知灼见:

1. 市场经济应与国家宏观调控相结合。
2. 反对经济过热,尤其是"通货膨胀有益论"。
3. 正确对待西方经济学。

陈岱孙的同行评价:"岱老是读懂了《资本论》的人。"

18年来,我国走过的是摸石头过河的经济道路。回看足印,陈岱孙的主张大多具有前瞻性。朱镕基在给陈岱孙过95岁的贺信中写道:"1947年,我进清华虽不是您的及门弟子,但对您学贯中西的学问,甚为敬仰,得到您的教诲后,受益匪浅。"

1979—1995年,在中国经济转型期,陈岱孙作为中国研究经济学的泰斗,著文百万字。

岱老的每篇序言都是高水平的散文式论文

陈岱孙从教70年,人称教育家。他的30—90岁的6代学生说他的教育思想、教学艺术、为人师表高山仰止,难得真传。

6代人从陈岱孙这棵大树下分长出的枝蔓又带新徒无数,新徒仰问六七十岁的先生:"如此认真,缘何?"白发满头的陈氏门徒答:"得岱老益,传岱老风。"陈岱孙的认真与负责是他受人尊敬爱戴的品性之一。对59分的学生,批卷绝不提到60分。授课时携一提纲,一路扬洒开去,不闻废话半句。授课前一小时,以80多岁的高龄,仍备课一小时,理由是:"虽心熟悉,但人老了,就怕出错,误人子弟,子弟再误人,岂不罪过。"唐斯复回忆:舅舅一生追求完美,完美的结果是每个环节都书写着认真二字。常常白发黑发的学生携己书稿请他作序。他不推诿,认真阅读后,圈圈点点,密密批文穿插其间。他的序文不溢美、发己见。人们说:"岱老的每篇序言都是高水平的散文式的论文。"时有这样的场面,他讲述某译著时,先找文句不妥之处,待一一更正后,开讲。1990年,他90岁时,讲授经济学说史。这次授课,他采用西敏纳尔教学法,即学生先讨论,后提问,教师针对问题解答。这就把教师逼上山峰,山峰越高,教师压力越大,陈岱孙认为"对提高教师素质有益"。他反对教师只讲某学科某数章节的授课形式,"弊病多,不能融会贯通"。通才与专才教育的结合是理想教育。他希望学生有金字塔式而不是独秀峰式的知识结构。1952年的文理分家、院系调整,他始终持异议。每每提及,心情沉重:"文理分家,难免出现一臂强壮,一臂肌无力现象。应尝试学分制。"如今,学分制已实施,分家的又合拢。

7月26日,待家人齐集医院时,他环视一周:"你们以为我要走了吗?没有这么简单!"作为世纪同龄人,他希望走过世纪,看到中国经济成规成矩成方圆的一天。遗憾的是,他走了。一棵擎中国经济改革之天的大树干老化成茧,吐丝西去。一个忧国忧民、发民众之声的声音哑了。但他身后30—90岁的6代门徒散着桃李的芳香继续在先师的道路上为中国民众的利益和幸福努力着。

弟子眼中的陈岱孙

1997年8月1日,雨声中的北大燕南园55号陈宅显得格外沉寂,只有满室鲜花和照片中老人的微笑给这所老房子带来几分生机。这位老人的离去,使这个弟子们心中的"圣地"变成了他们寄托哀思的地方。

自7月27日岱老在北京医院去世,他的客厅就被亲友和学生们布置成灵堂。灵堂正中陈岱老的遗像取自不知出于何人之手的一幅生活照,熟人们都说一如他生前的温和豁达。条案上摆着李岚清副总理在岱老95岁华诞时的贺词和北大经济学院的师生们当年的贺寿银盘,以及鲜花篮和挽联,它们来自他在清华、北大、中央财经大学甚至西南联大时期的学生们,也来自他的亲友和所有仰慕他的人们,其中一个花篮是海淀区区长张茅和区委书记朱善璐赠送的。

8月1日与记者一同踏进陈宅的是经济科学出版社编审室主任李宪奎先生。李先生1960年至1965年在北大经济系读书时,岱老任系主任,曾为其讲授经济学说史。李先生印象最深的是岱老在毕业典礼上的讲话。"他的讲话很短,但都有一个小稿子,也起了题目,记得64届时题目为《杀鸡焉用牛刀》,意思是毕业后不能骄傲,不能瞧不起岗位和同事。我们65届毕业时他讲的是《要虚心不要心虚》,教育我们既不要妄自尊大也不要妄自菲薄。先生自己虽然学贯中西,治学却十分严谨,那时商务印书馆要出版他的《经济学说史》，他不同意，说还需要修改。他的学问和人品正像我的同学王梦奎写的这幅'九五之尊'一样，堪为人师世范。"

岱老的生日是闰八月二十七日，与世传的孔子生辰同日，然而孔门"弟子三千，贤者七十二"的说法却无法概括岱老桃李满天下的从教生涯。岱老自1927年从哈佛学成归来接了清华大学的聘书，直至辞世前都在带研究生，早期担任清华大学法学院院长，后期担任北大经济系主任近30年，70年间听过他课的学生不计其数，他自己也常说自己只会教书，而他的学生和晚辈在学问之余时刻感受着他人格的魅力。

尽管签到簿上没有厉以宁的名字，但他的确是闻讯后第二个赶来悼念的人。当年厉以宁从北大经济系毕业时受到冲击，被分到图书馆，陈岱老却主张："厉以宁是个人才，还是调回来教书吧。"在当时的政治气候下这是很危险的言论，但岱老仍坚持这样说。厉以宁与夫人已为岱老准备好今年的生日礼物，他没有想到，老师生命的指针已永远停在了1997年7月27日8时12分。

8月1日在岱老家里值班的北大经济学院副院长胡坚一直叫陈岱老"大舅"，她一生的每一个阶段都或多或少地与"大舅"联系在一起。60年代胡坚的家住在北大朗润园，与岱老的堂妹家是邻居，因而岱老住的镜春园甲79号也是她常来常往的地方。"大舅"的院子里有棵香椿树，春天常摘嫩叶给孩子们炒香椿，"大舅"还常给小胡坚讲他养的猫妈妈和猫宝宝的趣事。1982年胡坚考进北大做厉以宁的研究生，外国经济思想史专业的"剩余价值学说史"由陈岱老主讲。"大舅那时已80多岁，精神和身体都很好，上课从不迟到早退。他是福州人，讲课却没有口音，基本上是纯正的普通话，舒张有致，言简意赅。"那门课的期末考试从早8点考到12点，学生们没答完，80多岁的岱老就坚持等在一边。1985年胡坚毕业后留校任教，与"大舅"成了同事，每周三下午的学习，岱老总是第一个到场，听得认认真真。给年轻人写出国留学的推荐信，连信纸怎么折都仔仔细细地传授。"岱老的风范是多少年文化沉淀、经过很多人生的大起大落使人格放出独特的光辉。他的想法也许别人看来很老旧，但现代化的发展需要知识分子的学问，更需要知识分子懂得做人。他一生追求学术思想上的谨严，一生淡泊名利，为人为师都是我们的典范。"

从20岁留美算起，浸淫学海70余年，岱老并没有著作等身的圆满功德，但他留下的《从古典经济学派到马克思》、《陈岱孙文集》、《陈岱孙学术论著自选集》等著作都是学界公认的扛鼎之作。更重要的是，他的学术思想、治学风格被几代经济学家衣钵相传，他的人格光辉通过不计其数的学生辐射整个中国知识界，这是一个为人师者的光荣，也是一个国家的财富。

（原载1997年8月2日《北京青年报》）

后人叙谈陈岱孙

□ 阳　子

  非常感激编辑坚持要我为陈岱孙先生做一篇文章——当我在记忆中搜索时,浮现的只有他的音容笑貌这样一些细节;在采访中,人人也都说,能回忆起来的只有他那些平平凡凡的小事。然而,采访结束后,我知道,我又真切地触摸到了高贵。许多被人欲横流所淹没的东西重又清晰,许多曾经有过的动摇又重被坚定。

——作者手记

  1997年7月27日,北京大学教授、一代学界泰斗陈岱孙逝世,享年97岁。他的去世,在北京大学引起极大的震动。

陈振汉与崔书香的故事

  "人人都欠他的。他对别人都太好了,别人没法对他那么好。"

  (陈振汉,85岁,北京大学经济学著名教授。崔书香,83岁,陈振汉夫人,中央财经大学统计学教授。陈与崔30年代便成为陈岱孙先生的学生,继而同事,而朋友,但提起先生,唯敬重有加。)

  我们1936年离开清华赴美留学,1940年回国时,正是抗战期间。在去当时迁到重庆的南开大学经济研究所途中,我们去昆明拜见岱老。他见到我们高兴极了,热情地接待我们。那个时候物价上涨,教授待遇差。他喜欢吸烟,西南联大的生活很清苦,先生们买纸烟只能一根一根地买,就这一根也舍不得一次抽完。我们那时太年轻、太不懂事,一点礼物都没有带给他,倒是他很郑重很丰富地宴请我们,那么一大桌子那么多菜。我们经常感觉一辈子欠他的。

  他平常说话不多。不必说的话从不说。除教学外,和学生也不大往来。感情很深不外露,别人不容易知道他。但他实事求是,不伤害人,对后辈的热情和爱护最让人感动。任何人有困难他都帮忙,有些运动中受委屈的学生回来后写信让他找工作,好几次他亲自拿着信到我家说明情况,请我们在财经学院想想办法。其实这些学生和他并没有特别深的关系。

  他有一个非常好的学生徐毓楠,生前是我们很要好的朋友,也是北大教员,1958年因为癌症去世,葬在万安公墓。岱老亲自去送殡,那是秋天,他在墓前放声大哭。我们第一次看见他流露对人的感情。

  院系调整前,我(陈振汉)在北大经济系代理系主任。岱老到北大做系主任后,教授经济学说史,我是经济史经济学说史教研室主任。在教研室内,他一点没有架子,很好地做一个教员的工作:教学计划、工作总结、学科报告,都如期完成上交;每次开会,他都先到,丝毫没有与众不同。

  岱老讲课很有名,教学游刃有余。条理清楚、表达简练、很吸引人都还在其次,每节课他讲到该结束的地方,正好他讲完最后一个字,下课铃紧接着就会响。这是技巧,也是准备非常充分。

他有一个最大的特点:不做官。三四十年代,名流教授做官的很普遍,而在我们看来,他是最有条件做官的。他学的是经济,宋子文与他是哈佛的校友。岱老长于口才,英文很好,学历是博士,是清华有名的有行政管理能力的人,他却岿然不动。也曾当面问过他,回答是:"懒吧!""清华呆熟了,不想动了。"50年代,据说财政部要他去当司长,他不肯,但他却把教育作为一件事情,把培养学生作为一件事情。他对教育事业是很执著的。

有些事情他是绝对不会做的。他有基本的原则:愿意付出;待人接物公正求实;个人得失不去计较。他很高尚。

厉以宁的故事

"学生们都在想:要是再过三年,他仍健在,让我们为他举行百岁寿典该多好!天地宽阔,师道长存。"

(厉以宁,北京大学教授,北大工商管理学院院长,全国人大财经委员会副主任委员。)

那天,我们到他家里向他的遗像鞠躬致哀,家里的摆设依旧。那些陈旧的家具已陪伴先生几十年了。书桌上还摊放着常用的书、学生们写来的信、素不相识的人寄来的稿件,他要为他们审阅写序写跋。房间里静静的,一切都和往日一样,就好像先生出去开会了。

40多年前,我在北大经济系刚听他讲课时,先生不过50出头。从那以后,1957年到1959年的反右、"大跃进",后来的三年灾荒,接着是"文化大革命"、改革开放。我们和他一道风风雨雨,过去几十年的师生之情,让人心情无法平静。40年了,后来我的两个孩子也都曾受教于他,他送给他们的著作,孩子们都珍藏着。他是我们全家的老师。

他对西方经济学有精深的了解,同时有国学的深厚根底。1979年春天,我陪他去杭州开会,同住一个房间。他随身带的是六朝诗选,一有空就翻开阅读。先生从没有睡午觉的习惯,中午我睡了,他却还在读诗选。

1985年到1987年,我有幸和先生合开过两门课:西方经济学名著选读和国际金融学说专题。岱孙先生讲凯恩斯以前的部分,而把凯恩斯和凯恩斯以后的部分让给我讲。每次我上课,他都同学生坐在一起听。每堂课下来后,他都要拿着简要的笔记同我讨论:哪些地方讲得好,哪些地方讲得不足,下一次讲课有什么需要注意。令我非常感动。我常想:以他近90岁的高龄,对学生如此地认真负责、一丝不苟,我们这些后辈还有什么理由不敬业呢?

岱孙先生一生严谨、求实。我和岱孙先生共同主编过一本《国际金融学说史》,全书共60余万字。定稿时,他亲自审定,对术语的译名反复推敲;校对清样时,他亲自过目,并用铅笔在一些地方做出记号,写上"以宁再斟酌"。这时他已是90岁了!这本书被认为填补了国内外经济学说史的一个空白,这是先生晚年最高兴的事情之一。

我曾填过一首《秋波媚》贺先生90寿辰,下半阕是:"弦歌不绝风骚在,道德并文章。最堪欣慰,三春桃李,辉映门墙。"

晏智杰的故事

"他就像一棵大树,能够荫蔽许多人;又像一个港湾,可以避风避雨。总可以给你安慰、理解和帮助。更不用说他是学界泰斗,人们都愿意集合在他的旗帜下。"

(晏智杰,北京大学教授、博士生导师,北大经济学院院长。)

陈先生一辈子自爱、自律、自洁,一辈子追求卓越。我跟他几十年都是这个印象。

我1957年进入北大经济系,系主任是陈先生。那一年他57岁,高高的个子,花白头发,风度翩翩。我们对他敬仰极了。1962年,我成为解放以后他的第一个研究生,从此以后,我一直在他身边。

1995年,我们为他祝贺95岁寿辰时,他引用孟子的一句话:"得天下英才而教育之一乐也。"他把教育看做他人生的一大乐事,而不仅仅是责任,更不仅仅是职业。做他的研究生,我既感到幸运,又感到很大压力。几年里,岱老对我耳提面命,尽心尽责。那时,经常是师徒对坐,各自摊开同一本书,他仔细地听我谈阅读体会、问题。如果我谈到一点想法,他会非常高兴,"很可取,应继续考虑下去"。他在自己的书上,划来划去,圈圈点点。老人一生习惯用一把木尺比着读书读稿,写出他的批语。这一章这一节怎么阅读,他完全是胸有成竹。同学们都羡慕我有一个传道授业解惑的地道的好老师。

以后几十年,他一直如此。1980年,我曾经在他的指导下做过"经济学中的边际主义"课题。前后六年,四易其稿。每一稿他都仔细看过,每一次都写出几千字的意见,包括主题的确定、框架的规划、观点的评述、段落的划分直至标点符号、错别字,甚至比他自己的著作还上心。他也非常敏锐。一次他写信给我:"最近有一本西方刚出的书,从题目看,和您的课题有关,可以找来看一看。"当时北大图书馆没有,我去北图找,说是订了还没有进来,后来借到了,果然和我的题目有关。我的感觉就好像是,他带我进入一楼,然后告诉我,这仅仅是一楼,我自觉又上了一层楼后,他又说,上面还有第三层。岱老为书写的序,就是一篇高水平的学术论文。

他对后学的拳拳之心,无人可以替代。一次,我突然接到他一封信,打开一看,是告诉我如何阅读马歇尔《经济学原理》。他说,如果时间有限,不一定一页页读。根据他几十年看此书的经验,可以先读哪些,后读哪些。原来,几天前,我同他一道进城的路上,他问我在读什么,我告诉他读马歇尔。我老伴也看到了那信,她对我感叹:"你真有福气!"他的力量时刻感染着你,让你不敢懈怠。

1991年我第二次出国去法国,向他告别。他带我过了客厅,过了卧室,进了书房。"你坐一会儿。"我正奇怪,他拿来两包衣服,一包是一套崭新的藏蓝色西装,一包是美国朋友送他的一件新毛料风衣。"智杰,这两件衣服我用不上了,你拿去也许有用。"老人家知道欧洲的气候,那件风衣,我在国外一大半的时间都要用到。

1957年,北大一位青年教师被打成"右派"下乡劳改,冬天没有衣服,冻得受不了,不敢去借也没人敢借他。实在没法,他给岱老写了封信。没过几天,他就接到了一大包衣服,邮包下面工工整整写着:陈岱孙寄。拿着衣服回到住地,他大哭一场。我们从未听岱孙先生提起过这件事,是这位教师定居加拿大后回国才说起的。他说着就又哭了。

先生是个很明白的人,一点也不市侩。他虽然处世平和言语有分寸,但主意非常坚定。1956年到1976年,他沉默了20年,既不发表论文也不写书。20年的沉默,反映了一个正直的学者在应付不正常的政治环境中的最值得肯定的选择。

他是一个平凡的人,没有轰轰烈烈。他的影响来自于他人品、学问的高大。

刘伟的故事

"每次去他那里,他都能为你营造一种很坦诚很温馨的心理环境。从他那里出来,我们都有一个共同的感觉:天更蓝了。"

(刘伟,北京大学教授,北大经济学院副院长。)

80年代初,我刚留校时,去看望陈先生,他对我说,一个合格的教师应该有这样三条:学生能从你这里增长知识、增长智慧、增长道义。陈先生从教70年,这三条他全出色地做到了。作为教育家,他是中国历史上少有的。他以他内在的力量影响了一代又一代人。

陈先生永远平和从容,从来没人见他发脾气。在学生面前都是笑眯眯的,说话娓娓道来,从不大声。但是没有一个学生对他不是敬而畏之,甚至有一种宗教的味道——他是很多学生心目中的图腾。

我毕业时,有一段时间财政部想要我,条件非常优厚,我很满意。去看陈先生时,说到了这事,我便把这些优厚的条件历数了一遍。当时想必是得意之情溢于言表。陈先生不动声色地听完,很平淡地说道:"如果那样,你我就是两股道上跑的车了。"先生没有一点特别的表示,可对我来说,他的话是金口玉言。先生的话能说到此,就说明他对我的得意不以为然。说实话,这句淡淡的话,对我的选择有决定性的影响。现在看,我对教学研究很有兴趣也很适合。他对学生了解很透,也很负责任。

在我们一代代的学生们中间,一直流传着陈先生终身未娶的故事。尽管没有一个人敢于向先生证实,但是我们宁肯信其有,不肯信其无。我们相信先生对于感情的认真执著,我们相信先生为真挚的感情再大的代价也敢于支付。这是一条汉子,执著真诚强大有力。没有谁把它作为有辱先生形象的故事来听来说,而这种学生们的代代推崇,塑造了一代代的人。

陈先生的特点在我看来,不在于他写了多少书,发表了多少观点,而在于他震慑人的人格力量。

有次我们在未名湖边散步,前面那人,看着像陈先生,但蓝中山装磨得花白的胳膊肘上是一块补丁,追上去果然是他。我半开玩笑说:"好多年了,没见过穿打补丁衣服的,第一次看见,没想到是您。"他笑笑说:"很舒服,这件衣服穿着很舒服。"没有丝毫窘迫。我唯一一次听他说起钱是在一个春节,几个人约好去看他,他微笑着说:"前几年有些晚辈子侄经常来玩,我常给小孩子们钱,这几年他们都大了,我也没钱给他们了。"

先生一次去买烟,正好他的一个学生也去商店,学生买完东西,和他打了招呼离开了。40分钟后,学生有事情回来,发现陈先生还站在柜台外等候,售货员却在聊天。学生很生气:"嗨!老先生等了这么长时间了,还不给他买!"陈先生静静地说:"我等她,她忙。"这涵养真是太可以了。唯他能够这样责己和自律。确确实实博大,这就是文化。

他抽烟抽了一辈子,到84岁,说戒就戒掉了。我折腾了好几回也没成。我问他是不是有什么特别的办法?他非常轻描淡写地说:"没有什么特别的,不抽就不抽了。"伟大的人必有过人之处。

他给所有的人写信,抬头都是:"某某老弟。"全用旧体的竖格纸,规规矩矩。

多年来,清楚地记着的都是这些小事,再平淡再自然不过。再记住的,就是他一脸的坦荡。

唐斯复的故事

"我最喜欢和大舅一起在未名湖畔散步。后面的人骑车经过我们,下车喊一声陈先生;迎面骑车过来的人,也要下来侧身喊一声陈先生。他也侧身站在路旁,把他们让过去。"

(唐斯复,《文汇报》记者,陈岱孙先生堂外甥女。)

他去世那几天,来我们家吊唁的人很多,花篮多得进都进不来。连北大商店里的售货员也排着队来向他告别。经济学院一个工友,可能是学院最后接到通知的,跑得喘得呀,从中关园的平房跑到燕南园,来给舅舅鞠一个躬。他说:"陈先生对我们好哇!"

其实,他对人好,无非就是尊重别人。所有的来信,无论是向他要求什么,他有来必复。他把信标成三类:"已复"、"待复"、"不复"。不复的信只有一种,所有征集《名人录》的一概不回。别人寄来的稿子,他一页页仔细看。为人家写意见,密密麻麻的字写几十页。这些人中有的他根本就不认识。

大舅说:"我这一辈子只做了一件事,教书。我一辈子只做好了一件事,也是教书。"有一段时间,是1976—1977年,他每周要有好几天,早出晚归去给工农兵学员上课。那时候,社会上对工农兵学员有许多的议论。他说:"这样对他们不公平。我自己去给他们上课。"那时,他瘦极了,每天提着一个布包,里面是讲义,早上出去,直到快12点才慢慢走回来。四婆婆去世后,我妈妈和他住在一起。妈妈问:"累了吧?"大舅说:"真累。"他坐在那儿,一杯一杯地喝茶,要喝好多杯,才能去吃饭。下午有时也要去,不去也在家里备课。

他曾经给中国人民银行金融研究生院上过课。司机对我说,每次来接他,都见老先生早早站在路边等着,"以后,我就早早来"。大舅书读得特别多,整天看书,手不释卷。今年春天,他的身体已经很差了,我去看他,他还在看那么厚的一本《凯恩斯传》。他看报纸特认真,凡有价值的文章,要我们读的文章,他都打上钩。在医院的最后一天,他还在《文汇报》的一篇文章上打了钩,歪歪扭扭地写上"留"。

我所有的事情,都爱对我大舅说。受了委屈,都爱对着他诉苦。他坐在那儿,心静如水,不置可否。可是你看着他,把自己的话全说完了,就没事儿了,一点事儿了一大包衣服,邮包下面工工整整写着:陈岱孙寄。拿着衣服回到住地,他大哭一场。我们从未听岱孙先生提起过这件事,是这位教师定居加拿大后回国才说起的。他说着就又哭了。

先生是个很明白的人,一点也不市侩。他虽然处世平和言语有分寸,但主意非常坚定。1956年到1976年,他沉默了20年,既不发表论文也不写书。20年的沉默,反映了一个正直的学者在应付不正常的政治环境中的最值得肯定的选择。

他是一个平凡的人,没有轰轰烈烈。他的影响来自于他人品、学问的高大。

刘伟的故事

"每次去他那里,他都能为你营造一种很坦诚很温馨的心理环境。从他那里出来,我们都有一个共同的感觉:天更蓝了。"

(刘伟,北京大学教授,北大经济学院副院长。)

80年代初,我刚留校时,去看望陈先生,他对我说,一个合格的教师应该有这样三条:学生能从你这里增长知识、增长智慧、增长道义。陈先生从教70年,这三条他全出色地做到了。作为教育家,他是中国历史上少有的。他以他内在的力量影响了一代又一代人。

陈先生永远平和从容,从来没人见他发脾气。在学生面前都是笑眯眯的,说话娓娓道来,从不大声。但是没有一个学生对他不是敬而畏之,甚至有一种宗教的味道——他是很多学生心目中的图腾。

我毕业时,有一段时间财政部想要我,条件非常优厚,我很满意。去看陈先生时,说到了这事,我便把这些优厚的条件历数了一遍。当时想必是得意之情溢于言表。陈先生不动声色地听完,很平淡地说道:"如果那样,你我就是两股道上跑的车了。"先生没有一点特别的表示,可对我来说,他的话是金口玉言。先生的话能说到此,就说明他对我的得意不以为然。说实话,这句淡淡的话,对我的选择有决定性的影响。现在看,我对教学研究很有兴趣也很适合。他对学生了解很透,也很负责任。

在我们一代代的学生们中间,一直流传着陈先生终身未娶的故事。尽管没有一个人敢于向先生证实,但是我们宁肯信其有,不肯信其无。我们相信先生对于感情的认真执著,我们相信先生为真挚的感情再大的代价也敢于支付。这是一条汉子,执著真诚强大有力。没有谁把它作为有辱先生形象的故事来听来说,而这种学生们的代代推崇,塑造了一代代的人。

陈先生的特点在我看来,不在于他写了多少书,发表了多少观点,而在于他震慑人的人格力量。

有次我们在未名湖边散步,前面那人,看着像陈先生,但蓝中山装磨得花白的胳膊肘上是一块补丁,追上去果然是他。我半开玩笑说:"好多年了,没见过穿打补丁衣服的,第一次看见,没想到是您。"他笑笑说:"很舒服,这件衣服穿着很舒服。"没有丝毫窘迫。我唯一一次听他说起钱是在一个春节,几个人约好去看他,他微笑着说:"前几年有些晚辈子侄经常来玩,我常给小孩子们钱,这几年他们都大了,我也没钱给他们了。"

先生一次去买烟,正好他的一个学生也去商店,学生买完东西,和他打了招呼离开了。40分钟后,学生有事情回来,发现陈先生还站在柜台外等候,售货员却在聊天。学生很生气:"嗨!老先生等了这么长时间了,还不给他买!"陈先生静静地说:"我等她,她忙。"这涵养真是太可以了。唯他能够这样责己和自律。确确实实博大,这就是文化。

他抽烟抽了一辈子,到84岁,说戒就戒掉了。我折腾了好几回也没成。我问他是不是有什么特别的办法?他非常轻描淡写地说:"没有什么特别的,不抽就不抽了。"伟大的人必有过人之处。

他给所有的人写信,抬头都是:"某某老弟。"全用旧体的竖格纸,规规矩矩。

多年来,清楚地记着的都是这些小事,再平淡再自然不过。再记住的,就是他一脸的坦荡。

唐斯复的故事

"我最喜欢和大舅一起在未名湖畔散步。后面的人骑车经过我们,下车喊一声陈先生;迎面骑车过来的人,也要下来侧身喊一声陈先生。他也侧身站在路旁,把他们让过去。"

(唐斯复,《文汇报》记者,陈岱孙先生堂外甥女。)

他去世那几天,来我们家吊唁的人很多,花篮多得进都进不来。连北大商店里的售货员也排着队来向他告别。经济学院一个工友,可能是学院最后接到通知的,跑得喘得呀,从中关园的平房跑到燕南园,来给舅舅鞠一个躬。他说:"陈先生对我们好哇!"

其实,他对人好,无非就是尊重别人。所有的来信,无论是向他要求什么,他有来必复。他把信标成三类:"已复"、"待复"、"不复"。不复的信只有一种,所有征集《名人录》的一概不回。别人寄来的稿子,他一页页仔细看。为人家写意见,密密麻麻的字写几十页。这些人中有的他根本就不认识。

大舅说:"我这一辈子只做了一件事,教书。我一辈子只做好了一件事,也是教书。"有一段时间,是1976—1977年,他每周要有好几天,早出晚归去给工农兵学员上课。那时候,社会上对工农兵学员有许多的议论。他说:"这样对他们不公平。我自己去给他们上课。"那时,他瘦极了,每天提着一个布包,里面是讲义,早上出去,直到快12点才慢慢走回来。四婆婆去世后,我妈妈和他住在一起。妈妈问:"累了吧?"大舅说:"真累。"他坐在那儿,一杯一杯地喝茶,要喝好多杯,才能去吃饭。下午有时也要去,不去也在家里备课。

他曾经给中国人民银行金融研究生院上过课。司机对我说,每次来接他,都见老先生早早站在路边等着,"以后,我就早早来"。大舅书读得特别多,整天看书,手不释卷。今年春天,他的身体已经很差了,我去看他,他还在看那么厚的一本《凯恩斯传》。他看报纸特认真,凡有价值的文章,要我们读的文章,他都打上钩。在医院的最后一天,他还在《文汇报》的一篇文章上打了钩,歪歪扭扭地写上"留"。

我所有的事情,都爱对我大舅说。受了委屈,都爱对着他诉苦。他坐在那儿,心静如水,不置可否。可是你看着他,把自己的话全说完了,就没事儿了,一点事儿都没了,全化解了。我大舅真是智慧,都神了。

宣统帝师陈宝琛是我的曾外祖父,是他的伯公。你想,他小时是过过很好日子的。年轻时,他也很讲究穿着,他的衣服都是很考究的,猎装、马装、舞鞋……他1937年买的一套全套的高尔夫球杆刚刚被我儿子讨去。可现在我们全家人的工资都比他高。好几年年终扣完全年的水电费后,工资条上是个负数,我们还要帮他倒找给学校钱。多少年来,都是一身洗白的蓝的卡。他让我去给他买蓝的卡,我说:"现在上哪儿去买这东西?"别看他足不出户,什么都明白。他说,"你上前门外的瑞蚨祥去买,多买两件。"果然就那儿有。售货员一边撕布一边问:"买这干吗?谁还穿这个?"他是真淡泊。

其实,大舅是个豪爽大方的人,无论谁需要帮助,他从不在乎钱物。他有好多学生曾被打成"右派",他伤心极了,"好多人才,可惜了!"后来这些学生陆续被平反回来,所有的人,他都隆重地请人家吃饭。

从50年代起,我就呆在北大,寒假暑假,都住在大舅家里。那时家里有四个人,舅舅的妈妈,我们叫她四婆婆,舅舅,保姆,还有一个一直帮他们管家的。四婆婆"文化大革命"中去世后,大舅对他说:"你可以回家了。姆姆的东西用得着的你尽量拿走。你的生活我管到底。"很长一段时间,大舅拿到工资后第一件事,就是直接去邮局给他寄钱。他去世后,他的儿子写信来说,不必寄钱了,大舅又寄了一笔钱去,让他给他父亲做后事。他对任何人都是平等的。他亲自教保姆学地理学历史,派我们给她们买书。

很难衡量,他的心里装了多少人。

我 的 故 事

在我的记忆中,印象最深刻的,是陈岱孙先生的宁静和淡泊。无论何时去看他,他似乎都穿着同一件中山装,同一双布鞋,一脸同样的平静。去时,他亲自来应门;走时,他要送到门口。

他的桌上,永远是一把木尺,木尺下面,压着的永远是别人的文稿。他微笑着对我说:"我现在什么事情都不做,只是忙着还文债。文债难还啊。"我抱怨说,好多不认识的人也给我公公(张岱年)寄来稿子,他就责无旁贷地给他们看。他又笑了,然后说:"这是我们的通病。"

1995年元旦,我们为报纸去给他拍照,同去的五个人,人人穿得都比他高档。我们一会儿让他坐在这儿,一会儿让他坐在那儿;一会儿打灯,一会儿关灯;一会儿开窗帘,一会儿拉窗帘……自始至终,他安静地由着我们"摆布"。

那时,他身材直直的,走路说话没有一点老态。

我从来没有和名人留影的习惯。但是这些天来,时时让我后悔的一件事是,为什么没有和他在一起拍张照片?

(本文为1997年8月29日《中华工商时报》的特别报道)

初版后记

陈岱孙教授逝世不久,报刊上相继刊登一篇篇悼念他的文章,感人至深。于是,萌发结集成册的念头。

意想不到的是,寄自海内外的纪念文章这么多,表达对陈岱孙教授的怀念之情这么深厚,那些仿佛蒙着时光尘埃的情景这么生动鲜亮。每一篇文章、每一个角度、每一个时期,构成高大的陈岱孙教授形象。他是那一代学人中的一员,从生命来说,一代学人终结了,但是,这一代学人的风范、精神长存,永为后人的楷模,是中华民族文明的财富。编辑这本书,是一次领略师生情谊和学习做一个高尚的人的经历。

我们力图以作者求学年级先后或年龄大小为文章排列的顺序,如有不确之处,请原谅。

感谢清华大学校友会、西南联合大学校友会、北京大学经济学院,为本文集组稿付出的努力。

有人对我们说:《纪念文集》问世的时刻,陈岱孙教授定会有知。我们相信,他会像平日那样,含笑抱拳,感谢众人对他的厚爱。

唐斯复　唐立苏
1998年5月

再版后记

2012年,北京大学经济学院(系)成立100周年。在这一个世纪的漫长岁月中,北京大学经济学院涌现出一批对中国经济学研究和教育影响深远的大师,陈岱孙先生就是其中贡献最大、最值得纪念的经济学家之一。陈先生初受教于清华,继而负笈北美,在哈佛大学获经济学博士学位,归国后主持清华大学、西南联合大学和北京大学经济系系务六十余载,从事经济学教育长达七十载。陈先生对中国经济学研究和教育的影响非常深远,研究其经济学学术思想和教学思想,对于研究经济学在中国的成长具有特别重要的价值。

摆在读者面前的这本《岱岳长青——陈岱孙纪念文集》,其作者除少数为陈岱孙先生的同辈好友之外,绝大部分为陈先生从教七十年间各个时期的学生,特别是他在清华大学和西南联合大学时期的学生撰写的回忆文章,因其所述事迹的年代久远而弥足珍贵,对于我们研究中国早期经济学教育有着特殊的史料价值。

陈岱孙先生自20世纪50年代至90年代末长达半世纪的漫长岁月中,一直在北京大学经济学院从事经济学教学与研究,因此,北京大学经济学院的百年院史中有近五十年的时间与陈岱孙这个名字息息相关,陈先生的学术思想与教学风范给北京大学经济学院烙下的印记是异常深刻的。正是由于这个原因,在整理和研究北京大学经济学院百年院史的过程中,经济学院师生们关于陈先生的回忆文章是特别值得重视的文献。

1998年5月,在陈岱孙先生逝世一周年之时,唐斯复和唐立苏女士作为陈先生的亲属,在西南联合大学校友会、清华大学校友会、北京大学经济学院的协助下,编辑了《陈岱孙纪念文集》,并由福建人民出版社出版。该书在学术界引起了很大的反响,并引发了人们对于陈先生更多的回忆和追思文章。本书在1998年《陈岱孙纪念文集》初版的基础上,又增加了近十几年中由北大、清华校友新写成的纪念文章,并对全书重新进行了校改与编辑,从而形成今天呈现在读者面前的这个版本。在文章的编排上,一仍旧例,均基本按照作者的求学年份或齿序排列。与初版不同的是,本书对附录的大量唁电和挽词进行了删芟,个别特殊重要的则直接附于作者文章之后。初版中的文章,由于大多撰写于陈先生逝世不久,故在行文中有大量哀悼性文字且措辞较多雷同,在本书中一概加以删除或修订。此外,本书增加了不少具有历史价值的珍贵图片。

在本书编辑过程中,陈岱孙先生亲属唐斯复女士、福建人民出版社曹希莎老师、北京大学副校长刘伟教授、北京大学经济学院院长孙祁祥教授以及北大、清华的多位校友均给予大力支持与协助,陶涛老师和冯天骄同学参与了本书的校对工作,谨致谢意。

在陈岱孙先生逝世十五周年之际,谨以此书献给这位对于经济学在中国的成长与发展作出了巨大功绩、一生鞠躬尽瘁于教育事业的前辈,愿他的精神不朽。

刘　昀　王曙光
2012 年 2 月 1 日